公交企业职工职业技能培训系列教材

Gonggong Qidianche Xiuligong Zhiye Jineng Peixun Jiaocai

公共汽电车修理工职业技能培训教材

青岛公交集团有限责任公司　组织编写

人民交通出版社股份有限公司
China Communications Press Co.,Ltd.

内容提要

本书为公交企业职工职业技能培训系列教材之一，分上、下两篇。上篇为基础篇，主要内容包括：公共汽电车修理工岗位基础知识、汽车机电基础。下篇为专业篇，主要内容包括：汽车发动机知识、汽车底盘与电气知识、汽电车新技术。

本书贴合公共汽电车修理工的工作实际，可作为公交企业汽电车修理工的技能培训教材。

图书在版编目(CIP)数据

公共汽电车修理工职业技能培训教材／青岛公交集团有限责任公司组织编写．—北京：人民交通出版社股份有限公司，2015.4

（公交企业职工职业技能培训系列教材）

ISBN 978-7-114-12065-7

Ⅰ．①公… Ⅱ．①青… Ⅲ．①公共汽车—车辆修理—技术培训—教材 Ⅳ．①U472.4

中国版本图书馆 CIP 数据核字(2015)第 030359 号

公交企业职工职业技能培训系列教材

书　　名：**公共汽电车修理工职业技能培训教材**

著 作 者：青岛公交集团有限责任公司

责任编辑：翁志新

出版发行：人民交通出版社股份有限公司

地　　址：(100011)北京市朝阳区安定门外外馆斜街 3 号

网　　址：http://www.ccpress.com.cn

销售电话：(010)59757973

总 经 销：人民交通出版社股份有限公司发行部

经　　销：各地新华书店

印　　刷：北京市密东印刷有限公司

开　　本：787×1092　1/16

印　　张：15.75

插　　页：1

字　　数：358 千

版　　次：2015 年 4 月　第 1 版

印　　次：2015 年 4 月　第 1 次印刷

书　　号：ISBN 978-7-114-12065-7

定　　价：40.00 元

丛书编委会

本册编写组

主　编：于　飞　刘　艺

参　编：（按姓氏笔画排序）

于汉森　王京年　王政斌　纪　群

任文银　李自虎　范兴平　林盈竹

前　言

公共交通是人们出行的重要方式，与人民群众生产生活密切相关。随着城市经济的发展，社会各界对公共交通发展水平和从业者服务质量的期望和要求越来越高。鉴于此，国务院出台了《关于城市优先发展公共交通的指导意见》，交通运输部启动了公交都市创建工程。公交企业作为政策的执行者，落实公交优先政策、提高公交服务质量，是顺应人民期待、满足乘客出行需求的重要途径。

在此背景下，青岛公交集团组织业内经验丰富的专业人员，历时三年编写了"公交企业职工职业技能培训系列教材"，包括：《公共汽电车驾驶员职业技能培训教材》、《公共汽电车调度员、乘务员职业技能培训教材》、《公共汽电车修理工职业技能培训教材》，以便系统、规范地对公交驾驶、乘务、调度、修理等一线从业人员开展教育培训，提高公交从业人员队伍的综合素质，进而提高公交企业为乘客服务的整体水平和质量。

本套丛书紧密结合公交行业特点，融合了优秀员工成熟可行的实践经验，语言浅显易懂，而且注重生产操作的实用性，既是员工教育培训的规范化教材，又是公交从业人员提高业务技能水平的必备"法宝"。

由于编者水平有限，书中疏漏之处在所难免，敬请广大读者予以批评指正。

丛书编委会

2014 年 9 月

目　　录

上篇　基　础　篇

下篇　专　业　篇

上篇　基础篇

第一章　公共汽电车修理工岗位基础知识

第一节　公共汽电车修理工岗位职责

爱岗敬业，服务一线。
文明生产，安全操作。
执行工艺，保证质量。
改造挖潜，勤俭节约。
遵章守纪，团结协作。
诚实守信，奉献社会。

第二节　公共汽电车修理工工作流程

一、维护作业修理工岗位行为规范

1. 作业前

(1)须于班前20min到岗(长白班班前指8:00前;早班班前指6:00前;中班班前指14:00前),打卡进行考勤登记。

(2)穿好工作服,做到着装整齐、干净。

(3)准备工具、工具盘,确保工具整洁、齐全、有效。

(4)查看工作场地机具设备、电源插座等是否安全可靠,确认工作环境安全无隐患。

2. 维护作业中

(1)班前到达工作场地,迎候车辆进入工作场地。

(2)车辆停稳后,相关部位维修工须使用千斤顶按规范架设保险将车身举升至规定高度,并确认安全可靠。

(3)遵循质量第一的原则,各作业部位维修工须根据所承修车辆部位维护作业技术规范以及检查员的特定作业要求,严格按照工艺规程和作业标准进行生产作业。

①对照维护作业的技术规范认真进行质量自查,确保质量可靠。认真、准确搜集维护作业中的各项检测维修数据。

②对作业中出现的疑难问题、不确定故障等,须及时报请检查员予以协助解决,不得敷衍应付。

(4)做好材料拆检、分类、领用工作。

①对拆下的旧件,应按照维修标准进行技术检测,并按保修厂规定将可继续使用、待修及报废机件进行分类处理。对能继续使用的旧件须循环利用;对认为不能继续使用的旧件,报请检查员例行鉴定审核,搞好修旧利废,降低材料消耗。

②领用新配件时,须遵照"交旧领新"制度,持检查员鉴定出具的领料单到中间库领用新配件。对需要安装的新配件须按维修标准进行技术检测,确认无误后方可安装。如认为不符合技术标准,须及时报请检查员予以协助检测鉴定。

(5)坚持安全生产。

①牢记先安全后生产、不安全不生产原则。精力集中,不做与生产无关的事情。

②严格按照安全操作规程进行维护作业。按规定正确使用各类安全防护用品。

③持证上岗,不得擅离工作岗位或串岗。

④拆装机件须正确使用专用工具,不得野蛮操作。

⑤正确使用、保管汽油等易燃易爆物品。使用汽油清洗机件时,须与电气焊等作业保持安全距离,严禁接触明火。

⑥车辆需要移位时,须由专人现场指挥,确认安全时,方可由检查员亲自驾驶缓速运行,其他任何人不得移动车辆。

(6)团结协作,服从管理,听从指挥。

①主动配合检查员、厂质检员等质量、技术管理人员的检查,虚心接受质量监督和技术指导。

②无条件服从班组长工作安排和管理。团结协作,互助互爱。完成本部位作业后,须主动协助其他部位人员共同完成当日生产任务;对需要多人共同操作和搬运的总成件进行作业时,须密切配合,注意安全;按时保质保量完成保修厂安排的其他临时工作任务。

(7)坚持文明生产。

①边作业边清理卫生,保持工作场地、作业车辆整洁无油污。保持机具设施排列有序、总成及配件摆放合理。工具须置于工具盘内,并做到清洁无油污;须将拆下的机件置于机件盘内,并码放整齐,做到油、水、工具、机件"四不落地"。

②在组长安排下,利用工作间隙做好班组更衣室、工作场地及门前三包区域的卫生清理工作,确保卫生达标。

3. 工间休息

(1)须遵守保修厂作息时间规定。11:30~12:00为午休时间。午休铃响后,方可买饭吃饭;午休结束铃响后,打卡进行考勤登记后,立即到达工作场地开始工作。

(2)午休时间须遵守保修厂劳动纪律,不得聚众下棋、打牌等,不得做与工作无关的事情,不得大声喧哗、打闹,不得随意串岗。

(3)按规定参加保修厂和班组组织的各项安全、技术技能培训学习,确保个人技术技能符合岗位操作要求;准时参加班组会议,认真领会保修厂工作要求。

4. 竣工验收

(1)经自检确认本部位作业完成后,将作业部位周边擦拭干净,并及时报告组长及检查员，确保交文明达标车。应主动协助其他部位技工完成剩余工作。

（2）待检查员竣工验收完毕后，听从检查员指令按规范卸下保险。

（3）维护车辆出场路试后，立即进行工作场地、设备设施、工具等的卫生清理工作，清点工具，关闭作业设备电源、水源等，并将作业垃圾分类送至垃圾存放处。

（4）维护车辆路试回场后，须立即进行二次调试，直至验收合格。

二、站小修作业修理工岗位行为规范

1. 作业前

（1）须于班前20min到岗（班前指各班次规定的上班时间前），在班组考勤记录本上签名登记。

（2）穿好工作服，做到着装整齐、干净。

（3）准备工具、工具盘，确保工具整洁、齐全、有效。

（4）查看工作场地机具设备、电源插座等是否安全可靠，确认工作环境安全无隐患。

2. 小修作业中

（1）早班修理工工作前须先查看“小修作业流水台账”及交班记录，了解前一天车辆维修情况。而后联系路队调度员，询问当日早班出车情况，全面掌握所承修车辆状况。

（2）树立“营运”为先的抢修意识。在班驾驶员报修，须放下其他与抢修作业无关的事情当场接修，按规定登记“小修作业流水台账”后，立即投入抢修作业。

（3）合理安排抢修作业。出现多车次同时报修情况，按照“先易后难，先小后大，大活预约”的作业原则，优先解决在班车、影响行车安全的故障，提高抢修作业效率。

（4）坚持安全生产。

①牢记先安全后生产、不安全不生产原则。精力集中，不做与生产无关的事情。

②严格按照安全操作规程执行车辆维修作业。抢修作业前，必须按规范悬挂放置“正在维修”等警示标志及架设掩木掩实车轮；必须按规定正确使用绝缘鞋、防护眼镜等各类安全防护用品。

③持证上岗，不得擅离工作岗位或串岗。

④拆装机件须正确使用专用工具，不得野蛮操作。

⑤正确使用、保管汽油等易燃易爆物品。使用汽油清洗机件时，须与电气焊等作业保持安全距离，严禁接触明火。

⑥维修中，车辆需要移位时须由专人现场指挥，确认安全可靠，方可由指定专人亲自驾驶缓速运行，其他任何人不得移动车辆。

（5）遵循质量第一的原则，须根据车辆维修作业技术规范以及组长、带班组长的特定作业要求，严格按照工艺规程和作业标准要求进行维修作业。

①对照车辆维修作业的技术规范认真进行质量自查，确保质量可靠。认真、准确搜集积累维修作业中的各项检测维修数据。

②对作业中出现的疑难问题、不确定故障等，须及时报请组长、带班组长予以协助解决，不得敷衍应付。

③作业中发现报修项目外的故障，须及时报告组长或带班组长并告知驾驶员。视情况

予以现场解决或预约维修等形式妥善处理。

(6)做好材料拆检、分类、领用工作。

①对拆下的旧件按照维修标准进行技术检测,并按保修厂规定将可继续使用、待修及报废机件进行分类处理。对能继续使用的旧件须循环利用;对认为不能继续使用的旧件,报请组长、带班组长例行鉴定审核,搞好修旧利废,降低材料消耗。

②领用新配件时,须遵照“交旧领新”制度,持组长、带班组长鉴定出具的领料单到材料库领用新配件。对需要安装的新配件,须按维修标准进行技术检测,确认无误后方可安装。如认为不符合技术标准,须及时报请组长、带班组长予以协助检测鉴定。

(7)团结协作,服从管理,听从指挥。

①主动配合组长或带班组长等质量、技术管理人员的检查,虚心接受质量监督和技术指导。

②无条件服从组长或带班组长工作安排和管理。团结协作,互助互爱。完成手头工作后,须主动协助他人共同完成当日生产任务;对需要多人共同操作和搬运的总成件进行作业时须密切配合,注意安全;按时保质保量完成保修厂安排的其他临时工作任务。

(8)坚持文明生产。

①边作业边清理卫生,保持工作场地、作业车辆整洁无油污。保持机具设施排列有序、总成及配件摆放合理。工具须置于工具盘内,并做到清洁无油污;须将拆下的机件置于机件盘内,并码放整齐,做到油、水、工具、机件“四不落地”。

②在组长或带班组长安排下,利用工作间隙做好班组更衣室、工作场地及门前三包区域的卫生清理工作,确保卫生达标。

3. 竣工验收

(1)经自检确认小修作业完成后,将作业部位周边擦拭干净,确保交文明达标车,并及时报告组长或带班组长进行互检。

(2)互检合格后,如实登记“小修作业流水台账”,并按规定执行驾驶员、主修技工、检查人员三方签字制度后,方可交车。

(3)交车后须立即进行工作场地、设备设施、工具等的卫生清理工作,清点工具,关闭作业设备电源、水源等,并将作业垃圾分类送至垃圾存放处。

4. 优质服务

(1)树立全心全意为营运一线服务的意识。服务态度主动热情,使用礼貌用语,文明修车,做到反应迅速、抢修及时、服务优良。

(2)对驾驶员做到有问必答,有求必应,主动协助驾驶员做好爱车例保工作,发挥技术优势帮助路队做好节能降耗等工作。

(3)对二、三级维护车辆实行质量跟踪服务。在组长或带班组长带领下,于维护车回站后第二天开始,利用班前班后提供跟踪调修服务,协助驾驶员度过维护后磨合期,并认真登记维护后车辆质量跟踪管理台账。

(4)冬运期间,遇有降温降雪等恶劣天气,立即启动应急抢修预案。根据营运路队需要以及保修厂工作安排,及时提供早出车、防滑、抢修、抢拖等一切必要服务措施,确保线路畅通。

5. 工作间隙

(1)须遵守保修厂劳动纪律。不得喝酒、下棋、打牌等，不得做与工作无关的事情；不得大声喧哗、打闹；不得随意串岗、离岗。

(2)吃饭和休息须利用抢修工作间隙。

(3)按规定参加保修厂和班组组织的各项安全、技术技能培训学习，确保个人技术技能符合岗位操作要求；准时参加班组会议，认真领会保修厂工作要求。

6. 交班

(1)各班次维修工须按规定履行交接班手续，如实登记交班记录。

(2)交班前，须将工作场地卫生清理干净，并将各自的工具清点保管好。

(3)中班交班前，须将当日报修故障车全部抢修竣工，确保不留故障车过夜。如遇特殊情况要留故障车过夜，须及时电话报告厂办值班人员。

三、质量检查员岗位行为规范

1. 作业前

(1)须于班前20min到岗(长白班班前指8:00前；早班班前指6:00前；中班班前指14:00前)，打卡进行考勤登记。

(2)穿好工作服，做到着装整齐、干净。

(3)根据当日维护计划车型，选配齐全适合的检测量具、工具及各种记录表。

2. 作业中

(1)保前检验。

①班前10min到达工作场地。待维护车辆进场后，主动询问、倾听驾驶员对维护车辆技术状况的描述。

②结合驾驶员提供的车况，进行必要的试车检验及保前的尾气测试，确定车辆的附加作业项目；检查维护车辆附件是否齐全，如发现附件丢失或刮碰事故，及时登记并向厂分管调度或分管厂长请示是否补充或维修，并按规范填写《维护车辆入厂检验记录单》。

③例行车辆出入库互检制度，如实填写检查记录。

(2)过程检验。

①遵循质量第一的原则，根据二、三级维护规范和工艺要求，负责车辆维护作业全过程的质量检验，对必检项目认真检测到位，做好检验记录，详细填写数据(过程检验单)。

②监督各部位修理工执行维护规范和工艺要求，发现漏项及违规操作情况，及时制止加以整改，并做好检查记录。

③对照维护规范和工艺要求，对技工进行现场技术指导。对作业中出现的疑难问题、不确定故障等，须及时予以现场解决，不得敷衍应付。

④负责审核、签发领料单。对领用的新配件，应按维修标准进行技术检测，确保装车配件质量。对拆下的旧件按维修标准进行技术检测，对能继续使用的旧件循环利用，搞好修旧利废，降低材料消耗。

⑤坚持安全文明生产。牢记先安全后生产、不安全不生产原则，严格执行维护作业以及各种机电设备的安全操作规程。持证上岗，不得擅离工作岗位。监督、制止违反安全操作规

程的行为。监督落实油、水、工具、机件“四不落地”制度。

⑥团结协作，服从管理，听从指挥。主动配合厂质检员等质量、技术管理人员的检查，虚心接受质量监督和技术指导。按时保质保量完成保修厂安排的其他临时生产任务。

(3)竣工验收。

①按维护作业技术标准进行检查验收，合格后在安全部位点红漆予以质量确认。

②竣工验收完毕后，指挥修理工按工作标准要求落下保险千斤。

③进行路试，对维护后车辆的各部位性能进行路面检测试验。

④路试完毕后，进行各位部的二次调整，确保交文明达标车。

⑤进行尾气测试，合格后填写保后车辆尾气登记表并履行三方签字的交车制度。

3. 工间休息

(1)须遵守保修厂作息时间规定。11:30～12:00为午休时间。午休铃响后，方可买饭吃饭；午休结束铃响后，打卡进行考勤登记后，立即到达工作场地开始工作。

(2)午休时间须遵守保修厂劳动纪律，不得聚众下棋、打牌等，不得做与工作无关的事情，不得大声喧哗、打闹，不得随意串岗。

(3)按规定参加保修厂和班组组织的各项安全、技术技能培训学习，确保个人技术技能符合岗位要求；准时参加班组会议，认真领会保修厂会议精神，协助班组长贯彻落实保修厂工作要求。

4. 返修作业

(1)遇有返修，及时接修鉴定车辆故障情况，安排相关人员予以施修。

(2)针对返修情况如实填写返修情况分析表，并作为案例在班组内进行讨论，研究制定措施，杜绝类似返修再次发生。

四、考核标准

(1)班前迟到10min以内(含10min)，扣工资10元；迟到10～20min扣工资20元。上班后每迟到1min扣工资30元，一次或累计30min以上者，扣工资100元；无故不打卡或代打卡视为旷工。

(2)班前未按规定穿好工作服或着装不整齐、不干净者，未按规定准备好工具、量具及各种记录表影响检查工作的，每项次扣工资30元。

(3)非工作原因班前未到达工作场地及擅离工作岗位的，每次扣工资50元。

(4)车辆部位维护作业技术规范检查不到位，工作敷衍了事的，造成质量返修的，每次扣工资165元；情节严重者，调离检查员工作岗位。

(5)怠慢、抵触各级质量、技术管理人员的检查监督和技术指导的，不服从工作安排和管理、完不成保修厂工作任务的，不按规定填写相关检测记录的，每项次扣工资165元；情节严重者，调离检查员工作岗位。

(6)对拆下的旧件未按维修标准进行技术检测，致使可用旧件报废而造成浪费的，每次扣工资50元，并酌情按机件价格的25%或50%予以赔偿。对新件未按维修标准进行技术检测，因材料质量问题导致出现返修的，每次扣工资50元，并酌情按机件价格的75%或100%予以赔偿。

（7）油、水、工具、机件“四不落地”执行情况差，设备设施、总成及配件摆放杂乱，机件和工具混放以及维护车辆卫生不洁的，予以追究监管不力责任，每项次扣工资30元。

（8）违反保修厂作息时间规定，11:30前买饭吃饭的；午休结束铃响后，不按规定打卡的；未准时到达工作场地开始工作的；午休时间聚众下棋、打牌、喧哗、打闹以及随意串岗等做与工作无关的事情的；每项次扣工资50元。

（9）无故不参加保修厂和班组组织的各项安全、技术技能培训学习以及不参加班组会议者，每项次扣工资50元。

第二章　汽车机电基础

第一节　机械制图基础

一、投影基础

1. 图纸幅面和格式（GB/T 14689—2008）

（1）图纸幅面尺寸。GB/T 14689—2008 对图纸幅面的尺寸和格式做出了规定。图纸的基本幅面尺寸按表 2-1-1 的规定。

基本幅面尺寸　　表 2-1-1

幅面代号		A0	A1	A2	A3	A4
尺寸 $B\times L$		841×1189	594×841	420×594	297×420	210×297
边框	a	25				
	c	10				5
	e	20		10		

（2）图框的格式。各种幅面的图纸均应用粗实线画出图框。图框有两种格式，即不留装订边和留有装订边，如图 2-1-1 所示。应优先选用不留装订边的格式。

（3）标题栏（GB/T 10609.1—2008）。为使绘制的图样便于管理及查阅，每张图样都必须有标题栏。通常标题栏应位于图框的右下角，看图的方向应与标题栏的方向一致，如图 2-1-1所示。

GB/T 10609.1—2008 对标题栏的内容、格式和尺寸作了规定。图 2-1-2 列出了一种标题栏的格式、分栏和尺寸。制图作业建议使用图 2-1-3 所示的简易标题栏。

2. 比例（GB/T 14690—2008）

比例是指图样中图形与其实物相应要素的线性尺寸之比。比例分为原值、缩小、放大三种，画图时，应尽量采用 1∶1的比例。

每张图样都要在标题栏中注出所画图形采用的比例。

图样不论采用何种比例，在图样中标注的尺寸数值均为机件的实际尺寸，而与图样绘制的准确程度及比例大小无关，如图 2-1-4 所示。

3. 字体（GB/T 14691—2008）

图样上用文字填写标题栏和技术要求，用数字标注尺寸。汉字采用仿宋体字，字的大小按字号规定，字号代表字体的高度。字体的宽度约等于字体高度的 2/3。书写字体必须做到字体端正、笔画清晰、间隔均匀、排列整齐。写法示例如图 2-1-5 所示。

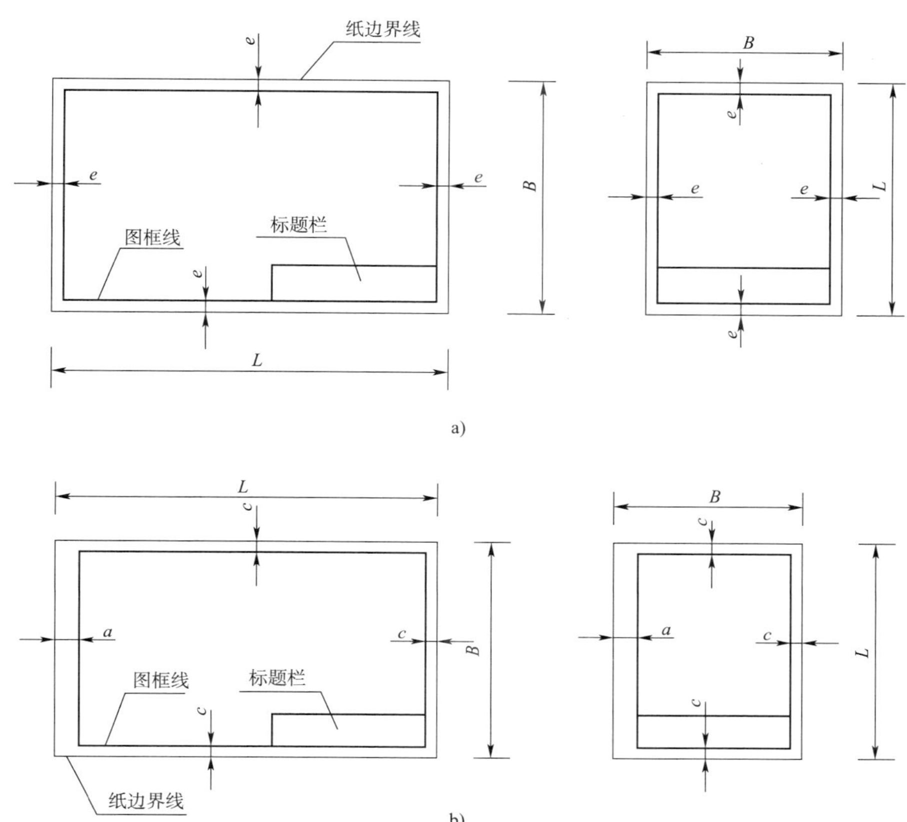

图 2-1-1 图框格式

a)不留装订边;b)留有装订边

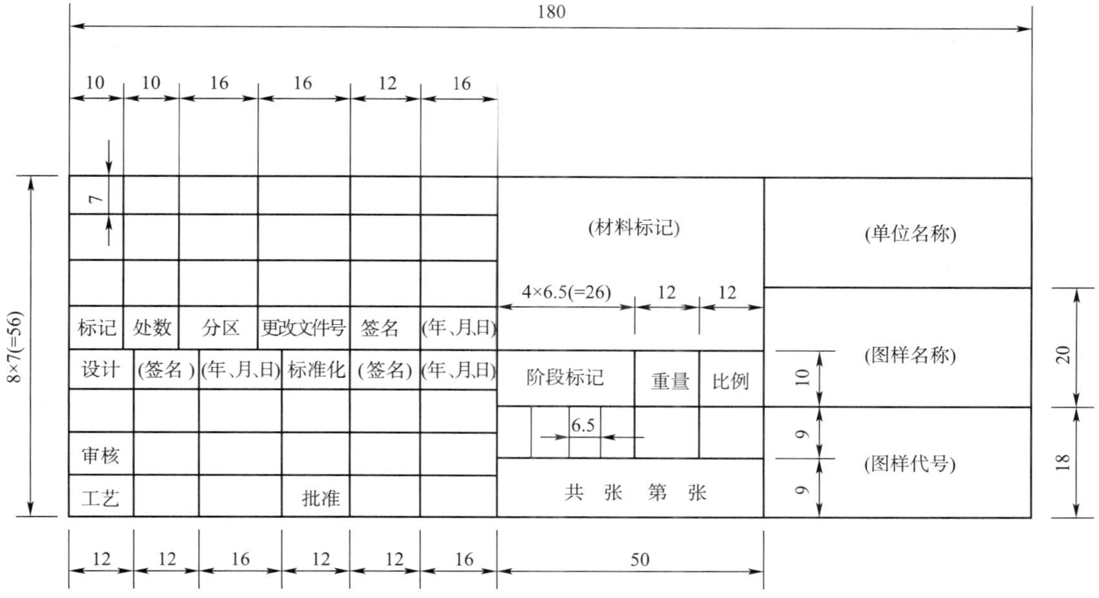

图 2-1-2 标题栏的格式和尺寸

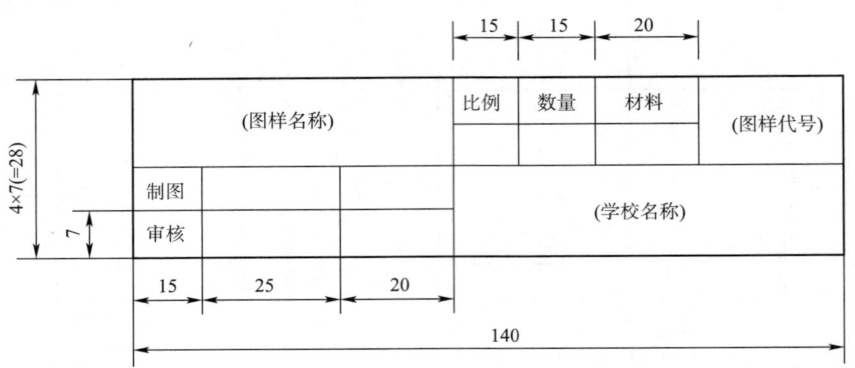

图 2-1-3　简易标题栏

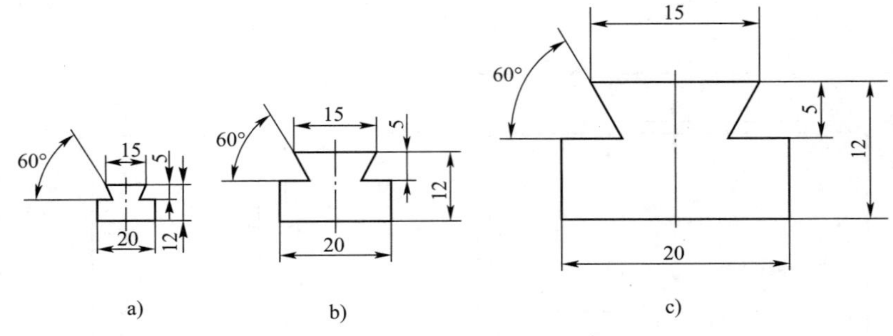

图 2-1-4　比例使用示例

a)1∶2;b)1∶1;c)2∶1

齿轮油泵 机用虎钳 减速箱

职业技术学院　机械制图　技术要求 说明

制图　审核　姓名 日期　比例 材料　数量　图号

图 2-1-5　长仿宋体字写法示例

4. 图线(GB/T 4457.4—2002、GB/T 17450—1998)

图线是构成图样的基本要素。表 2-1-2 列出了机械制图的图线形式及一般应用。图 2-1-6 所示为图线应用示例。

机械制图的图线形式及应用　　表 2-1-2

图线名称	图线形式及尺寸关系	代号	图线宽度	一般应用
粗实线	————	A	d	可见轮廓线
粗点画线	—·——·—	J	d	有特殊要求的线
细实线	————	B	约 $d/2$	尺寸线、尺寸界线、剖面线、引出线
细点画线	—·——·—	G	约 $d/2$	轴线、对称中心线

续上表

图线名称	图线形式及尺寸关系	代号	图线宽度	一般应用
双点画线	—·· —— ·· —	K	约 $d/2$	假想投影轮廓线
虚线	- - - - - - - - -	F	约 $d/2$	不可见轮廓线
双折线	—⁄\—⁄\—⁄\—	D	约 $d/2$	断裂处的边界线
波浪线	～～～	C	约 $d/2$	断裂处的边界线,视图和剖视图的分界线

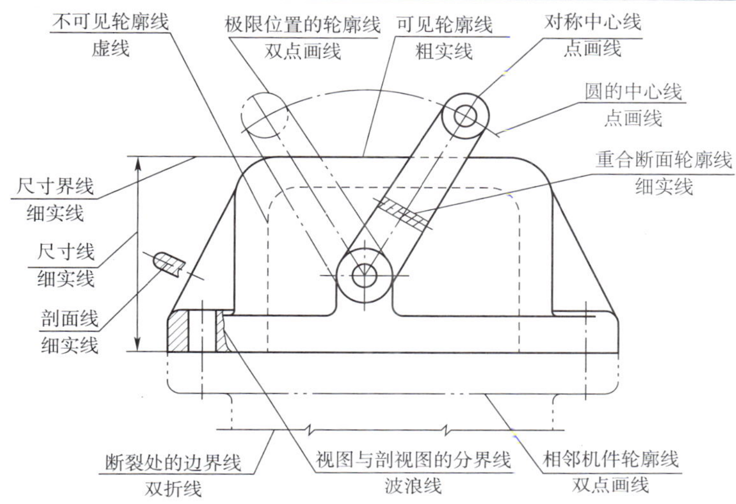

图 2-1-6 图线应用示例

粗实线的宽度 d 应根据图形的大小和复杂程度选取,一般取 0.5mm 或 0.7mm。

同一图样中,同类图线的宽度应基本一致。

5. 尺寸注法(GB/T 4458.4—2003、GB/T 16675.2—1996)

(1)基本规则。

①图样中的尺寸,当以毫米(mm)为单位时,不需标注单位符号和名称。如采用其他单位,则须注明相应的单位符号,如米(m)、厘米(cm)、度(°)等。

②机件的真实大小均应以图样中所注的尺寸数值为依据,与图形大小及绘图的准确度无关。

③机件的每一尺寸在图样中一般只标注一次,并应标注在反映其结构最清晰的图形上。

④图样中所标注的尺寸,为该所示机件的最后完工尺寸,否则应另加说明。

(2)尺寸数字、尺寸线和尺寸界线。一个完整的尺寸标注,是由尺寸数字、尺寸线、尺寸界线和箭头部分组成,如图 2-1-7 所示。

①尺寸界线。尺寸界线表示尺寸的度量范围,用细实线绘制,一般应与尺寸线垂直,应由图形的轴线、对称中心线和轮廓线引出作尺寸界线,如图 2-1-7 所示。也可利用图形的轮廓线作尺寸界线。

②尺寸线。尺寸线表示尺寸的度量方向和长度。尺寸线用细实线单独绘制,不能用其他图线代替,也不得与其他图线重合或在其延长线上,如图 2-1-8 所示。线性尺寸标注时,尺寸线必须与所标注的线段平行。当有几条相互平行的尺寸线需要标注时,大尺寸标注在外面,小尺寸标注在里面,尺寸线与轮廓线或两平行的尺寸线之间需留有适当的间隔(如 5 ~ 8mm)。

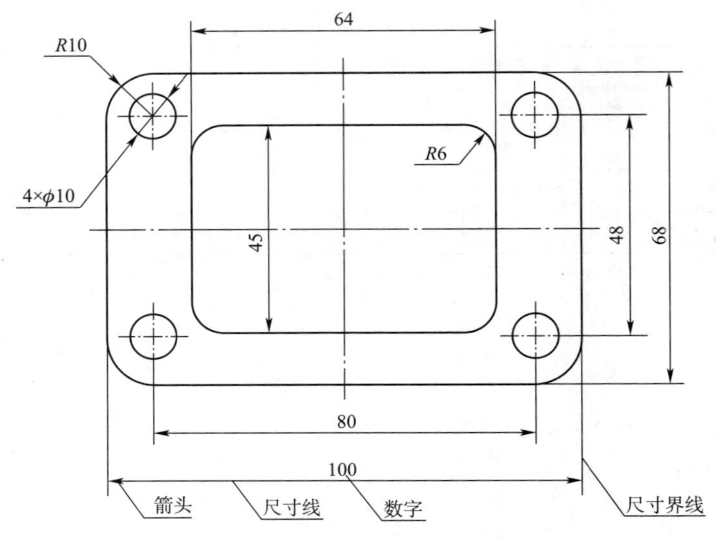

图 2-1-7 尺寸标注应用示例

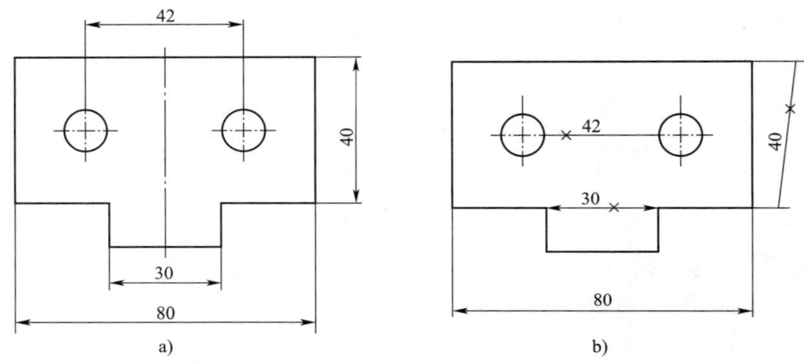

图 2-1-8 尺寸线应用示例
a)正确;b)错误

③尺寸数字。尺寸数字表示机件的实际大小。同一张图样上的尺寸数字的字高应一致,一般为 3.5 号字。尺寸数字一般应注写在尺寸线的中上方,且不允许被任何图线所通过,当无法避免时,必须将图线断开。

常用尺寸注法见表 2-1-3。

常用尺寸标注 表 2-1-3

项目	图 例	说 明
线性尺寸数字的注写方向	30° 18 30° a) 18 18 18 b)	(1)水平尺寸字头朝上,铅垂尺寸字头朝左,倾斜尺寸应保证字头朝上的趋势,如同左图 a)所示; (2)尽量避免存在左图 a)所示 30°范围内标注尺寸,当无法避免时,允许按左图 b)所示形式标注

续上表

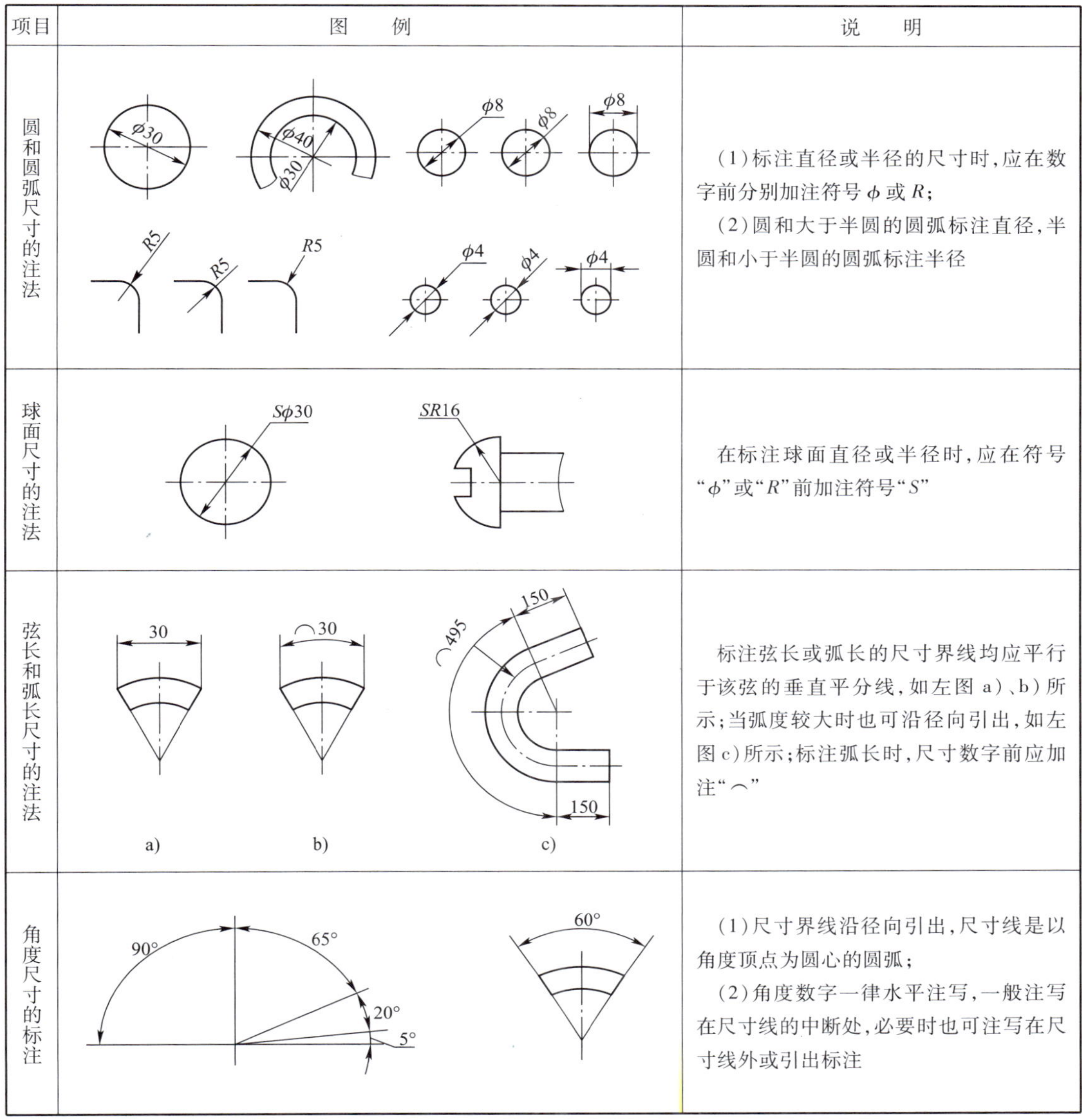

项目	图例	说明
圆和圆弧尺寸的注法		(1)标注直径或半径的尺寸时，应在数字前分别加注符号 φ 或 R； (2)圆和大于半圆的圆弧标注直径，半圆和小于半圆的圆弧标注半径
球面尺寸的注法		在标注球面直径或半径时，应在符号“φ”或“R”前加注符号“S”
弦长和弧长尺寸的注法	a) b) c)	标注弦长或弧长的尺寸界线均应平行于该弦的垂直平分线，如左图 a)、b) 所示；当弧度较大时也可沿径向引出，如左图 c) 所示；标注弧长时，尺寸数字前应加注“⌒”
角度尺寸的标注		(1)尺寸界线沿径向引出，尺寸线是以角度顶点为圆心的圆弧； (2)角度数字一律水平注写，一般注写在尺寸线的中断处，必要时也可注写在尺寸线外或引出标注

二、投影的基本知识

一个物体在光线的照射下，会在地上或墙上产生物体的影子，这种现象就是投影。如图 2-1-9 所示，将光源用点 *S* 表示，称为投影中心，光线 *SA*、*SB*、*SC*、*SD* 称为投影线，墙面称为投影面 *P*，过投影中心 *S* 和物体四边形 *ABCD* 各顶点作投射线 *SA*、*SB*、*SC*、*SD*，并延长与投影面 *P* 分别相交于 *a*、*b*、*c*、*d* 四点，则 *abcd* 就是物体 *ABCD* 经光线投影在投影面 *P* 上产生的影子，并将向投影面投影所得的影子(图形)称为视图。

1. 正投影法

如图 2-1-10 所示，将投影中心的光源 *S* 移至无穷远处，投影线都相互平行，且投影线垂直于投影面,在投影面上做出物体投影的方法称正投影法,按正投影法得到的投影称为正投影。

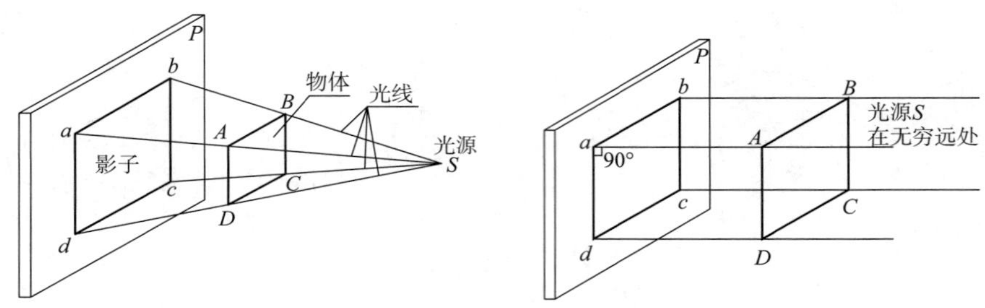

图 2-1-9　中心投影法　　　图 2-1-10　正投影法

由图 2-1-10 可知,当物体四边形 $ABCD$ 平行于投影面时,无论其离投影面 P 有多远,它的投影四边形 $abcd$ 与物体四边形 $ABCD$ 都是相同的。由于正投影得到的投影图能真实表达空间物体的形状和大小,度量性好,作图比较方便,所以在机械制图中得到广泛应用。本章中将“正投影”简称为“投影”。

应该指出:投影不同于一般的影子,它不仅反映物体的外轮廓,而且还反映围成这个物体的各面、各棱线。

2. 正投影的基本性质

1)真实性

直线或平面平行于投影面,投影反映直线的实长或平面的实形,这种投影特性称为真实性,如图 2-1-11a)所示。

2)积聚性

直线或平面垂直于投影面,直线的投影积聚成点,平面的投影积聚成直线,这种投影特性称为积聚性,如图 2-1-11b)所示。

3)类似收缩性

直线或平面倾斜于投影面,直线的投影是小于实长的直线,平面的投影是小于实际大小的平面(且多边形的边数和平行关系不变),这种投影特性称为类似收缩性,如图 2-1-11c)所示。

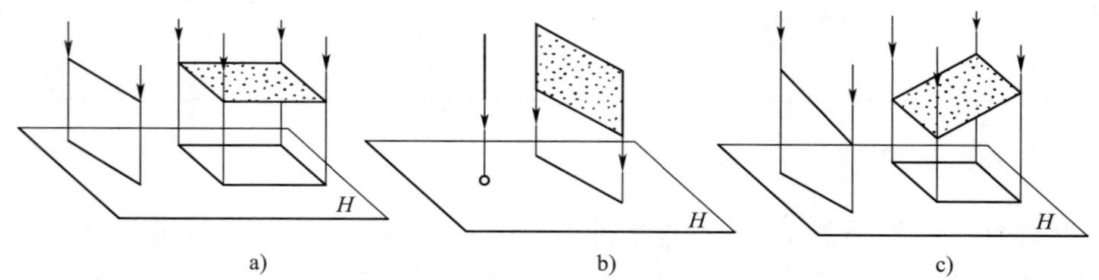

图 2-1-11　正投影的基本性质

3. 三视图的形成及投影规律

如图 2-1-12 所示,三个形体在同一个方向的投影完全相同,但三个形体的空间结构却不相同。可见,只用一个方向的投影来表达形体形状是不够的,一般必须将形体向几个方向投影,才能完整、清晰地表达出形体的形状和结构。

1）三投影面体系及三视图的形成

（1）三投影面体系。三投影面体系采用以下的名称和标记：正对着我们的正立投影面称为正面，用 V 标记（也称 V 面）；水平位置的投影面称为水平面，用 H 标记（也称 H 面）；右边的侧立投影面称为侧面，用 W 标记（也称 W 面）。投影面与投影面的交线称为投影轴，分别以 OX、OY、OZ 标记，三根投影轴的交点 O 称为原点。

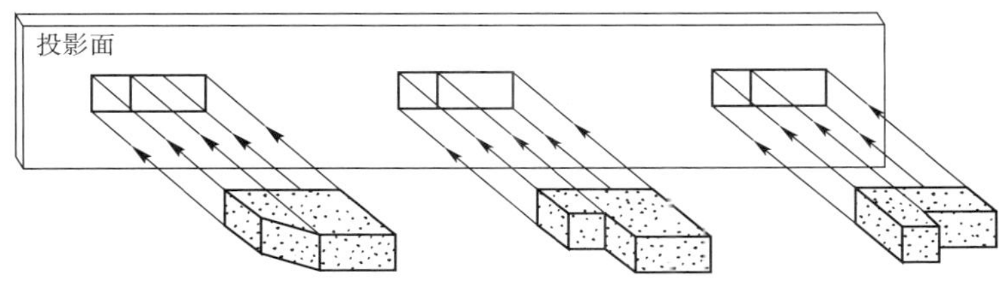

图 2-1-12　一个投影不能确定形体的形状和结构

三投影面体系是由三个互相垂直的投影面组成，如图 2-1-13 所示。

（2）三视图的形成。如图 2-1-14a）所示，首先将形体放置在 V、H、W 三投影面体系中，然后分别向三个投影面作正投影。如图 2-1-14b）所示，为了作图和表示的方便，将空间三个投影面展开摊平在一个平面上，即得图 2-1-14c）所示形体的三面投影图。

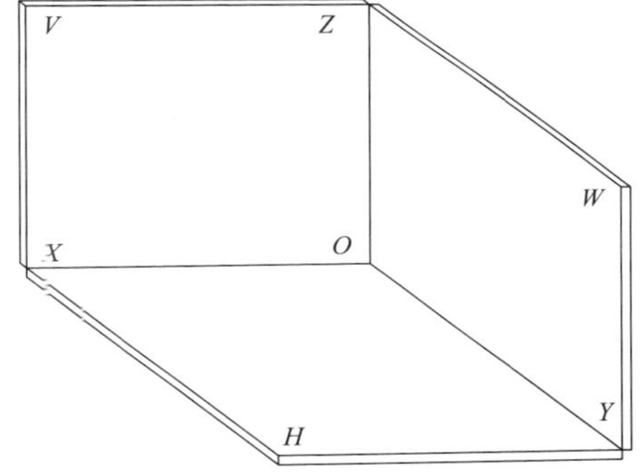

图 2-1-13　三投影面体系

工程上，习惯将投影图称为视图，V 面投影图称为主视图；H 面投影图称为俯视图；W 面投影图称为左视图。

形体在三投影面体系中的摆放位置应注意以下两点：

①应使形体的多数表面（或主要表面）平行或垂直于投影面（形体正放）。

②形体在三投影面体系中的位置一经选定，在投影过程中不能移动或变更，直到所有投影都进行完毕。

2）三视图的投影规律

三视图之间、形体和三视图之间存在着下列投影规律。

（1）三视图之间的位置关系。俯视图在主视图的正下方，左视图在主视图的正右方。这种位置关系在一般情况下是不允许变动的。

（2）视图之间的对应关系分析如图 2-1-15 所示，归纳如下：

①每个视图所反映的形体尺寸情况 。

a. 主视图——反映了形体上下方向的高度尺寸和左右方向的长度尺寸。

b. 俯视图——反映了形体左右方向的长度尺寸和前后方向的宽度尺寸。

c. 左视图——反映了形体上下方向的高度尺寸和前后方向的宽度尺寸。

②视图之间的尺寸对应关系。根据每个视图所反映的形体的尺寸情况及投影关系，有：

a. 主、俯视图中相应投影（整体或局部）的长度相等，并且对正。

b. 主、左视图中相应投影（整体或局部）的高度相等，并且平齐。

c. 俯、左视图中相应投影（整体或局部）的宽度相等。

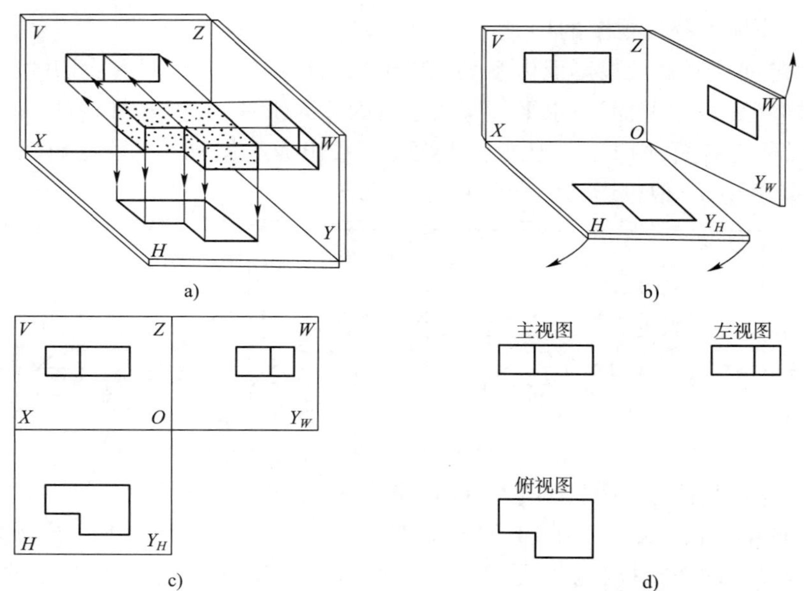

图 2-1-14 三视图的形成

a)直观图;b)按箭头所示的方向展开投影面;c)投影面展开后的投影图;d)三视图

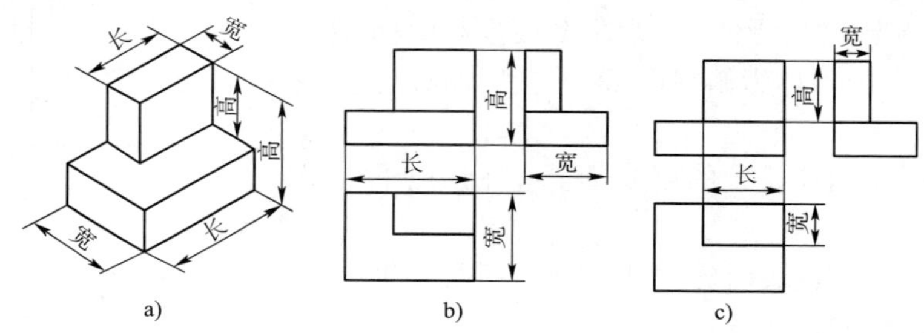

图 2-1-15 视图之间的对应关系

a)形体的长、宽、高;b)总体“三等”; c)局部“三等”

这就是今后画图或看图中要时刻遵循的“长对正,高平齐,宽相等”规律。

③形体与视图的方位关系。形体在空间的六个方位如图 2-1-16a)所示,三视图所反映的形体的方位如图 2-1-16b) 所示。

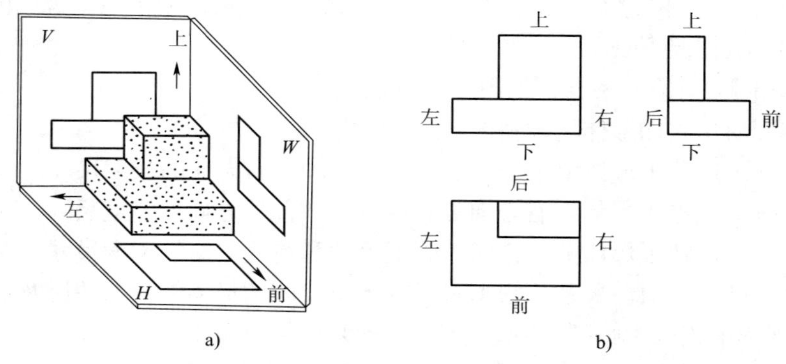

图 2-1-16 形体与视图的方位关系

a)直观图;b)三视图

其规律是主视图反映形体的上、下、左、右方位，俯视图、左视图中远离主视图的一方反映形体的前方。

4. 零件的表达方式

为了完整、清晰、简捷地表达零件的内外形状，制图标准中规定了一系列的表达方法。本节介绍常用的表达方法。

1）视图

视图主要用于表达零件的外形结构，包括基本视图、向视图、局部视图和斜视图。

（1）基本视图。国家标准规定用正六面体的六个面作为基本投影面，将机件放在其中，分别向六个基本投影面投影所得的视图称为基本视图，如图 2-1-17a）所示。基本投影面的展开方法如图 2-1-17b）所示，正投影面不动，其他投影面均按图示方向展开。展开后各视图的名称及配置如图 2-1-18 所示。基本视图在同一张图样内不标注视图的名称。

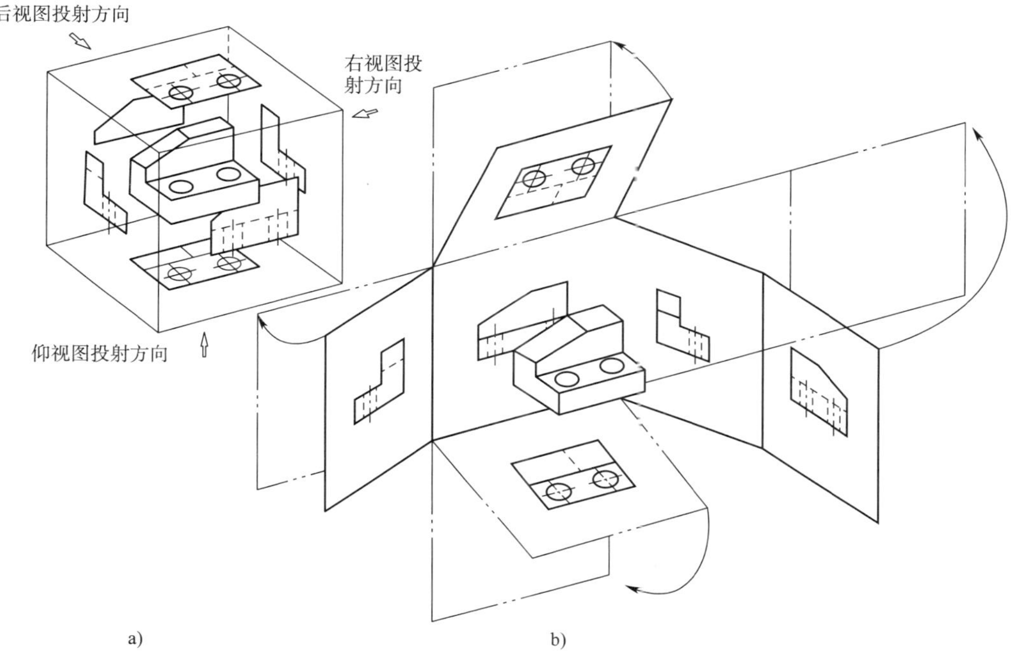

图 2-1-17 基本视图的概念

六个基本视图中，除前面所讲过的主视图、俯视图和左视图外，还有三个视图：

右视图——由右向左投射所得的视图；

后视图——由后向前投射所得的视图；

仰视图——由下向上投射所得的视图。

六个基本视图之间与三视图一样，仍应符合投影规律，即“主、俯、仰视图长对正；主、左、右、后视图高平齐；俯、左、右、仰视图宽相等”。由基本视图的展开过程可知，除后视图外，其他视图靠近主视图的一边是机件的后面，远离主视图的一边是机件的前面。应当注意：主视图和后视图反映机件上、下位置关系一致，但左、右位置恰恰相反。

实际画图时，一般机件不需要全部画出六个基本视图，而是根据机件的形状特点，选择其中的几个基本视图来表达机件的形状。

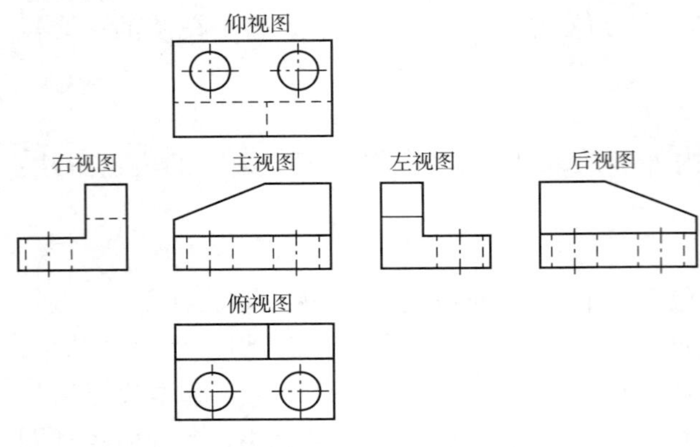

图 2-1-18 基本视图的配置

(2)向视图。向视图是可自由配置的视图,即基本视图不按展开后的位置配置称为向视图。向视图必须标注,标注的方法是:在向视图的上方标注“X”(X 为一大写拉丁字母)附近用箭头指明投射方向,并标注相同的字母,如图 2-1-19 所示。

(3)局部视图。如图 2-1-20 所示的机件,用主视图、俯视图两个基本视图已把主体结构表达清楚,只有箭头所指的两个凸台的形状尚未表达清楚,如果再画出左视图和右视图则大部分重复,若仅画出所需要表达的部分,则简单明了。这种只将机件的某一部分向基本投影面投射所得的视图称为局部视图。

局部视图不仅减少了画图的工作量,而且重点突出,表达比较灵活。但局部视图必须依附于一个基本视图,不能独立存在。

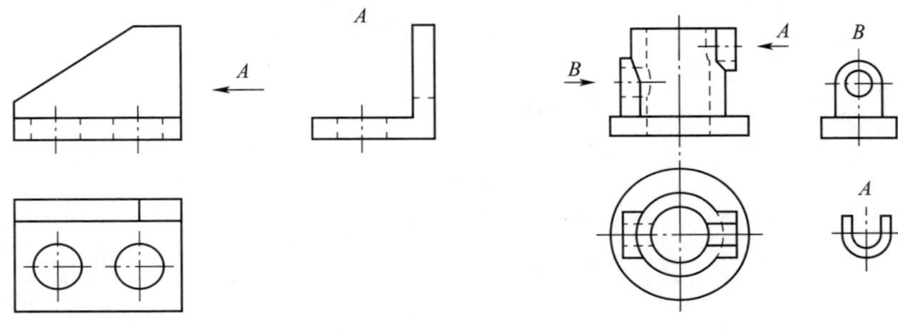

图 2-1-19 向视图　　图 2-1-20 局部视图

画局部视图应注意以下几点:

①局部视图只画出需要表达的局部形状,其范围可自行确定。

②局部视图的断裂边界用波浪线表示,波浪线要画在机件的实体部分,但当所表达的局部结构是完整的并且外轮廓线自行封闭时,波浪线可省略不画。

③局部视图按基本视图配置,不标注;按向视图配置,应与向视图一样进行标注。

(4)斜视图。如图 2-1-21 所示,当机件的表面与基本投影面倾斜时,在基本投影面上就无法反映其真实形状,为了表达倾斜表面的真实形状,可以选用一个平行于倾斜面并垂直于某一个基本投影面的平面为投影面,画出其视图。这种将机件向不平行于基本投影面的平面投射所得的视图称为斜视图。

画斜视图时应注意以下几点:

①斜视图只要求画出倾斜部分的真实形状,其余部分不必画出。斜视图的断裂边界用波浪线表示,波浪线的画法与局部视图相同。

②斜视图通常按向视图的配置形式配置并标注。

③必要时,允许将斜视图旋转配置,但应标注。

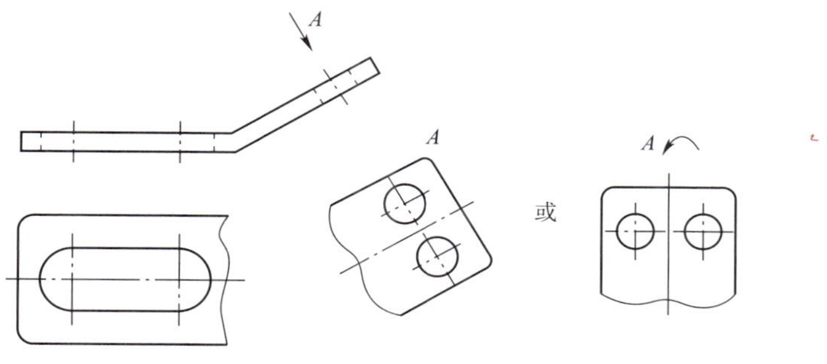

图 2-1-21　斜视图

2）剖视图

（1）剖视图的概念。假想用剖切平面剖开机件，将处在观察者和剖切平面之间的部分移去，而将其余部分向基本投影面投射所得的图形称为剖视图（简称剖视），如图 2-1-22a）所示。

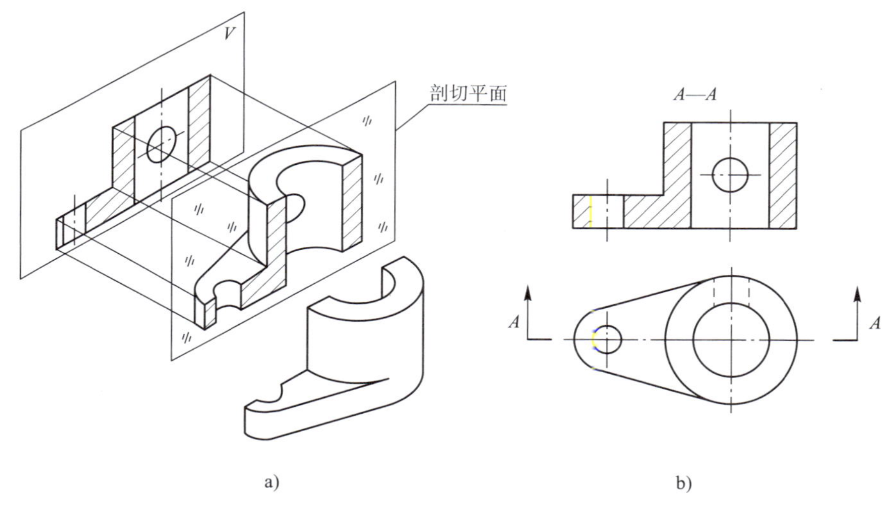

图 2-1-22　剖视图的形成与画法

a）剖视图的概念；b）剖视图的画法与标注

（2）剖视图的画法与标注。

①画剖视图的步骤。

a. 确定剖切位置。为了表达机件内部结构的真实形状，剖切面的位置一般应平行于投影面，且与机件内部结构的对称面或轴线重合。图 2-1-22 中剖切面是通过机件前、后对称平面的正平面。

b. 画剖视图轮廓线。先画剖切面与机件接触部分的轮廓线，然后再画剖切面后可见轮廓线。在剖视图中凡剖切面切到的断面轮廓以及剖切面后的可见轮廓，都要用粗实线画出。

c. 在剖切面与机件接触的断面处画上剖面符号，如图 2-1-22b）所示。剖面符号表示机件的材料，国家标准规定的常用剖面符号见表 2-1-4。在绘制机械图样时，用得最多的是金属材料的剖面符号。

②视图的标注。如图 2-1-22b）所示，标注中应注明剖切位置、投射方向和剖视图的名称。

常用的剖面符号　　表 2-1-4

材　料		剖面符号	材　料	剖面符号
金属材料 （已有规定剖面符号者除外）			胶合板 （不分层数）	
线圈绕组元件			基础周围的混土	
车子、电枢、变压器和电抗器等的迭钢片			混凝土	
非金属材料 （已有规定剖面符号者除外）			钢筋混凝土	
型砂、填砂、粉末冶金、砂轮、陶瓷刀片、硬质合金刀片等			砖	
玻璃及供观察用的其他透明材料			格网 （筛网、过滤网等）	
木材	纵剖面		液体	
	横剖面			

a. 剖切位置和投射方向。用剖切符号表示。剖切符号是标明剖切面起、迄和转折位置及投射方向的符号。剖切位置用粗实线绘制，长度为 5 ~ 10mm，投射方向用箭头表示。箭头画在剖切位置线的外端并与剖切位置线垂直。绘图时，剖切符号不宜与轮廓线接触。

b. 剖切符号的编号。其宜采用阿拉伯数字或拉丁字母，若有多个剖视图，应按顺序由左至右、由上至下连续编号，编号应写在剖视方向线的端部，并一律水平书写。

c. 剖视图的名称。它与剖切符号的编号对应，剖视图的名称写在相应剖视图的上方，注出相同的两个字母或数字，中间加一条细实线，如“*A*—*A*”、“1—1”。

③画剖视图应注意的问题。

a. 明确剖切是假想的。剖视图是假想把机件剖切后所画的图形，除剖视图外，其余视图仍应完整画出。

b. 不要漏线。剖视图不仅应该画出与剖切面接触的断面形状，而且还要画出剖切面后的可见轮廓线，如图 2-1-23 所示。

c. 合理地省略虚线。用剖视图配合其他视图表示机件时，已表示清楚的结构不画虚线。

d. 正确绘制剖面材料符号。同一机件各剖视图上的剖面符号要一致。

（3）常见的几种剖视图。在生产设计中，应根据机件的特点，选择适当的剖切方法和剖切范围来表达机件的内部结构，这样所画出的剖视图实际上是不同的剖切方法与不同种类剖视图的组合。下面介绍几种常用的剖视图。

①全剖视图（简称全剖图）。用剖切面把机件完全剖开所得的剖视图称为全剖视图，图 2-1-23 所示的剖视图均为全剖视图。

全剖视图一般要标注，但当剖视图按投影关系配置，中间又没有其他图形隔开时，可以省略箭头；当剖切平面通过机件的对称平面，且剖视图按投影关系配置，中间又没有其他图形隔开时，不必标注。

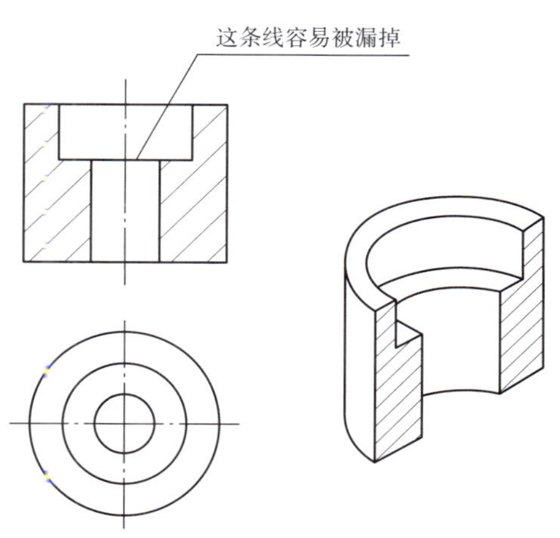

图 2-1-23　剖视图中容易被漏掉的图线

②半剖视图（简称半剖视）。当机件具有对称平面时，用剖切平面把机件完全剖开，向垂直于对称面的投影面上投射，以对称线为界，一半画成剖视图，一半画成视图，这样组合的图形称为半剖视图，如图 2-1-24 所示。

画半剖视图时应注意以下几点：

a. 在半剖视图中，半个剖视图和半个视图的分界线必须用细点画线画出，不能与可见轮廓线重合。

b. 由于所表达的机件是对称的，所以在半视图中应省略表示内部形状的虚线。

c. 剖视部分习惯上画在机件的右边或前面。

d. 单一半剖视图的标注方法与全剖视图相同。

e. 在单一半剖视图中，标注只画出一半结构的尺寸时，只在画出的一端绘制尺寸界限，尺寸线应超过对称中心线，无尺寸界限的一端不画箭头，如图 2-1-25 中所示的 $\phi65$、$\phi30$。

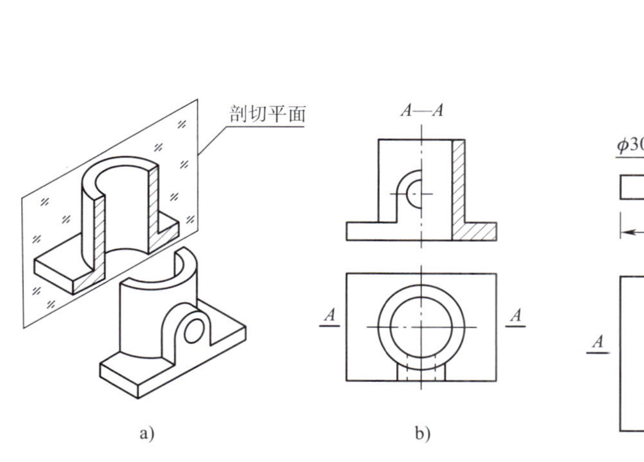

图 2-1-24　半剖视图

a）形体分析；b）半剖视图的画法与标注

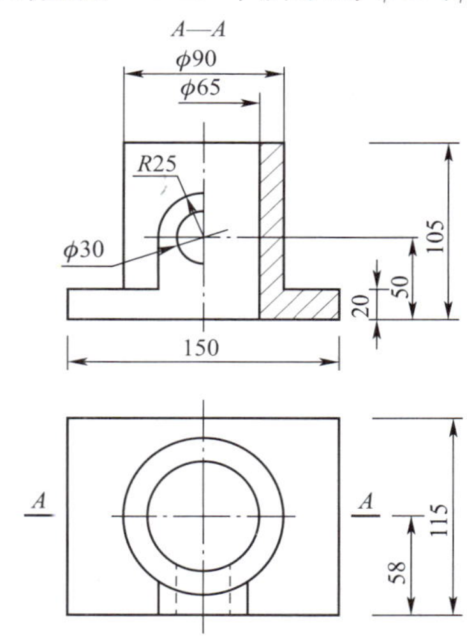

图 2-1-25　半剖视图的尺寸注法

③局部剖视图（简称局部剖视）。用剖切平面把机件局部剖开所得的剖视图称为局部剖视图，如图 2-1-26 所示。局部剖视图的剖切范围，即视图与剖视图的分界线用波浪线表示，画法思路同半剖视图。

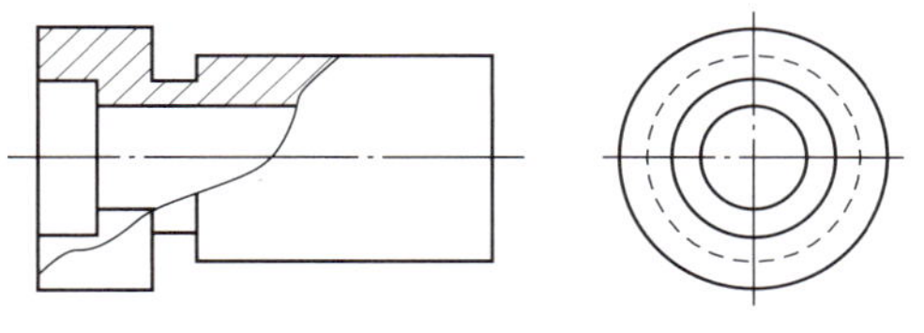

图 2-1-26　局部剖视图

画局部剖视图时应注意以下几点：

a. 波浪线是假想断裂面的投影，要画在机件的实体部位，不应画在孔洞处或图形之外，并且不能与图形中的轮廓线重合或画在轮廓线的延长线上。

b. 当剖切平面的剖切位置明显时，局部剖视不必标注。

④阶梯全剖视图。用两个或两个以上相互平行的平面把机件全部剖开所得的剖视图称为阶梯全剖视图（简称阶梯剖视），如图 2-1-27 所示。

图 2-1-27 所示是用两个相互平行的剖切平面依次通过两个孔的轴线剖开机件，从而得到的阶梯全剖视图。

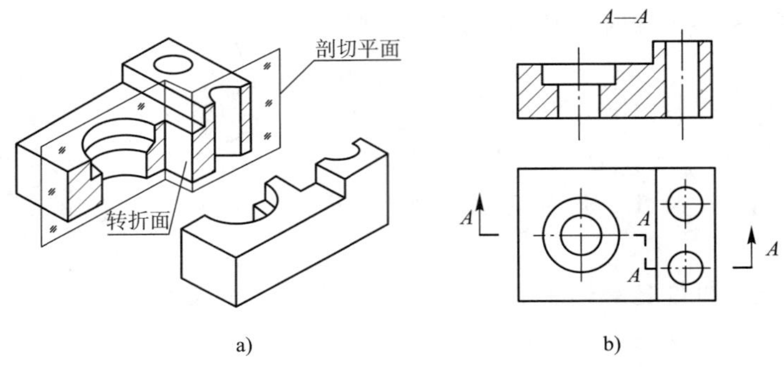

图 2-1-27　阶梯全剖视图

a）形体分析；b）阶梯全剖视图的画法与标注

画阶梯全剖视图时应注意以下几点：

a. 剖切平面的转折处不应与视图中的轮廓线重合，在剖视图上不应画出两剖切平面转折处的投影。

b. 阶梯全剖视图必须进行标注，标注的基本方法同全剖视图，不同的是每个剖切面和转折面都应画出剖切位置，一般每处注写一个字母。

⑤旋转全剖视图。用两个相交的剖切平面将机件全部剖开所得的剖视图称为旋转全剖视图（简称旋转剖视），如图 2-1-28 所示。

画旋转全剖视图时，一定要将倾斜剖切平面剖切到的结构先旋转至平行于预定的基本投影面后，再作投影。

画旋转全剖视图应注意以下几点：

a. 剖切平面的交线应与机件上的公共回转轴线重合，并应先切后转。

b. 旋转全剖视图的标注规定与阶梯全剖视图相同。

c. 剖切平面后的其他结构，一般仍按原来位置投影，如图 2-1-29 所示。

3）断面图

（1）断面图的概念与分类。假想用剖切面将机件的某处切断，仅画出断面的图形称为断面图。断面图不包括剖切面后的轮廓，这是它与剖视图的不同点，如图 2-1-30 所示。

断面图根据画在图上的位置不同，分为移出断面和重合断面两种。

（2）移出断面图的画法与标注。

①移出断面图的画法要点。画在视图之外的断面称为移出断面图。移出断面轮廓线用粗实线绘制。

移出断面图画法的特殊规定：当剖切平面通过回转面形成的孔或凹坑的轴线或通过非

回转孔会导致出现完全分离的断面时，这些结构按剖视图要求绘制，如图 2-1-31a）所示。

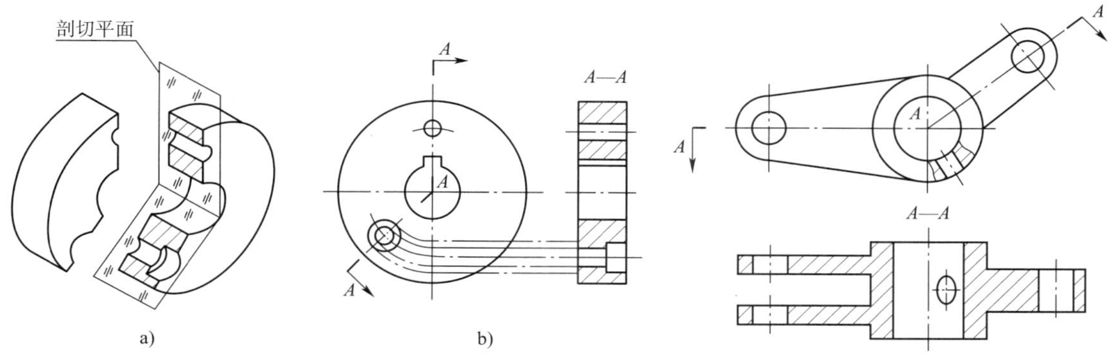

图 2-1-28 旋转全剖视图

a）形体分析；b）旋转全剖视图的画法与标注

图 2-1-29 剖切平面后其他结构的处理

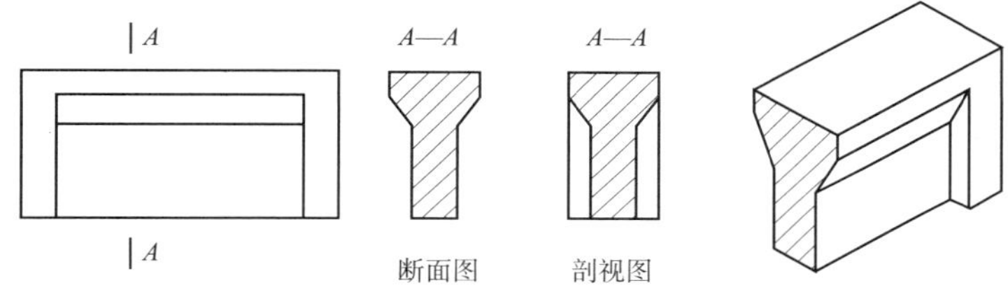

图 2-1-30 断面图与剖视图的区别

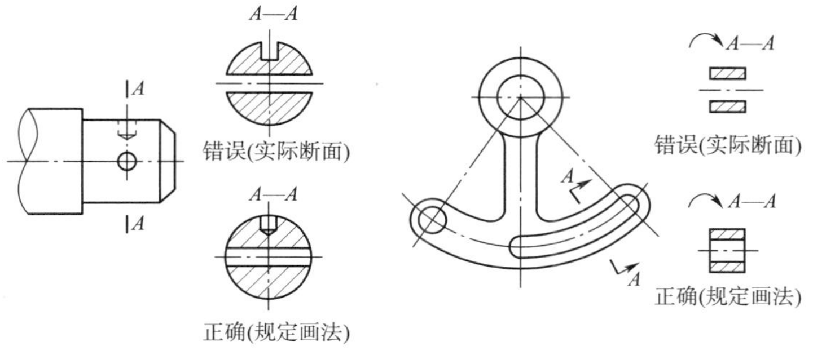

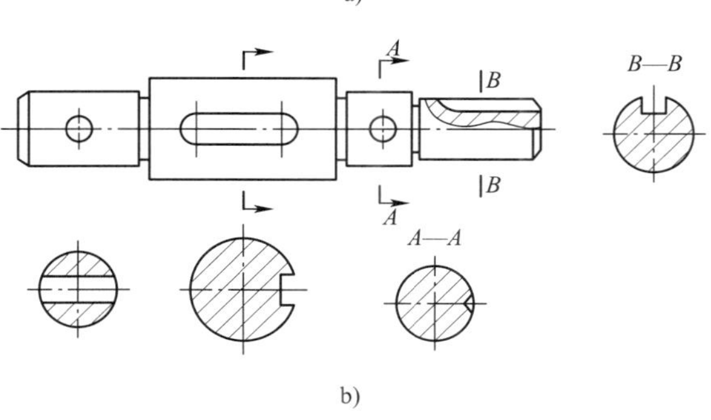

b)

图 2-1-31 移出断面图

a）移出断面图画法的特殊规定；b）移出断面图的配置与标注

②移出断面图的配置与标注。移出断面图配置在剖切线的延长线上或其他适当的位置。

移出断面图的标注方法与剖视图相同，但省略标注的条件和要求不同，如图 2-1-31b）所示。具体规定如下：

a. 不标注。配置在剖切线延长线上的对称移出断面图和配置在视图中断处的对称移出断面图，均不必标注。

b. 省略箭头。没有配置在剖切线延长线上的对称移出断面图和按投影关系配置的移出断面图，不必标注箭头。

c. 省略字母。配置在剖切线延长线上的不对称剖面，不必标注字母。

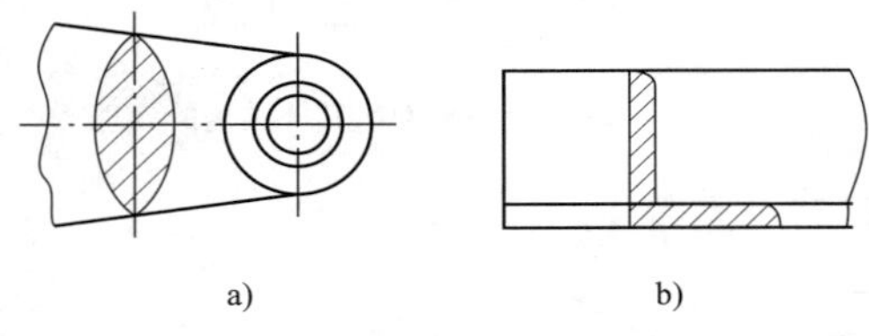

图 2-1-32 重合断面图
a）对称的重合断面；b）不对称的重合断面

（3）重合断面图的画法与标注。

①重合断面图的画法要点。画在机件视图轮廓之内的断面称为重合断面图。重合断面图的轮廓线规定用细实线绘制。当视图中的轮廓线与重合断面的图形重合时，视图中的轮廓线仍连续画出，不可间断，如图 2-1-32 所示。

②重合断面图的配置与标注。重合断面图配置在剖切位置处。对称的重合断面图不必标注，不对称的重合断面图可省略标注。

4）其他表达方法

（1）局部放大图。如图 2-1-33 所示，这种将机件上的部分结构，用大于原图形所采用的比例画出的图形称为局部放大图。局部放大图可以画成视图、剖视图、断面图，与被放大部分的表达方法无关。

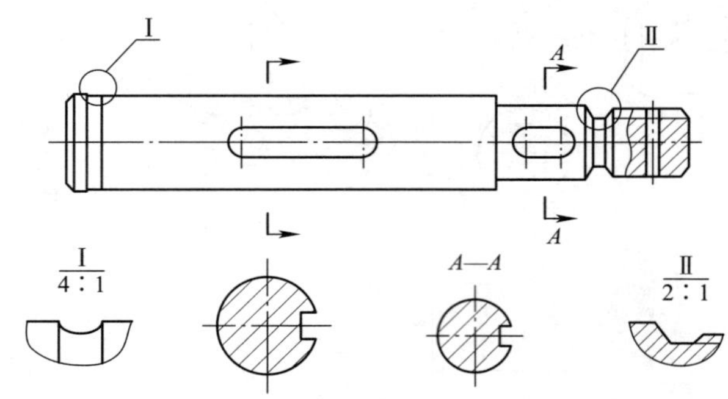

图 2-1-33 局部放大图

局部放大图应尽量配置在被放大部位的附近。局部放大图必须标注，方法是：在视图中，将放大的部位用细实线圈起来，然后在局部放大图的上方注出绘图比例；当机件上有几个需要放大的部位时，必须在视图上用罗马数字顺序标记，在局部放大图的中上方采用分式形式标注，分子注相应的罗马字母，分母注局部放大图的比例。

注意：局部放大图上标注的比例，是指局部放大图中机件要素的线性尺寸与实际机件的线性尺寸之比，而不是与原图形之比。

（2）简化画法。为提高绘图的效率和图样的清晰度，绘图时可采用制图标准规定的简化画法。在这里介绍几种常用的简化画法。

①为了节省绘图时间和合理利用图幅，在不致引起误解时，对于对称结构的视图可只画1/2或1/4，并在对称中心线的两端画出两条与其垂直的平行细实线（对称符号），如图2-1-34所示。

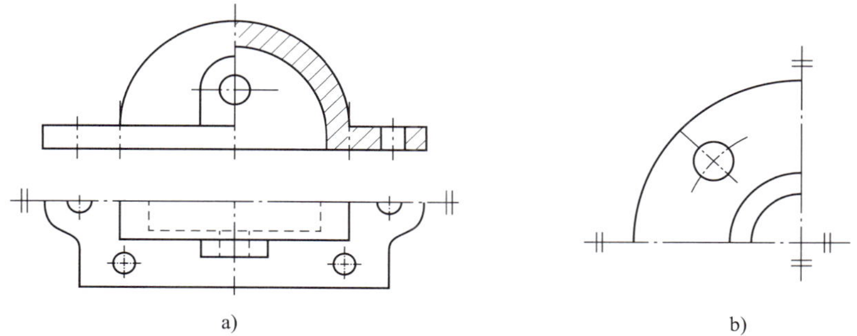

图2-1-34　对称机件的省略画法

a）对称结构的视图可只画1/2；b）对称结构的视图可只画1/4

②当机件具有若干相同结构（如齿、槽等）并按一定规律分布时，只需画出几个完整的结构，其余用细实线连接，如图2-1-35所示。

③机件上若干直径相同且成规律分布的孔，可以仅画出一个或少量几个，其余只需用细点画线表示其中心位置，如图2-1-36所示。

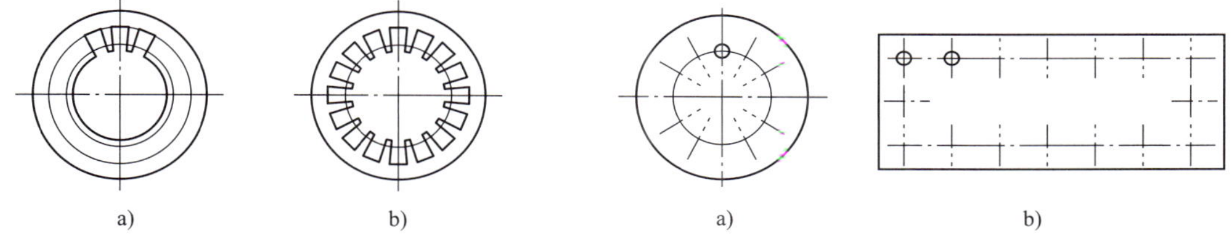

图2-1-35　按一定规律分布的齿、槽等相同结构的简化画法

a）简化后；b）简化前

图2-1-36　按一定规律分布的相同直径孔的简化画法

a）环形成规律分布的等直径孔；b）矩形成规律分布的等直径孔

④在不引起误解时，图形中用粗实线绘制的相贯线可以用直线或圆弧代替非圆曲线，也可用模糊画法表示相贯线，如图2-1-37a）、b）所示。图形中用细实线绘制的过渡线（表面相交处有圆角存在，使表面的相贯或变得不太明显，这种线称为过渡线，其画法与相贯线的画法基本相同，只是两端不再与机件的轮廓线接触）可以用直线或圈弧代替非圆曲线，如图2-1-37c）所示。

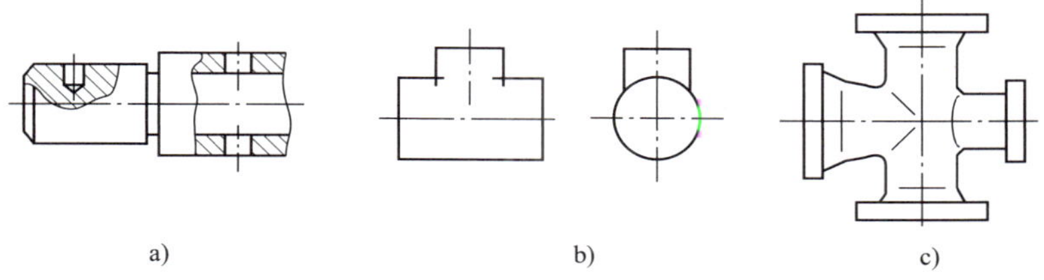

图2-1-37　相贯线和过渡线的简化画法

a）非圆曲线相贯线用直线代替；b）非圆曲线相贯线用模糊画法表示；c）非圆曲线过渡线用细实线绘制

⑤画各种剖视图时，对于机件上的肋、轮辐及薄壁等，如按纵向剖切，这些结构都不画剖面符号，而用粗实线将它与邻接部分分开。当机件回转体上均匀分布的肋、轮辐、孔等结构不处于剖切平面上时，可将这些结构旋转到剖切平面上画出，如图2-1-38所示。

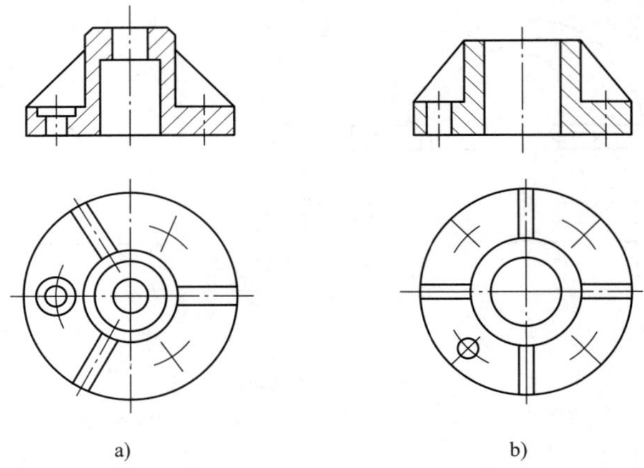

图2-1-38 回转体上均匀分布孔和肋、轮辐、薄壁等在剖视图中的画法
a）示例一；b）示例二

⑥较长的机件如轴、杆、型材、连杆等，沿长度方向的形状不变或按一定规律变化时，可断开后缩短绘制，如图2-1-39所示。

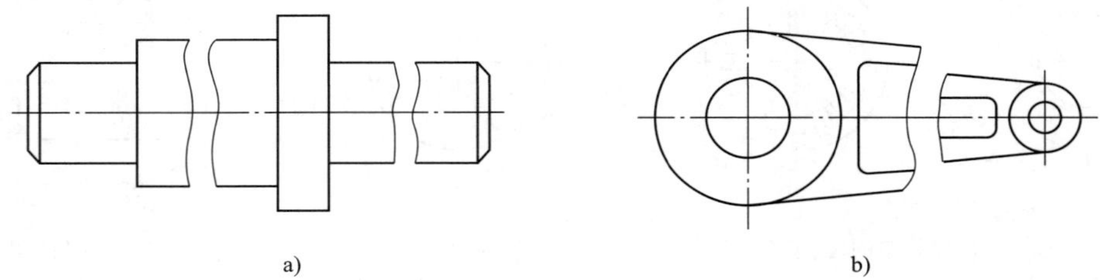

图2-1-39 较长机件的简化画法
a）机件沿长度方向的形状不变；b）机件沿长度方向的形状按一定规律变化

⑦当回转体机件上的平面在图形中不能充分表示时，可用两条相交的细实线表示这些平面，如图2-1-40所示。

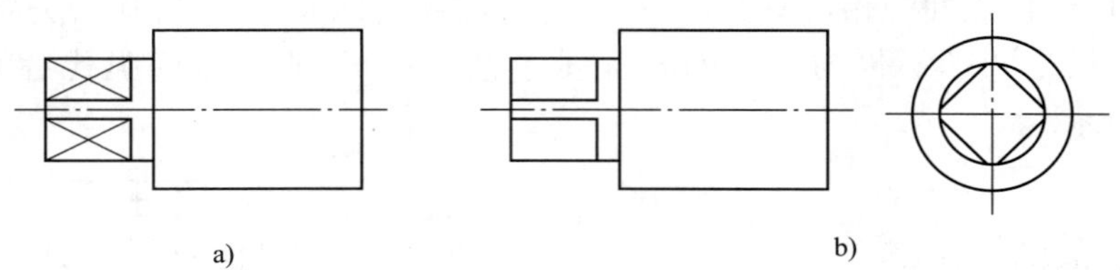

图2-1-40 回转体机件上平面的表示方法
a）简化后；b）简化前

⑧机件上的滚花结构，一般采用在轮廓附近用细实线局部画出的方法表示，也可省略不画，如图2-1-41所示。

5. 常用零件的画法

汽车组装过程中，经常要大量用到一些通用零件，如起连接作用的螺纹紧固件、用于定

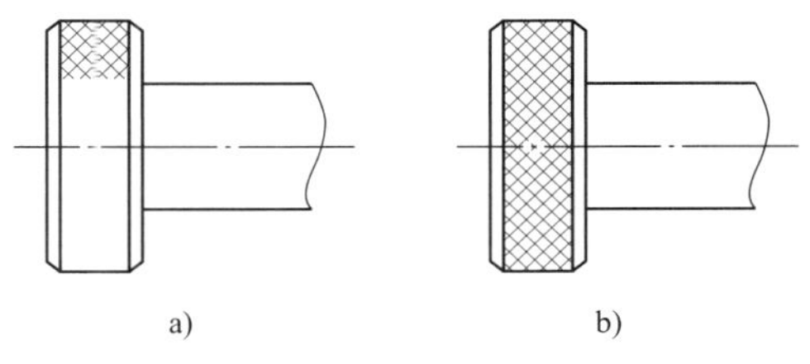

图 2-1-41　滚花结构的简化画法
a)简化后;b)简化前

位的销、支承轴用的滚动轴承、起传递动力用的变速齿轮等。为了便于制造和使用,将它们的结构、尺寸画法等全部标准化或部分主要参数标准化、系列化,前者称为标准件,后者称为常用件。国家标准制定了各种标准件的标准和常用件的部分结构标准,同时还规定了它们的简化画法。

1)螺纹及其固定件

螺纹有内螺纹和外螺纹两种,只有在牙型、公称直径(大径、小径和中径)、螺距、线数和旋向五个要素完全相同时,内、外螺纹才能配合。牙型是通过螺纹轴线剖切后所得到的剖面形状;大径为螺纹的公称直径,是指与外螺纹牙顶或内螺纹牙底相重合的假想圆柱面的直径;小径是指与内螺纹牙顶或外螺纹牙底相重合的假想圆柱面的直径;中径是指牙型上沟槽和凸起宽度相等地方的直径,如图 2-1-42 所示。

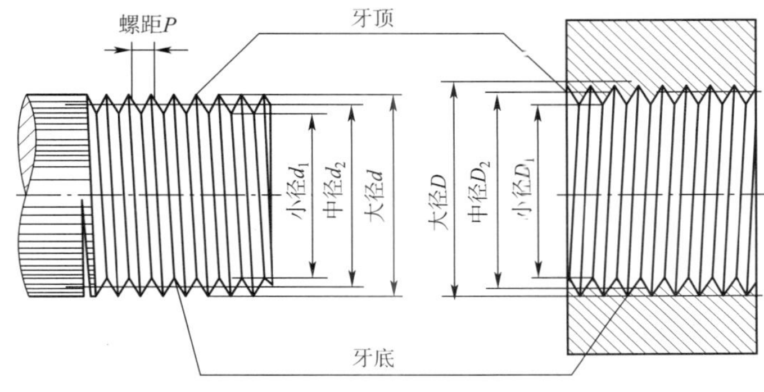

图 2-1-42　螺纹的直径要素

(1)螺纹的画法及标注。

①外螺纹的画法。外螺纹的大径用粗实线表示,小径用细实线表示且按大径的 0.85 倍绘制,螺纹终止线用粗实线表示,螺尾部分一般不必画出;在不反映圆的视图上,小径的细实线应画入倒角;在反映圆的视图上,小径用大约 3/4 圈的细实线圆弧表示,倒角圆不画,如图 2-1-43 所示。

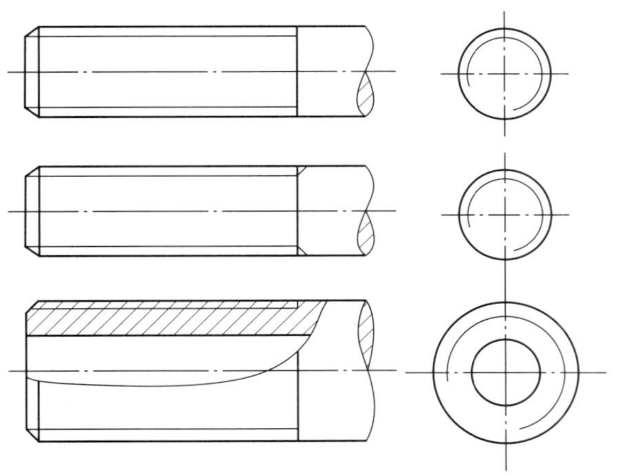
图 2-1-43　外螺纹的画法

②内螺纹的画法。在剖视图中,小径用粗实线表示,大径用细实线表示,且小径按大径的 0.85 倍绘制,螺纹终止线用粗实线表示;在反映圆的视图上,大径用大约 3/4 圈的细实线圆弧表示,倒角圆不画,如图 2-1-44b)所示。当内螺纹为盲孔时,应将钻孔深度和螺孔深度分别绘出,如图 2-1-44a)、c)所示;不可见的内螺纹需要表示时,均用细虚线绘制,如图 2-1-44d)所示。

③内、外螺纹旋合的画法。内、外螺纹的旋合部分按外螺纹的画法绘制,其余各

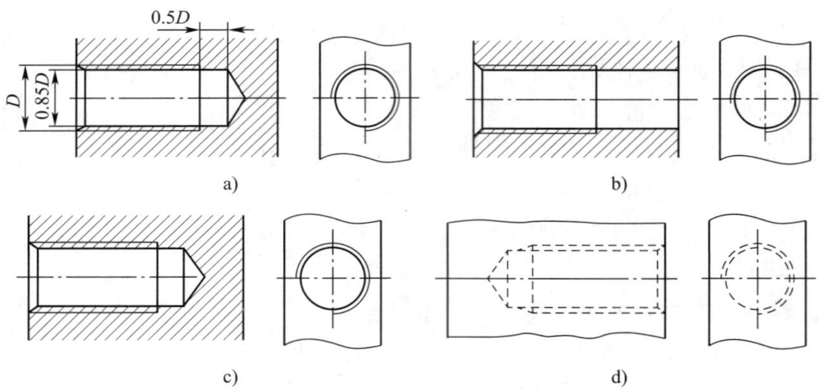

图 2-1-44 内螺纹的画法

部分仍按各自原有的画法绘制，如图 2-1-45 所示。内、外螺纹旋合处大径和小径的粗、细实线应分别对齐；剖面线应画到粗实线；剖切面过螺纹杆轴线时，实心杆件按不剖绘制。

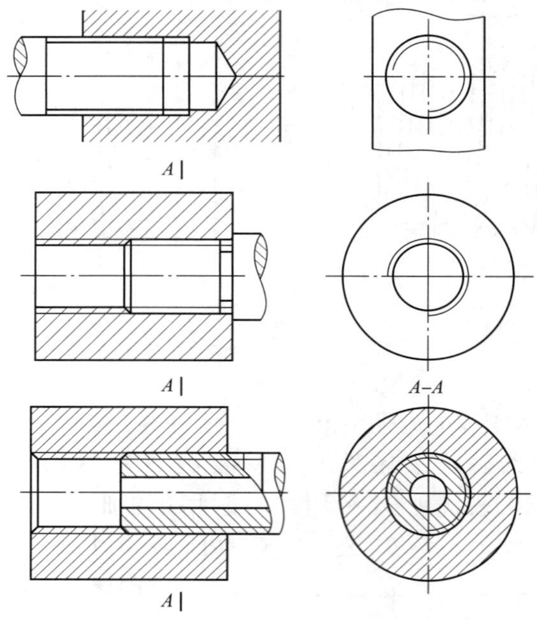

图 2-1-45 内、外螺纹旋合的画法

④螺纹的标注。如图 2-1-46 所示，螺纹的尺寸标注在螺纹大径上，由螺纹长度、螺纹工艺结构尺寸和螺纹标记组成。完整的螺纹标记如下：

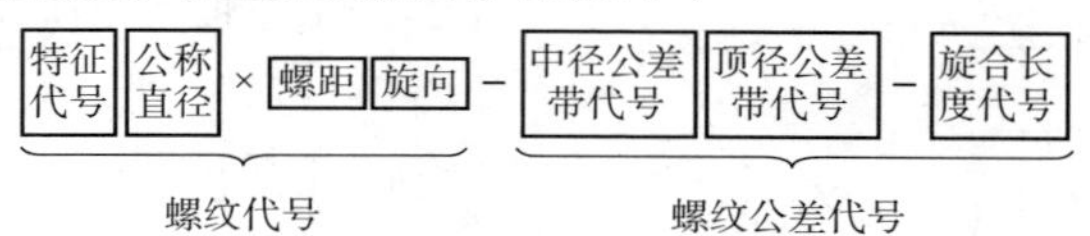

粗牙普通螺纹的螺距不标注；若中径和顶径公差代号相同，只标注一次；右旋螺纹不标注旋向；旋合长度为中型（N）时不必标注，长型（L）和短型（S）要标注。

（2）螺纹连接件。常用螺纹连接件有螺栓、双头螺柱、螺钉、螺母和垫圈等。

螺栓连接件有螺栓、螺母和垫圈，其一般采用比例画法绘制。所谓比例画法，就是以螺栓上螺纹的公称直径（D、d）为基准，其余各部分结构尺寸均按与公称直径成一定比例关系绘制，如图 2-1-47 所示。

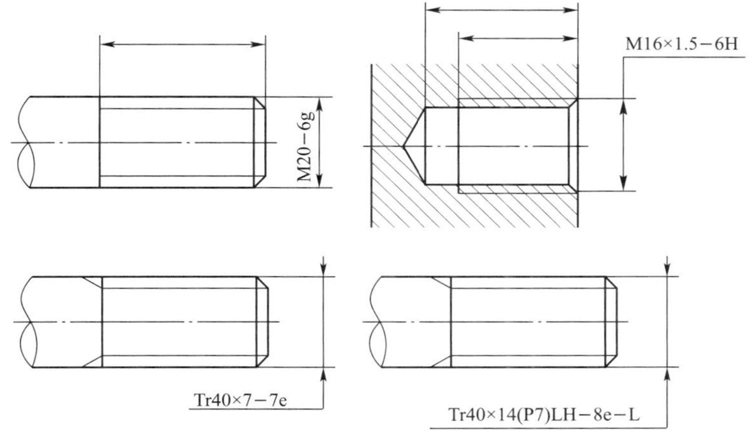

图 2-1-46　螺纹尺寸的标注

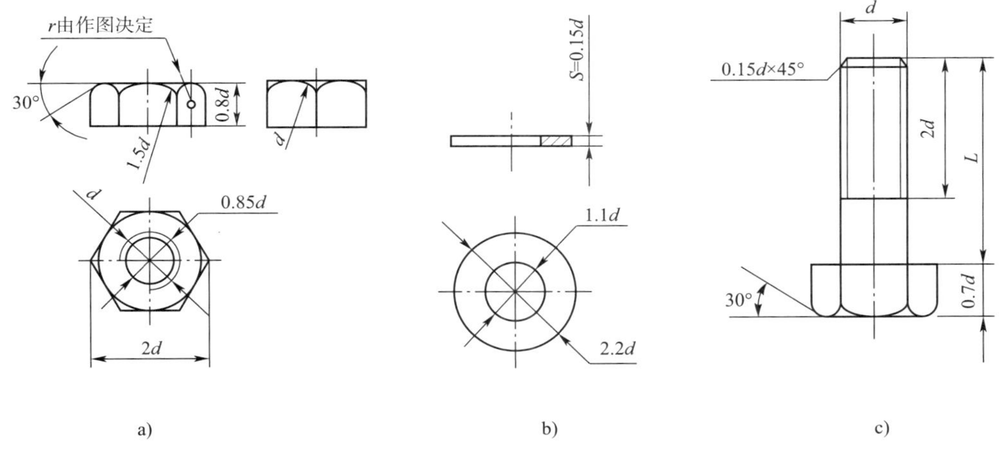

图 2-1-47　螺母、垫圈和螺栓的比例画法
a）螺母；b）垫圈；c）螺栓

在装配图中，螺母、垫圈和螺栓可采用比例画法绘制，也允许采用简化画法，如图 2-1-48 所示。

螺柱连接和螺钉连接的装配画法如图 2-1-49 和图 2-1-50 所示。

2）齿轮

齿轮是机器设备中最常见的一种传动零件，用来传递动力、改变转速和旋转方向。常用的齿轮有圆柱齿轮、锥齿轮和蜗杆蜗轮等三种形式。

（1）圆柱齿轮。

圆柱齿轮用于平行轴之间的传动，与绘制有关的参数如图 2-1-51 所示。圆柱齿轮各部分名称如下。

齿顶圆直径——通过齿顶的圆柱面直径，用 d_a 表示。

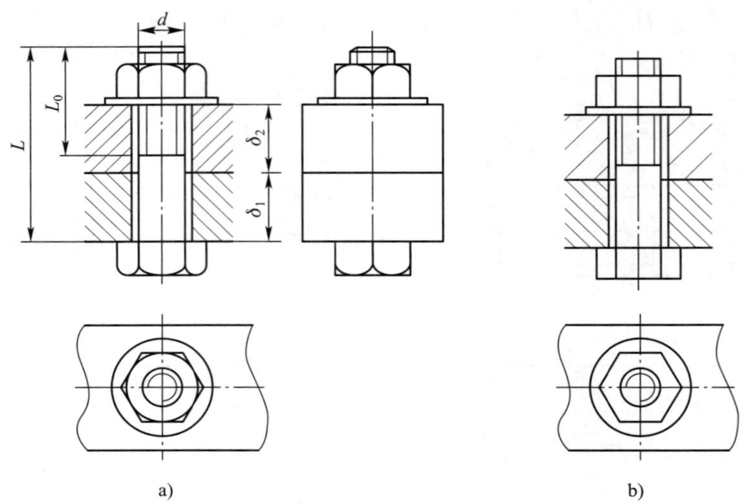

图 2-1-48 螺栓连接的装配画法

a）比例画法；b）简化画法

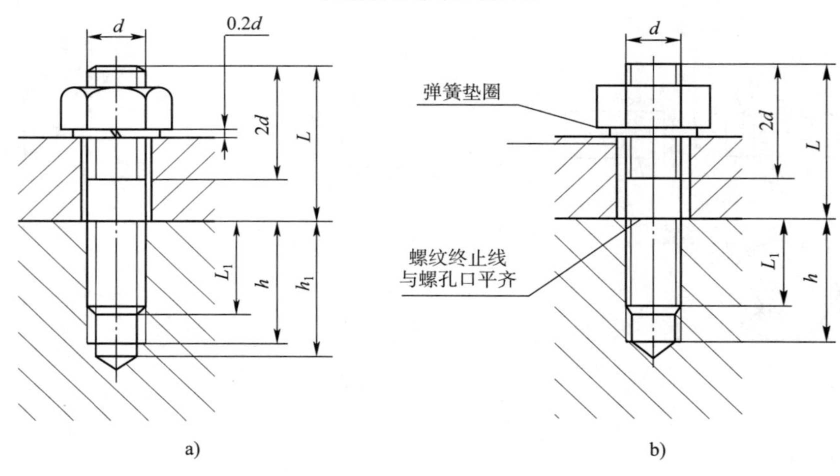

图 2-1-49 双头螺柱连接的装配画法

a）比例画法；b）简化画法

齿根圆直径——通过齿根的圆柱面直径，用 d_f 表示。

分度圆直径——在垂直于齿向的截面内，用一个假想柱面切割轮齿，使得齿间（e）和齿厚（s）相等，这个假想的圆称为分度圆，其直径称为分度圆直径，用 d 表示。

齿高——齿顶圆与齿根圆之间的径向距离，用 h 表示。

齿顶高——齿顶圆与分度圆间的径向距离，用 h_a 表示。

齿根高——齿根圆与分度圆间的径向距离，用 h_f 表示。

齿距——分度圆上相邻两齿齿廓对应点之间的弧长，用 p 表示。

齿形角——分度圆上接触点的受力方向和该点的瞬时线速度的夹角，用 α 表示。国家标准规定标准齿轮的齿形角为 20°。

齿数——轮齿的数量，用 z 表示。

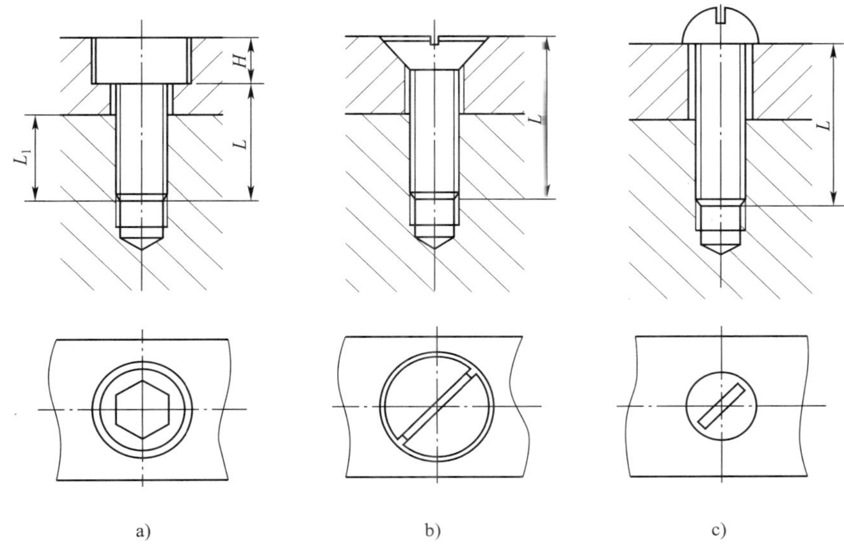

图 2-1-50　螺钉连接的画法

a)圆柱头内六角螺钉;b)沉头螺钉;c)半圆头螺钉

模数——由于齿轮的分度圆周长 $=zp=\pi d$,则 $d=zp/\pi$,为计算方便,将 p/π 称为模数 m,则 $d=mz$。模数是设计、制造齿轮的重要参数。单位为 mm,齿轮模数数值已经标准化,模数标准化后,将大大有利于齿轮的设计、计算和制造。

中心距——两啮合齿轮轴线之间的距离称为中心距,用 a 表示。

圆柱齿轮的轮齿部分一般不按真实投影绘制,而按规定画法绘制,其余部分一般仍按投影绘制。齿轮部分规定画法为:齿轮圆与齿顶线用粗实线绘制;分度圆、分度线用点画线绘制;齿根圆、齿根线用细实线绘制,也可省略不画。剖视图中齿轮根线用粗实线绘制。

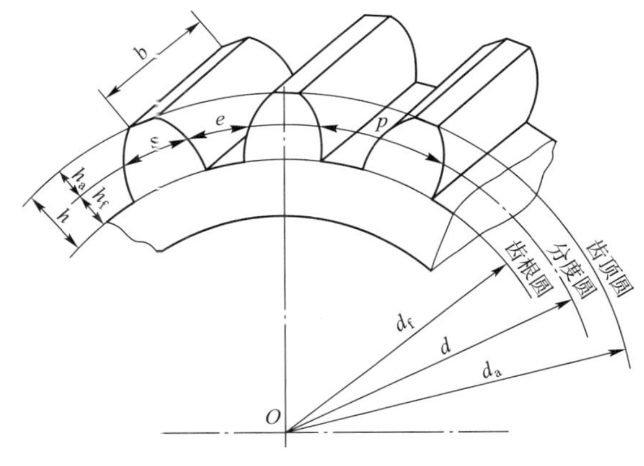

图 2-1-51　直齿圆柱齿轮各部分的名称

(2)单个齿轮的画法。如图 2-1-52a)所示,单个齿轮通常用两个视图来表示,轴线放成水平;也可用一剖视图,再用一个局部视图表示孔和键槽的形状,如图 2-1-52b)所示。在垂直于齿轮轴线的投影面上的视图不剖,而在平行于齿轮轴线的投影面的视图上一般采用剖视绘制。在平行于齿轮轴线的投影面上的视图,表示分度圆的点画线应超出轮廓线。剖视图中,当剖切平面通过齿轮轴线时,轮齿一律按不剖处理(即不管是否剖到轮齿,均可不画剖面线)。

(3)两齿轮啮合画法。一对直齿啮合齿轮,一般可采用两个视图。在投影为圆的视图中,两节圆相切,按规定线型画出节圆、齿顶圆、齿根圆(可省略不画),如图 2-1-53b)所示;也可用省略法,如图 2-1-54b)所示。在平行于齿轮轴线的投影面的视图中,啮合区的齿顶线不需要画出，节线用粗实线绘制，其他处的节线仍用点画线绘制，如图 2-1-54a）所示。在投影为非圆的视图上，一般画成剖视图。啮合区内有五条线，即两节圆的节线重合为一条点画线、两条齿根线（此时为粗实线）、两条齿顶线（一条为粗实线，一条为虚线，虚线也可省略不画），如图 2-1-55 所示。

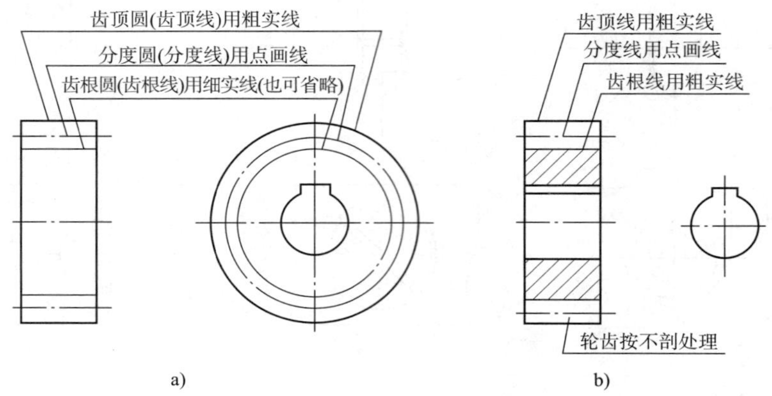

图 2-1-52 单个齿轮的规定画法

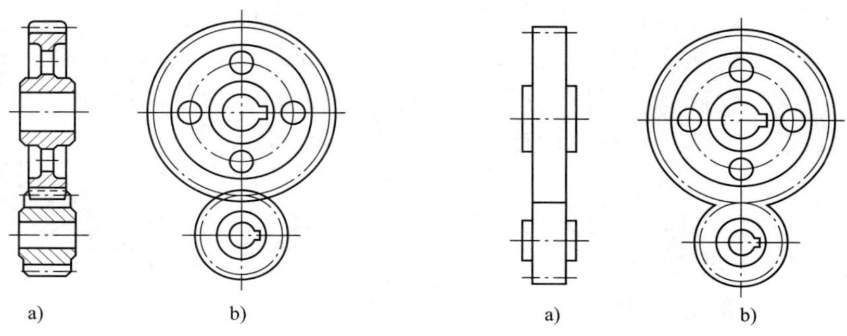

图 2-1-53 直齿圆柱齿轮的画法（一）

图 2-1-54 直齿圆柱齿轮的画法（二）

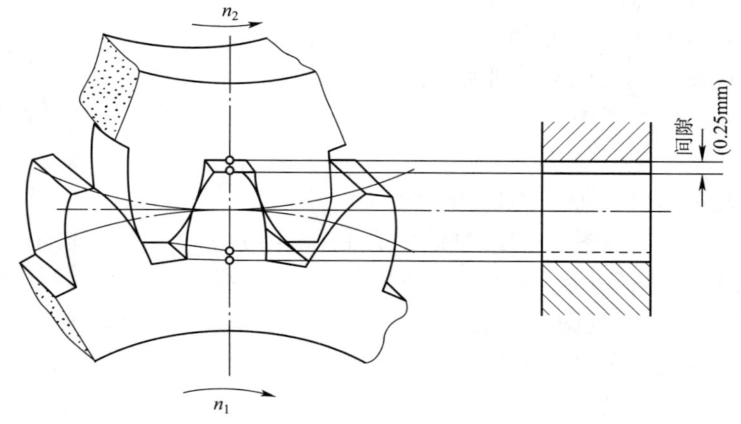

图 2-1-55 齿轮啮合区在剖视图中的画法

（4）斜齿轮和人字齿轮的表示方法。斜齿轮和人字齿轮的画法与直齿圆柱齿轮的画法基本相同，只是在投影为非圆的视图上，斜齿轮齿向用三条与齿向一致的细实线表示，而人字齿为三对相交的细实线，如图 2-1-56 所示。

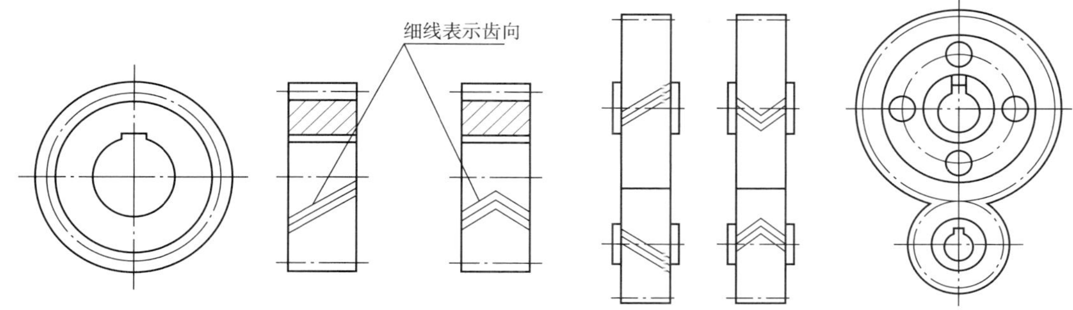

图 2-1-56　斜齿轮和人字齿轮的表示方法

（5）锥齿轮。锥齿轮适用于两轴线相交的传动。由于轮齿分布在圆锥面上，其参数是逐渐变化的，国家标准规定以大端为标准决定锥齿轮的有关尺寸。锥齿轮的啮合画法如图 2-1-57所示，由于分度圆锥相切，所以分度圆锥母线在相切处重合，画成细点画线；在啮合区域，将一个齿轮的轮齿用粗实线绘制，另一个齿轮的轮齿被遮挡的部分用细虚线绘制。

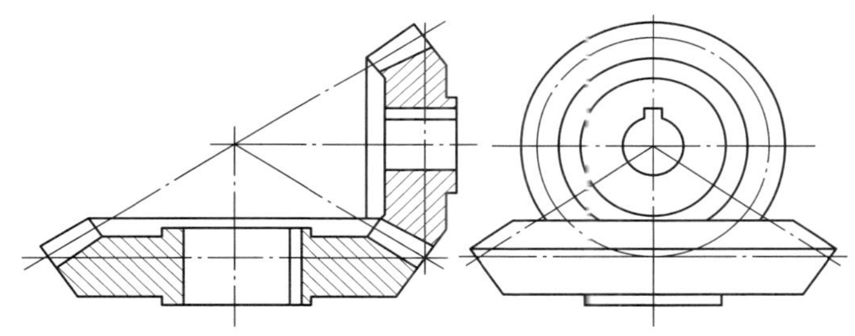

图 2-1-57　锥齿轮的啮合画法

第二节　互换性与公差配合

一、互换性及其作用

互换性是指同一规格的零部件，不经过挑选、调整和修配，就能装配到机器上去并能够满足使用要求的特性。

零部件的互换性为生产的专业化创造了条件，促进了自动化生产的发展，有利于降低产品成本，缩短设计和生产周期，提高产品质量，保证机器工作的连续性和持久性。

二、公差与配合基础知识

1. 公差

1）公称尺寸

公称尺寸指设计时给定的尺寸。孔的公称尺寸用 D 表示，轴的公称尺寸用 d 表示。

2）实际尺寸

实际尺寸指零件制成后实际量得的尺寸。孔的实际尺寸用 D_a 表示，轴的实际尺寸用 d_a

表示。

3)极限尺寸

极限尺寸指加工过程中允许实际尺寸变化的极限值。加工尺寸的最大允许值称为上极限尺寸,最小允许值称为下极限尺寸。如图2-2-1所示,孔 $\phi40.21$mm 和轴 $\phi39.993$mm 为上极限尺寸,孔 $\phi40$mm 和轴 $\phi39.98$mm 为下极限尺寸。

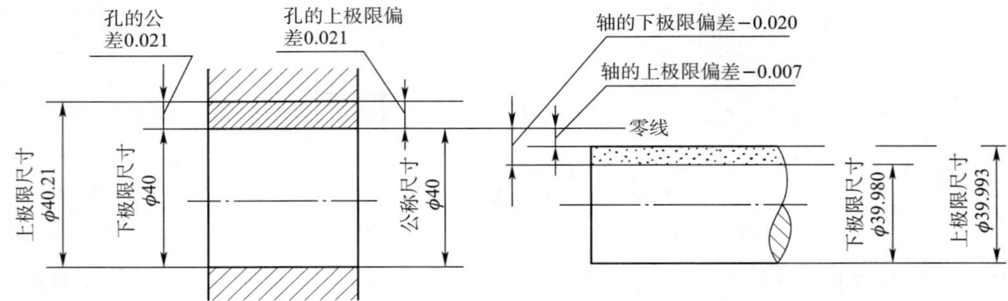

图2-2-1　极限尺寸示意图

4)尺寸偏差

尺寸偏差指实际尺寸与公称尺寸之差。有上下极限偏差之分,统称极限偏差,以公式表示如下:

孔的上极限偏差 $ES = D_{max} - D$;

孔的下极限偏差 $EI = D_{min} - D$;

轴的上极限偏差 $es = d_{max} - d$;

轴的下极限偏差 $ei = d_{min} - d$。

极限偏差具有与极限尺寸相同的性质。

5)尺寸公差

允许尺寸变动量称为尺寸公差,简称公差。公差仅表示尺寸允许变动的范围,即某区域大小的数量指标,是绝对值,而不是代数值。公差总是正值。

6)尺寸公差带

由代表两极限偏差或两极限尺寸的两平行直线所限定的区域为尺寸公差带。

2.配合

公称尺寸相同且相互结合的孔和轴公差带之间的关系称为配合。根据相互结合的孔和轴的公差带不同,相对位置关系可以分为以下三类。

1)间隙配合

保证具有间隙(包括最小间隙等于零)的配合称为间隙配合。从孔、轴公差带的相对位置看,孔的公差带在轴的公差带之上,就形成间隙配合,如图2-2-2所示。

2)过盈配合

保证具有过盈(包括最小过盈等于零)的配合称为过盈配合。从孔、轴公差带的相对位置看,孔的公差带在轴的公差带之下,就形成过盈配合,如图2-2-3所示。

3)过渡配合

可能具有间隙也可能具有过盈的配合称为过渡配合。从孔、轴公差带的相对位置看,孔的公差带与轴的公差带有重叠就形成过渡配合,如图 2-2-4 所示。

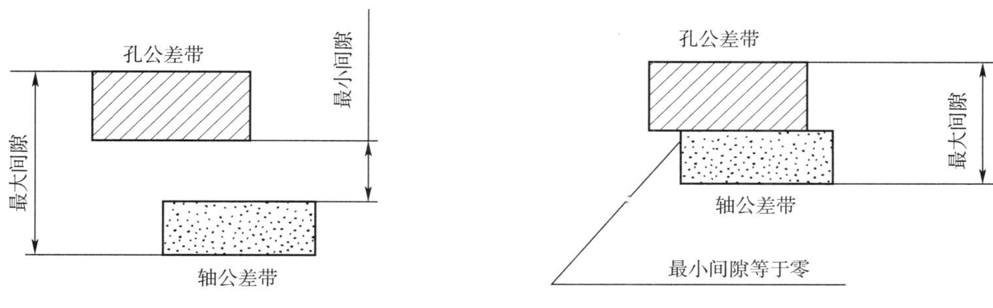

图 2-2-2 间隙配合

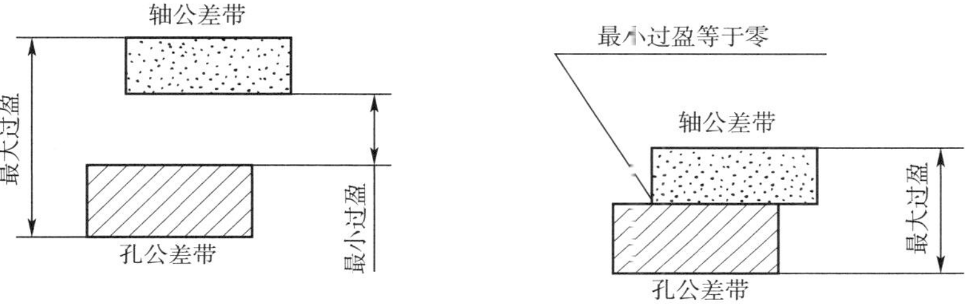

图 2-2-3 过盈配合

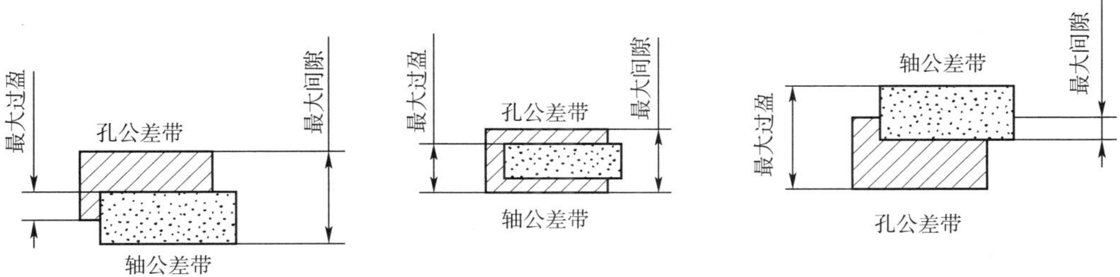

图 2-2-4 过渡配合

3. 公差与配合的标注

1)公差在零件图上的标注

零件图上,一些重要的尺寸一般应标注出极限偏差或公差带代号。公差带代号标注的含义如图 2-2-5 所示。

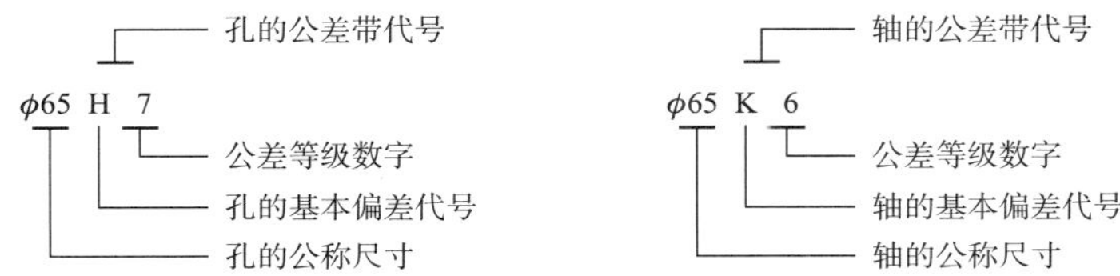

图 2-2-5 公差带代号标注含义

用于大批量生产的零件图,可只注公差带代号。公差带代号的注写形式如图 2-2-6a)所示。用于中、小批量生产的零件图,一般可只注极限偏差,如图 2-2-6b)所示,当上、下极限偏差绝对值不同时，偏差数字用比公称尺寸数字小一号字号书写。下极限偏差应与公称尺寸注在同一底线上。若某一偏差为零时，数字“0”不能省略，必须标出，并与另一极限偏差的整数个位对齐，如图 2-2-6e）所示。若上、下极限偏差绝对值相同、符号相反时，则偏差数字只写一个，并与公称尺寸数字字号相同，如图 2-2-6f）所示。如要求同时标注公差带代号及相应的极限偏差时，其极限偏差应加上圆括号，如图 2-2-6c）所示。

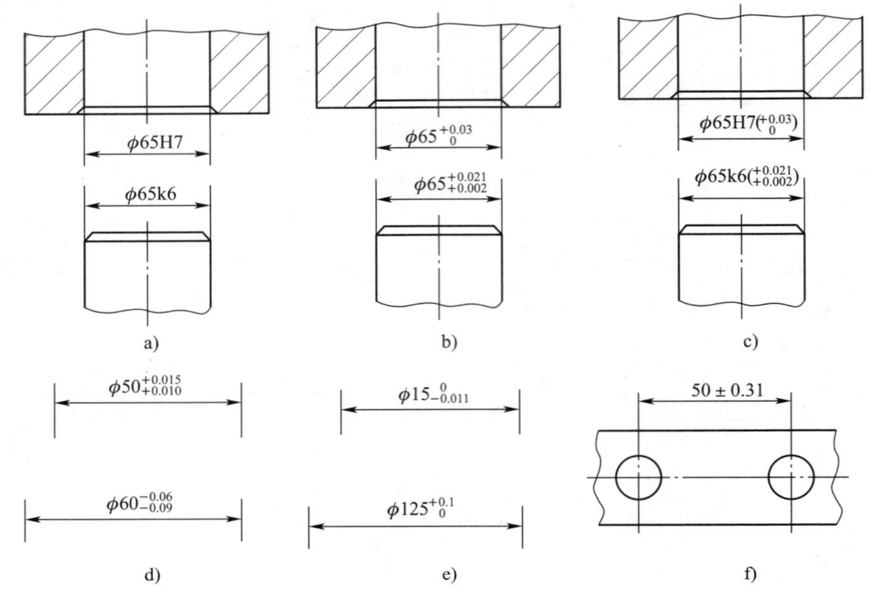

图 2-2-6 公差与极限偏差标注规则示例

2）配合在装配图上的标注

在装配图上一般只标注配合代号。配合代号用分数形式表示，分子为孔的公差带代号，分母为轴的公差带代号；零件（孔或轴）与标准件、外购件配合时，只标注零件的公差带代号，如图 2-2-7 所示。

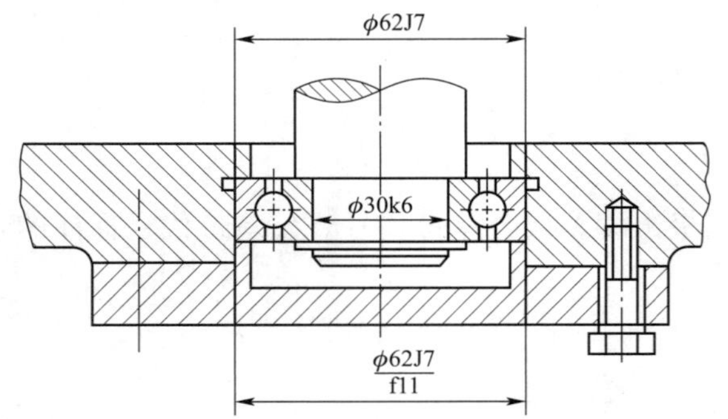

图 2-2-7 配合在装配图上的标注

4. 形位公差

点、线、面等零件几何要素的实际形状和位置对其理想形状和位置的差异就是形状和位置误差（简称形位误差），而形状和位置误差的允许变动量称为形状和位置公差（简称形位公差）。

国家标准中规定的形状公差和位置公差共有 14 种，特征项目及其符号见表 2-2-1。在图样上形位公差的标注由形位公差项目符号、框格和指引线、基准代号的字母组成，对特殊的形位公差，也可以在技术条件中给予文字说明。

形位公差带的形状由被测要素的几何特征和设计要求决定，也即由所选形位公差特征项目决定。常用的公差带形状的主要形式有 9 种，见表 2-2-2。

形位公差框格是由两格或多格组成的，应水平或垂直绘制。框格从左到右第一格填写形位公差的特征项目符号，第二格填写形位公差数值即附加符号，第三格和以后各格填写基准要素的字母及附加符号，如图 2-2-8 所示。框格大小根据所写字体高度、大小而改变。指引线指向被测要素的表面或其延长线上，箭头方向一般为公差带方向，h 为字体高度，b 为粗字线宽度，框格中的字符高度与尺寸数字的高度相同，基准中的字母永远水平书写。

形状和位置公差特征项目符号　　表 2-2-1

公差		特征	符号	有或无基准要求	公差		特征	符号	有或无基准要求
形状	形状	直线度	—	无	位置	定向	平行度	//	有
		平面度	▱	无			垂直度	⊥	有
		圆度	○	无			倾斜度	∠	有
		圆柱度	⌭	无		定位	位置度	⌖	有或无
形状或位置	廓轮	线轮廓度	⌒	有或无			同轴(同心度)	◎	有
							对称度	⌯	有
		面轮廓度	⌓	有或无		跳动	圆跳动	↗	有
							全跳动	⌰	有

形位公差带的形状　　表 2-2-2

序号	公差带区域	公差带形状	特征项目应用示例
1	圆内的区域		平面内点的位置度
2	球内的区域		空间内点的位置度
3	两平行直线之间的区域		给定平面上的直线度
4	两平行面之间的区域		平面度
5	圆柱面内的区域		任意方向上的直线度
6	两等距曲线之间的区域		线轮廓度
7	两等距曲面之间的区域		面轮廓度
8	两同心圆之间的区域		圆度
9	两同轴圆柱面之间的区域		圆柱度

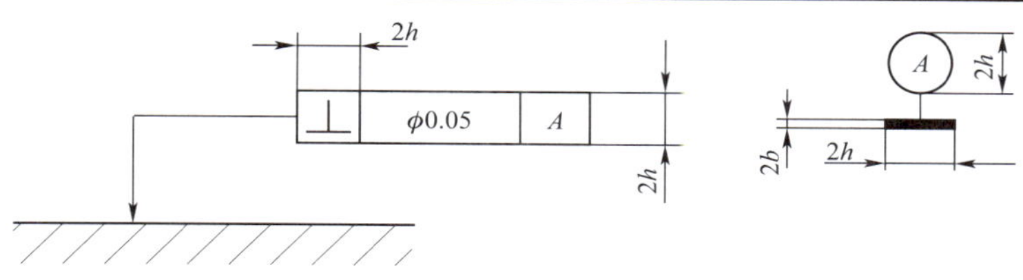

图 2-2-8　形位公差带框格和基准代号

三、公差与配合标准

1. 标准公差和公差等级

标准公差是国家标准规定用以确定公差带大小的公差，见表 2-2-3。国家标准将标准公差分为 20 个公差等级，用标准公差等级代号 IT01、IT0、IT1、…IT18 表示。“IT”为标准公差的符号，阿拉伯数字 01、0、1、…18 表示公差等级。如 IT8 的含义为 8 级标准公差。在同一尺寸段内，为 IT01 ~ IT18，精度依次降低，而相应的标准公差值依次增大。

标准公差数值(GB/T 1800.3—1998)　　表 2-2-3

公称尺寸(mm)		标准公差等级																			
		IT01	IT0	IT1	IT2	IT3	IT4	IT5	IT6	IT7	IT8	IT9	IT10	IT11	IT12	IT13	IT14	IT15	IT16	IT17	IT18
大于	至	μm													mm						
—	3	0.3	0.5	0.8	1.2	2	3	4	6	10	14	25	40	60	0.1	0.14	0.25	0.4	0.6	1	1.4
3	6	0.4	0.6	1	1.5	2.5	4	5	8	12	18	30	48	75	0.12	0.18	0.3	0.48	0.75	1.2	1.8
6	10	0.4	0.6	1	1.5	2.5	4	6	9	15	22	36	58	90	0.15	0.22	0.36	0.58	0.9	1.5	2.2
10	18	0.5	0.8	1.2	2	3	5	8	11	18	27	43	70	110	0.18	0.27	0.43	0.7	1.1	1.8	2.7
18	30	0.6	1	1.5	2.5	4	6	9	13	21	33	52	84	130	0.21	0.33	0.52	0.84	1.3	2.1	3.3
30	50	0.7	1	1.5	2.5	4	7	11	16	25	39	62	100	160	0.25	0.39	0.62	1	1.6	2.5	3.9
50	80	0.8	1.2	2	3	5	8	13	19	30	46	74	120	190	0.3	0.46	0.74	1.2	1.9	3	4.6
80	120	1	1.5	2.5	4	6	10	15	22	35	54	87	140	220	0.35	0.54	0.87	1.4	2.2	3.5	5.4
120	180	1.2	2	3.5	5	8	12	18	25	40	63	100	160	250	0.4	0.63	1	1.6	2.5	4	6.3

2. 基本偏差

基本偏差是指国家标准规定的，用以确定公差带相对于零线位置的上极限偏差或下极限偏差，一般指靠近零线的那个偏差。因此公差带在零线以上的基本偏差为下极限偏差，公差带在零线以下的基本偏差为上极限偏差。按国家标准规定，孔和轴各有 28 个基本偏差，如图 2-2-9 所示。

3. 基准制

公称尺寸相同的孔、轴公差带组合起来，就可以组成各种不同的配合。为简化起见，可固定其一，变更另一个，即可满足不同的使用要求。为此，国家标准对孔、轴配合制定了两种基准制，即基孔制和基轴制。

1)基孔制

基本偏差为一定的孔的公差带与不同基本偏差的轴的公差带形成各种配合的一种制度。基孔制中的孔是基准孔，其基本偏差代号用 H 表示，下极限偏差为零，上极限偏差为正值。

2)基轴制

基本偏差为一定的轴的公差带与不同基本偏差的孔的公差带形成各种配合的一种制

度。基轴制中的轴是基准轴，其基本偏差代号用 h 表示，上极限偏差为零，下极限偏差为负值。

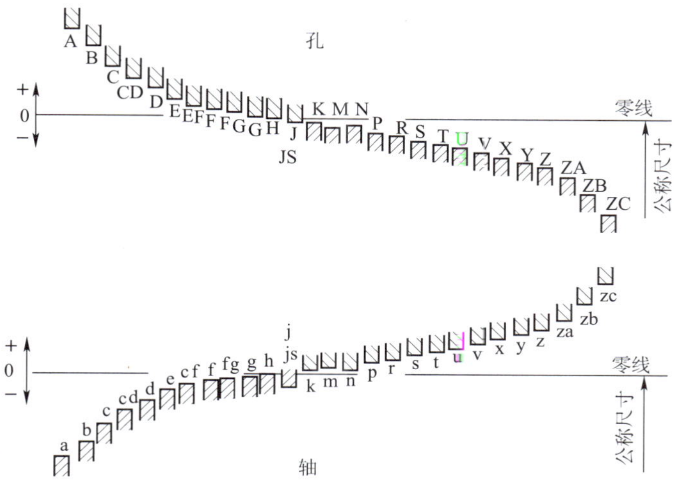

图 2-2-9 基本偏差系列

3）常用配合和优先配合

采用配合制是为了统一基准件的极限偏差，从而达到减少零件加工的定值刀具和量具的规格数量。由表 2-2-4、表 2-2-5 可见，基孔制常用配合有 59 种，其中 13 种为优先配合；基轴制常用配合有 47 种，其中 13 种为优先配合。

尺寸至 500mm 基孔制的优先、常用配合 表 2-2-4

基准孔	轴																				
	a	b	c	d	e	f	g	h	js	k	m	n	p	r	s	t	u	v	x	y	z
	间隙配合								过渡配合			过盈配合									
H6						H6/f5	H6/g5	H6/h5	H6/js5	H6/k5	H6/m5	H6/n5	H6/p5	H6/r5	H6/s5	H6/t5					
H7						H7/f6	◤H7/g6	◤H7/h6	H7/js6	◤H7/k6	H7/m6	◤H7/n6	◤H7/p6	H7/r6	◤H7/s6	H7/t6	◤H7/u6	H7/v6	H7/x6	H7/y6	H7/z6
H8					H8/e7	◤H8/f7	H8/g7	◤H8/h7	H8/js7	H8/k7	H8/m7	H8/n7	H8/p7	H8/r7	H8/s7	H8/t7	H8/u7				
				H8/d8	H8/e8	H8/f8		H8/h8													
H9			H9/c9	◤H9/d9	H9/e9	H9/f9		◤H9/h9													
H10			H10/c10	H10/d10				H10/h10													
H11	H11/a11	H11/b11	◤H11/c11	H11/d11				◤H11/h11													
H12		H12/b12						H12/h12													

注：标注◤符号者为优先配合。

尺寸至500mm基轴制的优先、常用配合　　表2-2-5

基准轴	孔																				
	A	B	C	D	E	F	G	H	JS	K	M	N	P	R	S	T	U	V	X	Y	Z
	间隙配合								过渡配合			过盈配合									
h5						$\frac{F6}{h5}$	$\frac{G6}{h5}$	$\frac{H6}{h5}$	$\frac{JS6}{h5}$	$\frac{K6}{h5}$	$\frac{M6}{h5}$	$\frac{N6}{h5}$	$\frac{P6}{h5}$	$\frac{R6}{h5}$	$\frac{S6}{h5}$	$\frac{T6}{h5}$					
h6						$\frac{F7}{h6}$	$\frac{G7}{h6}$	$\frac{H7}{h6}$	$\frac{JS7}{h6}$	$\frac{K7}{h6}$	$\frac{M7}{h6}$	$\frac{N7}{h6}$	$\frac{P7}{h6}$	$\frac{R7}{h6}$	$\frac{S7}{h6}$	$\frac{T7}{h6}$	$\frac{U7}{h6}$				
h7					$\frac{E7}{h7}$	$\frac{F7}{h7}$		$\frac{H8}{h7}$	$\frac{JS8}{h7}$	$\frac{K7}{h7}$	$\frac{M7}{h7}$	$\frac{N7}{h7}$									
h8				$\frac{D8}{h8}$	$\frac{E8}{h8}$	$\frac{F8}{h8}$		$\frac{H8}{h8}$													
h9				$\frac{D9}{h9}$	$\frac{E9}{h9}$	$\frac{F9}{h9}$		$\frac{H9}{h9}$													
h10				$\frac{D10}{h10}$				$\frac{H10}{h10}$													
h11	$\frac{A11}{h11}$	$\frac{B11}{h11}$	$\frac{C11}{h11}$	$\frac{D11}{h11}$				$\frac{H11}{h11}$													
h12		$\frac{B12}{h12}$						$\frac{H12}{h12}$													

4. 一般公差

低精度(≥IT12)范围的公差称为一般公差。一般公差是在车间一般条件下即可保证的公差,因此不必注出极限偏差,只注公称尺寸,又称自由尺寸。在图样上不注公差,目的是为了突出标注公差的重要尺寸,使图样清晰易懂,还可降低检验成本。为了应用方便,国家标准《一般公差未注公差的线性和角度尺寸的公差》(GB/T 1804—2000)对线性尺寸和角度尺寸的一般公差规定了4个等级,即精密级f、中等级m、粗糙级c和最粗级v,相对于IT12、IT14、IT16和IT17。见表2-2-6和表2-2-7。

一般公差的线性尺寸的极限偏差数值　　表2-2-6

公差等级	尺寸分段							
	0.5~3	>3~6	>6~30	>30~120	>120~400	>400~1000	>1000~2000	>2000~4000
f(精密级)	±0.05	±0.05	±0.1	±0.15	±0.2	±0.3	±0.5	—
m(中等级)	±0.1	±0.1	±0.2	±0.3	±0.5	±0.8	±1.2	±2
c(粗糙级)	±0.2	±0.3	±0.5	±0.8	±1.2	±2	±3	±4
v(最粗级)	—	±0.5	±1	±1.5	±2.5	±4	±6	±8

一般公差的角度尺寸的极限偏差数值　　表2-2-7

公 差 等 级	尺寸分段				
	≤10	>10~50	>50~120	>120~400	>400
f(精密级)、m(中等级)	±1°	±30′	±20′	±10′	±5′
c(粗糙级)	±1°30′	±1°	30′	±15′	±10′
v(最粗级)	±3°	±2°	±1°	±30′	±20′

采用一般公差时，应在技术要求中用国家标准号和公差等级代号注明，例如选用中等级m时，表示为GB/T 1804-m。

四、表面粗糙度

1. 表面粗糙度的概念

经加工后的零件表面，无论其加工方法如何，不可能是一个理想的绝对光滑表面，经放大后（图2-2-10）可以看出，表面是高低不平的。表面粗糙度是指零件表面上具有较小间距和峰谷所组成的微观几何形状特性。表面粗糙度是评定零件表面质量的一项重要指标，它对零件的配合质量、耐磨性、抗腐蚀性、耐疲劳（疲劳强度）及零件的外观质量都有直接影响。

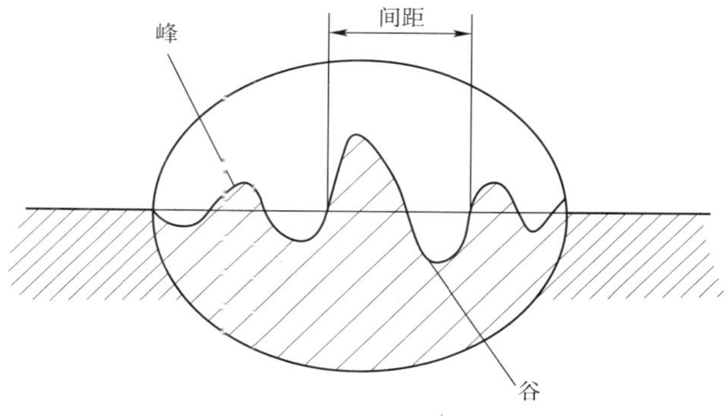

图2-2-10　表面粗糙度

2. 表面粗糙度的评定参数

生产中表面粗糙度的评定参数采用的是轮廓算术平均偏差 *Ra*。轮廓算术平均偏差 *Ra* 是指在取样长度内，轮廓偏距（表面轮廓的峰谷上各点至基准线的距离）绝对值的算术平均值，单位是μm，*Ra* 值越大，表面越粗糙；反之，则越光滑。表2-2-8给出了国家标准（GB/T 1031—1995）规定优先选用的 *Ra* 值。

***Ra*　值**　　表2-2-8

0.012	0.025	0.05	0.1	0.2	0.4	0.8
1.6	3.2	6.3	12.5	25	50	100

3. 表面粗糙度的代（符）号

图样上的表面粗糙度一般采用代（符）号标注。

1）表面粗糙度符号

表示零件表面粗糙度的符号见表2-2-9。

表面粗糙度的符号及意义　　表2-2-9

符　　号	意义及说明
	基本符号，表示表面可用任何方法获得。当不加注粗糙度参数值或有关说明（如表面处理、局部热处理状况等）时，仅适用于简化代号标注
	基本符号加一短画，表示表面是用去除材料的方法获得，如车、铣、钻、磨、剪切、抛光、腐蚀、电火花加工、气割等
	基本符号一小圆，表示表面是用不去除材料的方法获得，如铸、锻、冲压变形、热轧、粉末冶金等或者用于保持原供应状况的表面（包括保持上一道工序的状况）
	在上述三个符号的长边上均加一横线，用于标注有关参数和说明
	在上述三个符号上均加一小圆，表示所有表面具有相同的表面粗糙度要求

2）表面粗糙度代号

在表面粗糙度符号的规定位置上再注写上表面粗糙度的参数值及其他有关要求，即为表面粗糙度代号。表面粗糙度代号项目很多，一般只标注表面粗糙度符号及表面粗糙度参数值两项内容，标注形式及意义见表 2-2-10。

表面粗糙度主要参数 *Ra* 的标注形式 表 2-2-10

代号	意　义	代号	意　义
3.2	用任何方法获得的表面粗糙度，*Ra* 的上限值为 3.2μm	3.2max	用任何方法获得的表面粗糙度，*Ra* 的最大值为 3.2μm
3.2	用去除材料的方法获得的表面粗糙度，*Ra* 的上限值为 3.2μm	3.2max	用去除材料的方法获得的表面粗糙度，*Ra* 的最大值为 3.2μm
3.2	用不去除材料的方法获得的表面粗糙度，*Ra* 的上限值为 3.2μm	3.2max	用不去除材料的方法获得的表面粗糙度，*Ra* 的最大值为 3.2μm
3.2 1.6	用去除材料的方法获得的表面粗糙度，*Ra* 的上限值为 3.2μm，下限值为 1.6μm	3.2max 1.6min	用去除材料的方法获得的表面粗糙度，*Ra* 的最大值为 3.2μm，最小值为 1.6μm

4. 表面粗糙度在图样上的标注

表面粗糙度代号在图样上的标注方法见表 2-2-11。

表面粗糙度代号 表 2-2-11

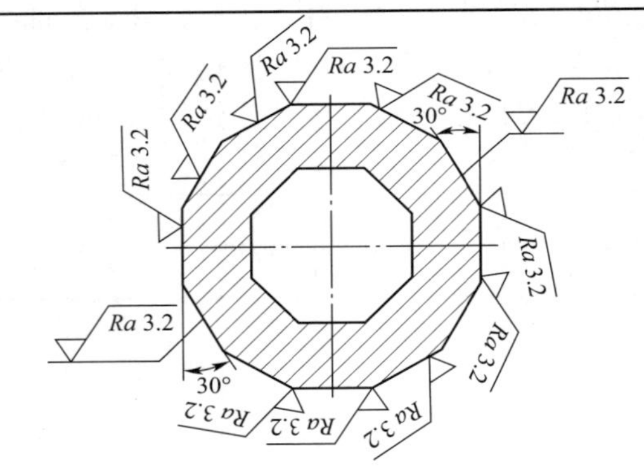

表面粗糙度代号一般注在可见轮廓线、尺寸界线、引出线或它们的延长线上。符号尖端必须从材料外指向表面，表面粗糙度代号中的数字及符号的方向必须按图中的规定标注

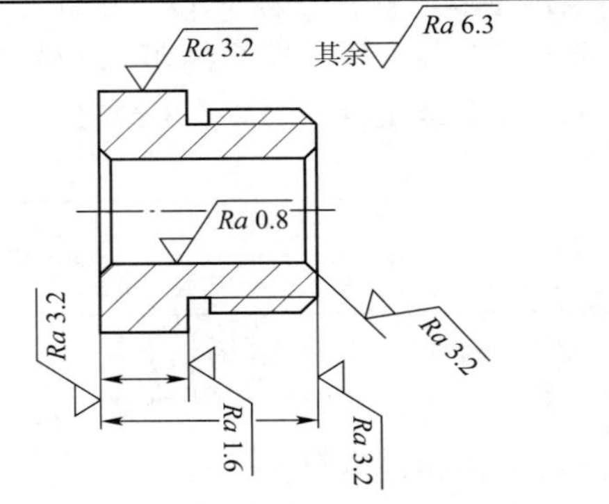

代号中数字的方向必须与尺寸数字的方向一致。对其中使用最多的一种代号可统一标注在图样的右上角，并加注“其余”两字，且高度是图样中代号的 1.4 倍

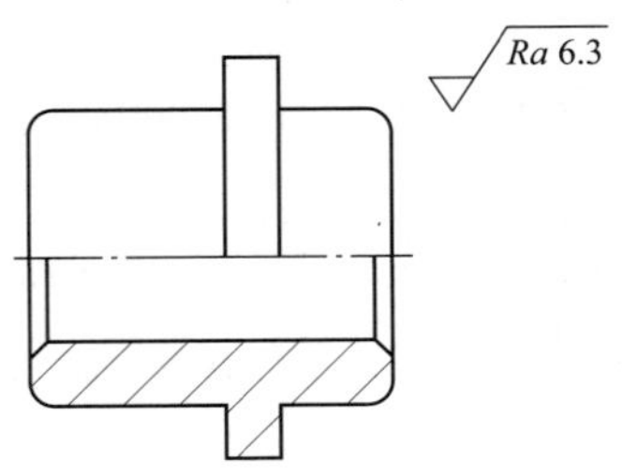

当零件所有表面具有相同的表面粗糙度时，其代号可在图样右上角统一标注，其高度是图中字符的 1.4 倍

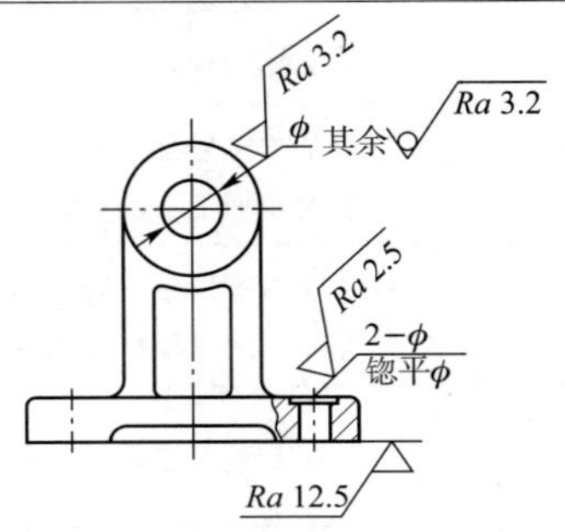

对不连续的同一表面，可用细实线相连，其表面粗糙度代号只标注一次

续上表

<table>
<tr>
<td>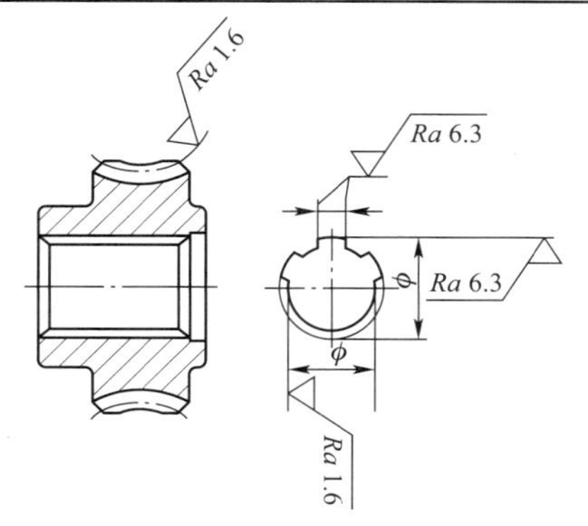
重要要素的表面只标注一次</td>
<td>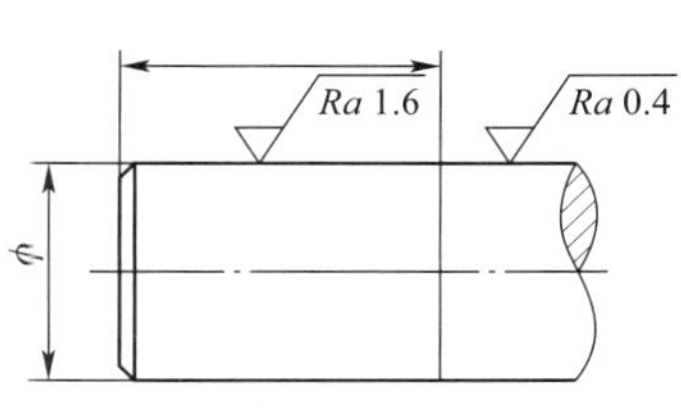
同表面上具有不同的表面粗糙度要求时，用细实线画出其分界线，注出尺寸和相应的表面粗糙度代号</td>
</tr>
<tr>
<td>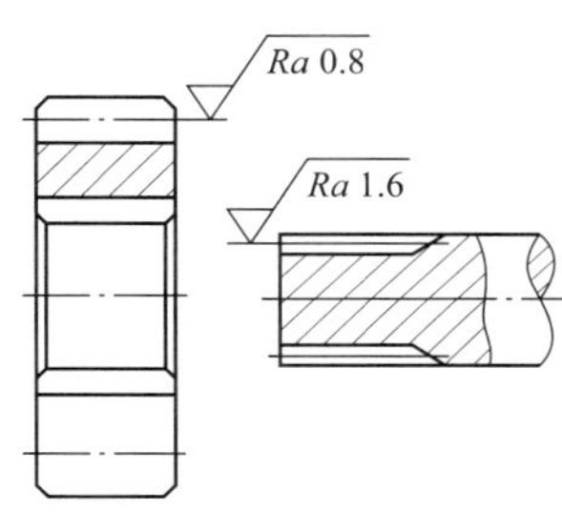
齿轮、花键的齿部工作表面的粗糙度注法</td>
<td>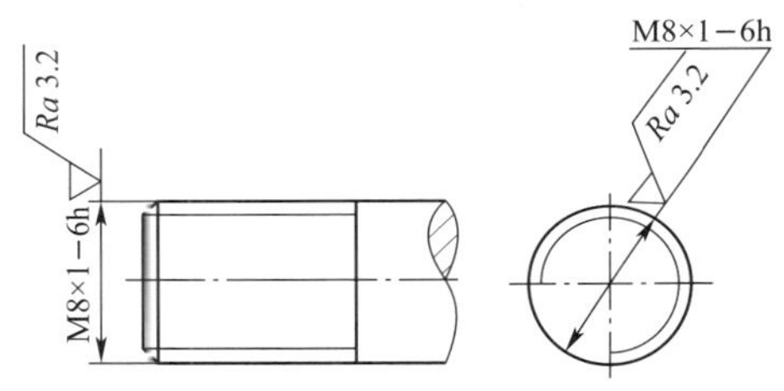
螺纹工作表面需要注出粗糙度代号，而图形中未画出螺纹牙形时，其粗糙度代号必须在尺寸线的引出线上标注（只能标注一次，上图中取左图的标注或右图的标注）</td>
</tr>
<tr>
<td>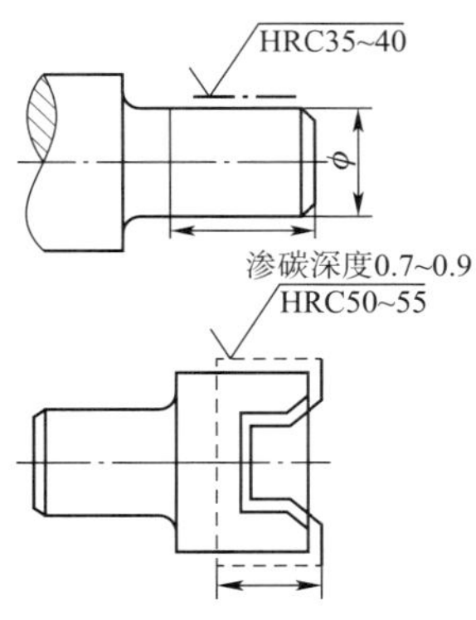
需要将零件局部热处理或局部镀涂时，应用粗点画线绘制其范围，并标注相应尺寸，也可将要求注写在表面粗糙度符号上</td>
<td>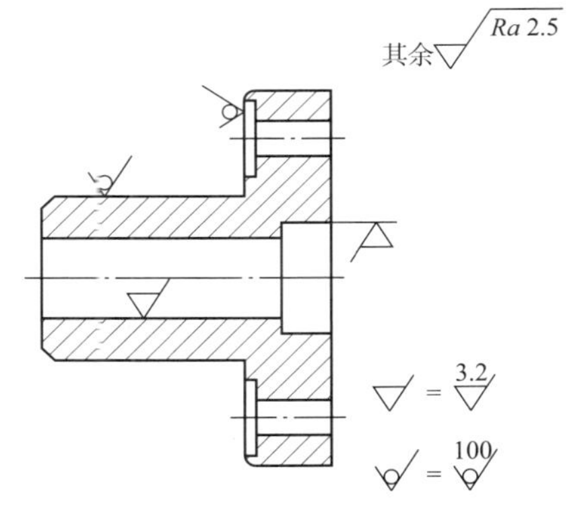
可以标注简化代号，但要在标题栏附近说明这些简化代号的意义</td>
</tr>
</table>

5. 表面粗糙度的选用

表面粗糙度对机械零件的耐磨性、抗腐蚀性、疲劳强度和零件配合的可靠性均有很大影响。在表面粗糙度选用时，应按以下要求进行：

(1)在满足零件使用功能要求的前提下,尽量选用较大的表面粗糙度数值。

(2)在对外观没有要求的前提下,同一零件上工作面的表面粗糙度数值应小于非工作面。

(3)摩擦面及承受高速、高压和交变载荷的工作面的表面粗糙度数值应小一些。

(4)尺寸精度和形状精度要求高的表面,表面粗糙度的数值也应小一些。

第三节 常用仪表、量具的使用

一、塞尺

1. 用途与特点

塞尺又称厚薄规或间隙片,是一种由多片不同厚度的标准钢片所组成的测量工具,每片钢片有两个平行的测量平面,并在钢片上标出其厚度值。主要用于两个接合面之间间隙值的检验。使用时,可以用一片进行测量,也可以由多片组合在一起进行测量。

2. 使用方法

(1)用干净的布将塞尺测量表面擦拭干净,不能在沾有油污或金属屑末的情况下进行测量,否则将直接影响测量结果的准确性。

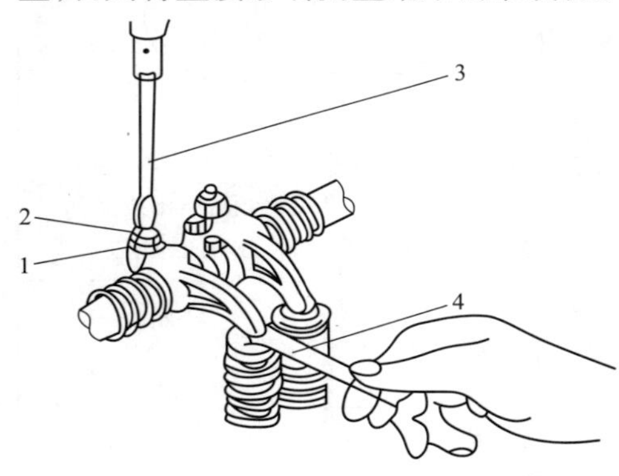

图 2-3-1 用塞尺测量、调整间隙
1-锁紧螺母;2-调整螺母;3-旋具;4-塞尺

(2)将塞尺插入被测间隙中来回拉动塞尺。感到稍有阻力,说明该间隙值接近塞尺上所标出的数值;如果拉动时阻力过大或过小,说明该间隙值小于或大于塞尺上所标出的数值。

(3)进行间隙的测量和调整时,先选择符合间隙规定的塞尺,插入被测间隙中,然后一边调整,一边拉动塞尺,如图 2-3-1 所示,直到感觉稍有阻力时拧紧锁紧螺母,此时塞尺所标出的数值即为被测间隙值。

3. 使用注意事项

(1)不允许在测量过程中,剧烈弯折塞尺,或用较大的力硬将塞尺插入被检测间隙,否则将损坏(伤)塞尺的测量表面或零件表面的精度。

(2)用毕,应将塞尺擦拭干净,并涂上一薄层工业凡士林,然后将塞尺折回夹框内,以防锈蚀、弯曲、变形而损坏。

(3)存放时,不能放在重物下,以免损坏塞尺。

二、游标卡尺

1. 用途

游标卡尺是一种能直接测量工件内外直径、宽度、长度或深度的量具,如图 2-3-2 所示。

2. 种类

按照测量功能可以分为普通游标卡尺、深度游标卡尺和带表卡尺等；按照测量精度可分为0.10mm、0.20mm、0.05mm等数种。

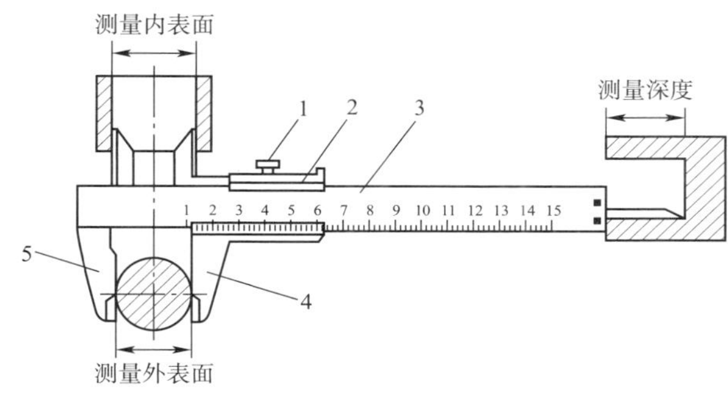

图2-3-2　游标卡尺

1-锁紧螺母；2-游标（副尺）；3-尺身（主尺）；4-活动测量爪；5-固定测量爪

3. 使用方法

（1）使用前，先将工件被测表面和测量爪接触表面擦干净。

（2）测量工件外径时，将活动测量爪向外移动，使两测量爪间距大于工件外径，然后再慢慢地移动游标，使两测量爪与工件接触。切忌硬卡硬拉，以免影响游标卡尺的精度和读数的准确性。

（3）测量工件内径时，将活动测量爪向内移动，使两测量爪间距小于工件内径，然后再缓慢地向外移动游标，使两测量爪与工件接触，如图2-3-3所示。

（4）测量时，应使游标卡尺与工件垂直，固定锁紧螺钉。测外径时，记下最小尺寸；测内径时，记下最大尺寸。

（5）用深度游标卡尺测量工件深度时，将固定测量爪与工件被测表面平整接触，然后缓慢地移动游标，使测量爪与工件接触。移动力不宜过大，以免硬压游标而影响测量爪精度和读数的准确性，如图2-3-4所示。

（6）用毕，应将游标卡尺擦拭干净，并涂一薄层工业凡士林，放入卡尺盒内存放。切忌弯折、重压。

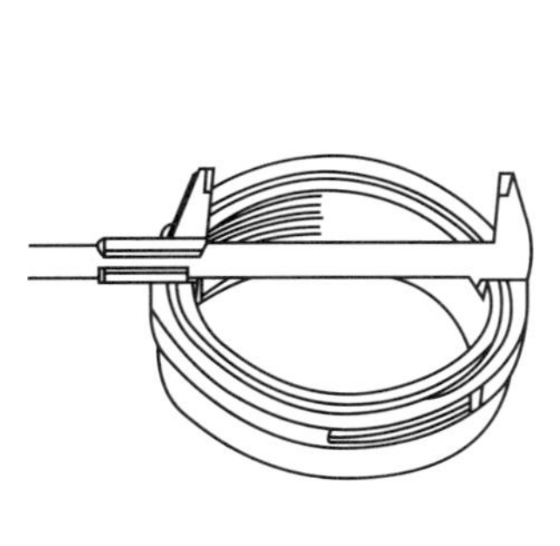

图2-3-3　用游标卡尺测量工件的内径

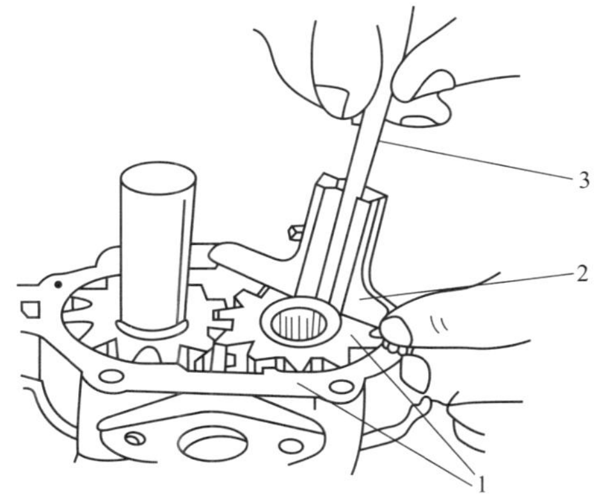

图2-3-4　深度游标卡尺测量工件的深度

4. 读数方法

(1)读出游标零刻线所指示尺身上左边刻线的毫米整数。

(2)观察游标上零刻线右边第几条刻线与尺身某一刻线对准,将游标精度乘以游标上的格数,即为毫米小数值。

(3)将尺身上整数和游标上的小数值相加即得被测工件的尺寸,如图 2-3-5 所示。

工件尺寸 = 尺身整数 + 游标卡尺精度 × 游标格数

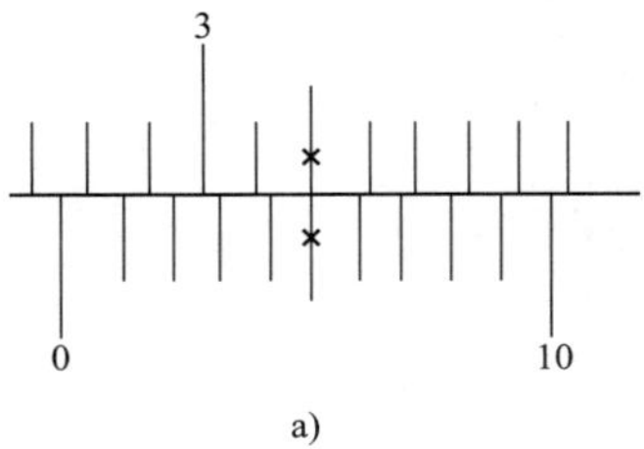

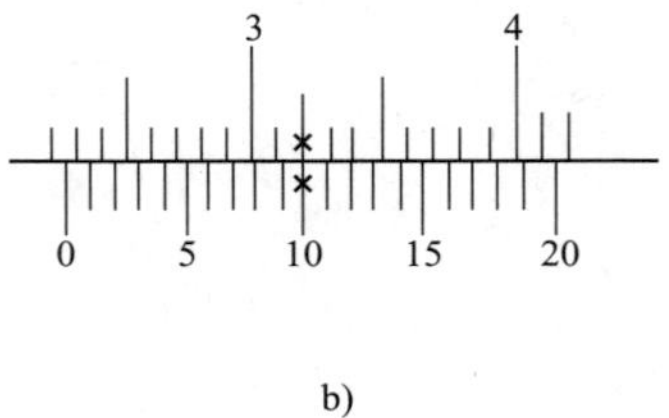

图 2-3-5 游标卡尺读数方法

a)0.1mm 精度,(27 + 5 × 0.1)mm = 27.2mm;b)0.05mm 精度,(27 + 5 × 0.05)mm = 22.5mm

三、千分尺

1. 用途

千分尺又称为分厘卡,是一种用于测量加工精度要求较高的精密量具,其测量精度可达到 0.01mm。

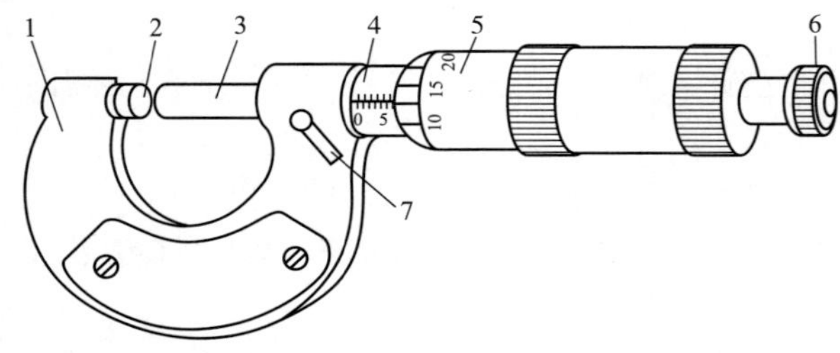

图 2-3-6 千分尺

1-弓架;2-测砧;3-测轴;4-固定套筒;5-活动套筒;6-限荷棘轮;7-制动销

2. 种类

按照测量范围可以分为 0 ~ 25mm、25 ~ 50mm、50 ~ 75mm、75 ~ 100mm 和 100 ~ 125mm 等多种规格,每种千分尺的测量范围均为 25mm,其结构如图 2-3-6 所示。

3. 千分尺误差检查

(1)把千分尺砧端表面擦拭干净。

(2)旋转棘轮盘,使两个砧端靠拢,直到棘轮发出 2 ~ 3“咔咔”声响,这时检视指示值。

(3)活动套筒前端应与固定套筒的“0”线对齐。

(4)活动套筒的“0”线应与固定套筒的基线对齐。

(5)若两者中有一个“0”线不能对齐,则该千分尺有误差,应予检调后才能测量。

4. 使用方法

(1)将工件被测表面擦拭干净,并置于千分尺两砧端之间,使千分尺螺杆轴线与工件中心线垂直或平行。若歪斜着测量,则直接影响到测量的准确性。

(2)旋转旋钮,使砧(zhen)端与工件测量表面接近,这时改用旋转棘轮盘,到棘轮发出“咔咔”声响时为,止此时千分尺的指示值就是工件的测量尺寸。

(3)测量完毕,必须倒转活动套筒后才能取下千分尺。

(4)用毕,应将千分尺擦拭干净,保持清洁,并涂抹一薄层工业凡士林,然后放入盒内保存。禁止重压、弯曲千分尺,且两砧端不得接触,以免影响千分尺精度。

5. 读数方法

(1)从固定套筒上露出的刻线读出工件尺寸的毫米整数和半毫米整数。

(2)从活动套筒上由固定套筒纵向线所对准的刻线读出工件尺寸的小数部分(百分之几毫米)。不足一格的(千分之几毫米),可用估算读法确定。

(3)将两次读数相加就是工件的测量尺寸。

读数实例如图 2-3-7 所示。

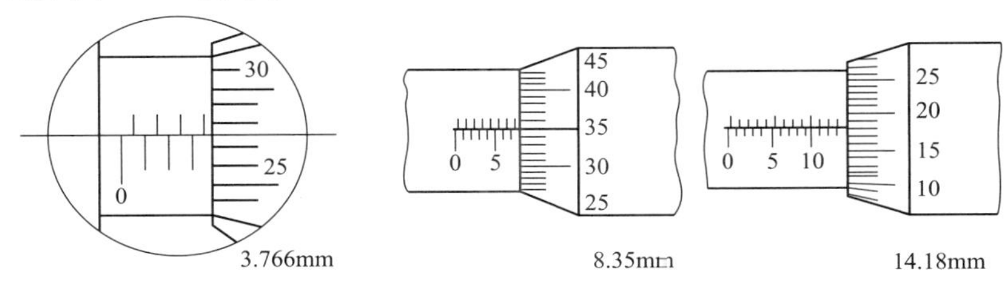

图 2-3-7　千分尺读数示例

四、百分表

1. 用途与特点

百分表是一种比较性测量仪器,主要用于测定工件的偏差值,如零件平面度、直线度、跳动量、汽缸圆度、圆柱度误差以及配合间隙等,如图 2-3-8 所示。

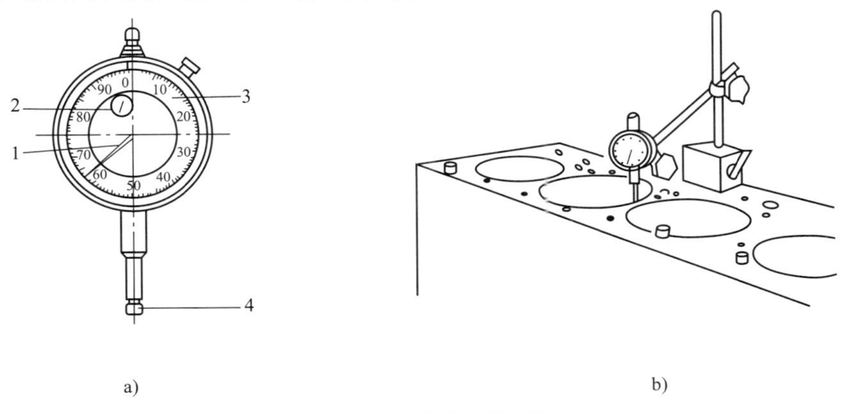

图 2-3-8　百分表及其应用

a)百分表;b)百分表的应用

1-大指针;2-小指针;3-表盘;4-量头

2. 读数方法

百分表的表盘分度一般分为 100 格,量头每移动 0.01mm,大针就偏转 1 格(表示 0.01mm);大针超过 1 圈,小针偏转 1 格(表示 1mm)。指针的偏差量就是被测零件(工件)的实际偏差或间隙值。

3. 使用方法

(1)先将百分表固定在表座(支架)上,以测杆端量头抵住被测工件表面,并使量头产生一定的位移(即指针存在一个预偏转值),如图 2-3-8b)所示。

(2)移动被测工件,观察百分表表盘上指针的偏转量,该偏转量即是被测物体的偏差尺寸或间隙值。

4. 使用注意事项

(1)测杆轴线应与被测工件表面垂直,否则将影响测量精度。

(2)百分表用毕,应解除所有的负荷,用干净的布将表面擦拭干净,并在容易生锈的金属表面涂抹一薄层工业凡士林,水平地放在盒内,严禁重压。

五、汽车燃油压力表

汽车燃油压力表能够准确测试燃油系统的初始压力、工作压力、保持压力、最大压力,为修车提供依据,如汽车数字燃油压力表 ADD—600,如图 2-3-9 所示。它的功能及特征如下:

(1)能够准确测试燃油系统的初始压力、工作压力、保持压力、最大压力。

(2)配备适合欧洲、亚洲、美洲以及国产车型的测试插头,配备专业测试手册和燃油压力标准值。

(3)可承受 3 倍工作压力的瞬间脉冲和 2 倍工作压力。

(4)在 25℃时,准确度为 ±0.3%,分辨率高于 0.1%。

(5)采用四位 LCD 显示压力值,以正负数值显示。

(6)具有 ZERO 键归零功能。

(7)具有自动关机功能(每次 180s,间隔 300s)。

(8)具有低电量提示功能,配备特制橡皮防撞护套。

(9)可用软件校正:校正标准追溯美国国家标准实验室(NIST)校正与操作方式,数据皆储存于 EEPROM。

(10)具有实时压力与最高压力显示切换功能。

(11)具有持续开机与自动关机切换功能,自动关机时间设定功能。

(12)有四种单位供切换:PSI、BAR、kgf/cm^2、kPa。

(13)具有最大显示压力值设定和最小显示压力值设定功能。

六、汽车专用数字万用表

1. 汽车专用数字万用表的基本构造

汽车万用表是一个具有特殊用途的专用型数字万用表,它除了具备普通数字万用表所有功能外,还具有汽车专用项目的测试功能。下面简单介绍汽车专用数字万用表的基本构件、技术参数和使用方法。

如图 2-3-10 所示,汽车万用表主要由数字及模拟量显屏、功能按钮、测试项目选择开关、测量温度插座、公用插座(用于测量电压、电阻、频率、闭合角、频宽比和转速等)、公共搭铁插座、测量电流插座等构成。另外,为了实现某些功能,例如测量温度、转速等,汽车万用表还配有一些配套件。如热电偶适配器,热电偶探头,电感式拾取器,以及 AC/DC 感应式电流夹钳(5 ~ 2000A)。

2. 汽车专用数字万用表主要技术参数

主要技术参数见表 2-3-1。

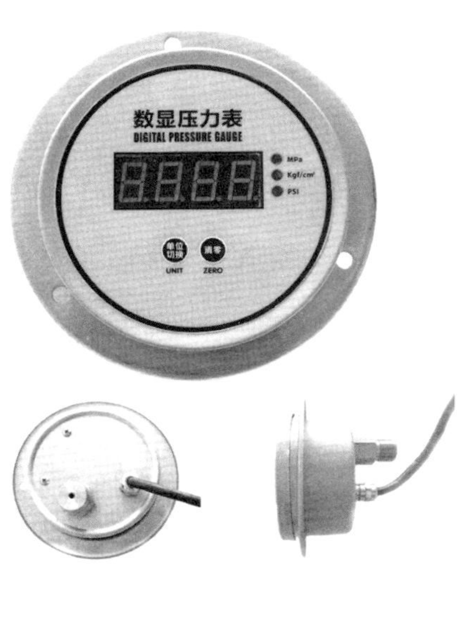

图 2-3-9　ADD—600 压力表

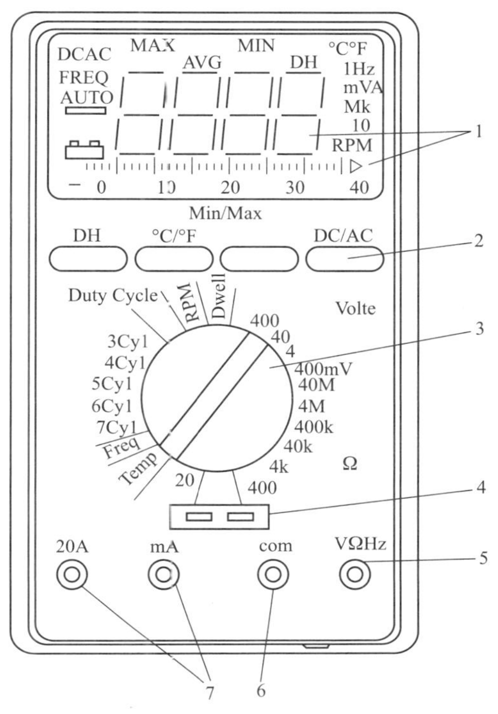

图 2-3-10　汽车专用数字万用表

1-4 位数字及模拟量（棒形图）显示器；2-功能按钮；3-测试项目（功能）选择开关；4-测量温度插座；5-测量电压、电阻、频率、闭合角、频宽比（占空比）及转速公用插座；6-公共搭铁插座；7-测量电流插座

汽车专用数字万用表主要技术参数　　表 2-3-1

主要功能	技术参数
直流电压	(400mV ~ 400V) × (1 ±0.5%),1000 × (1 ±1%) V
直流电流	400 × (1 ±1%) mA,20 × (1 ±2%) A
交流电流	(400mV ~ 400V) × (1 ±1.2%),750 × (1 ±1.5%) V
交流电压	400 × (1 ±1.5%) mA,20 × (1 ±2.5%) A
电阻	400 × (1 ±1%) Ω,(4kΩ ~ 4MΩ) × (1 ±1%),40 × (1 ±2%) MΩ
频率	(4kHz ~ 4MHz) × (1 ±0.05%),最小输入 10Hz
音频	电路通、断音频信号测试
二极管的检测	±1% dgt
温度的检测	-18 ~ (300 ±3) ℃,(301 ~ 1100) × (1 ±3%) ℃
转速	(150 ~ 3999) × (1 ±0.3%) r/min,(400 ~ 10000) × (1 ±0.6%) r/min
闭合角	±0.5%
频宽比	±0.2%

3. 汽车专用数字万用表使用方法

(1)信号频率的检测,将功能选择开关转至频率挡(Freq),公用插座(com)的测试线接搭铁,VΩHz 插座的测试线接被测的信号线,此时在显示器上即可读取被测信号的频率。

(2)温度的检测,将功能选择开关置于温度挡(Temp),把温度探针插入温度检测插座,按动温度测量单位选择钮(℃/℉),再用温度探针接触所测物体的表面,显示器即显示出所测物体的温度。

(3)闭合角的检测,将功能选择开关转至相应发动机汽缸数的闭合角测量位置(Dwell),公用插座(com)的测试线接搭铁,VΩHz 插座的测试线接点火线圈负极接线柱,在发动机运转时显示器即能显示出点火线圈初级电流增长的时间(即闭合角,也叫导通角)。

(4)占空比的检测,将功能选择开关转至占空比测量位(Duty Cycle),公用插座(com)的测试线接搭铁,VΩHz 插座的测试线接被测的信号线,显示器即显示出被测电路一个工作循环(周期)中脉冲信号保持时间所占的相对百分数,即占空比。

(5)转速的测量,将功能选择开关置于转速挡(RPM),将转速测量的专用插头插入公用插座和 VΩHz 插座,再将感应式转速传感器的夹子夹到某缸的高压分线上,在发动机工作时显示器即显示出发动机的转速。

(6)起动机启动电流的检测,将功能选择开关置于 400mV 挡(1mV 相当于 1A),把霍尔效应式电流传感器的夹子夹在蓄电池的电源线上,按动最小/最大按钮(Min/Max),拆除点火线圈上的低压线插头,并转动发电机曲轴 2 ~ 3s,显示器即能显示出启动电流。

(7)氧传感器的检测,首先拆下氧传感器线束,将功能选择开关置于 4V 挡,按动 DC/AC 按钮并置于 DC 状态;再按 Min/Max 按钮,使公用插座的测试线接搭铁,VΩHz 插座的测试线与氧传感器的跨接线相连;让发动机运转至怠速(约 2000r/min),此时氧传感器的工作温度可达 360℃以上。排气浓时,氧传感器的输出电压约为 0.8V。排气稀时,输出电压在 0.1 ~ 0.2V。当氧传感器的工作温度低于 360℃时,则无电压信号输出。

(8)喷油器喷油脉宽的测量先将功能选择开关转至占空比(Duty Cycle)位置,测量出喷油器喷油的占空比后,再将功能选择开关置于频率挡(Freq),测量出喷油器的工作频率,按照下列公式即可计算出喷油器喷油的脉冲宽度(即喷油时间):

喷油脉宽 = 占空比(%)/工作频率(s)

4. 汽车专用数字万用表检测的注意事项

除在测试过程中有特殊指明外,不能用指针式万用表测试电脑和传感器,应使用高阻抗数字式万用表,万用表内阻应不低于 10MΩ。

首先检查熔断丝、易熔线和接线端子的状况,排除这些地方的故障后,再用万用表进行检查。

在测量电压时,点火开关应接通(ON),蓄电池电压应不低于 11V。

在用万用表检查防水型插接器时,应小心取下皮套;用测试表笔插入插接器检查时,不可对端子用力过大;检测时,测试表笔可以从带有配线的后端插入,也可以从没有配线的前端插入。

测量电阻时要在垂直和水平方向轻轻摇动导线,以提高准确性。

检查线路断路故障时,应先脱开电脑和相应传感器的插接器,然后测量插接器相应端子间的电阻,以确定是否有断路或接触不良故障。

检查线路搭铁短路故障时,应先拆开线路两端的插接器,然后测量插接器被测端子与车身(搭铁)之间的电阻值。电阻值小于1Ω为无故障。

七、进气歧管真空表

1. 用途

进气歧管真空表是一种用于测试发动机进气歧管内真空度的量具。

2. 测量范围

真空表分度盘一般分为100格,测量范围为0~100kPa,如图2-3-11所示。

3. 使用方法

(1)将发动机运转到正常工作温度,并对点火系进行调整,使发动机保持稳定怠速运转。

(2)将真空表用一根胶管连接到进气歧管的真空连接管上。

(3)观察真空表指针的指示值,并通过改变发动机的转速,观察真空度的变化情况,分析、判断发动机在不同工况下的技术状况。

八、汽缸压力表

1. 用途

汽缸压力表是一种专门用于检查汽缸内气体压力大小的量具,如图2-3-12所示。

图2-3-11　真空表表盘图

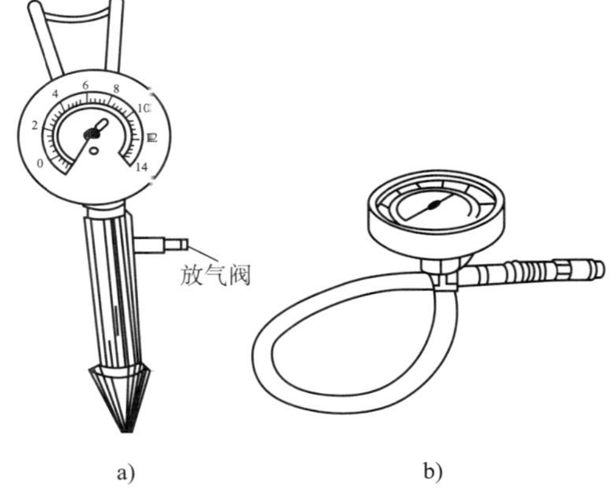

图2-3-12　汽缸压力表

a)推入式;b)螺纹接口式

2. 种类

汽缸压力表按测量范围可分为0~980kPa和0~1960kPa;按连接形式,可分为推入式和螺纹接口式;按指示形式,可分为指针式和记录式。

3. 使用方法

(1)起动发动机并运转到正常工作温度,旋下全部火花塞(汽油发动机)或喷油器(柴油发动机)。

(2)汽油发动机必须将节气门和阻风门完全打开,把汽缸压力表的锥形橡胶圈压紧在火花塞座孔上,如图 2-3-13 所示。

(3)柴油发动机必须采用螺纹接口式汽缸压力表,将汽缸压力表螺纹接口旋入喷油器座孔内,如图 2-3-14 所示。

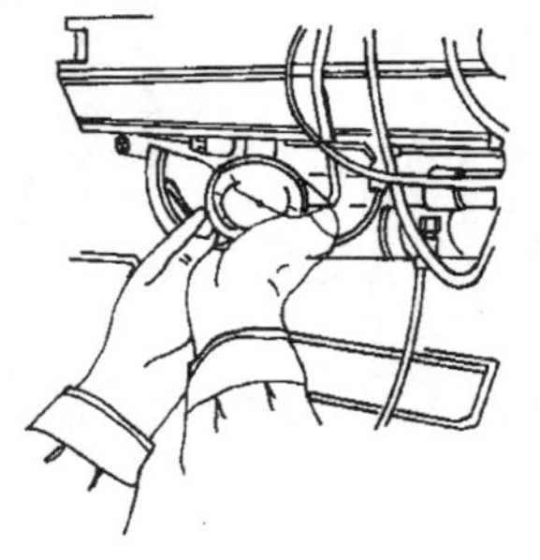

图 2-3-13 测量汽油机发动机汽缸压力

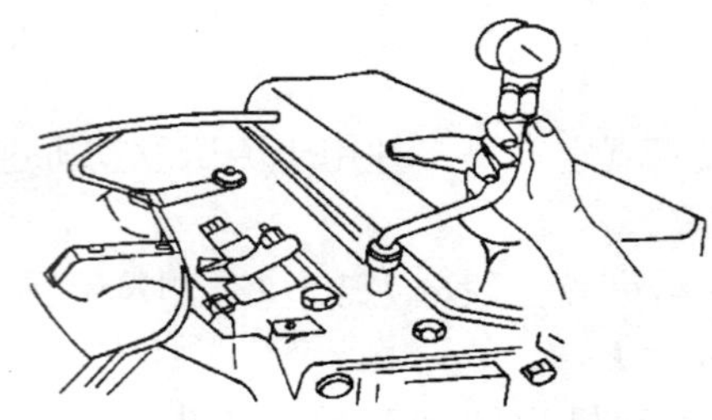

图 2-3-14 测量柴油机发动机汽缸压力

(4)用起动机带动曲轴旋转 3 ~ 5s,便发动机转速保持在 150 ~ 180r/min(汽油发动机)或 500r/min(柴油发动机),这时汽缸压力表所指示的压力值,就是该汽缸的汽缸压缩力。

(5)按下汽缸压力表上的放气阀,压力表指针归零。

(6)在实际测量汽缸压缩力时,每个汽缸应重复 2 ~3 次。

九、绝缘电阻表

1. 用前的准备工作

(1)检查绝缘电阻表(图 2-3-15)否能正常工作,将绝缘电阻表水平放置,空摇绝缘电阻表手柄,指针应该指到 0,再慢慢摇动手柄,使 L 和 E 两接线桩输出线瞬时短接,指针应迅速指零。注意在摇动手柄时不得让 L 和 E 短接时间过长,否则将损坏绝缘电阻表。

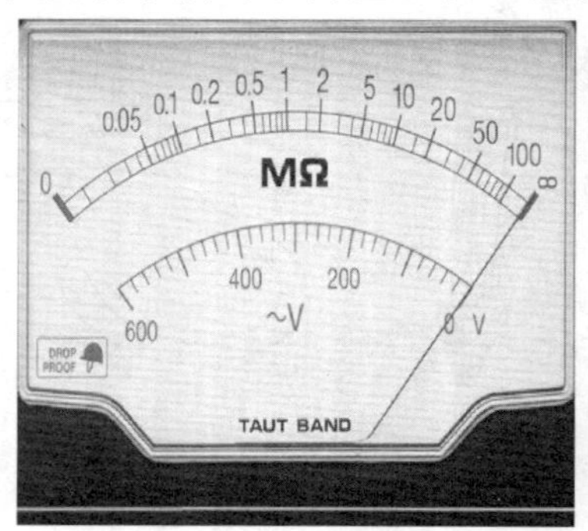

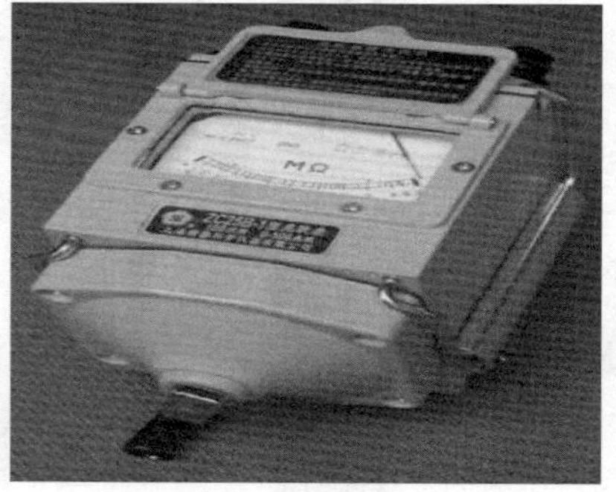

图 2-3-15 绝缘电阻表

(2)检查被测电气设备和电路,看是否已全部切断电源。绝对不允许设备和线路带电时用绝缘电阻表去测量。

(3)测量前,应对设备和线路先行放电,以免设备或线路的电容放电危及人身安全和损坏绝缘电阻表,这样还可以减少测量误差,同时注意将被测试点擦拭干净。

2. 正确使用

(1)绝缘电阻表必须水平放置于平稳牢固的地方,以免在摇动时因抖动和倾斜产生测量误差。

(2)接线必须正确无误,绝缘电阻表有三个接线桩,"E"(接地)、"L"(线路)和"G"(保护环或叫屏蔽端子)。保护环的作用是消除表壳表面"L"与"E"接线桩间的漏电和被测绝缘物表面漏电的影响。在测量电气设备对地绝缘电阻时,"L"用单根导线接设备的待测部位,"E"用单根导线接设备外壳;如测电气设备内两绕组之间的绝缘电阻时,将"L"和"E"分别接两绕组的接线端;当测量电缆的绝缘电阻时,为消除因表面漏电产生的误差,"L"接线芯,"E"接外壳,"G"接线芯与外壳之间的绝缘层。"L"、"E"、"G"与被测物的连接线必须用单根线,且绝缘良好,表面不得与被测物体接触。

(3)摇动手柄的转速要均匀,一般规定为120r/min,允许有±20%的变化,最多不应超过±25%。通常都要摇动1min后,待指针稳定下来再读数。如被测电路中有电容时,先持续摇动一段时间,让绝缘电阻表对电容充电,指针稳定后再读数,测完后先拆去接线,再停止摇动。若测量中发现指针指零,应立即停止摇动手柄。

(4)测量完毕,应对设备充分放电,否则容易引起触电事故。

(5)禁止在雷电时或附近有高压导体的设备上测量绝缘电阻。只有在设备不带电又不可能受其他电源感应而带电的情况下才可测量。

(6)绝缘电阻表未停止转动以前,切勿用手去触及设备的测量部分或绝缘电阻表接线桩。拆线时也不可直接去触及引线的裸露部分。

(7)绝缘电阻表应定期校验。校验方法是直接测量有确定值的标准电阻,检查其测量误差是否在允许范围以内。

第四节 汽车常用材料

一、金属材料在汽车主要零件的应用

汽车零件的使用材料绝大部分为金属材料,其次是非金属材料。本节将汽车主要零件所用金属材料进行列举。

汽车的总体构造是由发动机、底盘、车身和电气设备四大部分组成。

1. 发动机主要零件用材料

发动机是将输入的燃料燃烧后输出动力的部件。它包括机体(汽缸体、汽缸盖、汽缸套、汽缸衬垫、油底壳等)、曲柄连杆机构(活塞、连杆、活塞销、活塞环等)、配气机构(气门、气门导管、气门弹簧、凸轮轴、摇臂等)及燃油供给系统、润滑系统、冷却系统等系统组成。发动机主要零件的使用材料见表2-4-1。

汽车发动机主要零件用材料 表2-4-1

典型零件	材料种类及牌号	使用性能要求	热处理及其他
缸套、排气门座等	合金铸铁	耐热性、耐磨性	铸造状态
缸体、缸盖、飞轮、进气管、正时齿轮等	灰铸铁 HT200	强度、刚度、尺寸稳定性	铸造状态或去应力退火
曲轴等	球墨铸铁 QT600-2	强度、刚度、耐磨性、抗疲劳性	调质、表面淬火、圆倒角滚压、氮化(或采用锻钢件45、38CrMoAiA)

续上表

典型零件	材料种类及牌号	使用性能要求	热处理及其他
排气管	耐热铸铁	耐热性	铸造状态
活塞销等	渗碳钢 20、20Cr、18CrMnTi、12Cr2Ni4	强度、冲击韧性、耐磨性	渗碳、淬火、回火
曲轴、连杆、连杆螺栓等	调质钢 45、40Cr、40MnB	强度、抗疲劳性、冲击韧性	调质、探伤
各种滚动轴承	轴承钢	耐磨性、抗疲劳性	球化退火、淬火、低温回火
气门挺杆、齿轮轴、凸轮等	合金渗碳钢 20Cr、20CrV、20MnV		淬火、回火
各种滑动轴承轴瓦	轴承合金（锡青铜合金、高锡铝基合金）	耐磨性、抗疲劳性、耐热性	
排气门等	高铬耐热钢 4Crl0Si2Mo 4Crl4Ni14W2Mo	耐磨性、耐热性	淬火、回火
气门弹簧等	弹簧 65Mn、50CrVA	抗疲劳性	淬火、中温回火
活塞	铸造高硅铝合金 ZL108、ZL110	耐热强度	固溶处理及时效
各种支架、盖、罩、挡板、油底壳等	钢板 Q235、08、20、16Mn	刚度、强度	供应状态冲压加工
汽缸垫、进（排）气管垫片、轴承垫片、散热器管	薄铜板材	压力加工性、焊接性	供应状态加工，不热处理

2. 底盘主要零件用材料

底盘是接受发动机动力，按驾驶员的操纵使汽车正常行驶的部件。它包括传动系统（离合器、变速器、传动轴、差速器、半轴等）、行驶系统（车架、车轮等）、制动系统（油泵或气泵、制动器等）。底盘主要零件的使用材料见表 2-4-2。

汽车底盘主要零件用材料 表 2-4-2

典型零件	材料种类及牌号	使用性能要求	热处理及其他
变速器壳、离合器壳等	灰铸铁 HT200	强度、刚度、尺寸稳定性	去应力退火
后桥亮等	可锻铸铁 KT350-10 球墨铸铁 QT400-10	强度、刚度、尺寸稳定性	另可采用铸钢或优质钢板冲压后焊接成形
纵横梁、传动轴、保险杠等	碳素钢 25 钢、16Mn 钢板等	强度、刚度、韧性	供应状态加工，不热处理
前桥转向节臂、半轴等	调质钢 45 钢、40Cr、40MnB	强度、抗疲劳性、韧性	模锻成形、调制处理、圆角滚压、无损探伤
变速器齿轮、后桥齿轮等	渗碳钢 20CrMnTi、30CrMnTi、20MnTiB、12Cr2Ni4	强度、耐磨性、接触疲劳强度、断裂抗力	渗碳、淬火、回火

续上表

典型零件	材料种类及牌号	使用性能要求	热处理及其他
半轴、变速器轴等	40Cr、40MnB、40Cr-Mn-Mo、42CrMo、20Cr-MnTi	强度、抗疲劳性、韧性	调质处理、轴颈表面淬火
钢板弹簧等	弹簧钢55SiMnVB、65Mn、60Si2Mn、50CrMn	耐疲劳性、抗冲击、耐腐蚀性	淬火、中温回火、喷丸强化
轮缸活塞、油管	铝合金、紫铜	强度、耐磨性	

3. 车身和电气设备主要零件用材料

车身是驾驶员工作及容纳乘客或货物的部件，包括驾驶室、货厢等。电气设备包括电源、点火（汽油发动机）、控制、照明、信号等。车身和电气设备主要零件用材料见表2-4-3。

汽车车身、电气设备主要零件用材料 表2-4-3

典型零件	材料种类及牌号	使用性能要求	热处理及其他
驾驶室、车厢、罩等	钢板08、20	刚度、尺寸稳定性、焊接性	钢板冲压成形、焊接
车身内外装饰件、嵌条	碳素钢、不锈钢、铝合金	强度、刚度、韧性	冲压成形、表面镀层
仪器、仪表零件	镀青铜、铸造铝合金	强度、尺寸稳定性、耐腐蚀性	压力加工、人工时效
交流发电机外壳	铸造铝合金（铝硅合金）	强度、铸造性、小的收缩率	人工时效
起动机外壳	碳素钢25钢	刚度、尺寸稳定性、焊接性	钢板成形、焊接
电器元件	纯铜（电解铜）、铜合金	强度、导电性	
导线、电缆	纯铜（电解铜）	强度、韧性、导电性	

二、金属材料的主要性能

材料是人类社会发展和经济建设的物质基础。汽车材料的性能不仅是汽车质量的保障基础，而且直接影响汽车的制造成本、安全性能及耐用程度。汽车技术的发展在很大程度上体现为汽车材料的技术进步。

汽车材料的种类很多，分为金属材料、非金属材料和复合材料三大类。由于金属材料具有各种优良性能，故汽车材料绝大部分采用金属材料（黑色金属和有色金属）。金属材料约占汽车自重的75%以上，其余为非金属材料（高分子、陶瓷及复合材料）。非金属材料和复合材料也各有其特点，与汽车的安全性、经济性、舒适性以及减轻汽车自重密切相关，有时起到金属材料不可替代的作用，随着科学技术水平的不断提高，它在汽车中的应用正在逐步增加。

金属材料的主要性能包括使用性能和工艺性能。

（1）使用性能，即为保证材料在正常工作情况下应具备的性能，包括力学性能、物理性能、化学性能。金属材料的使用性能决定了它的使用范围、使用的安全性及使用寿命。

（2）工艺性能，即反映材料在冷、热加工过程中的适应能力与难易程度，包括材料的铸造性能、锻压性能、焊接性能、热处理性能、切削性能等。

材料的化学成分、组织结构直接影响材料的性能，通过对金属材料的强化或改性（热处理、表面热处理）处理来改变金属的表面成分或内部组织结构，可以获得必要的使用性能或工艺性能，以满足不同的使用或加工要求。

1. 金属材料的力学性能

金属材料的力学性能是指材料受外力作用反映出来的抵抗变形和破坏的能力。

力学性能主要包括强度、塑性、硬度和韧性。材料的性能取决于其化学成分与内部组织结构。

一切物质都是由原子组成的，根据原子在固体物质内部聚集状态不同，将物质分为晶体与非晶体两类。晶体物质的原子在三维空间按有序的周期性重复排列，而非晶体原子则是无序排列的。

图 2-4-1 拉伸试验机

汽车使用金属材料均为晶体。不同的金属材料具有不同的性能，即使是同一种金属材料，由于所处的状态不同，其力学性能也有较大差异，这是由于金属材料原子排列方式不同所致。

1)强度与塑性

金属材料在外力作用下抵抗永久性变形(塑性变形)和断裂的能力称为强度，根据外力作用形式不同，强度可分为抗拉强度、抗压强度、抗弯强度、抗剪强度、抗扭强度等。

以拉伸试验测得的强度指标应用最为广泛。在拉伸试验机(图 2-4-1)上装夹截面为圆形的低碳钢标准试样[图 2-4-2a)]，缓慢增加轴向拉力，直到拉断为止，根据承受的载荷与产生的变形量之间的关系，绘出拉伸曲线，如图 2-4-3 所示。

用试样原始截面积 A_0 去除拉力 F 得到应力 σ。以试样原始标距去除绝对伸长 ΔL，得到应变 ε，则力—伸长(F-ΔL)曲线变成了应力—应变(σ-ε)曲线。

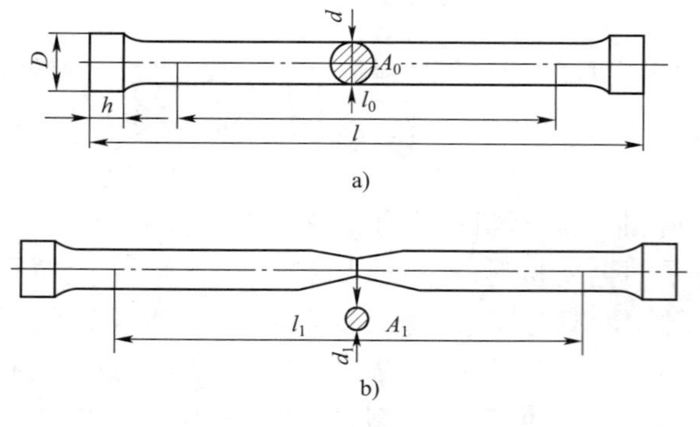

图 2-4-2 钢的标准拉伸试样

a)拉伸前；b)拉伸后

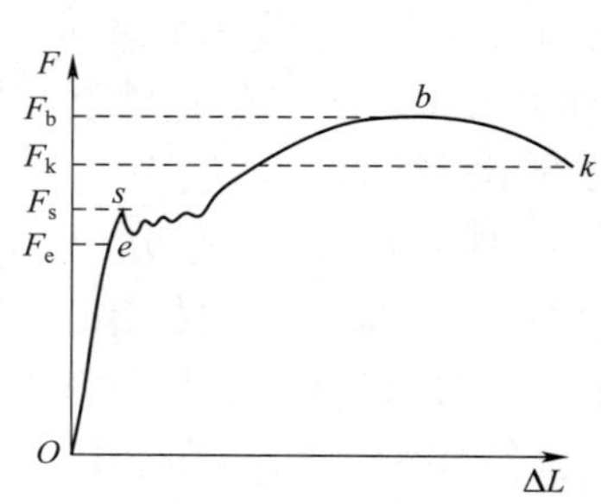

图 2-4-3 低碳钢的拉伸曲线

从图 2-4-3 可以看出，低碳钢的拉伸过程分为四个阶段：

(1)弹性阶段。拉伸曲线 Oe 线段是直线，说明试棒变形量 ΔL 与外力 F 成正比。当除去外力后，试样又恢复到原来尺寸，此段变形称为弹性变形。在弹性变形时能承受的最大应力称为弹性极限(单位为 MPa)，用 σ_e 来表示。

金属弹性变形的实质是这样的：金属材料无外力作用时，晶格原子处于平衡状态[图 2-4-4a)]。受外力作用时，晶格常数发生变化，造成晶格畸变[图 2-4-4b)]，此时晶格原子处于图 2-4-3 低碳钢的拉伸曲线不稳定状态，整个晶格变形。撤掉外力后，由于原子内力作用,使其晶格原子又恢复到平衡状态,晶格变形消失。

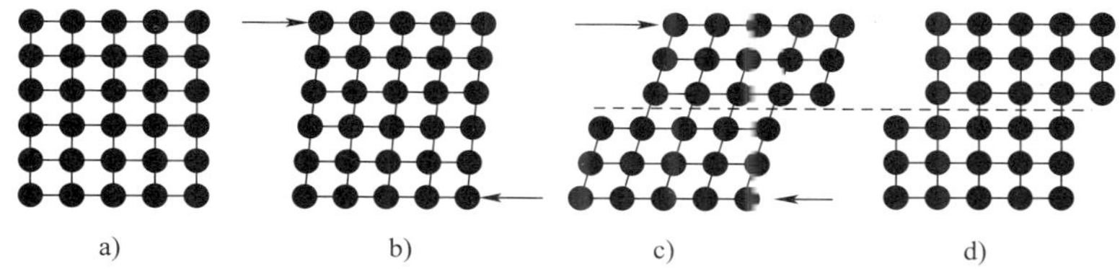

图2-4-4 切应力作用下晶格变形示意图

a)变形前;b)弹性变形;c)弹塑性变形;d)变形后

(2)屈服阶段。当应力超过 σ_e,进入屈服阶段(es 线段),载荷不增加,试样仍继续伸长,发生永久变形,好像材料失去抵抗外力的能力而屈服了,此现象为屈服。金属材料在外力作用下,产生明显塑性变形时的应力称为屈服强度,用 σ_s 表示(单位为 MPa)。无明显屈服现象的材料(如铸铁、高碳钢),则用产生0.2%残余变形的应力值来表示(符号 $\sigma_{0.2}$)。

金属塑性变形的实质是这样的:塑性变形时,金属晶格产生较大畸变,畸变到一定程度,晶格的一部分相对另一部分产生较大的错移[图2-4-4c)],晶格原子离开原有位置,与其附近原子建立新的平衡。去掉外力后,已经错移的晶格不再恢复到原有位置,产生不可恢复的永久性变形[图2-4-4d)]。金属材料的塑性用延伸率和断面收缩率来表示。

①延伸率 δ 计算公式为:

$$\delta = (l_1 - l_0)/l_0 \times 100\%$$

式中:l_1——试样原标距长度;

l_0——拉断后试样的标距长度。

②断面收缩率 ψ 计算公式为:

$$\psi = (A_0 - A_1)/A_0 \times 100\%$$

式中:A_0——试样原截面积;

A_1——拉断后缩颈处的截面积。

金属材料的延伸率 δ 和断面收缩率 ψ 越大,表示材料的塑性越好。汽车零件在制造时需要有一定的塑性,便于通过压力加工获得复杂形状零件,但汽车零件在使用时,一般不允许产生塑性变形,否则会因塑性变形过量而失效。

(3)强化阶段。屈服后的材料进入稳定塑性变形阶段(eb 线段),此时试样的伸长量随载荷的增加而均匀增加,材料的变形抗力也在逐渐增加,即材料的强度和硬度逐渐升高,材料被强化。变形达到最高点时所承受的最大应力称为抗拉强度(单位为 MPa),用 σ_b 来表示。当材料所受的外力为压力或使材料弯曲时,这种抵抗破坏的最大应力,分别称为抗压强度和抗弯强度。由于抗拉强度测定较为方便和准确,故在汽车零件设计时直接采用抗拉强度作为强度指标,但需考虑一定的安全系数。

(4)缩颈阶段。当载荷达到最大值时,试样的直径发生局部收缩,称为"缩颈",此时变形所需的载荷逐渐降低,直到发生断裂。

2)硬度

硬度是指金属材料抵抗更硬物体压入其内的能力,即材料抵抗局部塑性变形的能力。硬度是表示材料性能的综合物理量,其测定方法以压入法测定最多,汽车制造和维修常用压入法测定硬度。常用硬度指标有布民硬度和洛氏硬度两种。

（1）布氏硬度。布氏硬度的测定是在布氏硬度机（图 2-4-5）上进行的，用直径 D(10mm、5mm 或 2.5mm）的淬火钢球或硬质合金球，在一定压力 F 下，将钢球垂直地压入金属表面，并保持压力到规定的时间后卸荷，根据压痕直径换算出硬度值（图 2-4-6）。压痕直径越大，硬度值越低。

图 2-4-5　布氏硬度计

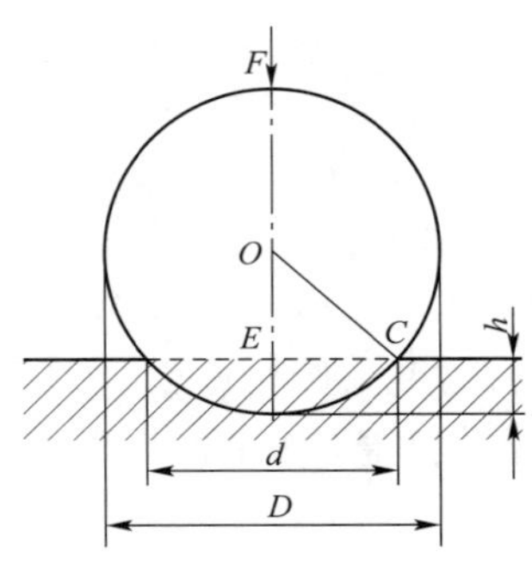

图 2-4-6　布氏硬度试验原理

淬火钢球作压头测得的硬度值用符号 HBS 表示，一般用于测量硬度值在 450 以下金属材料；硬质合金球作压头测得的硬度值用符号 HBW 表示，一般用于测量硬度值在 450 以上金属材料。布氏硬度用于测定铸铁、有色金属，以及经退火、正火和调质处理的钢材，如汽车钣金材料、轴瓦、缸套、缸体等零件。

布氏硬度测定结果较准确，但操作不够简便，而且压痕大，故不适于测量成品或较薄工件。

（2）洛氏硬度。洛氏硬度的测定是在洛氏硬度机（图 2-4-7）上进行的，用金刚石圆锥（顶角为 120°）或钢球（直径 ϕ1.588mm）作压头，在规定的预载荷和总载荷下压入材料，卸载后，根据压痕深度定出硬度值（图 2-4-8）。由于采用不同的压头和负荷，组成 HRA、HRB、HRC 三种洛氏硬度标度，其中 HRC 应用最广，用于淬火后的工具和零件，如发动机气门、曲轴轴颈、齿轮等。

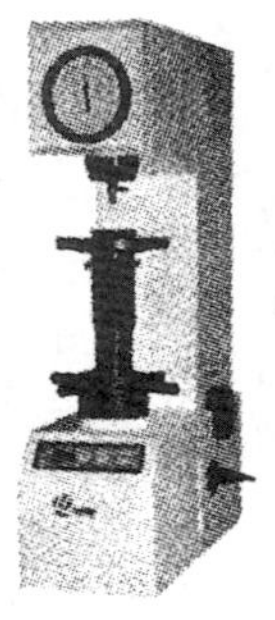

图 2-4-7　洛氏硬度计

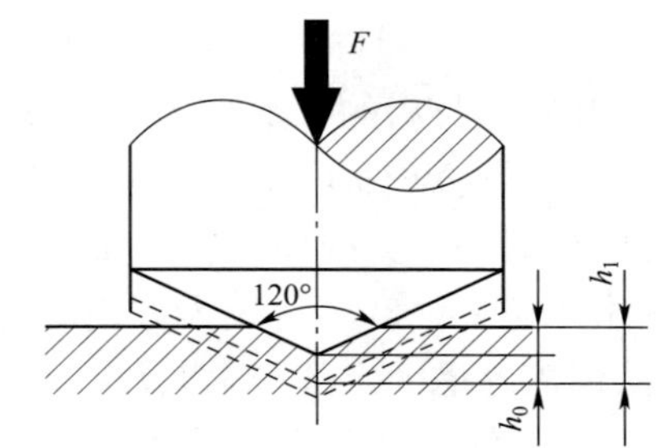

图 2-4-8　洛氏硬度试验原理

洛氏硬度的测定方法简便、迅速，测量硬度范围大，压痕小，无损工件表面，故可直接测量成品或较薄工件。但因压痕小，对硬度不均匀的材料所测结果不够准确，故需多测几点取其平均值。

(3)韧性与疲劳。

①冲击韧性。金属材料在使用过程中不仅受到静载荷作用,有时还受到冲击载荷的作用,如汽车发动机活塞、活塞销、连杆等零件在工作行程时,受到很大的冲击载荷。所以,要求这些零件具有一定的耐冲击性能。

金属材料抵抗冲击载荷的能力称为冲击韧性。冲击韧性的测定在摆锤式冲击试验机(图2-4-9)上进行,是通过摆锤一次冲击试样测量的(图2-4-10)。它用标准试样被冲断时单位断面所吸收的功来表示,其符号为 α_k,单位为 J/cm^2。α_k 值越大,则材料的韧性越好。材料的形状、组织缺陷、表面粗糙度及所受环境温度将直接影响材料的冲击韧性。

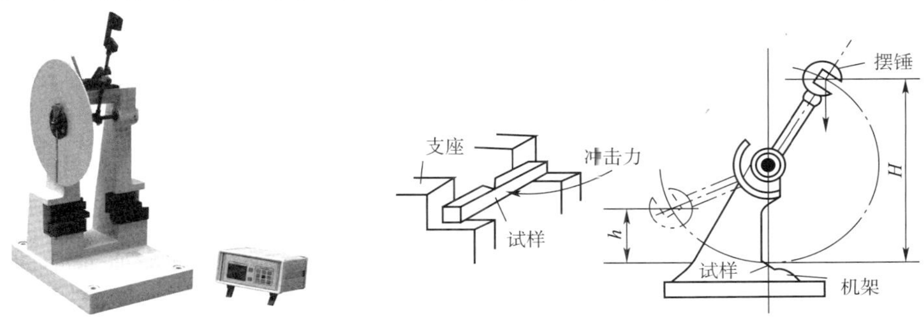

图2-4-9 摆锤式冲击试验机　　图2-4-10 冲击试验简图

在动载荷下工作的零件,很少受到一次性冲击载荷而破坏,汽车上的一些零部件,如曲轴、气门、气门弹簧等所承受的都是小能量的重复性冲击载荷。

②疲劳。汽车一些零件,如气门弹簧、曲轴、齿轮等在交变载荷(大小、方向随时间发生周期性变化的载荷)长期作用下工作,往往出现零件在工作应力峰值远低于材料抗拉强度的情况下突然断裂破坏,这种现象称为疲劳,称此断裂为疲劳断裂。由于断裂是突然发生的,故有很大的危险性。据统计,损坏的零件中有80%是因疲劳造成的。

材料在无数次交变载荷作用下不破坏的最大应力,称为疲劳强度。一般规定钢材经受107次的交变载荷作用时,不产生破坏的最大应力称为疲劳强度。疲劳强度受到很多因素的影响,主要有材料的内部组织、残余内应力、表面状态、工作条件等。

2. 金属材料的工艺性能

1)铸造性能

铸造是将液态金属注入铸造型腔内以获得一定组织与形状的工艺方法。铸造可生产其他工艺方法难以加工的形状复杂、大小不等的零件或毛坯。汽车通过铸造加工出的零件(如发动机缸体、缸盖、活塞、曲轴、气门摇臂等)占汽车自重的10%左右。

金属材料的铸造性能是指获得优良铸件的难易程度。金属的流动性、收缩性和偏析等因素影响金属的铸造性能。

金属流动性是指液态金属充满铸型的能力,流动性好的金属浇注后可获得轮廓清晰铸件;否则,会出现缩孔、缩松、气孔、缺肉(浇不足)和裂纹等铸造缺陷。金属材料的化学成分(主要指标为含碳量)和熔点将直接影响流动性。采用铸铁材料可获得内腔(水道)复杂而且壁薄的汽车发动机缸体和缸盖,因为,铸铁比铸钢的含碳量高,熔点低,具有良好的流动性。

收缩率是指金属在铸型内由液态变成固态时铸件的体积收缩量。收缩率小的金属易获得良好的铸件;反之,将会出现裂纹、变形、缩松等现象。

2)焊接性能

焊接是通过加热或加压,借助原子间的结合力,将两部分金属紧密连接为一个整体的工艺方法。焊接工艺可分为熔化焊、压力焊、纤焊三种,其中以熔化焊(例如电弧焊、气焊)应用最广泛,如汽车车身、车架一般是焊接加工的。焊接工艺具有节约金属材料、减轻构件质量、减少切削加工量、效率高、成本低等优点。

焊接性能是指金属材料对焊接加工的适应性。主要是指在一定焊接工艺条件下获得优质焊接接头的难易程度。焊接性能好的金属材料可以用一般的焊接方法与工艺进行焊接,其接头的强度接近母体;焊接性能差的金属材料,必须采用特殊工艺和方法进行焊接。

熔化焊实际上是冶炼铸造过程,所以焊缝会出现裂纹、夹渣、气孔等缺陷。金属材料的化学成分、性能及焊接的工艺条件等因素都会影响焊接接头的质量。碳钢的焊接性能好于铸铁和合金钢;低碳钢的焊接性能好于高碳钢;低合金钢的焊接性能好于高合金钢;铸铁和有色金属的焊接性能均不如碳钢和合金钢。

3)冲压性能

金属材料在压力作用下进行塑性变形的能力,称为冲压性能。金属材料的塑性越大,变形抗力越小,则其压力加工性能越好。

金属材料的压力加工性能取决于金属的化学成分、内部组织及变形条件(例如变形温度、变形速度及应力状态)。

金属压力加工方法很多,有自由锻、模锻、挤压、轧制、冲压等。例如汽车传动轴、齿轮、连杆通过自由锻或模锻成形,汽车上许多零件都通过冲压钢板生产,例如车身、散热器、油箱等零件,其钢板消耗量占整车钢材的42%(载货汽车)。金属材料的压力加工常以生产零件毛坯为主,精密模锻可直接制成零件(无切削加工)。

4)切削加工性

金属切削加工性是指金属材料进行零件加工的难易程度。金属切削加工性主要体现在材料进行零件加工时允许的切削速度、进给量,对刀具磨损及切削时的动力消耗程度,以及零件表面质量。

影响金属材料切削加工性的主要因素是金属的硬度和韧性,材料过软和过硬都不利于切削加工。金属过软或韧性过大,易形成切削刀瘤,并且不利断屑,影响加工质量;金属材料过硬,减少刀具使用寿命,太硬则无法进行切削加工。

灰铸铁的切削加工性好于碳钢,碳钢切削加工性好于有色金属,中碳钢切削加工性好于低碳钢和高碳钢。

三、碳素钢及合金钢

1.碳素钢

碳素钢又称碳钢,其含碳量为0.0218% ~2.11%。

碳素钢具有成本低,较好的综合力学性能等特点,因此,碳素钢在汽车工业中得到最广泛的应用。约占汽车自重的60%以上的金属材料采用碳素钢材料,如汽车发动机连杆、气门、齿轮、车身、车桥、转向系统等都采用碳素钢材料。

1）碳素钢分类

（1）按含碳量划分：低碳钢（含碳量 <0.25%）；中碳钢（含碳量 =0.25% ~0.60%）；高碳钢（含碳量 >0.60%）。

（2）按碳钢的品质划分：普通碳素钢，优质碳素钢，高级优质碳素钢。

（3）按钢的用途划分：碳素结构钢，碳素工具钢。

2）碳素钢牌号、性能和用途

（1）碳素结构钢。此类钢含碳量较低，硫、磷等有害杂质含量较高，故强度不高，塑性和韧性较好，具有良好的焊接工艺性能，价格低廉，通常不进行热处理，直接在供应状态下使用。碳素结构钢用于金属结构件和不重要的机械零件，如汽车车身、发动机支架、散热器、刮水器等。

碳素结构钢牌号表示方法，由代表屈服强度的字母“Q”（汉语拼音字首）、屈服强度（σ_s）、质量等级（分 A、B、C、D 四级）、脱氧方法（用 F 表示沸腾钢，b 表示半镇静钢，Z 表示镇静钢，可省略）符号依次组成。如 Q215—AF 表示该牌号钢 $\sigma_s \geqslant 215$MPa，质量等级为 A 的碳素结构沸腾钢。

（2）优质碳素结构钢。此类钢有害杂质及非金属夹杂物较少，力学性能优于碳素结构钢。优质碳素结构钢用于制造重要的机械零件，一般都经过热处理后使用，既保证力学性能，又保证化学成分，例如汽车发动机凸轮轴、曲轴、转向节等。

优质碳素结构钢用平均含碳量的万分数（两位数）表示，例如 45 钢表示平均含碳量为 0.45% 的优质碳素结构钢。

优质碳素结构钢含锰量较高（0.7% ~1.2%）时，在数字后面加注“Mn”，例如 65Mn 钢，表示该牌号钢平均含碳量为 0.65%，且含有较多锰的优质碳素结构钢。

（3）碳素工具钢。碳素工具钢含碳量较高（0.65% ~1.35%），具有高的硬度、耐磨性，一般都经过热处理（淬火加低温回火）后使用。此类钢用于制造刃具、量具、模具、工具等。

碳素工具钢牌号用字母“T”和数字（平均含碳量的千分数）表示。例如 T7 钢，表示平均含碳量为 0.7% 的碳素工具钢。

（4）铸造碳钢（亦称铸钢）。铸钢的含碳量为 0.15% ~0.6%，含碳量过高则塑性差，易产生裂纹等缺陷，铸钢主要用来制造形状复杂，又难以进行锻造或切削加工成形，并且要求较高强度和塑性的零件。

铸钢的牌号由铸钢两字汉语拼音首写字母“ZG”和两组数字组成，第一组数字表示屈服强度（用 σ_s 表示，单位为 MPa）；第二组数字表示抗拉强度（用 σ_b 表示，单位为 MPa）。如 ZG230—450 钢，表示 $\sigma_s \geqslant 230$MPa、$\sigma_b \geqslant 450$MPa 的铸钢。

2. 合金钢

为改善钢的性能，满足生产要求，在钢中加入某些合金元素所获得的钢称为合金钢，常见的合金元素有镍、硅、铝、钴、铜等。合金钢通过热处理可获得优良的综合力学性能以及一些特殊的物理性能、化学性能。由于合金元素的加入，使其工艺性能下降，而且使用成本高。常用的合金钢有合金结构钢、合金工具钢、特殊钢。合金结构钢用来制造重要工程构件和重要机械零件，如汽车底梁、发动机和变速器齿轮等。合金工具钢用来制造性能要求高的模具、工具等。特殊钢(如不锈钢、耐热钢、耐磨钢等)用来制造特殊环境下的零部件。

3. 铸铁

铸铁是含碳量为2.11% ~6.69%的含有硅、锰、硫、磷等元素的铁碳合金,工业用铸铁的含碳量为2.5% ~4.0%。为提高铸铁的力学性能或得到某些特殊性能,常加入铬、钼、铜等合金元素或提高硅、锰、磷等元素含量的铸铁称为合金铸铁。

铸铁中的碳大部分或全部以石墨形式分布在金属基体上。按石墨存在的形式,铸铁可分为白口铸铁、灰铸铁、球墨铸铁和可锻铸铁。白口铸铁由于硬度高、脆性大、难以切削加工,很少直接使用。铸铁的力学性能不如钢材,但它具有良好的铸造性、切削加工性、减振性、耐磨性,并且成本低,故在工业上得到广泛的应用。

1)灰铸铁

灰铸铁中的碳大部分以片状石墨形式存在(图2-4-11),其断面呈暗灰色,故称为灰铸铁。

由于石墨的存在,使灰铸铁具有良好的减振性、耐磨性、切削加工性和铸造性,但片状石墨分割了金属基体,易产生应力集中,所以,灰铸铁抗拉强度低,塑性和韧性差,但抗压强度与硬度与同基体的钢差不多。

灰铸铁广泛用于制造形状复杂且力学性能要求不高的箱体、机架、床身、壳体、拨叉架等零件,汽车发动机缸体、缸盖、变速器等均采用HT300或HT350灰铸铁。

灰铸铁牌号用HT加最低抗拉强度值的数字表示,例如HT200表示抗拉强度≥200MPa的灰铸铁。

2)球墨铸铁

球墨铸铁中的碳大部分或全部以球状石墨形式存在(图2-4-12),故称为球墨铸铁。

图2-4-11 灰铸铁的显微组织

图2-4-12 球墨铸铁的显微组织

由于石墨以球状形式存在,减少石墨对金属基体强度的削弱,使基体性能得到改善,球墨铸铁的抗拉强度、疲劳强度、塑性和韧性都比灰铸铁高许多,其力学性能与钢接近,同时,还具有灰铸铁的一系列优良性能。

球墨铸铁常用于制造形状复杂、承受冲击性大载荷、要求性能较高的重要零件。

汽车许多零部件都采用球墨铸铁材料,如汽车发动机曲轴、凸轮轴、齿轮、连杆、传动轴、缸套、飞轮等。

球墨铸铁牌号用QT加最低抗拉强度值的数字和最小伸长率表示,例如QT400—15表示抗拉强度≥400MPa 和最小伸长率为 15% 的球墨铸铁。

3）可锻铸铁

可锻铸铁中的碳大部分或全部以团絮状石墨形式存在，如图 2-4-13 所示。可锻铸铁是由白口铸铁在高温长时间石墨化退火后得到的，按其退火工艺不同，可分为黑心可锻铸铁和白口可锻铸铁。

由于可锻铸铁中团絮状石墨对基体的割裂作用小，能较大限度地发挥钢的强度和韧性，具有高强度、良好的耐磨性和一定的冲击韧性（但不可锻造），部分可替代钢材。

汽车许多零部件都采用可锻铸铁，例如前后轮壳、弹簧钢板支座、差速器外壳、各类底座等。

黑心可锻铸铁和白口可锻铸铁的牌号分别用 KTH 和 KTZ 与两组数字（最低抗拉强度值和最小伸长率〉表示，如 KTH350—10 表示抗拉强度≥350MPa 和最小伸长率为 10% 的黑心可锻铸铁。

4）蠕墨铸铁

蠕墨铸铁中的碳以蠕虫状石墨形式存在，如图 2-4-14 所示。蠕墨铸铁是通过对铁水的孕育处理和蠕化处理得到的。

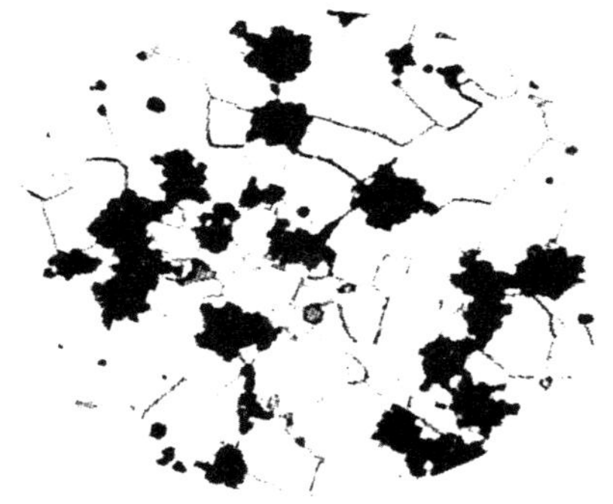

图 2-4-13　可锻铸铁的显微组织

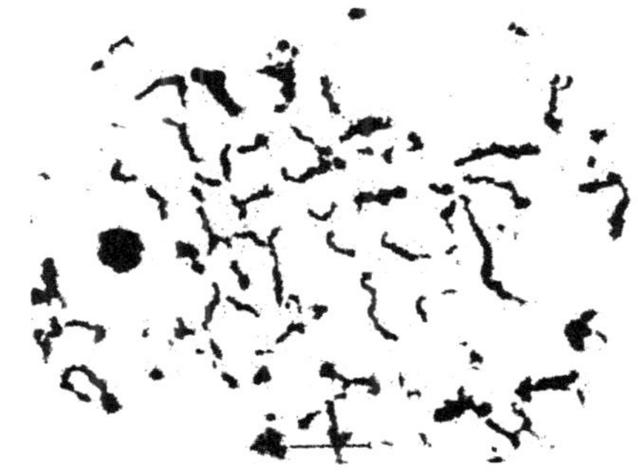

图 2-4-14　蠕墨铸铁的显微组织

蠕虫状石墨长厚比小，端部圆钝，对基体的割裂作用小，其性能介于灰铸铁和球墨铸铁之间，具有良好的综合力学性能，并且其有良好的铸造性和导热性。

蠕墨铸铁适合制作要求强度较高或承受冲击载荷及热疲劳的零件，如汽车制动鼓、活塞环、汽缸套、制动盘、汽缸盖等。

蠕墨铸铁牌号用“RuT”表示“蠕铁”，后面一组数字表示最低抗拉强度值。例如 RuT340 表示抗拉强度≥340MPa 的蠕墨铸铁。

5）合金铸铁

合金铸铁是含有一定合金的铸铁。合金铸铁具有许多特殊性能，如耐磨性、耐热性、耐腐蚀性等。合金铸铁的力学性能低于合金钢，脆性较大，但它具有冶炼方便、成本低廉的优点。合金铸铁主要分为耐磨铸铁、耐热铸铁、耐蚀铸铁三类。

（1）耐磨铸铁。耐磨铸铁分为减摩铸铁和抗磨铸铁两类。

①减摩铸铁。减摩铸铁是指在有润滑条件下的耐磨铸铁，例如，内燃机活塞、汽缸套、气门导管等。为提高减摩铸铁的减摩性，常加入 P、Cr、Mo、Cu 等元素。有些内燃机汽缸套采

用高磷铸铁(含磷量达到0.4%~0.6%)材料,它是在原有软的基体组织(珠光体中的铁素体)上分布由磷共晶体以断续网状形式构成的坚硬骨架,这样,在软基体磨损后形成存油的沟槽,保持润滑油膜的连续性,起到抵抗咬合或擦伤等减摩作用。

②抗磨铸铁。抗磨铸铁指在无润滑条件下(干摩擦)的耐磨铸铁,例如,球磨机磨球、轧辊、犁铧等。白口铸铁可用作抗磨铸铁,为克服白口铸铁脆性较大、韧性很差的缺点,在白口铸铁中加入适量的合金元素,形成抗磨白口铸铁,具有一定的韧性和高的硬度及耐磨性。

(2)耐热铸铁。耐热铸铁具有良好的耐热性,耐热性是指在高温下的抗氧化和抗热性的能力。

提高铸铁耐热性的方法是向铸铁中加入 Si、Al、Cr 等合金元素,使铸铁表面形成致密的氧化膜,保护内层不再继续氧化。例如,内燃机排气管、热交换器、热炉地板等均采用耐热铸铁材料制作。

(3)耐蚀铸铁。耐蚀铸铁是指在腐蚀介质中工作的具有耐蚀能力的铸铁。在铸铁中加入 Si、Al、Cr、P、N、Cu 等合金元素,使铸铁表面形成致密的保护膜或提高铸铁中铁素体的电极电位等手段,来提高铸铁的耐腐蚀性。耐蚀铸铁广泛应用于化工企业,如各种具有抗腐蚀能的管道、阀门、反应炉及容器等。

4. 有色金属

1)铝及其合金

(1)纯铝。工业中铝是用量最大的有色金属。

铝有良好的物理性能和化学性能,它的导电性和导热性仅次于金、银和铜。由于铝在大气中很容易在其表面上和氧生成 Al_2O_3,防止铝的进一步氧化,故铝在空气中有良好的抗蚀性,但铝不耐酸、碱、盐的腐蚀。铝的硬度、强度较低,但塑性好,具有良好的压力加工性能。

工业纯铝分为铸造纯铝(非压力加工)和变形铝(压力加工)两种。

铸造纯铝牌号由“Z”和铝的化学元素符号及铝纯度的百分含量的数字组成。例如,ZAl99.5 表示 Al 含量为 99.5% 的铸造纯铝。变形铝牌号由 4 位字符“1×××”表示。牌号最后两位数表示铝百分含量中小数点后面的两位数,牌号第二位的字母表示原始纯铝的改型情况,字母 A 表示原始纯铝,其他字母表示原始纯铝的改型,例如,1A30 表示 Al 含量为 99.30% 的原始纯铝。

汽车上的一些承载较低的零件采用铸造纯铝或变形铝(如纯铝薄板)材料,如空气压缩机垫圈、排气阀垫片、汽车铭牌等。

(2)铝合金。在纯铝中加入镁、锰、硅、铜等元素后制成比纯铝有较高强度和抗蚀性能的铝合金。铝合金按其成分和工艺特点分为铸造铝合金和变形铝合金两种。

铸造铝合金包括铝镁、铝锌、铝铜、铝硅等合金,其中铝硅合金应用广泛。铸造铝合金有良好的铸造性,塑性差,不宜进行压力加工。铸造铝合金代号用“铸铝”汉语拼音字首“ZL”与一组数字表示,其中第一位数字表示合金的类别(1 为 Al-Si 系;2 为 Al-Cu 系;3 为 Al-Mg 系;4 为 Al-Zn 系),后两位数为合金顺序号。例如,ZL102 表示 Al-Si 系铸造铝合金。汽车发动机化油器、活塞等形状复杂零件采用铸造铝合金材料。

变形铝合金按其主要性能特点分为防锈铝合金(又称防锈铝)、硬铝合金(又称硬铝)、超硬铝合金(又称超硬铝)和锻铝合金(又称锻铝)。变形铝合金代号采用汉语拼音字母加顺序号表示。LF 表示防锈铝,LY 表示硬铝,LC 表示超硬铝,LD 表示锻铝。

变形铝合金具有较高的强度和良好的塑性,可通过压力加工制作各类型材和结构件,如汽车发动机散热器、支架等零件。

2)铜及其合金

纯铜(又称紫铜、电解铜)具有良好的导电性、导热性、抗磁性、焊接性和耐蚀性,纯铜塑性较好,但强度低。纯铜广泛应用于各种导电材料。对纯铜进行合金化处理,加入一些如 Zn、Al、Sn、Mn、Ni 等合金元素,获得强度和韧性都满足要求的铜合金。铜合金按化学成分分为黄铜、青铜和白铜,常用的铜合金是黄铜和青铜。

(1)黄铜。黄铜是以锌为主加元素的铜合金。随锌含量的增加,黄铜的强度、硬度和塑性提高,当锌的质量分数达到45%时,黄铜的强度最高。黄铜又称普通黄铜,在普通黄铜基础上再加入少量其他元素而制成的铜合金称为特殊黄铜,如锡黄铜、铅黄铜、硅黄铜等。

普通黄铜牌号用 H("黄"的汉语拼音字首)及数字(铜平均质量分数的百分数)表示。例如,H90 表示铜的平均质量分数为 90% 的普通黄铜。特殊黄铜的牌号中还应标出其他添加元素的化学符号和质量分数。例如,HPb59—1 表示铜的质量分数为 59%,铅的质量分数为 1%。

汽车发动机油管及接头等管配件、轿车上的转向节衬套、汽车弹性套管等零件都采用黄铜材料。

(2)青铜。除黄铜和白铜(铜—镍合金)以外的其他铜合金称为青铜,其中含锡元素的称为普通青铜(锡青铜),不含锡元素的称为特殊青铜(又称无锡青铜)。按生产方式,还可分为加工青铜和铸造青铜。

锡青铜具有良好的耐磨性、耐蚀性、铸造性及塑性,主要用于制造耐磨损或耐蚀零件,如汽车散热器盖出水阀弹簧等弹性件及发动机摇臂衬套、连杆衬套等耐磨件。

加工青铜牌号用 Q("青"的汉语拼音字首)、主加元素符号及其平均质量分数的百分数、其他元素及其平均质量分数的百分数组成。例如,QSn4—3 表示锡的质量分数为 4%;锌的质量分数为 3%。铸造青铜牌号用 Z("铸"的汉语拼音字首)、铜及合金元素符号和合金元素平均质量分数的百分数组成,例如,ZCuSn10Zn2。

3)轴承合金

滑动轴承一般由轴承体和轴瓦构成,轴瓦直接支撑着转动轴。由于滑动轴承具有承载面积大、工作平稳、无噪声以及拆卸维修方便等优点,得到广泛应用,例如汽车发动机连杆及大型电动机等动力设备。

用于轴瓦及其内衬的耐磨合金称为轴承合金。常用的轴承合金主要是非铁基金属合金,主要有锡基和铅基轴承合金(又称巴氏合金),以及铝基、铜基轴承合金,其中应用广泛的是巴氏合金。

轴承合金具有良好的减摩性、耐磨性、疲劳强度及较高的承载能力,良好的耐蚀性和导热性,制作工艺简易,成本低廉。因此,轴承合金广泛应用于汽车、拖拉机、内燃机车等滑动轴承上。

4)有色金属板材

有色金属板材是指由有色金属及其合金制成的金属板材。由于有色金属板材大多具有不同光泽，与其他金属板材相比具有特殊的物理性能、化学性能，所以，有色金属板材是汽车钣金件中不可缺少的重要金属材料。汽车常用的有色金属板材是薄铜板材和薄铝板材。薄铜板材和薄铝板材的种类、特性及用途见表2-4-4。

汽车常用有色金属板材的种类、特性及用途 表2-4-4

名称	种　类	特　性	用　途
薄铜板材	纯铜薄板（紫薄板）	呈紫红色，具有良好导电性、导热性、耐蚀性、塑性和延展性，易于压力加工和焊接，强度低、成本高	汽车汽缸垫、进排气管垫片、轴承垫片、散热器管、制动管等
	铜合金薄板（黄铜板）	良好塑性，适于成形加工；较好的焊接性，强度高于纯铜，成本低	汽车散热器、暖风散热管等
薄铝板材	纯铝薄板	呈银白色，具有良好塑性、延展性、导电性、导热性和耐蚀性，强度低、成本不高	用于耐腐蚀容器、油桶、各类拉伸件和压弯件等
	铝合金薄板	强度、硬度和耐蚀性均高于纯铝薄板，有良好塑性，焊接性较差	汽车嵌条、装饰件、铆钉、仪器、仪表外壳等

5. 塑料

塑料是以树脂（天然的或合成的）为主要成分，此外还加入一些用来改善使用性能和工艺性能的添加剂（如填充剂、增塑剂、固化剂、着色剂等），在一定温度和压力下塑造成一定形状，并在常温下能保持既定形状的高分子有机材料。

塑料的密度小，大约为钢材的1/6，这对减轻汽车、飞机、船舶的自重意义重大。塑料具有良好的电绝缘性、耐蚀性、减摩性、耐磨性、自润滑性及消声吸振性，但塑料的强度、硬度及耐热性低，易老化。

工程塑料是具有独特性能的新型高分子材料，近年来在汽车上的应用也越来越多，常用于制作各种结构零件、耐磨减摩零件、隔热防振零件等。目前，国外已研制成功具有合金钢般的高强度的塑料，可以用来制造汽车轴承、机器齿轮等许多耐磨损零部件。汽车常用塑料的种类、特性及用途见表2-4-5。

汽车常用塑料的种类、特性及用途 表2-4-5

塑料种类及符号	主要特性	应用举例
有机玻璃（PMMA）	一定强度、高透明度、耐腐蚀性和电绝缘性	油杯、遮阳板、游标尺、后灯灯罩等
聚苯乙烯（PS）	良好的透光、耐腐蚀、电绝缘、成形及着色性	汽车各仪表外壳、汽车灯罩等
低压聚乙烯（PE）	较高的强度、耐高温、耐磨、耐腐蚀	汽车挡泥板、手柄、风窗嵌条，轿车保险杠等
ABS树脂（ABS）	较高的抗冲击性，良好的强度、耐磨性、化学稳定性	汽车挡泥板、转向盘、仪表板总成等

续上表

塑料种类及符号	主要特性	应用举例
酚醛塑料(PF)	良好的耐热、耐磨、电绝缘、尺寸稳定性	制动摩擦片、分电器盖、水泵密封垫片等
聚酸胺(尼龙)(PA)	具有综合的耐磨、耐疲劳、韧性、耐水性能	风扇叶片、车窗摇手、里程表齿轮、滤网等
聚甲醛(POM)	具有良好的综合力学性能,尺寸稳定性,耐磨、耐油、电绝缘性	万向节轴承、阀门、汽油泵盖、转向器衬套、手柄等
聚氯乙烯(PVC)	较小的相对密度和导热系数、良好的隔热与防振性	汽车内装饰覆盖板、密封条、坐垫套、操纵杆盖板等
聚碳酸酯(PC)	具有一定强度、耐疲劳、韧性、耐水性	轿车保险杠、水泵叶轮、壳体等

6. 橡胶

工业橡胶是由生胶(天然橡胶或合成橡胶)和用以改善和提高橡胶制品性能而加入的配合剂(如硫化剂、填充剂、防老剂、增塑剂、增强材料等)组成。常用橡胶材料为天然橡胶和合成橡胶。

橡胶具有高弹性能,在外力作用下可发生可逆弹性变形,外力消失后即可很快恢复原状。生胶经硫化处理后,其抗拉强度达 25 ~ 35MPa。橡胶具有良好的耐磨性,广泛用于制作各类轮胎。此外,橡胶有很强的吸振能力、绝缘性、隔声性及一定的耐蚀性。汽车中的许多零件都采用橡胶制作,如油封、传动带、减振配件、胶管、汽车门窗嵌条、制动皮碗、密封圈等。汽车常用橡胶的种类、特性及用途见表 2-4-6。

汽车常用橡胶的种类、特性及用途 表 2-4-6

橡胶种类及符号	主要特性	应用举例
天然橡胶(NR)	良好的耐磨性和抗撕裂性	轮胎、胶管、胶带等
丁苯橡胶(SBR)	优良的耐磨性、耐老化性、耐热性	轮胎、通用橡胶制品、离合器摩擦片等
氯丁橡胶(CR)	良好的耐腐蚀性、耐油性及物理性能和力学性能	橡胶模压制品、汽车门窗嵌条等
丁基橡胶(JTR)	良好的气密性,耐酸碱、吸振能力强	轮胎内胎、减振配件、电缆等
丁腈橡胶(NBR)	良好的耐磨性、耐老化性,耐热性、耐油性、气密性	油封、皮碗、密封圈、油管等

7. 黏结剂

黏结剂(亦称黏合剂),它用于材料的黏结或填补零件的裂纹、孔洞及其他缺陷。

黏结剂具有较高的黏结强度和良好的耐水、耐油、密封性、耐蚀性和绝缘性等性能。由于利用黏结剂进行汽车零件的修复具有工艺简单、效果可靠、成本低,不会使零件变形及组织发生变化等优点,故在汽车维修中得到广泛的应用。

黏结剂是一种高分子材料,分天然黏结剂和合成黏结剂两大类。工业上使用的黏结剂大多是合成黏结剂。合成黏结剂是由基料(环氧树脂、酚醛树脂、氯橡胶)及固化剂为主,再加入一定比例的增塑剂、稀释剂、填料、增韧剂和稳定剂等配制而成。

汽车维修中常用的黏结剂有环氧树脂和酚醛树脂黏结剂。环氧树脂黏结剂有很多种类，市面上有现成产品，但大多情况是根据实际情况（黏结材料、受力条件、工作环境等），按一定配方现配现用。环氧树脂黏结剂的优点是黏结力强、固化收缩率小、耐蚀性和绝缘性好，缺点是脆性大、耐热性差。酚醛树脂黏结剂具有较高的黏结强度，耐热性好，可在200℃以下长期工作，但脆性大，不耐冲击。环氧树脂或酚醛树脂黏结剂可用来黏结汽车离合器中的摩擦片和制动蹄片，修补发动机缸体、蓄电池、泵壳等。

8. 玻璃、石棉和纸板

1）玻璃

玻璃是非晶态固体，它具有透明、隔声和保温特点。玻璃是典型的脆性材料，它具有良好的化学稳定性，一定的耐腐蚀性，良好的绝缘性和光学性能。特种玻璃还具有吸热、防辐射、防爆等特殊性能。

玻璃种类很多，按用途不同可分为建筑玻璃、工业玻璃、光学玻璃、化学玻璃等。

最常用的有日常生活中随处可见的平板玻璃，光学性能比一般平板玻璃优良的浮法玻璃（如橱窗、高级建设门窗），还有钢化玻璃及夹层玻璃。

（1）钢化玻璃。钢化玻璃是将普通玻璃经过钢化处理（高温淬火）制成的特种玻璃。钢化玻璃比普通玻璃的抗弯强度大3～5倍，具有很高的温度急变抵抗性、耐冲击性等特点。钢化玻璃发生破碎时，会形成无棱角的颗粒状碎片，对人体伤害小。但钢化玻璃在破碎前会产生网状裂纹，影响视线，所以钢化玻璃只能作为汽车后窗玻璃和侧窗玻璃。为防止由于上述原因引起二次事故，采用特殊热处理方法制作“区域钢化玻璃”，控制玻璃碎片的大小和形状，用以保证在破碎前不影响视线。区域钢化玻璃目前在国外汽车广泛应用。

（2）夹层玻璃。夹层玻璃是由两块玻璃（平板透明玻璃或钢化玻璃）中间用一层安全膜黏合在一起制成。由于安全膜的黏合作用，玻璃破碎时不致脱落伤人，仅产生辐射状裂纹，无折光现象，仍有良好的透明度。目前，各国都规定汽车前风窗玻璃必须采用夹层玻璃。

2）石棉

利用石棉良好的防腐性、柔软性、吸附能力及不会燃烧的特性，石棉在汽车上得到广泛应用，主要用于保温、隔热、密封、绝缘和制动等。汽车上常用的石棉有石棉盘根和石棉板两种。石棉盘根分橡胶石棉盘根和浸油石棉盘根，石棉盘根常用作汽车发动机曲轴轴承密封材料；石棉板常用作具有耐高温要求的密封衬垫或垫片内衬物，如汽车发动机缸垫，进、排气接口垫圈内衬等。

3）纸板

汽车常用纸板制品的名称、种类、性能及用途见表2-4-7。

汽车常用纸板制品 表2-4-7

名称	种类	性能	用途
钢纸板	软钢纸板	强度高、韧性好、耐油、耐水和耐热及对金属无腐蚀作用	汽车发动机和总成密封处垫片，如机油泵盖衬垫
	硬钢纸板	较好抗张力和绝缘性	汽车电器绝缘衬垫

续上表

名　称	种　类	性　能	用　途
滤芯纸	薄滤芯纸	良好的过滤性能与较强的抗张力能力	汽车过滤器内滤片
	厚滤芯纸		过滤器内滤片垫架
防水纸板	沥青防水纸板	伸缩率小,吸水率低,较好的韧性	车身包皮或与水接触零部件的衬垫
	普通防水纸板		
浸渍衬垫纸板		弹性好,吸水和吸油性小	汽车发动机、变速器与汽油、润滑油或水接触的衬垫
软木纸		质轻、柔软,有一定弹性和韧性	水套孔盖板衬垫、水泵衬垫、机油盘衬垫

第五节　汽车技术性能变坏与零件的失效

一、汽车技术性能变坏的原因

1.汽车技术性能变坏的主要标志

(1)汽车的最高行驶速度下降,加速时间和加速行程增加,牵引性降低等,表明汽车的动力性变差。

(2)汽车发动机所消耗的燃料和机油比正常用量增多或大幅上升,车辆小修费用增加,表明汽车的经济性变差。

(3)汽车在运行中的故障增多,经常性出现漏油、漏液、温度高、异响等现象,停驶修理的次数增加,甚至出现由机件损伤导致的行车事故,使出车率和运输效率降低,影响行车安全,这些情况都表明汽车行驶的可靠性变差。

2.影响汽车技术性能变坏的主要因素

(1)某些零件的结构形式设计不合理,导致零件出现早期失效。

(2)零件选材不当或零件表面性质因工艺处理(如热处理、渗碳、喷丸、镀铬等)不到位,甚至遭到破坏,必然加剧零件损伤。

(3)零件的加工精度不达标,或在装配过程中没有使配合副保证应有的公差、间隙、预紧度和正确的安装位置,导致零件加工和装配质量下降,使零件和总成过早损坏。

(4)汽车运行过程中,因超载或装载分布不均、行驶速度过高、使用环境和道路状况不良、燃润料质量欠佳、维护不到位及驾驶操作不当等,都会加剧车辆有关零件的损伤。

二、汽车零件的失效

汽车技术性能变坏是由于上述原因而导致,最终反映在有关零件上则是零件出现磨损、变形和破损,这也是汽车零件主要的三种失效形式。下面就这三种失效形式分别阐述。

1.汽车零件的磨损

组合件的动配合副(称为摩擦副)的工作表面,由于相互接触面之间的摩擦作用,零件工作表面逐渐磨耗,其尺寸和几何形状逐渐发生变化,当变化量增长到配合副的工作出现异常时，这就表明零件已经磨损。

1）磨损的过程

动配合副的工作表面有摩擦必然有磨损，自然磨损是不可避免。磨损过程情况复杂，一方面与本身的物理、机械、化学等综合作用有关，另一方面与外界影响有关，如汽车运行的道路状况、载荷大小、速度高低、温度变化及润滑条件等。

一般情况下，将磨损分为三个过程：

（1）摩擦表面的相互作用。加工后的零件表面不可能绝对平整光滑，零件之间工作面接触时，微观凸凹不平的地方必然产生相互啮合嵌入现象。在接触紧密处，其接触压强非常大，接触距离非常小，因而产生分子与分子之间相互吸引的作用。

（2）摩擦表面产生变化。摩擦副工作表面相对运动时，由于接触处压强大、工作温度高，产生一定的弹性和塑性变形及金属的相变与软化等，因而在变化区层形成脆性氧化物。

（3）摩擦表面出现破坏。摩擦副工作表面在变化过程中，一般承受交变载荷或循环载荷，处于变化层区的金属由于内应力或疲劳影响导致破坏。局部高温点可能产生熔接黏附以致撕破。

2）磨损的种类

零件磨损从产生的实际现象来看，可以分为四类。

（1）黏附与熔着磨损。相互摩擦表面的金属，从强度较弱的表面转移黏附或熔接在强度较大的表面上，黏附和熔着磨损变化过程与实质基本相同，区别是：黏附磨损是由摩擦表面的固态塑性变形引起的；熔着磨损是由摩擦表面的熔态金属熔接所引起的。

这类磨损常常出现在曲轴轴颈、凸轮轴凸轮、汽缸及齿轮等摩擦表面，尤其在发动机处于高速、高温和润滑不良条件下最容易出现，如呈现“咬死”“抱瓦”等现象。

（2）化学蚀损。在摩擦过程中，摩擦表面之间的氧和酸类物质对金属起着一定的化学变化，形成一种腐蚀膜层，受切向力（如滑动摩擦）或正压力（如滚动摩擦）的作用，呈颗粒状而脱落成硬质微粒。这种蚀损可分为三种情况：氧化磨损、腐蚀磨损、穴蚀。

氧化磨损和腐蚀磨损常常产生在气门头和汽缸壁接近上止点处。

穴蚀一般出现在湿式汽缸套的外壁上。

（3）磨料磨损。摩擦表面之间所生成和进入的磨料，起着研磨切削作用，使摩擦表面受到机械性的磨损。磨料来源：一是零件剥落的机械杂质，如曲轴轴瓦合金层；二是外来的磨料，如尘沙、炭渣、润滑油内杂质及机械加工表面残留的切屑和磨屑等。

最常见的受磨料磨损的汽车零件如汽缸、活塞环、活塞及轴类零件的轴颈和轴承。

（4）麻点磨损。麻点磨损一般产生在零件的滚动摩擦表面，是由渗入零件表面裂纹中的润滑油形成“油楔”引起裂纹表面成鳞片脱落而产生的，如滚动轴承的滚道和滚子、齿轮的齿面等。

3）影响磨损的外在因素

（1）摩擦副之间的介质。

（2）摩擦副运动的形式、速度和压力。

（3）摩擦副的材料和表面性质。

2. 零件的变形

这里要说明的是，在汽车修理中，对于零件的磨损和断裂一般容易被发现，而对零件变形往往不够重视，尤其是对基础件（如发动机缸体、变速器壳体等）变形问题尚未引起足够重视，因为这些基础件的形位公差测量相对比较麻烦，从而影响修理质量。

零件的变形一般表现为：弯曲、扭转、翘曲等几何外形的变化。

零件变形的原因大多为零件承受的外力（载荷）与内应力不平衡，或由于加工过程中的残余应力未消除（如未经热处理或时效处理）而出现的内应力不平衡。这些情况有的属于热加工应力（如铸件或焊件在加工过程中，零件的某些部位冷却不均匀，形成压伸应力），有的属于冷加工应力（如冷冲压过程，产生局部晶格歪曲而形成残余应力）。这些应力如超过零件的屈服极限，就会产生塑性变形，超过强度极限，就会产生撕裂。

零件变形的例子很多，如：拧紧汽缸盖各螺栓时，如果力矩不均或顺序不对，就可能导致缸盖平面翘曲；在镗缸前，为避免缸孔下部出现镗后变形，应先将主轴承盖螺栓拧紧；冷焊铸铁汽缸体时，如果不注意温度分布问题，就会引起破裂。

3. 零件的破损

零件的破损一般表现为折断、裂纹及刮伤等。其中零件的折断和刮伤比较容易发现，而零件出现裂纹却不容易觉察，零件的疲劳裂纹属于零件隐伤，极易引起零件断裂，危害性极大，必须采用特殊方法检验，这也是车辆维修中最重要的检验。

（1）零件断裂的原因大致有以下几种情况：

①零件的变形或疲劳超过其材料极限强度，使零件应力集中部位产生裂纹，并逐步扩展到断裂。

②零件内部隐伤（如气孔、夹渣、裂隙等）所形成的应力集中，从隐伤薄弱处产生裂纹，逐渐向外扩展，遇到气压、油压或水压的扩散压力作用，加速裂纹扩展直至断裂。

③承受交变载荷的零件，在应力集中部位容易形成疲劳裂纹，裂纹不断向零件内外伸展以至断裂。

（2）零件刮伤的原因。零件刮伤的原因一般说是因为修理不当引起的。如：活塞销的卡簧脱出，致使活塞销的端部刮破汽缸壁；活塞产生偏缸，使活塞与缸壁被拉伤；机油内机械杂质过多，导致缸壁和活塞擦伤等。

三、零件的检验

汽车维修时，维保人员通过一定的机械工具按照一定的顺序对车辆总成和零件进行拆卸，然后经过清洗，对零部件上的油污、积炭、水垢等进行去除，清洗后的零件应按照其技术要求进行检验，以确定是否可用、是否需修、是否报废，也就是通常所说的检验分类。

可用零件是指零件具有一定的磨损，但其尺寸和几何形状的偏差均在允许范围内，还可以继续使用；需修零件是指零件的磨损和几何形状的偏差大于允许值或达到了极限值，但还可以修复后使用；报废零件是指零件损伤严重，无法修复或修复成本高于无修复的经济价值。

零件的检验和分类是修理过程中极为重要的工序，其执行的好坏直接影响着维修的质量和成本。所以要求承担零部件检验工作的人员必须具有高度的责任心和良好的技术素质，做到严格、规范、标准，精益求精，一丝不苟，既保证维修质量，又降低维修成本。

检验工作贯穿整个修理工艺过程，分为零件检验和综合检验两类。

零件的综合检验是指零件与零件之间的相互几何位置、配合公差和工作效能等的检验。这种检验将在后述的总成装配、调试等工艺中讲述，本节只介绍零件检验的基本方法。

1. 零件磨损的检验

根据各种零件的结构和工作部位不同，将零件磨损部位大致分为轴形、孔形、齿形部位及其他形部位。

1）轴形部位的检验

轴形部位检验的零件外形很多，有的为曲拐形，如曲轴；有的为管状形，如半轴套管；有的为棒形，如转向节主销。这些零件检验的部位都是轴颈位置。

测量轴颈位置磨损一般用外径千分尺和游标卡尺。

测量项目包括轴颈的最大磨损量、圆度、圆柱度。

2）孔形部位的检验

总成的壳体零件都有各种孔，以满足各种不同条件的需要，如汽缸体的汽缸孔；变速器壳体的轴承座孔；前后轮毂的轴承座孔等。

测量孔的磨损一般用内径千分尺、游标卡尺、内径百分表（量缸表）及塞规或专用量规等。

测量项目包括孔的最大磨损量、圆度、圆柱度。

3）齿形部位的检验

齿轮的外齿和内齿、花键轴和花键孔的键齿、蜗轮蜗杆等都可以看作是齿形部位。

齿形部位的测量一般用齿轮游标卡尺、花键样板规或界限量规等。

测量项目有齿厚、齿长的磨损量及配合旷量。

齿形部位检验时，一般先观察轮齿和键齿的外表是否有折断、裂纹、沟痕、斑点、表层脱落、端头是否磨成锥形等，然后再进行测量。

4）其他形部位的检验

汽车零件中有的某一工作部位既不是轴形和孔形，也不是齿形，而是一种特殊外形。如凸轮轴的凸轮和偏心轮；进、排气门的头部和脚部；转向球头及座；滚动轴承的滚道和滚子等。

特殊形状部位磨蚀程度一般由观察凭经验来确定，必要时用专用样板规检验。

有的零件是一个组合的整体，一般不拆散进行个体检验。如检查滚动轴承，观察滚道和滚子表面，其表面均应光洁平滑、接触均匀，无裂纹、针孔、斑点和鳞片状脱层等缺陷，不应有退火颜色，隔离环不允许有断裂或破损。

2. 零件变形的检验

零件或组合件变形一般表现为产生弯曲、扭转、翘曲等几何外形的变化，其检验方法一般是测量其弯曲度（径向圆跳动）、轴向圆跳动、平面度和对称度等偏差值来确定其变形程度。

1）测量弯曲度（径向圆跳动）

轴类零件的轴线必须与其旋转轴线一致，否则即说明该零件产生弯曲变形。

弯曲度一般用百分表测量，利用 V 形架将轴类零件（如曲轴或凸轮轴等）在平板上支撑，用磁力表座夹装好百分表，将百分表触头抵触到中央部位，转动零件一周，百分表指针所指示的最大读数和最小读数之差的一半，即为零件的径向圆跳动量，或称为弯曲度。

2）测量轴向圆跳动量（偏摇度）

旋转零件的平面偏离其旋转平面（与旋转轴线相垂直的平面）而在端面上产生的跳动称为轴向圆跳动（又称端面圆跳动），反映其跳动程度的大小称之为轴向圆跳动量。

旋转零件的平面（如离合器从动盘、飞轮等）轴向圆跳动量用百分表测量，支撑好被检零件后，将百分表触头抵触在旋转平面上，转动零件所得读数即为跳动量。一般来说。测点半径越大，跳动量也越大。

3）测量平面度

零件的工作平面变形后，必然在该平面上产生凸凹或翘曲。

平面度一般用塞尺进行测量，方法较简单，通过测量变形平面与直尺或平板之间所形成的间隙来衡量其平面度（如整体式汽缸盖平面），在平面的100mm长度和全长内不允许超过一定的尺寸范围。

对于壳体零件的分离平面（变速器的接盖平面、汽缸体底平面）呈现不规则的环形窄平面，检查其平面度时必须用平板与零件分离平面相接触，然后用塞尺测量其接触间隙，不大于规定尺寸。

4）测量对称度

对称度测量一般用于检查车架的扭曲变形。

根据零件的结构和工作特点，检查零件（如连杆、工字梁等）扭转变形，应采用专用器具（如连杆检验器、车架检验仪等）检查。

3. 壳体件位置公差的检验

壳体件一般是汽车总成或部件的基础零件，用于连接和支撑若干零件并保持一定相对位置的机体。对壳体件相对位置偏差的检验十分重要，直接影响总成装配及整车修理质量。

所谓位置公差，就是指由于壳体件加工精度不高或使用中产生变形，导致其平面与平面、平面与轴线、轴线与轴线、座孔与座孔之间的相互平行、垂直、同心等相对位置产生的偏差。

1）平行度检验

壳体零件平行度检验包括轴线与轴线、轴线与平面或平面与平面之间的平行度，检验有直接测量法和间接测量法。

直接测量法如下。

以检验变速器壳轴承座孔轴线及轴线与壳上分离平面的平行度为例，所用检验测量器具为外径千分尺、百分表、高度尺、定心套、测量轴、平板等。

测量时，壳体上分离平面（与盖连接的平面）必须平整，然后将该平面放置在平板上，将定心套和测量轴安装在座孔中，用外径千分尺测量轴两端距离的差值，便是两对座孔轴心线在全长上的平行度；用高度尺带百分表测量轴两端高度的差值，便是分离平面与座孔轴心线之间的平行度。

为了减少由于定心套与被测量孔之间的间隙而造成的测量误差，可采用以下方法：

（1）采用锥形定心套。

（2）采用阶梯形定心套。

（3）采用活动支撑式定心套。

2）垂直度的检验

该项目一般用于发动机汽缸与主轴承座孔轴心线的垂直度的检验。检验器具为汽缸孔垂直度检验仪,该仪器由定心轴、定心轴套、柱塞、百分表及定心器组成。定心器固定在汽缸中,并使检验的轴线与汽缸轴线重合,柱塞的上端顶在百分表触头上,柱塞下端装有球形触头,触头至轴线的距离可根据汽缸的长度而定。

3)同轴度的检验

汽缸体的各主轴承座孔应与曲轴轴心线重合,其检验方法有两种:

(1)采用同轴度量棒。将与座孔尺寸相同的量棒插入座孔,如果各座孔在同轴线内,则量棒能顺利通过,这种方法简单易行,但通用性差。

(2)采用同轴度检验仪。常见的检验同轴度仪器一般由定心轴支撑在座孔上的定心套内,可以沿轴向移动,在定心轴上装有等臂杠杆和百分表,测量时使等臂杠杆的球形触头触及被测孔的表面,转动定心轴时,如果孔不同轴,等臂杠杆的球形触头便产生径向移动,其移动量经杠杆传给百分表,即可测出孔的同轴度。

4. 零件隐伤的检验

汽车零件的隐伤是不易被察觉的隐蔽缺陷,对机件事故和行车安全有极大的危害,在车辆维修中,应想方设法予以发现,及时处理。

检查零件隐伤的方法有多种,一般为水压试验、磁力探伤、超声波探伤、荧光探伤、敲击探伤等。

1)水压试验

为发现汽缸体、汽缸盖和进、排气歧管等铸造空腔零件上的裂纹,通常是在专门装置上进行水压试验。

试验时,将汽缸体和衬垫装好,将水压机水管接在汽缸体前壁的进水口处,用盖板将其他水道口堵住,然后将水压入水套,在0.3~0.4MPa水压下保持5min,如有水珠出现,即表明该处存在裂纹,否则为完好。

2)磁力探伤

磁力探伤具有测量准确、迅速及设备简单等优点。其原理是:使磁力线通过被检验的零件,如果零件有裂纹(或存在气孔、砂眼等),在裂纹部位的磁力线将偏散而形成磁极,若在零件表面撒上磁性铁粉,铁粉会被磁化并吸附在裂纹处,从而显示出裂纹的位置和大小。

零件的横向裂纹应用纵向磁化法检验;纵向裂纹应用环形磁化法检验。

经过磁力探伤的零件探伤后,会多会少残留一部分剩磁,在零件使用中会吸附铁屑而加剧磨损,所以必须作退磁处理。

磁力探伤法只适用于钢铁零件,对于有色金属零件常用超声波探伤。

3)超声波探伤

超声波探伤是利用超声波通过两个介质的接触面(如空气和金属的接触面)时产生反射和折射的现象,使被检验的零件的隐伤将反射作用由电信号表现出来,从而探明零件有无隐伤和隐伤所在的部位。

超声波探伤仪有穿透式和反射式两种。

4)荧光探伤

荧光探伤是利用在紫外线的作用下能发光的物质作为悬浮液体,并将它涂在被检验零件的表面上，当用汞灯照射零件时，在裂纹内的发光物质更加明亮，因此裂纹很容易被发现。

检验时，将零件浸入荧光液中 10 ~ 15min，取出后用 200kPa 的冷水冲洗零件，并用压缩空气吹干，将零件稍加热后，促使裂纹内的荧光液扩散.用紫外线照射时，根据黄绿色光亮，即可发现裂纹的位置和形状。

5）敲击探伤

敲击探伤检验零件隐伤的方法最简单，在车辆维护中常被用作检查转向节、半轴等有关行车安全的机件的表面疲劳裂纹。

敲击法有两种，一种是用手锤轻轻敲击被检查的零件，根据敲击响声凭经验判断是否有隐伤；另一种是将被检零件浸入煤油或柴油中一段时间，取出后将表面擦干，撒上一层白垩粉，然后用小手锤敲击（敲振）零件，若有裂纹将出现油痕。

值得注意的是以上两种方法敲击零件时都不能敲击工作面。

5. 零件平衡的检验

高速旋转的零件（如曲轴、飞轮等）或组合件（如传动轴、万向节总成等），如失去动平衡或静平衡，将导致零件本身或在其支撑上产生附加载荷（如离心力、旋转力偶），使相关零件产生振动，加速零件磨损，发出冲击响声。

一般来说，产生不平衡的原因有：零件的制造过程中质量不均匀，如存在缩孔、砂眼等；零件的磨损或加工存在偏差，如零件的中心、轴线偏离旋转轴线；在装合时，零件或组合件的旋转中心或轴线产生偏移，如曲轴凸缘与飞轮变位、传动轴万向节十字轴位移等，由于使用不当，导致零件弯曲、凹陷或破损。

1）静平衡的检验

旋转直径大于长度的零件（如飞轮、离合器从动盘），如果重心偏离其旋转轴线，便会出现静不平衡。

零件的静不平衡度可用其静力矩来测定。

零件的静平衡应在专门的检验台架上进行。

2）动平衡的检验

旋转直径小于长度的零件（如曲轴、传动轴等），如果在其旋转轴线两侧产生力偶，便会出现动不平衡。

零件的动不平衡主要有两种：

（1）旋转轴线不与惯性主轴相重合。

（2）旋转轴线两侧的力偶不平衡。

零件或组合件的动平衡一般用动平衡机检验。

第六节　电的基本概念

一、电的基本术语

1. 电位

珠穆朗玛峰高 8844m，是指相对于海平面而言，如果没有海平面这个标准，那么珠穆朗玛峰的高度就无法确定。电位也是如此,对于 12V 的电源来说,指的是正极比负极高出 12V,这时参考的电位是负极,在分析电位时取参考电位的值为 0V。

2. 电位差与电压

电路中任意两点的电位之差称为电位差,又称电压。如:220V 的照明电压指的是相线对地线之间的电位差是 220V。电压以字母 U 表示,单位是 V(伏特)。

3. 电动势(又称电源电势)

能使电路两端产生和维持一定电位差的能力称为电源的电动势。电动势以字母 E 表示,单位是 V(伏特)。

4. 电流

灯泡与电源接通后就会发光,这是由于在电源的作用下,使电荷通过灯丝的缘故。我们把电荷的有规律的运动称为电流。单位时间里流过的电荷量称为电流强度(简称电流),其流向是指由正极流向负极。电荷的单位是 C(库仑),电流强度的单位为 A(安培)。在 1s 的时间里通过导线截面积的电荷量若是 1C 则称这导线里的电流强度为 1A。

5. 电阻

导体对于通过它的电流有一定的阻力,这种阻力称为电阻。

1)电阻的串联电路

两个或两个以上的电阻将它们一个接一个的串联起来称为电阻的串联。

串联电路中:$I_1 = I_2 = I$

$U = U_1 + U_2$

$R = R_1 + R_2$

2)电阻的并联电路

两个或两个以上的电阻把它们的一端连接在一起,另一端也连接在一起称为电阻的并联。

并联电路中:$U = U_1 = U_2$

$I = I_1 + I_2$

$1/R = 1/R_1 + 1/R_2$

二、电路

电路是电流流通的途径,组成电路的主要元件可分为以下三部分。

1. 电源

电源是维持电流的能源,它把其他形式的能转化为电能。

2. 负载

负载是接受电源的电能,并把电能转化为其他形式的能。

3. 连接导线

连接导线是连接电源和负载的导体,用来构成电路的通道。比较完善的电路,还应装有开关等附属设备。

构成电路的主要目的是为了转换、传输和分配电能。

例如:照明电路就是电流通过导线在负载上把电能变成光能。

如果电路中电流的大小和方向不随时间变化，那么这个电路就称为直流电路。

直流电源以符号 —|⊢— 和字母E表示。

电阻性负载以符号 —▭— 和字母R表示。

在电路中有通路、断路、短路三种情况。所谓通路就是在一个电路里，有电流流过时，负载能正常工作，或称为闭合电路；如果电路的任一个地方断开时，电流流不过，则称为断路或称为开路；如果在电源的两端用一根导线接触，这时电流几乎不通过负载，而从导线中直接通过，这时的电流将比正常的电流大几倍，甚至几十倍，这种现象称为短路。短路时，由于电流很大，就会损坏电源，烧毁导线和设备，甚至造成火灾。

三、欧姆定律

欧姆定律表示了电流 I(A)、电压 U(V)和电阻 R(Ω)三者之间的关系。按图 2-6-1 连接依次换上不同的电阻值分别记下安培计的读数，见表 2-6-1。

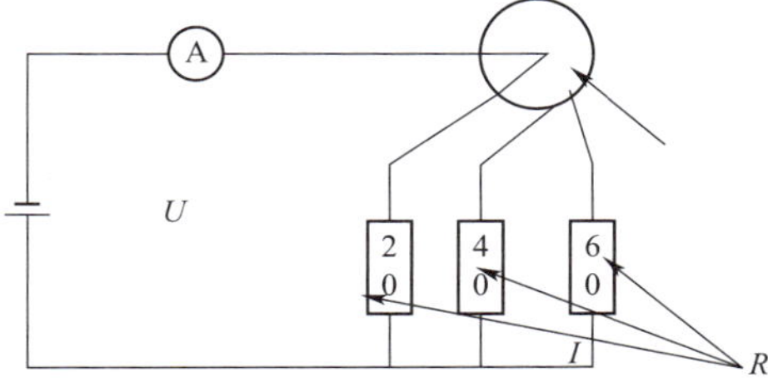

图 2-6-1　欧姆定律关系

安培计的读数　　表 2-6-1

U(V)	V(V)	R(Ω)	I(A)
6	4.8	20	0.06
6	4.8	40	0.03
6	4.8	60	0.02

根据上述规律，我们可以得到如下公式：

$$I=(U-V)/R \qquad (\text{A})$$

这个公式称为欧姆定律，是 1826 年由德国物理学家欧姆提出的。

根据等式交换的原则，可以写成如下常用形式：

$$(U-V)=IR(\text{V})\text{或}R=(U-V)/I \qquad (\Omega)$$

四、电功及电功率

1. 电功率

电功率就是在单位时间内电能所做的功，如：荧光灯将电能转变为光能，加热器将电能转变为热能，车床将电能转变为动能，电风扇将电能转变为风能等。我们日常所说的电热器 2000W，微波炉 1000W，电脑 100W 等就是指这些设备消耗电能的功率的大小。一般用 P 来表示电功率，单位为瓦(W)，电功率与电压 U 和电流 I 之间存在如下关系：

$$P=UI$$

即电功率与电压和电流成正比。根据欧姆定律上式可以变换成如下形式：

$$P=I\times I\times R$$

$$P=(U\times U)/R$$

2. 电功

电功就是在某一段时间内用电能做功所消耗的电能的总和。

电功用符号 W 表示，单位为用瓦时（W·h）或千瓦时（kW·h）表示。

电功可以用电功率和时间的乘积表示，电功率为 P 的用电器使用时间 t(s)，所消耗的电功可以用下式计算：

$$W = Pt$$

五、电容器与电容

将 A、B 两片金属板平行放置，中间用绝缘介质隔开，在 A、B 两板上引出导线施加电压，则 A、B 两极板上就会储存电荷，这种能够储存电荷的装置称为电容器。在电容器介质相同的情况下，电容量由极板面积和两板间距所决定，极板面积越大、极板间距越小则电容量越大。

1. 电容的大小

设电极板的面积为 A，两板间的距离为 d，则电容器的容量为：

$$C = \varepsilon A/d \qquad (\mathrm{F})$$

式中：ε——比例常数，又称介电常数，取决于板间的绝缘物质。

2. 电容器的串并联

实际应用中如果遇到单个电容器的容量不够，这时就需要用并联的方法来解决：如果遇到单个电容器的耐压不够，这时就需要用串联的方法来解决。

（1）并联：电容器并联后相当于极板面积增大，它的总容量等于各个电容量之和。即：

$$C = C_1 + C_2 + C_3 + \cdots$$

（2）串联：电容器串联后的总电容量 C 的倒数，等于各个电容量的倒数之和。即：

$$1/C = 1/C_1 + 1/C_2 + 1/C_3 + \cdots$$

3. 电容器的种类和选择

电容器的种类很多，常用的主要有：纸质电容器和电解电容器等。

选择电容器除了要考虑它的电容量外，还应考虑其耐压、介质损耗、温度系数、绝缘电阻、误差范围等指标，其中电容量和耐压是电容器的两个最重要的指标。电容器在工作时，实际所加电压，不能超过耐压值，否则电容器就要被击穿。当然在具体选择时，根据不同的用途和需要，可以适当考虑其他一些特性要求，例如：电力系统中用的电容器还应考虑其介质损耗；变频电路中的电容器则应考虑介质损耗和温度系数等。

六、磁与电磁

1. 磁场

磁场是指磁铁周围有磁力作用的空间，产生磁场的根本条件是电流，即使是永久磁铁的磁场也是与分子电流（由原子内的电子围绕原子核旋转和电子自旋形成的电流）产生的电流和磁场有不可分割的联系，磁场总是伴随着电流而存在，电流则总是被磁场所包围，通电导体周围的空间存在着磁场，这种现象称为电流的磁效应。

1）通电导体的磁场

一根直导体通入电流后，导体周围就产生磁场，其磁力线的分布是以导体为中心的一组同心圆，根据右手定则，右手握住导体，其大拇指指向电流方向，其余四指弯曲的方向就是磁场的方向。

2)通电线圈的磁场

把导体绕成螺旋线形状的线圈,并通入电流后也能产生磁场,通电线圈的磁场相当于一块条形永久磁铁的磁场。

根据右手定则:右手握住线圈,用弯曲的四指指向电流的方向,则拇指所指的方向就是磁场的方向,即 N 极。

2. 磁场的基本物理量

1)磁感应强度

用来描述磁场中各点的强弱和方向的物理量称为磁感应强度,实践证明磁场中某点的磁感应强度 B 在数值上等于通电导体在磁场中某点收到作用力 F 与导体中的电流和导体的有效长度乘积的比值,即:

$$B = F/(IL)$$

式中:B——磁场感应强度,T(特斯拉)或 Wb/m^2(韦伯/m^2);

F——通电导体受到的作用力,N;

I——导体中的电流,A;

L——导体在磁场中的有效长度,m。

2)磁通量

磁通量是磁感应强度 B 和与其相垂直的面积 S 的乘积,即磁通在数值上等于磁感应强度 B 和与它相垂直的某一截面积 S 的乘积。

在均匀磁场中,B 是常数,则 $\Phi = BS$。

磁通量的单位名称是韦伯,符号是 Wb。

在均匀磁场中,若磁感应强度 B 与面积 S 不垂直而有一个倾斜角度 α 时,则 $\Phi = BS \sin\alpha$。

3. 电磁感应

1831 年,英国物理学家法拉第发现了电磁感应定律,从而确定了电磁感应的基本定律。之后俄国科学家楞次又进一步完整和补充了这一定律。

七、正弦交流电的基本概念

正弦交流电的三要素:正弦交流电的三要素是指最大值、频率(或角频率,周期)和初相角。

1. 最大值

正弦交流电瞬时值中,最大的数值称为最大值,分别用 E_m 和 I_m 表示。

2. 频率、周期和角频率

(1)频率:正弦交流电每秒变化的次数称为频率。用 f 表示,单位:赫兹(Hz)。

(2)周期:交流电变化一次所需的时间称为周期。用 T 表示,单位:秒(s)。

(3)角频率:交流电每秒变化的弧度称为角频率。用 W 表示,单位:弧度每秒(rad/s)。由于正弦交流电每变化一周所经历的角度是 360°或 2πrad,所以角频率和频率之间的关系为 $W = 2\pi f = 2\pi/T$。

3. 初相角

在公式 $e=E_{m}\sin(wt+\phi)$ 中角度 $(wt+\phi)$ 称为相位角，简称相位，用“ϕ”表示。

(1)相位是决定正弦交流电在某一时刻所处的状态。初相角则是用来确定正弦交流电在计时起点 $t=0$ 时的初始值。

(2)相位差。两个同频率正弦交流电的相位之差称为相位差，用“ϕ”表示。

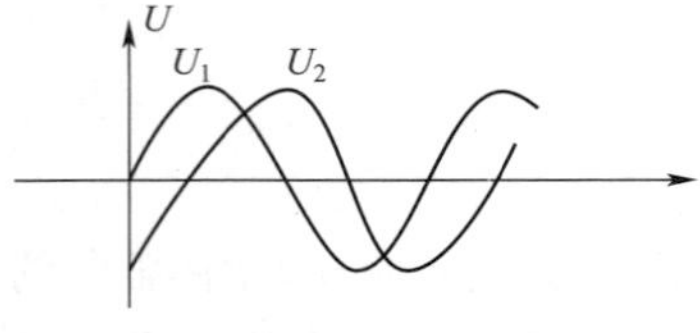

图 2-6-2 电压波形图

图 2-6-2 表示的是两个相同频率的正弦交流电电压波形图，可以看出 U_1 开始一个周期的变化时，U_2 尚未开始，直到 U_1 变化到相位角 90° 的时候，U_2 才开始一个周期的变化。90°这个角度是 U_1 和 U_2 之间的相位差，并称 U_1 的相位超前于 U_2 的相位 90°；如果两个同样频率的交流电的相位完全相等，即相位差为 0，那么称它们为同相；如果两个同样频率的交流电的相位差是 180°，则称它们为反相。

4. 有效值

交流电流通过某一电阻时在一定的时间内，所产生的热量如与某一直流电流通过该电阻，在同样的时间内所产生的热量相等，则该直流电流的值度称为交流电流的有效值。

八、晶体管

1. 晶体管的结构

基本结构是两个反向连接的 PN 结面，如图 2-6-3 所示，有 PNP 和 NPN 两种组合。在 P 型半导体中间夹入一层非常薄的 N 型半导体就构成了 PNP 型晶体管。

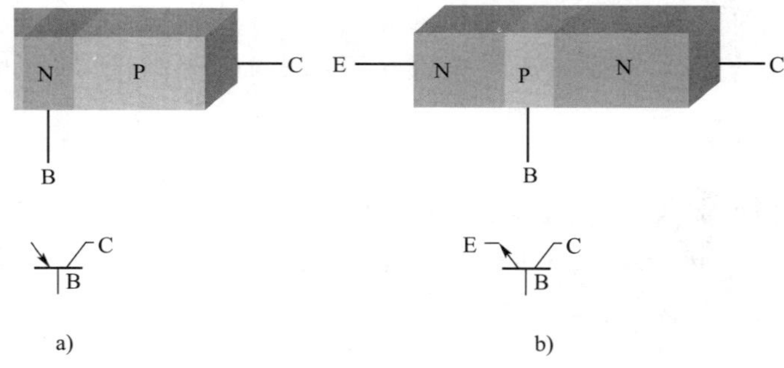

图 2-6-3 晶体管

同理，在 N 型半导体中间夹入一层非常薄的 P 型半导体就构成了 NPN 型晶体管，图 2-6-3 表示的是晶体管的电极名称，其中，中间一层称为基极，用符号 B 表示，剩余的一端称为集电极，用符号 C 表示，另一端则称为发射极，用符号 E 表示。

2. 晶体管的工作原理

图 2-6-4 表示的是晶体管的工作原理，在基极与发射极间的 PN 结上加上正向电压 E_{BE}，则基极 B 中的空穴⊕向下移动，发射极 E 中多余的电子向上移动，从而使基极中的电流 I_B 与发射极中的电流 I_E 按图中所示的那样流动，在集电极与发射极间，发射极 E 中的多余电子向上移动，就好像在集电极 C 上加上了正向电压 E_{CE}一样，由于基极 B 非常薄，所以发射极 E 中的大部分多余的电子穿过基极 B 向集电极 C 移动，从而产生集电极电流 I_C。

I_E、I_B、I_C 之间的关系为：$I_E = I_B + I_C$。

3. 晶体管的主要参数

1）电流放大倍数 β

电流放大倍数 β 计算公式如下：

$$\beta = \Delta I_C / \Delta I_B$$

式中：Δ 表示变化量。

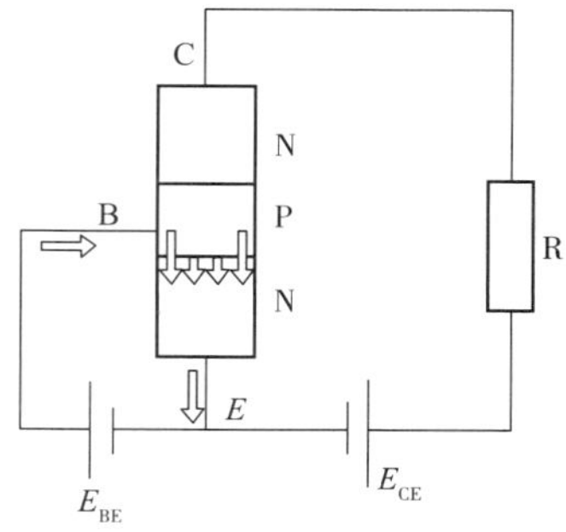

图 2-6-4 晶体管工作原理

晶体管是一种控制元件，主要用来控制电流的大小，以共发射极接法为例（信号从基极输入，从集电极输出，发射极接地），当基极电压 U_B 有一个微小的变化时，基极电流 I_B 也会随之有一小的变化，受基极电流 I_B 的控制，集电极电流 I_C 会有一个很大的变化，基极电流 I_B 越大，集电极电流 I_C 也越大，反之，基极电流越小，集电极电流也越小，即基极电流控制集电极电流的变化。但是集电极电流的变化比基极电流的变化大得多，这就是晶体管的放大作用。I_C 的变化量与 I_B 变化量之比称为晶体管的放大倍数 β（$\beta = \Delta I_C / \Delta I_B$，Δ 表示变化量）。晶体管在放大信号时，首先要进入导通状态，即要先建立合适的静态工作点，又称建立偏置，否则会放大失真。

在晶体管的集电极与电源之间接一个电阻，可将电流放大转换成电压放大：当基极电压 U_B 升高时，I_B 变大，I_C 也变大，I_C 在集电极电阻 R_C 的压降也越大。

2）反向电流

晶体管的反向电流包括其集电极—基极之间的反向电流 I_{CBO} 和集电极—发射极之间的反向击穿电流 I_{CEO}。

（1）集电极—基极之间的反向电流 I_{CBO}。I_{CBO} 也称集电结反向漏电电流。I_{CBO} 对温度较敏感，该值越小，说明晶体管的温度特性越好。

（2）集电极—发射极之间的反向击穿电流 I_{CEO}。I_{CEO} 是指当晶体管的基极开路时，其集电极与发射极之间的反向漏电电流，也称穿透电流。此电流值越小，说明晶体管的性能越好。

第七节 液压传动

一、液压传动基本知识

液压传动是以流体作为工作介质对能量进行传动和控制的一种传动形式。

1. 液压传动的工作原理

图 2-7-1 所示为常见液压千斤顶的工作原理图。它由手动液压泵和液压缸组成，活塞能在缸体内滑动并具有良好的密封性。

当提起杠杆 1 时，活塞 3 被带动上升，缸体 2 下腔的密封容积增大，形成局部真空，此时止回阀 7 所在油路关闭，而油箱 12 中的油液则在大气压力的作用下推开止回阀 4 的钢球，沿吸油管 5 进入并充满小缸体 2 的下腔，完成一次吸油动作。

压下杠杆 1，活塞 3 下移，缸体 2 下腔的密封容积减小，腔内压力升高，止回阀 4 关闭，阻断了油液流回油箱的通路，而止回阀 7 的钢球被压力油推开，油液经管道 6 流入缸体 9 的下腔（截止阀 11 处于关闭状态），使大活塞 8 向上移动，顶起重物。

再次提起杠杆吸油时，止回阀 7 自动会自行关闭，使油液不能倒流，从而保证了重物不下落。不断地往复提压杠杆，就可以使重物不断上升，达到起重的目的。若将截止阀 11 打开，则在重物的自重作用下，缸体 9 下腔的油液流回油箱，活塞下降到原位。

通过对液压千斤顶工作过程的分析可知，液压传动是以液体（液压油）作为传递运动和动力的工作介质；液压传动是依靠密封容积的变化来传递能量的；液压传动中经过两次能量转换，它是先将机械能转换为便于输送的液体的压力能，然后将液体的压力能转换为机械能，驱动执行机构完成各种运动。

2. 液压传动系统的组成和特点

图 2-7-2 所示为一自卸车车厢举倾机构的液压系统图，可通过它进一步了解液压传动系统的组成。液压缸 5 的活塞杆与汽车车厢铰接。当液压泵 2 运转，换向阀处于图中所示位置时，液压泵输出的压力油直接流回油箱。液压缸 5 的上下腔均与油箱相通，因此车厢举倾机构不工作。当换向阀左位工作时，液压泵输出的压力油进入活塞的下腔，推动活塞上移，车厢被举升。为了防止液压系统过载，在液压缸的进油路上装有限压阀 6。当系统油压超过一定值时，限压阀开启，系统油压则不再升高。

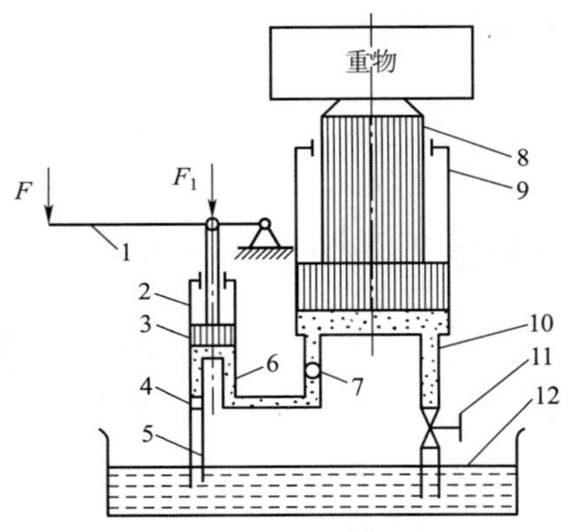

图 2-7-1 液压千斤顶工作原理图

1-杠杆；2、9-缸体；3、8-活塞；4、7-止回阀；5-吸油管；6、10-管道；11-截止阀；12-油箱

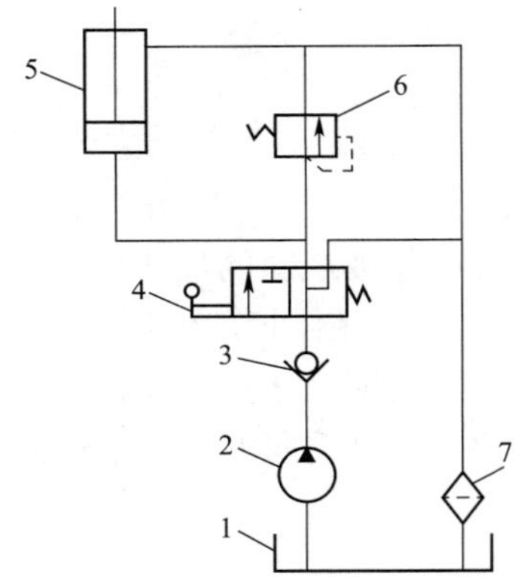

图 2-7-2 车厢举倾机构液压系统

1-油箱；2-液压泵；3-止回阀；4-换向阀 5-液压缸；6-限压阀；7-滤油器

若车厢要降至原位，此时换向阀右位工作，液压缸下腔通过换向阀与油箱相连通，其压力油返回油箱，车厢在自重的作用下下降至原位。

1）组成

综上所述，任何一个简单而完整的液压系统均由以下几部分组成：

（1）动力元件。把机械能转换成液压能的装置，为液压系统提供压力油，最常见的形式是各种液压泵（图 2-7-2 中 2）。

（2）执行元件。把液压能转换成机械能的装置，包括各类做直线运动的液压缸和做回转运动的液压马达（图 2-7-2 中 5）。

（3）控制元件。对液压系统中油液的压力、流量或流动方向进行控制或调节的装置，这类元件主要包括各种液压阀(图2-7-2中3、4、6)。

(4)辅助元件。除上述三部分之外的其他装置,例如油管、油箱、管接头、滤油器、蓄能器、压力表以及流量计等,为系统的正常工作提供必要的条件。

(5)工作介质。在液压传动系统中通过介质可实现传递运动和动力的作用,通常为液压油或其他合成液体。

2)特点

与其他传动方式相比较,液压传动具有以下特点:

(1)在相同功率的条件下,液压装置的体积较小,质量较轻,结构紧凑。

(2)液压传动工作平稳,调速范围大,可实现无级调速。

(3)液压传动系统中采取了很多安全保护措施,便于实现过载保护,避免发生事故。

(4)工作介质为液压油,故液压传动装置能够自动润滑,液压元件的使用寿命较长。

(5)液压系统操纵简单,便于实现自动化,特别是与电气控制联合使用,易实现复杂的自动工作循环。

(6)液压元件已实现系列化、标准化和通用化,便于设计和制造。

但液压传动也有不足之处,如传动效率低且有泄漏,传动比不如机械传动准确,工作时受温度变化影响较大,不宜在高温或低温的环境下工作,液压元件制造精度高,加工和装配比较困难,对工作介质的污染比较敏感,系统出现故障不易找出原因等。

3.液压传动基本知识

1)液体静力学基础

(1)液体的压力。静止液体在单位面积上所受的法向力称为静压力。静压力在液压传动中简称压力,在物理学中则称为压强。若法向作用力 F 均匀地作用在面积 A 上,则压力可表示为:

$$p = F/A \tag{2-7-1}$$

式中:F——作用力,N;

A——有效作用面积,m^2。

压力的法定单位为 N/m^2,即Pa(帕斯卡),由于Pa单位太小,因而常采用kPa(千帕)和MPa(兆帕),它们的换算关系是 $1MPa = 10^3 kPa = 10^6 Pa$。

(2)静止液体内压力的传递。在密封容器内,施加于静止液体上的压力将以等值同时地传递到液体内的各点,容器内压力的方向垂直于内表面,这就是静压力传递原理,即帕斯卡原理。

如图2-7-3所示,外界负载为 W,容器内液体各点的压力为:

$$p = W/A_2 = F/A_1 \tag{2-7-2}$$

式(2-7-2)建立了一个很重要的概念,即在液压传动中工作的压力取决于负载,而与流入的流体的多少无关。

二、车用液压基本元件

1.液压动力元件

液压泵作为液压系统中的动力元件,将电动机(或其他原动机)输入的机械能转换为液压能,为系统提供具有一定的压力和流量的油液。

1)液压泵的工作原理

图 2-7-4 所示为单柱塞泵的结构示意图。当偏心轮旋转时,柱塞做反复运动,使油腔 α 的大小发生周期性的变化。当柱塞向右运动时,油腔 α 变大,产生局部真空,油液打开止回阀 4 进入油腔 α,实现吸油,此时止回阀 5 关闭,防止系统油液回流;柱塞向左运动时,油腔 α 变小,α 腔油液打开止回阀 5 流入系统而实现排油,此时止回阀 4 关闭,避免油液流回油箱。偏心轮不断旋转,液压泵就不断地吸油和排油。这种靠密封工作腔的容积变化进行工作的泵称为容积式液压泵。在没有泄漏的情况下,将泵每转一转,由密封容积变化而排出的液体体积称为泵的排量;而将泵单位时间内所排出的液体体积称为泵的流量。

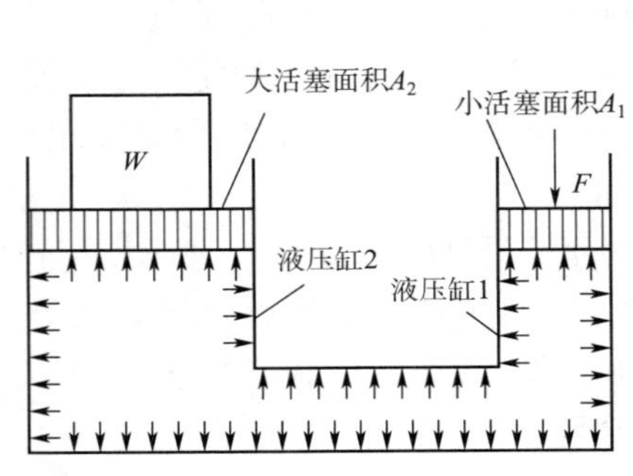

图 2-7-3 油压机工作原理

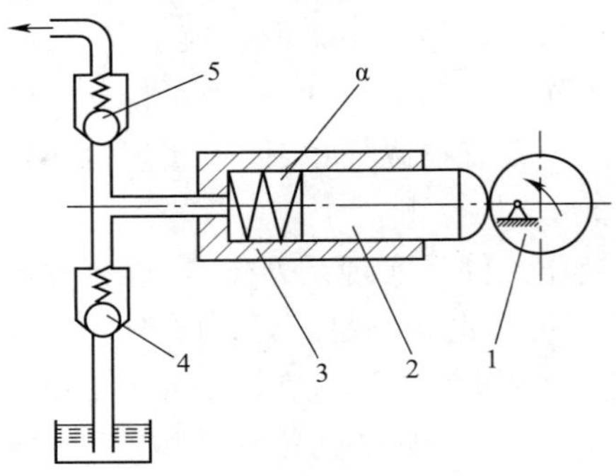

图 2-7-4 液压泵的工作原理图

1-偏心轮;2-柱塞;3-缸体;4、5-止回阀;α-油腔

液压泵能完成吸油和排油的泵油过程,必须具有一个或若干个周期变化的密封容积,而且应有配流装置,以保证在任何时候其吸油腔和压油腔都不能互通(图 2-7-4 止回阀 4、5 就是配流装置的一种)。另外,吸油过程中,油箱必须与大气相通或采用密闭的充压油箱。

2)液压泵的分类

液压泵的类型很多,按结构形式可分为齿轮式、叶片式和柱塞式等;按输出流量能否调节,可分为定量泵和变量泵。汽车上常用的液压泵有外啮合齿轮泵、内啮合齿轮泵、摆线转子泵和叶片泵等定量泵,也有少数车型采用变量叶片泵。液压泵的图形符号如图 2-7-5 所示。

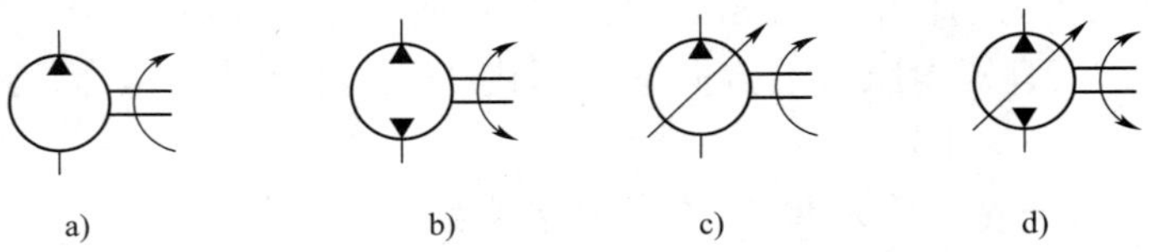

图 2-7-5 液压泵的图形符号

a)单向定量;b)双向定量;c)单向变量;d)双向变量

(1)齿轮泵。齿轮泵由于具有结构简单、体积小、质量轻、工艺性好、价格便宜、自吸性能好、对油的污染不敏感、制造方便、工作可靠及允许转速高等优点,在汽车上得到了广泛的应用。其主要缺点是流量脉动大、噪声大、排量不可调。按结构不同,齿轮泵分为外啮合齿轮泵和内啮合齿轮泵,以外啮合齿轮泵应用最广。

如图 2-7-6 所示,泵体内装有一对齿数相同的外啮合渐开线直齿轮,齿轮两侧由端盖盖住。泵体、两端盖和齿轮的各个齿间槽形成密封工作腔,并由齿轮的齿顶和啮合线把密封工作腔划分为两部分,即吸油腔和压油腔。

当齿轮按图示方向旋转时,右侧吸油腔内的轮齿逐渐分离,工作空间的密封容积逐渐增大,形成局部真空,因此油箱中的油液在大气压力的作用下进入吸油腔,随齿轮旋转,油液填满齿槽空间,被带到左侧容腔。随着轮齿逐渐啮合,左侧密封容积逐渐减少,所以齿间的油液被挤出,从压油腔的油口输出。当齿轮不停旋转时,泵就不断完成吸油和排油过程,将压力油输送到液压系统中。由于齿轮泵的密封容积变化范围不能改变,故流量不可调,该齿轮泵是定量泵。

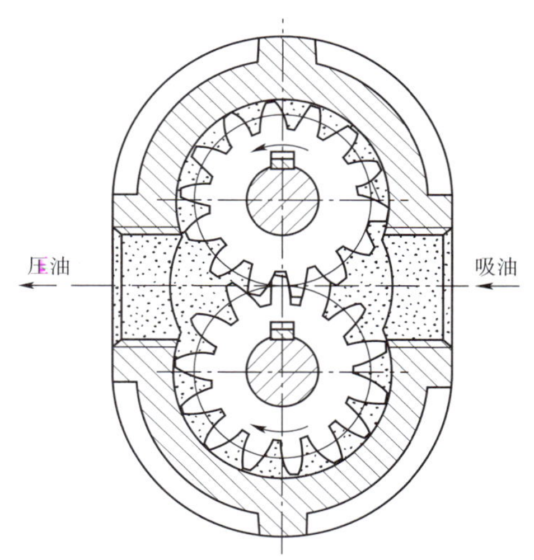

图 2-7-6　外啮合齿轮泵工作原理

(2)叶片泵。叶片泵具有运转平稳、压力脉动小、噪声小、结构紧凑、流量大等优点。该泵有单作用叶片泵和双作用叶片泵两种结构形式。

①单作用叶片泵的工作原理。如图 2-7-7 所示,单作用叶片泵主要由转子 1、定子 2、叶片 3 和两侧的配流盘组成。定子具有圆柱形内表面,定子和转子间有偏心距 e,叶片装在转子槽中,并可在槽内滑动。图 2-7-7 中虚线所示为配流盘窗口。当转子回转时,由于离心力的作用,使叶片紧靠在定子内壁,这样在定子、转子、叶片和两侧配油盘间就形成了若干个密封的工作空间。当转子按逆时针方向回转时,右部的叶片逐渐伸出,叶片间的空间逐渐增大,实现吸油。叶片泵左部的叶片被定子内壁逐渐压进槽内,工作空间逐渐缩小,将油液从压油口压出。在吸油腔和压油腔之间有一段封油区,把吸油腔和压油腔隔开,这种叶片泵每转一周,每个工作腔就完成一次吸油和压油,因此称之为单作用叶片泵。转子不停地旋转,泵就不断地吸油和排油。

改变转子与定子的偏心量,即可改变泵的流量,偏心量越大,则流量越大。单作用叶片泵大多为变量泵。

②双作用叶片泵的工作原理。双作用叶片泵的工作原理如图 2-7-8 所示,定子内表面近似椭圆,转子和定子同心安装,有两个吸油区和两个压油区对称布置。转子每转一周,完成两次吸油和压油。双作用叶片泵的流量不可调,是定量泵。

(3)柱塞泵。柱塞泵是靠柱塞在缸体中做往复运动造成密封容积的变化来实现吸油与压油的液压泵。柱塞泵具有加工方便、配合精度高、密封性能好、结构紧凑、在高压下工作仍有较高的容积效率的特点。

柱塞泵可分为径向柱塞泵和轴向柱塞泵两大类。

①轴向柱塞泵。如图 2-7-9 所示,配油盘 4 和斜盘 1 固定不转,传动轴带动缸体 3 和柱塞 2 一起转动,柱塞 2 靠机械装置或在低压油作用下压紧在斜盘上。由于斜盘的作用迫使柱塞在缸体内做往复运动,并通过配油盘的配油窗口进行吸油和压油,缸体每转一周,每个柱塞各完成吸、压油一次。如果改变斜盘倾角 r,就能改变柱塞行程的长度,即改变液压泵的排量;改变斜盘倾角方向,就能改变吸油和压油的方向,即成为双向变量泵。

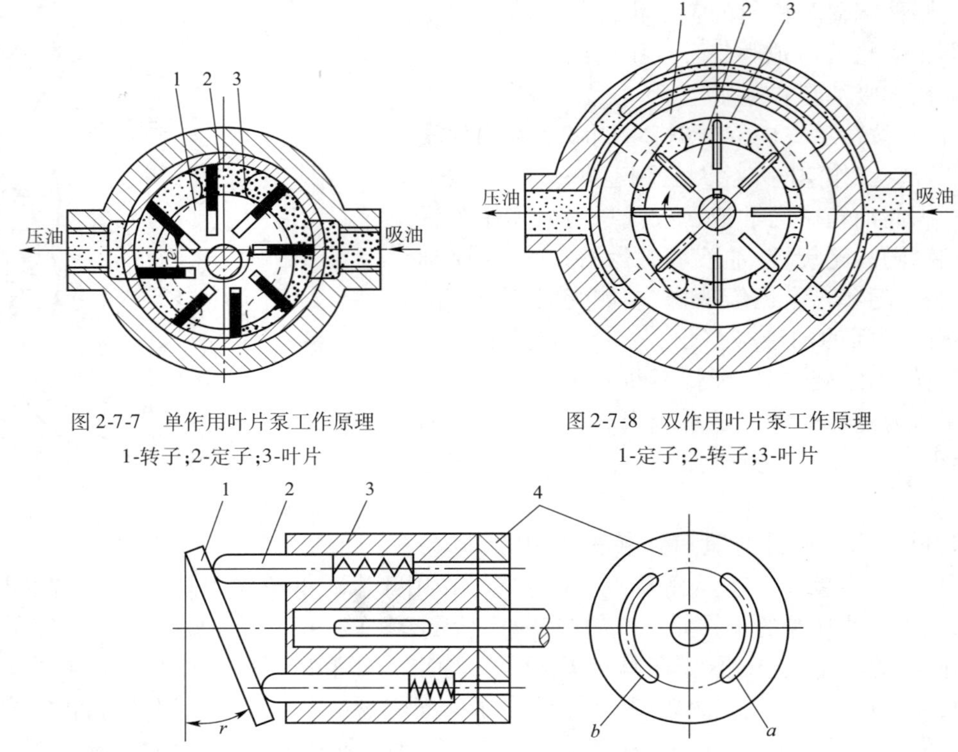

图 2-7-7 单作用叶片泵工作原理
1-转子;2-定子;3-叶片

图 2-7-8 双作用叶片泵工作原理
1-定子;2-转子;3-叶片

图 2-7-9 轴向柱塞泵的工作原理
1-斜盘;2-柱塞;3-缸体;4-配油盘

②径向柱塞泵。如图 2-7-10 所示,定子和转子之间有偏心距 e,柱塞 1 均匀径向排列在转子 2 的孔中,配油轴固定不动,转子 2 连同柱塞 1 一起旋转,柱塞 1 在离心力的(或在低压油)作用下紧压在定子 4 的内壁。配油轴在和衬套 3 接触的上下两个缺口分别与泵的吸油孔和压油孔相通。当转子按图示方向回转时,柱塞绕经上半周时向外伸出,柱塞底部的容积逐渐增大,形成局部真空,于是便经过衬套 3 上的油孔从吸油口吸油;当柱塞转到下半周时,定子内壁将柱塞向里推,柱塞底部的容积逐渐减小,向配油轴的压油口压油,当转子回转一周时,每个柱塞底部的密封容积完成一次吸压油,转子连续运转,即完成吸油、压油工作。如果改变偏心距 e 的大小,则可改变柱塞泵的输油量,因此径向柱塞泵是一种变量泵。如果改变偏心距 e 的偏移方向,则泵的输油方向也随之改变,即成为双向的变量径向柱塞泵。

2. 液压执行元件

在液压系统中,将液体压力能转换为机械能的能量转换装置,称为液压执行元件。

液压执行元件包括液压缸和液压马达两大类,其中实现直线往复运动的称为液压缸,实现连续旋转运动的称为液压马达。图 2-7-11 为其图形符号。

1)液压马达

液压马达是将液体压力能转换为机械能的装置,输出转矩和转速,是液压系统的执行元件。液压马达和液压泵在原理上是可逆的,在结构上是基本相同的,因而液压马达按结构也可分为齿轮式、叶片式和柱塞式三大类。实际上两者之间在结构上有着微小的区别,故液压泵不能作为液压马达使用。

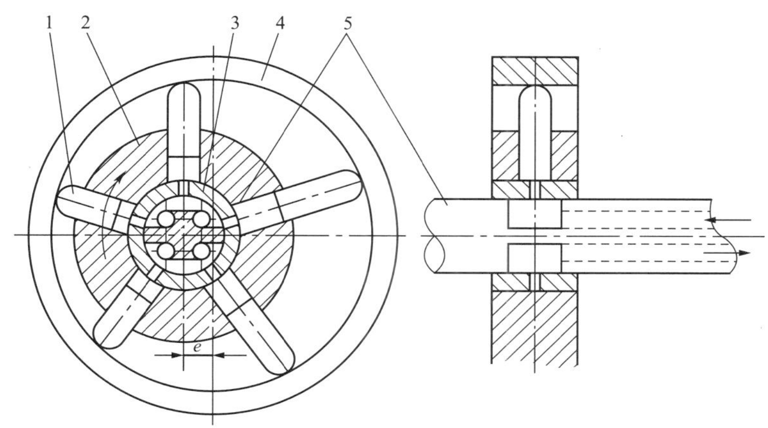

图 2-7-10　径向柱塞泵的工作原理

1-柱塞;2-转子;3-衬套;4-定子;5-配油轴

图 2-7-12 所示为轴向柱塞式液压马达的工作原理,压力油经配油盘窗口进入柱塞底部孔时,柱塞受压力油作用向外伸出,并紧压在斜盘上。斜盘对柱塞产生一反作用力 F,由于斜盘倾斜角为 r,故 F 可分解为与柱塞上液压力平衡的轴向分力 F_x 和作用在柱塞上的垂直分力 F_y。垂直分力使回转缸体产生转矩,带动缸体旋转,通过输出轴输出转矩和转速。若改变进出油口,则液压马达反转。

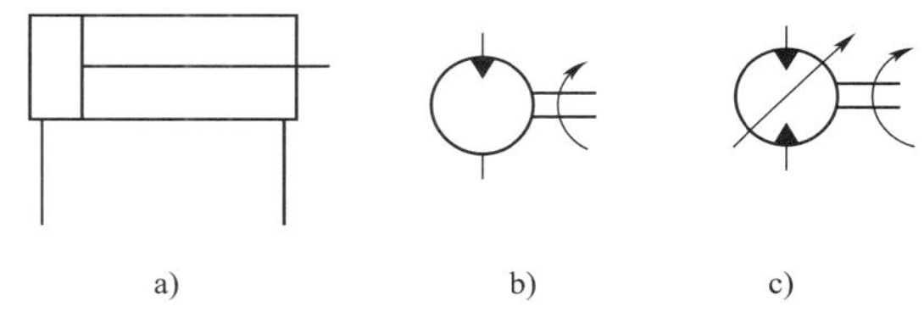

图 2-7-11　执行元件图形符号

a)双作用液压缸;b)单向定量液压马达;c)双向变量液压马达

2)液压缸

液压缸和液压马达同为执行元件,是将液压能转变为机械能以实现直线往复运动的一种能量转换装置。液压缸结构简单,工作可靠,在液压系统中得到了广泛的应用。按其结构形式有活塞式、柱塞式两类。

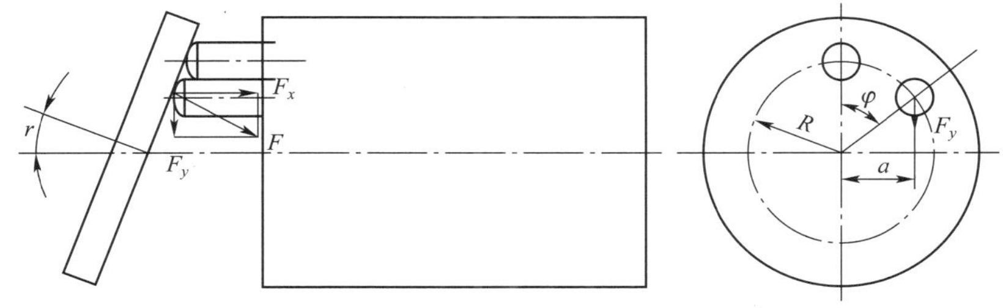

图 2-7-12　轴向柱塞液压马达工作原理

(1)活塞式液压缸。活塞式液压缸是应用最多的一种液压缸,可分为单杆式和双杆式,其固定方式可以是缸体固定,也可以是活塞杆固定。

①单杆活塞式液压缸。如图 2-7-13 所示,活塞的一侧有伸出杆,两腔的有效工作面积不相等。当向缸两腔分别供油,且供油压力和流量相同时,活塞(或缸体)在两个方向的推力和

运动速度不相等。

当无杆腔进油、有杆腔回油[图 2-7-13a)]时,设进入液压缸的流量为 q,进油口压力为 p_1,出油口压力为 p_2,则活塞(或液压缸)的输出推力、运动速度分别为

$$F_1 = p_1A_1 - p_2A_2 = \pi/4[D^2p_1 - (D^2 - d^2)p_2]$$

$$v_1 = p/A_1 = 4p/\pi D^2$$

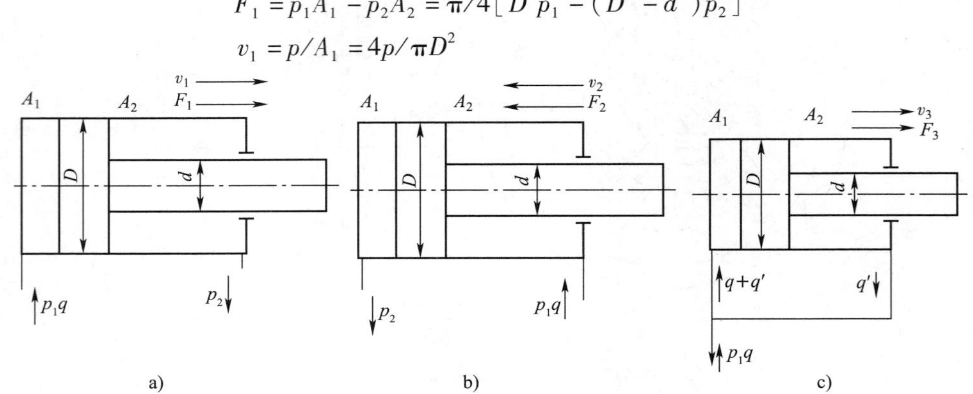

图 2-7-13 单杆活塞缸

当有杆腔进油、无杆腔回油[图 2-7-12b)]时:

$$F_1 = p_1A_2 - p_2A_1 = \pi/4[(D^2 - d^2)p_1 - D^2p_2]$$

$$v_2 = p/A_2 = 4p/\pi(D^2 - d^2)$$

式中:A_1——缸无杆腔有效工作面积;

A_2——缸有杆腔有效工作面积。

比较上面公式可知,$v_1 < v_2$,$F_1 > F_2$,即无杆腔进压力油工作时,推力大,速度低;有杆腔进压力油工作时,推力小,速度高。

如图 2-7-13c)所示,单杆活塞缸两腔同时通入压力油,由于无杆腔的工作面积比有杆腔的工作面积大,活塞向右的推力大于向左的推力,故其向右移动,液压缸这种连接称为差动连接。差动连接时,$p_1 = p_2$,进入液压缸的实际流量为 $q + q'$,因此活塞的推力 F_3 为

$$F_3 = p_1(A_1 - A_2) = \pi/4d^2p_1$$

若活塞的速度为 v_3,则无杆腔的进油量为 v_3A_1,有杆腔的出油量为 v_3A_2,因而活塞的速度为

$$v_3 = q/A_1 - A_2 = 4q/\pi d^2$$

比较式可知,$v_3 > v_1$,$F_3 < F_1$,即单杆活塞缸差动连接时,能使运动部件获得较高的速度和较小的推力。在机床液压系统中,常通过控制阀来改变单杆缸的油路连接,从而获得快进(差动连接)→共进(无杆腔进油)→快退(有杆腔进油)的进给工作循环。

②双杆活塞式液压缸。如图 2-7-14 所示,活塞的两侧都有伸出杆,当两活塞杆直径相同,缸两腔的供油压力和流量都相等时,活塞(或缸体)两个方向的运动速度和推力也都相等。

双杆活塞式液压缸的输出推力和运动速度为

$$F = \pi/4(D^2 - d^2)(p_1 - p_2)$$

$$v = 4q/\pi(D^2 - d^2)$$

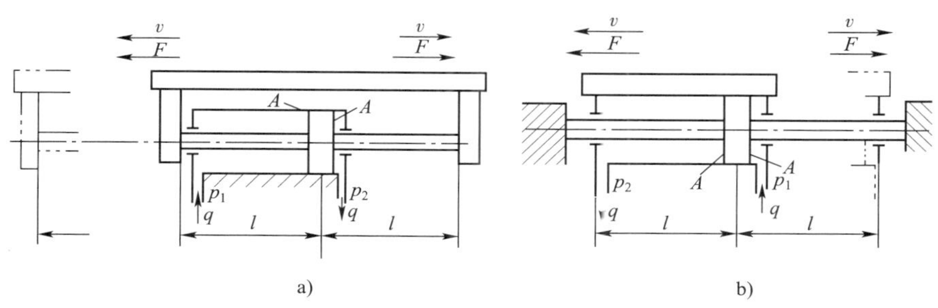

图 2-7-14　双杆活塞缸

a)缸体固定;b)活塞杆固定

(2)柱塞式液压缸。活塞式液压缸缸体内孔与活塞有配合要求,加工精度要求很高。当缸体较长时,加工就困难,因而常采用柱塞式液压缸代替,其工作原理如图 2-7-15a)所示,缸筒内壁和柱塞不直接接触,有一定的间隙,缸筒内壁不用加工或只做粗加工,但必须保证导向套和密封装置部分内壁的精度,从而给制造带来了方便。当压力油进入缸筒时,推动柱塞带动运动部件向右运动。柱塞缸只能实现一个方向的液压传动,反向运动要靠外力,若需要实现双向运动,则必须成对使用,如图 2-7-15b)所示。柱塞式液压缸运动是靠导向套来导向的,因此特别适用于行程较长的场合。

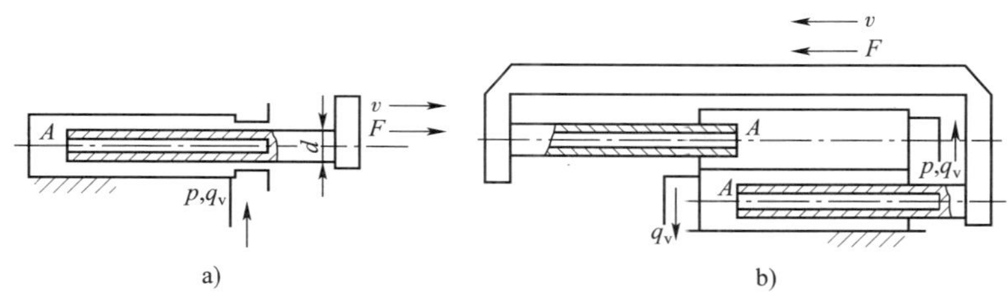

图 2-7-15　柱塞式液压缸

3. 液压控制元件

液压控制元件是指在液压系统中调节控制油液压力、流量或流动方向的阀。其种类很多,按用途可划分为压力控制阀、流量控制阀和方向控制阀三大类。它们都是由阀体、阀芯和驱动阀芯动作的元部件组成,通过阀芯的移动或控制油口的开闭或限制改变油液的流动来工作的。

液压系统中的液压阀应满足动作灵敏、工作平稳可靠、冲击和振动小、压力损失小、密封性能好以及结构紧凑,体积小,安装、调整、使用和维护方便,通用性大和寿命长等要求。

1)压力控制元件

在液压传动系统中,控制油液压力高低或利用压力变化来实现某种动作的液压阀称为压力控制阀,简称压力阀。这类阀的共同点是利用作用在阀芯上的液压力和弹簧力相平衡的原理来进行工作。按用途不同分为溢流阀、顺序阀、减压阀和压力继电器等。

(1)溢流阀。溢流阀是通过阀口的溢流,使被控制系统或回路的压力维持恒定,起到溢流调压、安全保护等多种作用。

常用的溢流阀有直动式和先导式两种。

①直动式溢流阀。如图 2-7-16 所示，P 是进油口，T 是出油口，与油箱相连通，进口压力油经阀芯阻尼孔 a 作用在阀芯的底部，当进油压力较小时，阀芯在弹簧的作用下处于下端位置，将 P 和 T 两油口隔开。当进油压力升高，在阀芯下端所产生的作用力 p 超过弹簧的压紧力 F 时，阀芯上升，油口 P 和 T 连通，开始溢流。当溢流阀稳定工作且不考虑阀芯自重、摩擦力和液动力的影响时，则作用于阀芯的压力 $p = F/A$（A 为阀芯的有效面积），由于 F 变化不大，可以认为溢流阀进口处的压力 p 基本保持恒定。

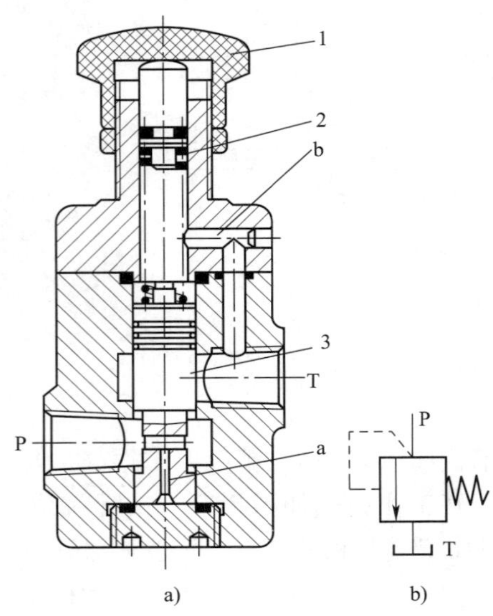

图 2-7-16 直动式溢流阀

a）结构原理图；b）图形符号

1-调整螺母；2-弹簧座；3-阀芯；P-进油口；T-出油口；a-阻尼孔；b-溢流阀

调整螺母 1 可以改变弹簧的压紧力，这样也就调整了溢流阀进口处的油液压力。

阀芯上的阻尼孔 a 用来对阀芯的动作产生阻尼，以提高阀的工作平稳性。

这类溢流阀因压力油直接作用于阀芯上，故称为直动式溢流阀。直动式溢流阀具有结构简单、灵敏度高、成本低的优点，但控制较高压力和较大流量时，需要刚度较大的调压弹簧，加大结构尺寸，调节困难，而且溢流阀口开度略有变化便会引起较大的压力和流量波动，所以，直动式溢流阀一般只用于低压小流量系统。系统压力较高时，需要采用先导式溢流阀。

②先导式溢流阀。如图 2-7-17 所示，先导式溢流阀由先导阀和主阀组成，是一个小规格锥形阀芯的直动式溢流阀。

压力油从进油口 P 进入后，作用于主阀芯的下端，并经阻尼小孔 e、孔 c 和孔 b 作用于先导阀的锥阀芯 3 上，一般外控制口 K 是堵塞的。当系统压力低于先导阀的调定压力时，先导阀芯关闭，主阀芯两端压力相等，主阀芯在平衡弹簧的作用下处于最下端（图示位置），主溢流口封闭。当系统压力升高，主阀上腔压力也随之升高，直至大于先导阀弹簧 2 的调定压力时，主阀上腔的压力油经先导阀阀口及孔 a，由回油口 T 流回油箱。这时主阀芯因阻尼小孔 e 的阻尼作用而使两端形成压力差，在此压差作用下主阀芯克服弹簧的弹力而上移，阀口打开，实现溢流。调节螺母 1 即可调节调压弹簧 2 的预压缩量，从而调整系统压力。

这种结构的阀，其主阀芯是利用压差作用开启的，主阀芯的弹簧很小，因而即使压力较高，流量较大，其结构尺寸仍较紧凑、小巧，且压力和流量的波动也比直动式小，但其灵敏度不如直动式溢流阀。

③溢流阀的应用。

a. 作溢流阀用。如图 2-7-18a）所示，溢流阀 2 并联于系统中，进入液压缸 4 的流量由节流阀 3 调节。由于定量泵 1 的流量大于液压缸 4 所需的流量，油压升高，将溢流阀 2 打开，多余的油液经溢流阀 2 流回油箱。因此，在这里溢流阀的功用就是在不断的溢流过程中保持系统压力基本不变。

b. 作安全阀用。用于过载保护的溢流阀一般称为安全阀，如图 2-7-18b）所示的变量泵调速系统。执行元件速度由变量泵自身调节，系统中无多余油液，正常工作时，安全阀2关闭，不溢流。当系统发生故障，压力升至安全阀的调整值时，阀口才打开，使变量泵多余的油液经安全阀2流回油箱，系统压力不再升高，以保证液压系统的安全。

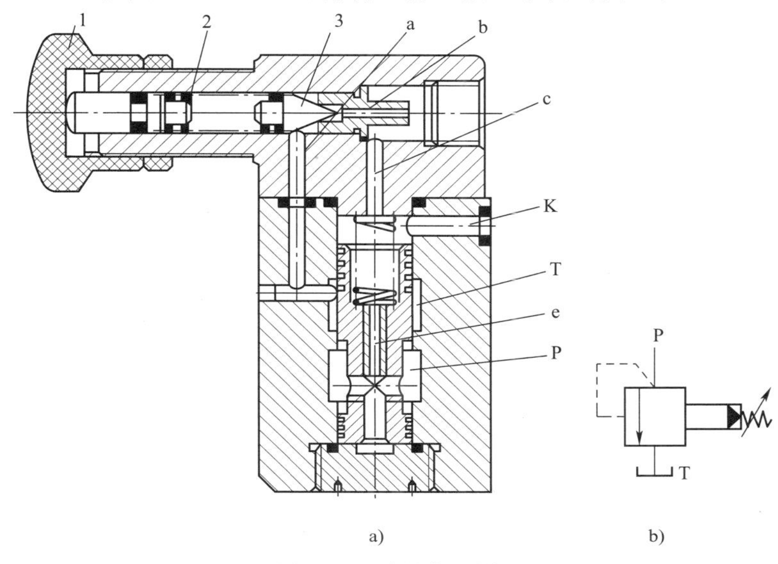

图2-7-17　先导式溢流阀

a）结构原理图；b）图形符号

1-调节螺母；2-弹簧；3-锥阀芯；P-进油口；T-回油口；K-外控制口；a、b、c-孔；e-阻尼小孔

（2）顺序阀。顺序阀是利用系统压力变化来控制油路的通断，以实现某些执行元件的顺序动作。顺序阀按其结构可分为直动式和先导式。

顺序阀的工作原理和溢流阀相似，其主要区别在于：溢流阀的出口接油箱，而顺序阀的出口接执行元件。顺序阀的内泄漏油不能用通道与出油口相连，而必须用专门的泄油口接通油箱。

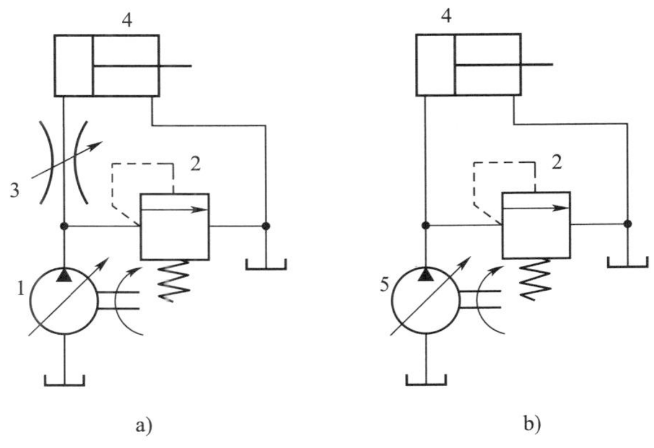

图2-7-18　溢流阀的作用

1-定量泵；2-溢流阀（安全阀）；3节流阀；4-液压缸；5-变量泵

图2-7-19所示为直动式顺序阀，常态下，进油口P_1与出油口不通。压力油从进油口进入，经阀体4和下阀盖2上的油道流到控制活塞3的底部，当进油口的油压大于弹簧6的调定压力时，阀芯上移，阀口开启，压力油便从出口流出，弹簧腔的泄漏油从泄油口L流回油箱。该阀的控制油直接从进油口引入，称为内控外泄式顺序阀，其图形符号如图2-7-19b）所示。将图2-7-19中的下阀盖2旋转90°或180°安装，切断原控油路，并取下外控口的螺堵，引入控制油液，便构成外控外泄式顺序阀，图形符号如图2-7-19c）所示。若再将上阀盖7旋转180°安装，并将泄油口L堵塞，则弹簧腔与出油口相通，构成外控内泄式顺序阀，出油口与油箱连通，即可起到卸荷作用，图形符号如图2-7-19d）所示。

(3)减压阀。减压阀是利用液流流经缝隙产生压力降的原理，使得阀的出口压力低于进口压力的压力控制阀，一般用于某一支路压力低于主油路压力的场合。

如图 2-7-20 所示，先导式减压阀也是由先导阀和主阀两部分组成的。油压为 p_1 的压力油从主阀的进油口流入，经阀口 x 减压后，再从出油口流出，其压力为 p_2。出油腔压力油经小孔 f 进入主阀芯 5 的下端，同时经阻尼小孔 e 流入主阀芯上端，再经孔 c 和 b 作用于锥阀芯 3 上。当出油口压力 p_2 低于先导阀弹簧的调定压力时，先导阀关闭，主阀芯两端压力相等，主阀芯在平衡弹簧 4 作用下压在最下端，减压阀口开度为最大，不起减压作用。当出油口压力 p_2 达到先导阀的调定压力时，先导阀开启，其阀口右侧的压力油便由泄油口 L 流回油箱。由于阻尼小孔 e 的作用，主阀芯两端产生压力差，主阀芯便在此压力差作用下克服平衡弹簧的弹力上移，减压阀口 x 减小，使出油口压力降低至调定压力。由于外界干扰(如负载变化)使出油口压力变化时，减压阀将会自动调整减压阀口的开度以保持出油压力稳定。调节螺母 1 即可调节调压弹簧 2 的预压缩量，从而调定减压阀出油口压力。

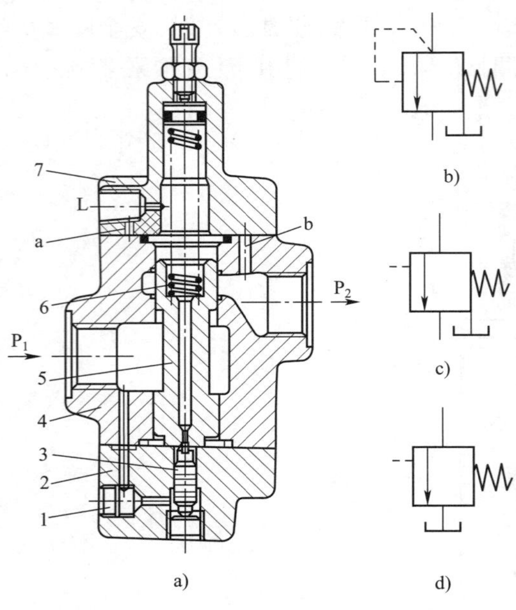

图 2-7-19 直动式顺序阀

a)结构原理图；b)、c)、d)图形符号

1-螺堵；2-下阀盖；3-控制活塞；4-阀体；5-阀芯；6-弹簧；7-上阀盖；P_1-进油口；P_2-出油口；L-泄油口；a、b-孔

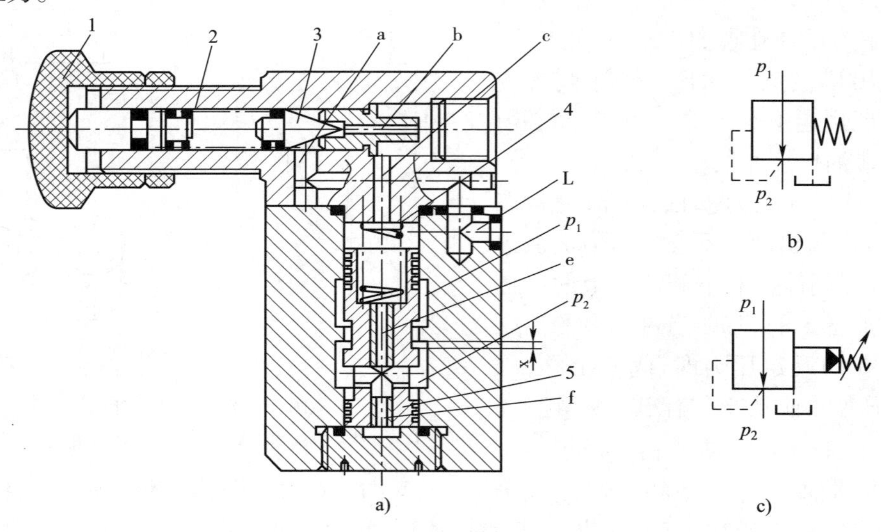

图 2-7-20 先导式减压阀

a)结构原理图；b)减压阀的一般图形符号；c)先导式减压阀的图形符号

1-调节螺母；2-调压弹簧；3-锥阀芯；4-平衡弹簧；5-主阀芯

(4)压力继电器。压力继电器是一种将液压系统的压力信号转换为电信号输出的元件。其作用是根据液压系统压力的变化,通过压力继电器内的微动开关自动接通或断开电路,实现执行元件的顺序控制或安全保护。

图2-7-21所示为单柱塞式压力继电器。压力油从油口P进入压力继电器,作用在柱塞1的底部,当系统压力达到调定压力时,推动柱塞上移,使微动开关3的触点闭合,发出电信号。调节螺母2可改变弹簧的压缩量,相应的就调节了发出电信号时的控制油压力。

压力继电器发出信号时的压力称为开启压力,切断电信号时的压力称为闭合压力。由于摩擦力的作用,开启压力高于闭合压力,其差值称为压力继电器的灵敏度,差值小则灵敏度高。压力继电器发出电信号的最低压力和最高压力间的范围称为调压范围。

2)流量控制元件

流量控制阀是在一定的压力差下,依靠改变阀口通流面积的大小或通流通道的长短来控制通过阀口的流量,从而调节执行元件运动速度的阀类。常用的流量控制阀有节流阀和调速阀等。

(1)节流阀。图2-7-22所示为普通节流阀,它的节流口是轴向三角槽式。压力油从进油口A进入,经左端的轴向三角槽后从出油口B流出。旋转手轮,可使推杆沿轴向移动,改变节流口的通流面积,从而调节通过阀的流量。

节流阀结构简单、体积小、使用方便、成本低,但负载和温度的变化对流量稳定性的影响较大,因此只适用于负载和温度变化不大或速度稳定性要求不高的液压系统。

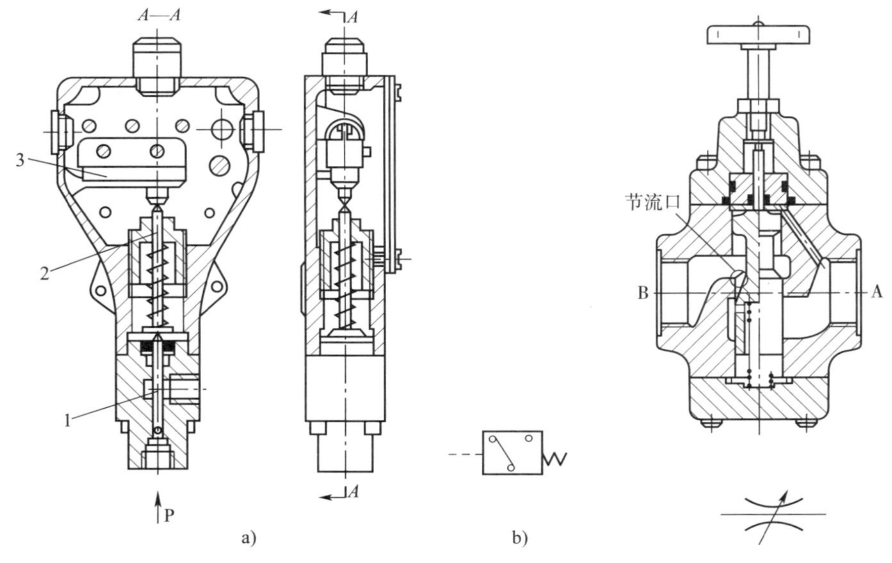

图2-7-21　单柱塞式压力继电器

1-柱塞;2-调节螺母;3-微动开关

图2-7-22　节流阀

(2)调速阀。调速阀带有压力补偿装置,由定差减压阀(进出口压力差为定值)与节流阀串联组成。由于定差减压阀的自动调节作用,可使节流阀前后压差保持恒定,消除负载变化对流量的影响,在开口一定时使阀的流量基本不变。如图2-7-23所示,压力为p_1的油液经减压阀节流口后降为p_2,然后经节流阀流出,其压力降为p_3。当负载F增加,使p_3增大的瞬间，减压阀左腔推力增大，其阀芯右移，阀口开大，阀口液阻减小，使 p_2 增大，使得 p_2 与 p_3 的差值不变。当负载减小，使 p_3 减小，减压阀芯左移，p_2 也减小，其差值亦不变。当调速阀内无油液流动时，其节流阀两端无压力差，减压阀芯在弹簧力的作用下移至最右端，阀开口最大。此时若将调速阀出口迅速打开，因减压阀口来不及关小，不起减压阀作用，会使节流阀两端产生很大的瞬时压差，使瞬时流量很大，液压缸产生前冲现象。为此，有的调速阀在减压阀体上装有能调节减压阀芯行程的限位器，以限制和减少这种启动时的冲击。

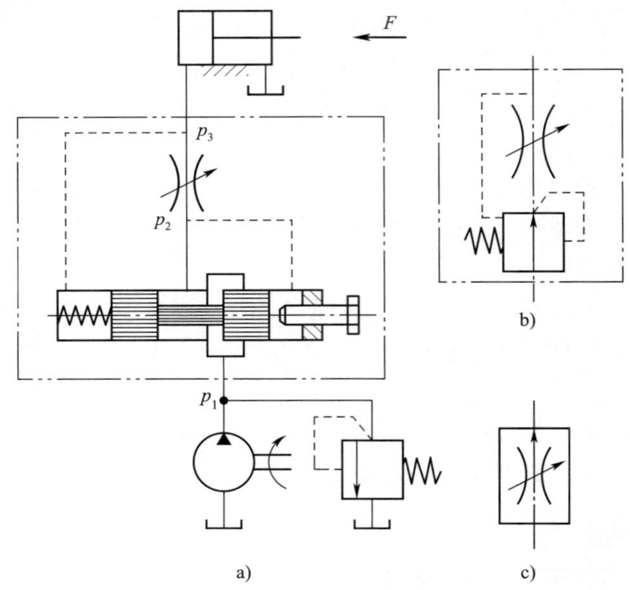

图 2-7-23 调速阀的工作原理和符号

a）工作原理；b）详细图形符号；c）简化图形符号

3）方向控制元件

方向阀用来通断油路或切换油流的方向，以满足对执行元件的启、停和转换运动方向的要求。按其用途可分为止回阀和换向阀两大类。

（1）止回阀。

①普通止回阀。普通止回阀简称止回阀，作用是仅允许油液沿一个方向通过，反向截止，故又称为单向阀。要求其正向液流通过时压力损失小，反向截止时密封性能好。如图 2-7-24 所示，压力油从阀体左端的进油口 P_1 流入时，压力达到克服弹簧 3 作用在阀芯 2 上的弹力时，使阀芯向右移动，打开阀口，压力油通过阀芯 2 上的径向孔 a、轴向孔 b 从阀体右端的出油口 P_2 流出。但是当压力油从阀体右端油口 P_2 流入时，在弹簧力和油液压力作用下，使阀芯锥面压紧在阀座上，阀口关闭，油液无法通过。

②液控止回阀。如图 2-7-25a）所示，当控制口 K 不通入压力油时和普通止回阀一样，压力油只能从油口 P_1 流向油口 P_2，不能反向倒流。当控制口 K 通入控制压力油时，控制活塞 1 右移，推动顶杆 2 使得阀芯 3 右移，顶开止回阀阀芯，使反向截止作用得到解除，油口 P_1 和 P_2 接通，油液就可在两个方向自由流通。

液控止回阀具有良好的反向密封性能，在液压系统中常用在需要长时间保压、锁紧的回路、液压平衡回路以及速度换接回路中。

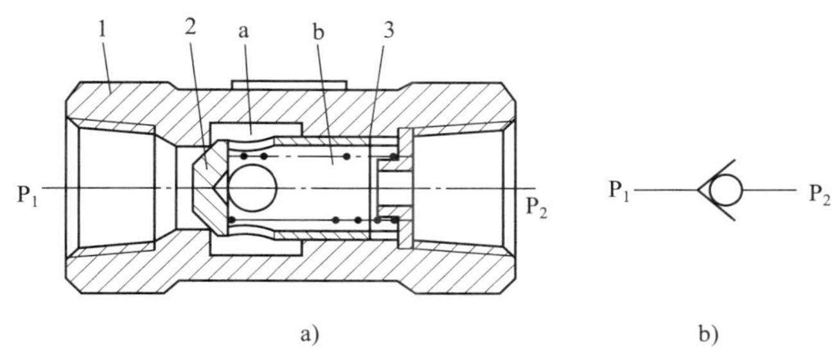

图 2-7-24　止回阀

a）结构图；b）图形符号

1-阀体；2-阀芯；3-弹簧；P_1-油口；P_2-油口；a-径向孔；b-轴向孔

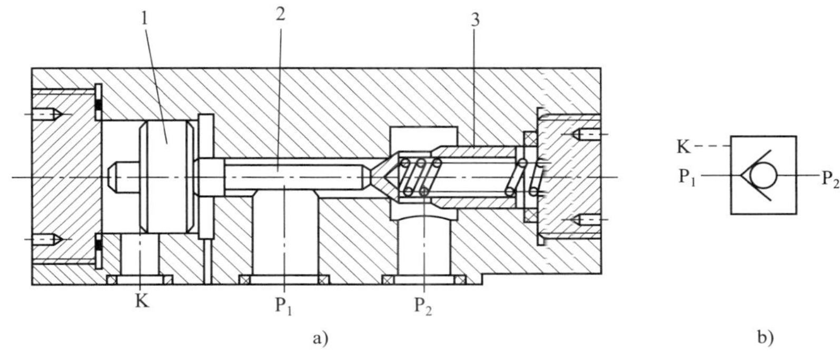

图 2-7-25　液控止回阀

a）结构图；b）图形符号

1-活塞；2-顶杆；3-阀芯；P_1-油口；P_2-油口；K-控制口

（2）换向阀。换向阀利用阀芯与阀体间相对位置的改变，来控制油路之间的接通、断开或变换油流的方向，从而控制液压执行元件启动、停止或变换运动方向。

①换向阀的工作原理。滑阀式换向阀是利用阀芯在阀体内作轴向滑动来实现换向作用的。如图 2-7-26 所示，滑阀式三位四通换向阀有三个工作位置和四个油路口。三个工作位置就是滑阀在中间（中位）以及滑阀在左端（右位）或右端（左位）位置，四个油路口就是油口 P、油口 O 以及连通执行元件两端的油口 A 和油口 B。滑阀轴向移动的位置不同，就形成不同的导通状态，体现了换向阀的控制机能，如图 2-7-26d）所示，滑阀处左位时直通，处中位时四不通，处右位时交叉导通。

三位换向阀的滑阀在中位时，有不同的连通方式，以满足不同的使用要求，这种连通方式称为换向阀的中位机能。三位换向阀常见的中位机能如图 2-7-27 所示。

②换向阀的种类和图形符号。换向阀的种类很多，按阀的工作位置数和通路数，可分为二位三通、二位四通、三位四通、三位五通换向阀等；按阀的操纵方式，可分为手动、机动、电磁、液动、电液动换向阀；按阀的安装方式，可分为管式、板式、法兰式换向阀。

如图 2-7-28 所示，在换向阀图形符号中，方框数表示滑阀位置数，每一方框表示油口数目和通路方向，其中箭头表示通路和液流方向，“⊥”表示通路被堵死。

③几种常见的换向阀。

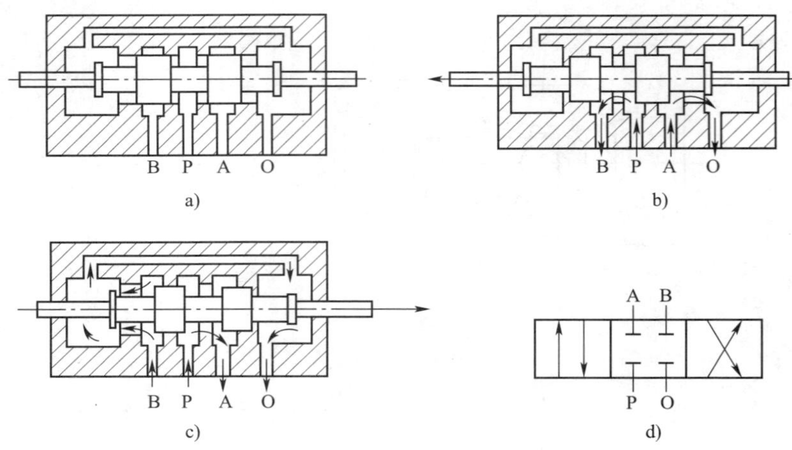

图 2-7-26 滑阀式三位四通换向阀的换向原理

a)滑阀处于中位；b)滑阀处于右位；c)滑阀处于左位；d)图形符号

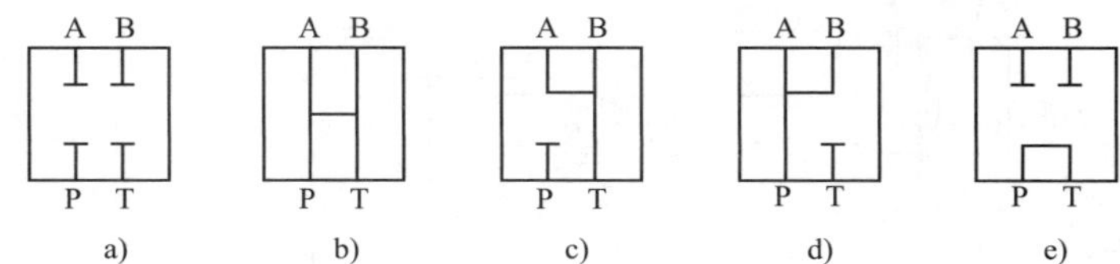

图 2-7-27 三位换向阀常见的中位机能

a)O 型；b)H 型；c)Y 型；d)P 型；e)M 型

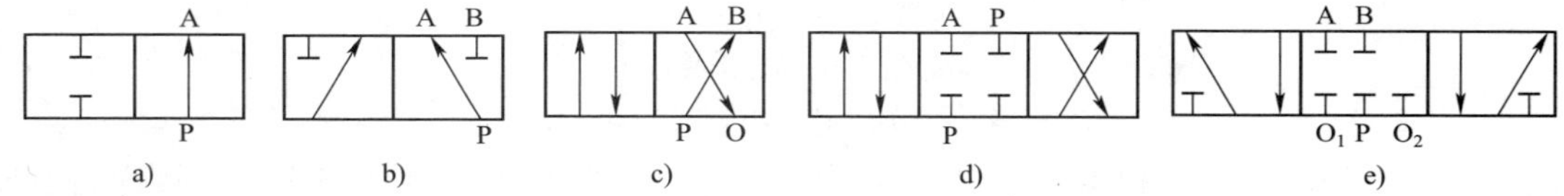

图 2-7-28 三位换向阀常见的中位机能

a)二位二通；b)二位三通；c)二位四通；d)三位四通；e)三位五通

a. 手动换向阀。手动换向阀是用手动杠杆操纵阀芯换位的换向阀。手动换向阀有钢球定位式和自动复位式两种。图 2-7-29a)为自动复位式手动换向阀的结构原理图。推动手柄向右，阀芯向左移动，为直通状态；推动手柄向左，阀芯向右移动，为交叉导通状态。当放开手柄时，阀芯在弹簧的作用下自动回到中位(O 型中位机能)。

如果将阀芯右端弹簧的部位改成图 2-7-29b)的钢球定位装置，当阀芯移动到位后，定位钢球就卡在相应的定位槽中，这时即使去掉手柄上的操作力，阀芯仍能保持在工作位置上。图 2-7-29b)所示为钢球定位式手动换向阀图形符号。

b. 机动换向阀。机动换向阀又称行程阀，它主要用来控制机械运动部件的行程，它是借助于安装在工作台上的挡铁或凸轮来迫使阀芯移动，从而控制油液的流动方向。机动换向阀通常是二位的，有二通、三通、四通和五通几种，其中二位二通、二位三通机动换向阀又分常闭和常开两种。图 2-7-30a)所示为二位二通常闭机动换向阀，在图示位置油口 P 和 A 不通；当挡铁或凸轮压住滚轮 4，使阀芯 2 右移，则油口 P 和 A 接通。图 2-7-30b)所示为其图形符号。

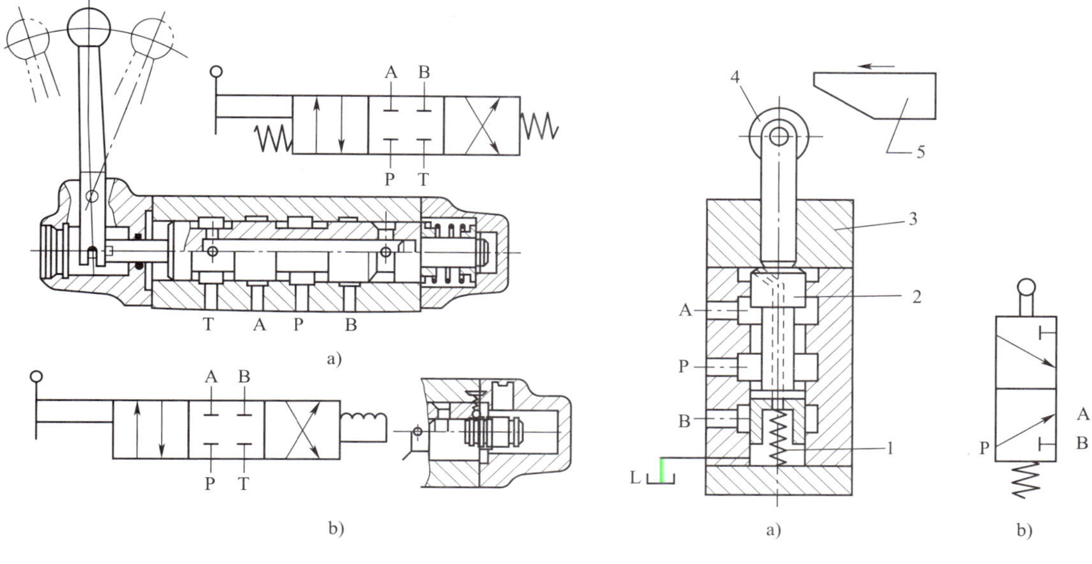

图 2-7-29　手动换向阀

a)自动复位式;b)钢球运位式

图 2-7-30　机动换向阀

a)结构图;b)图形符号

1-弹簧;2-阀芯;3-阀盖;4-滚轮;5-撞块

机动换向阀结构简单,换向平稳、可靠,位置精度高,常用于控制运动部件的行程,以实现快、慢速度的转换,但它必须安装在运动部件附近。

c. 电磁换向阀。电磁换向阀是利用电磁铁直接推动阀芯换位来实现油口的连通。电磁换向阀控制方便,布局灵活,便于提高设备的自动化程度,故得到广泛应用。图 2-7-31 所示为三位四通电磁换向阀。阀的两端各有一个电磁铁和一个对中弹簧,常态时,即两端电磁均断电,阀芯在对中弹簧的作用下,处于中位,使油口 P、A、B 和 T 互不通。当左端电磁铁通电、右端电磁铁断电时,衔铁通过推杆将阀芯推至右端,阀左位工作,处于直通状态;当右边电磁铁通电、左边电磁铁断电时,右位工作,处于交叉导通状态。

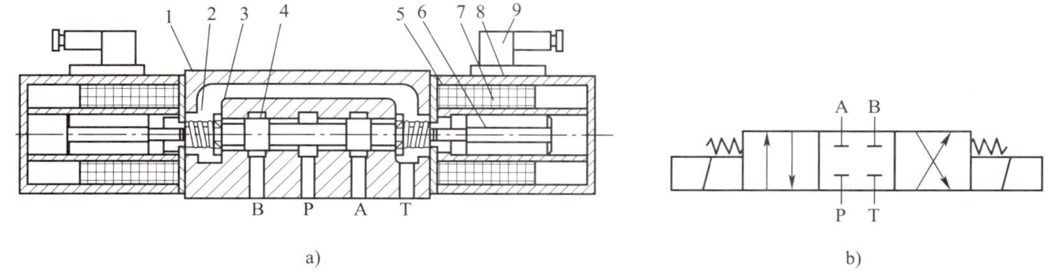

图 2-7-31　电磁换向阀

a)结构图;b)图形符号

1-阀体;2-弹簧;3-弹簧座;4-阀芯;5-线圈;6-衔铁;7 隔套;8 壳体;9-接头组件

d. 液动换向阀。利用控制油路的压力油来改变阀芯位置的换向阀,即为液动换向阀。

如图 2-7-32 所示,三位四通液动换向阀阀芯是在其两端油液的压差作用下来移动的。当两端控制油口 K_1、K_2 均不通入压力油时,阀芯在两端弹簧和定位套作用下处于中位(Y 型);当控制油口 K_2 接通压力油,K_1 通油箱时,阀芯向左移动,右位工作,处于交叉导通状态;

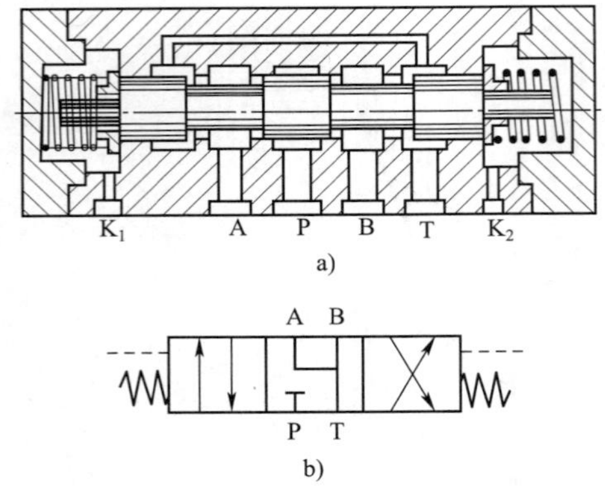

图 2-7-32 三位四通液动换向阀

a)结构图;b)图形符号

当 K_1 接通压力油,K_2 接油箱时,阀芯向右移动,阀左位工作,处于直通状态。

e. 电液换向阀。电液换向阀是由电磁换向阀和液动换向阀组合而成的复合阀。电磁换向阀为先导阀,用于控制压力油的流向,从而改变液动滑阀阀芯的位置;液动换向阀为主阀,它可以改变主油路的方向。电液换向阀综合了电磁阀和液动阀的优点,用反应灵敏的小规格电磁阀方便地控制较大的液流。

如图 2-7-33 所示,常态时,电磁阀的两个电磁铁均不带电,电磁阀在两端弹簧力的作用下处于中位(Y 型),使液动阀两端的油液均经电磁阀中位泄回油箱,故液动阀也在两端弹簧力的作用下处于中位,主油路中,A、B、P、T 油口均不通。当电磁阀左端通电时,阀芯被推向右端,左位工作,控制压力油经左止回阀进入主阀左端油腔,推动主阀阀芯向右移动,使主阀切换至左位工作,这时主阀阀芯右端油腔中的油液通过右节流阀经电磁阀流回油箱(主阀阀芯的移动速度可由右边的节流阀调节),此时主阀 P 与 A、B 和 T 的油路相通;反之,当电磁阀右端电磁铁通电时,主油路油口换接,使 P 与 B、A 与 T 相通。液动换向阀的换向时间可由两端的节流阀调整,因而可使换向平稳,无冲击。

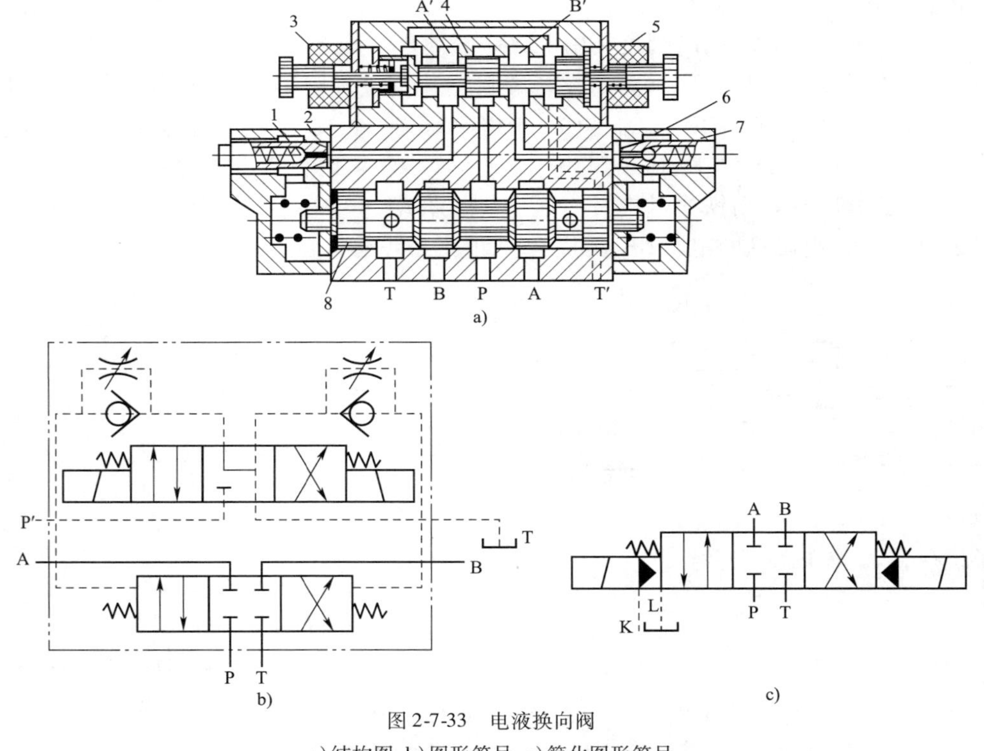

图 2-7-33 电液换向阀

a)结构图;b)图形符号;c)简化图形符号

1、6-节流阀;2、7-止回阀;3、5-电磁铁;4-电磁阀阀芯;8-主阀阀芯

4)液压辅助元件

液压系统中的辅助元件是指油管和管接头、蓄能器、滤油器、油箱、密封元件等,它们对系统的动态性能、工作稳定性、工作寿命、噪声和温度等都有直接影响,是保证液压系统正常工作不可缺少的部分。

(1)蓄能器。蓄能器是能量储存装置,它在适当的时候把系统多余的压力油储存起来,在需要时又释放出来供给系统,在液压系统中蓄能器常用来做辅助或应急动力源,避免事故发生;补偿系统的泄漏、保持系统的压力;吸收压力冲击或脉动,降低噪声,减少因振动损坏仪表和管接头等元件。

蓄能器有弹簧式和充气式两种,它们的结构简图和特点见表2-7-1。

蓄能器种类 表2-7-1

名称	弹簧式	充气式		
		气瓶式	活塞式	皮囊式
结构简图				
特点和说明	(1)利用弹簧的压缩和伸长来储存、释放压力能; (2)结构简单,反应灵敏,容量小; (3)供油容量小,不适于高压或高频回路	(1)利用气体压缩和膨胀释放压力能,气体和油液直接接触; (2)容量大,惯性小,气体易溶于油; (3)适于大容量,低、中压回路	(1)利用气体压缩和膨胀释放压力能; (2)结构简单,工作可靠,反应不灵敏; (3)适于能量储存或吸收中、高压回路的压力脉冲	(1)利用气体压缩和膨胀释放压力能,气体和油液由皮囊隔开; (2)质量轻,结构尺寸小,反应灵敏; (3)适于能量储存或吸收冲击

(2)过滤器。过滤器的作用是清除油液中的各种杂质,以免其磨损、划伤有相对运动的零件,或堵塞液压元件上的小孔及缝隙,影响系统的正常工作,降低液压元件的寿命,甚至造成液压系统的故障。

常用过滤器的类型及其特点见表2-7-2。

(3)油箱。油箱是用来储存液压系统中所需油液,散发系统工作中产生的热量,沉淀油中固体杂质,逸出油中气泡的容器。油箱设计应有足够的容积,散热好,便于维护和清理。

按液面是否与大气相通,分为开式油箱和闭式油箱,开式油箱广泛应用于一般液压系统。

油箱的容积决定了散热面积和存储热量的大小,故对工作的温度影响很大。开式油箱的典型结构如图2-7-34所示。液压泵通过吸油管1吸油,液压系统的油液经回油管4流回油箱;油箱内部用隔板7、9将吸油管与回油管隔开;注油口内装有过滤网2起滤油作用;侧部装有液位计,指示油箱中油面高度;放油阀8用来排放油箱中沉淀杂物和油液。

常用过滤器的类型及其特点　　表 2-7-2

类型	表面型		深度型	
	网式	线隙式	纸芯式	烧结式
结构简图	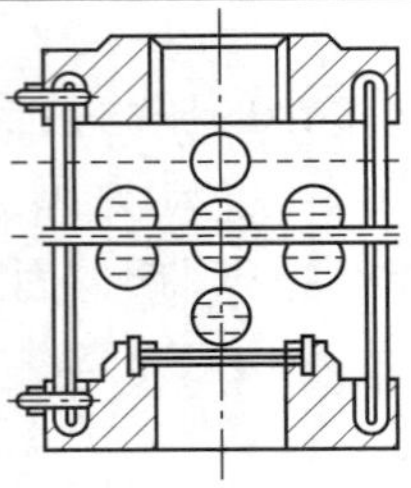	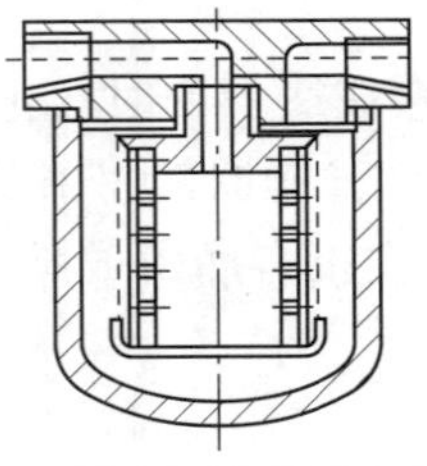	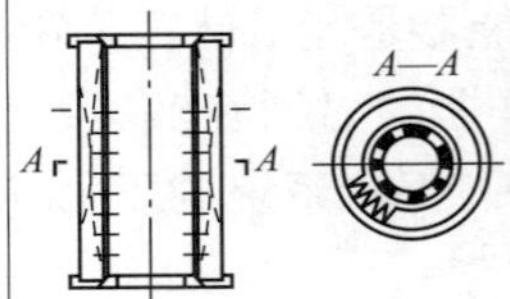 A—A　A　A	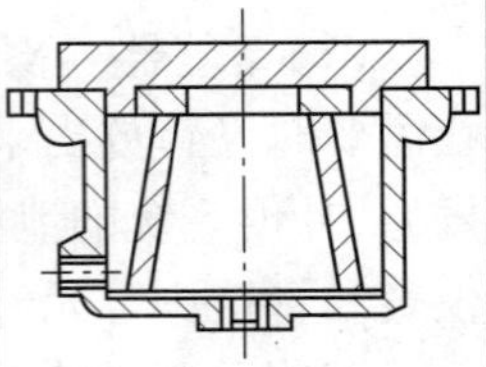
特点和说明	压降小，流通能力强，结构简单，清洗方便，过滤精度低	结构简单，通油能力大，不易清洗，过滤精度高	过滤精度高，不易清洗	过滤精度较高，制造简单，强度高，耐冲击，抗腐蚀；金属颗粒有时脱落，堵塞后不易清洗

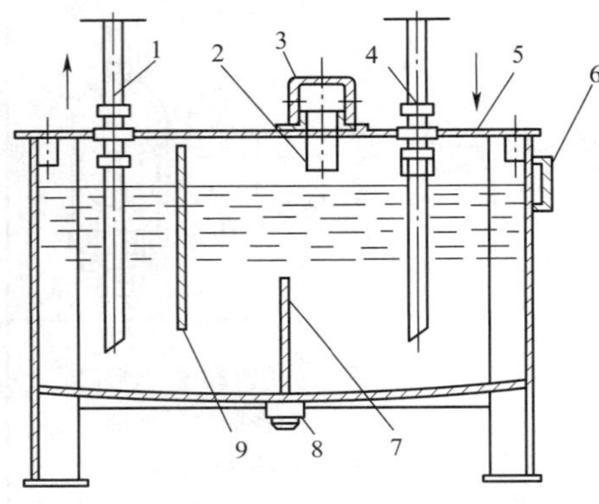

图 2-7-34　油箱

1-吸油管；2-过滤网；3-盖；4-回油管；5-上盖；6-油位计；7、9-隔板；8-放油阀

(4)密封装置。在液压系统中，油液的泄漏以及外部灰尘、气体等的侵入会导致液压系统容积效率降低，油温升高，污染工作介质和环境，将影响油泵的工作性能和执行元件运动的平稳性，因此必须采取有效的密封措施。密封装置是提高系统的工作性质和效率的重要装置。

常用的密封件是密封圈，有 O 形、Y 形、V 形等。此外，还有防尘圈、油封、组合密封垫圈等密封装置。

如图 2-7-35 所示，O 形密封圈一般用耐油橡胶制成，其横截面呈圆形，它有良好的密封性能，结构紧凑，运动件的摩擦阻力小，制造容易，装拆方便，成本低，高、低压均可以用，所以在液压系统中得到广泛的应用。

如图 2-7-36 所示，液压力将唇形密封圈的两唇边压向形成间隙的两个零件的表面。这种密封圈能随工作压力 p 的变化自动调整密封性能，压力越高则唇边被压得越紧，密封性越好；当压力降低时唇边压紧程度也随之降低，从而减少了摩擦阻力和功率消耗，此外，还能自动补偿唇边的磨损，保持密封性能不降低。

图 2-7-35　O 形密封圈

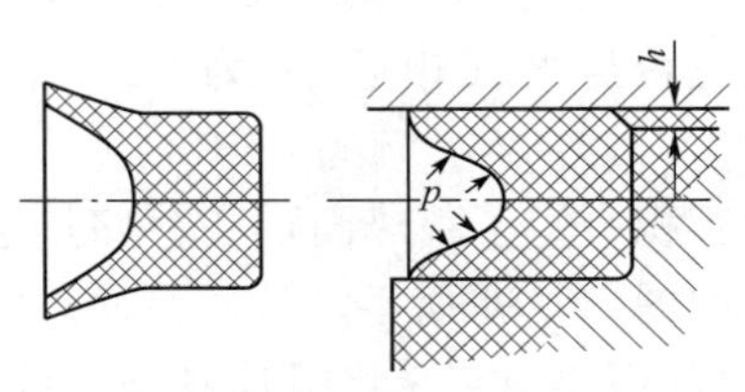

图 2-7-36　唇形密封圈的工作原理

下篇 专业篇

第三章 汽车发动机知识

第一节 发动机理论

一、发动机燃料的燃烧过程简述

目前,公交公司拥有车辆按照燃料类型分汽油车、柴油车、天然气(CNG)车、纯电动车和无轨电车。汽油车、柴油车和天然气车的发动机燃料的燃烧,都可以概括为其燃料中的碳、氢等元素与空气中的氧之间的剧烈氧化反应生成 CO_2 和 H_2O,产生热能并伴有发光现象。

发动机的燃烧过程对燃料燃烧的基本要求是:一要完全,二要及时,三要正常。只有这样,才能使进入发动机汽缸的燃料燃烧后释放热量最多、热量的利用程度最高,并且不会因为发动机出现爆震和表面点火而影响其平稳可靠地运转。

1. 汽油(天然气)机的燃烧过程

按照汽缸内气体压力变化的特点,可将汽油机燃烧过程分为三个阶段:

(1)着火延迟期——从火花跳火开始到火焰中心形成的阶段。

(2)急燃期——从火焰中心形成到火焰传遍整个燃烧室,缸内压力达到最高点的阶段。

(3)补燃期——从最高压力出现到燃料基本上完全燃烧的阶段。

天然气(以 CNG 为例)机的燃烧过程基本上与汽油机相同,但由于 CNG 的分子结构和物理化学特性比较稳定,其着火延迟期比汽油要长,因而其点火提前角较大,火花塞的点火能量较强;其急燃期比汽油的长,燃烧持续角较大,汽缸内温度和压力上升缓慢,最高压力点出现在上止点后的位置,导致指示效率下降,排气温度和压力提高,故 CNG 发动机不适合高速内燃机。

根据 CNG 燃料的燃烧特点,一般不应就现成的汽油机进行改装,应设计专用 CNG 燃料发动机,并注重从以下方面优化:

(1)提高压缩比,进而提高热效率,增大发动机输出功率。

(2)加强燃烧室内气流运动,增加挤气面积,加强气流扰动。

(3)加强点火能量,缩短着火滞燃期,克服其着火慢的缺点。

(4)增大点火提前角,保证最高压力点出现在上止点后 12°~15°,并根据 CNG 燃烧规律调整点火提前角。

(5)实行缸内喷射,提高充气系数,增加功率。

通常情况下,汽油发动机存在下列两类不正常燃烧状况:

(1)爆震。汽油机发生爆震时,汽缸内发出特殊尖锐的金属撞击声,并使冷却液温度过高,表现出功率下降、油耗上升。

(2)表面点火。火花塞没有点火而是由燃烧室内炽热表面(如排气门头部、火花塞绝缘体及零件表面炽热的沉淀物等)点燃混合气的现象统称表面点火。其点火时刻不可控制,多发生在压缩比较大的汽油机上。表面点火容易引起早燃。

早燃会诱发爆震,爆震又会让更多的炽热表面温度升高,促使更剧烈的表面点火,两者相互促进,危害更大。

2. 柴油机的燃烧过程

柴油机的燃烧过程很复杂,其燃烧过程的物理和化学延迟、混合气形成与燃烧,不能绝对分开,往往是同时进行的。在现代高速柴油机上(额定转速在1000r/min以上),燃烧过程是在压缩行程的上止点附近,几十度曲轴转角内完成的。按照汽缸内气体压力变化特征,可将柴油机燃烧过程分为四个阶段:

(1)着火延迟期——从喷油开始到汽缸压力偏离压缩线开始急剧上升为止。

(2)急燃期——从汽缸压力急剧上升的始点到急剧上升的终点为止。

(3)缓燃期——从汽缸压力急剧上升的终点到汽缸压力急剧下降的始点为止。

(4)补燃期——从缓燃期的终点开始到燃油基本上完全燃烧时为止。

二、发动机的工作循环和性能指标

1. 发动机的工作循环

发动机的工作循环可分为进气、压缩、做功、排气等四个行程。

(1)进气行程——进气门开启,排气门关闭,活塞由上止点向下止点移动,新鲜工质被吸入汽缸。

(2)压缩行程——进、排气门均关闭,活塞由下止点向上止点移动,汽缸内工质被压缩,温度和压力不断上升。

(3)做功行程——进、排气门均关闭,活塞由上止点向下止点移动,燃料燃烧转变成热能,高温、高压的工质推动活塞做功,气体的压力和温度迅速下降。

(4)排气行程——排气门打开,进气门仍然关闭,活塞由下止点向上止点移动,将汽缸内废气排出。

在汽油机和CNG机中,汽油(CNG)与空气形成的可燃混合气是在上止点前由电火花点火而燃烧;柴油机是在上止点前开始喷油,柴油微粒与空气混合,并借助于高压空气的热量自燃。

2. 发动机的性能指标

发动机的性能指标用来表征发动机的性能特点,并作为评价各类发动机性能优劣的依据。发动机的性能指标主要有:动力性指标、经济性指标、环境指标、可靠性指标和耐久性指标。

1)动力性指标

动力性指标是表征发动机做功能力大小的指标，一般用发动机的有效转矩、有效功率、发动机转速等作为评价指标。

(1)有效转矩——发动机对外输出的转矩称为有效转矩。

(2)有效功率——发动机在单位时间对外输出的有效功称为有效功率。

(3)发动机转速——发动机曲轴每分钟的回转数称为发动机转速。

2)经济性指标

发动机经济性指标一般用有效燃油消耗率表示。发动机每输出 1kW·h 的有效功所消耗的燃油量(以 g 为单位)称为有效燃油消耗率。

3)环境指标

环境指标主要指发动机排气品质和噪声水平。由于它关系到人类的健康及其赖以生存的环境，因此各国政府都制定了严格的控制法规，以期削减发动机排气和噪声对环境的污染。当前，排放指标和噪声水平已成为发动机的重要性能指标。

排放指标主要是指从发动机油箱、曲轴箱排出的气体和从汽缸排出的废气中所含的有害排放物的量。对汽油机来说主要是废气中的一氧化碳(CO)和碳氢化合物(HC)含量；对柴油机来说主要是废气中的氮氧化物(NO_x)和颗粒(PM)含量。

噪声是指对人的健康造成不良影响及对学习、工作和休息等正常活动发生干扰的声音。由于汽车是城市中的主要噪声源之一，而发动机又是汽车的主要噪声源，因此控制发动机的噪声就显得十分重要。如我国的噪声标准(GB/T 18697—2002)中规定，轿车的噪声不得大于 79dB(A)。

4)可靠性指标和耐久性指标

可靠性指标是表征发动机在规定的使用条件下，在规定的时间内，正常持续工作能力的指标。可靠性有多种评价方法，如首次故障行驶里程、平均故障间隔里程等。耐久性指标是指发动机主要零件磨损到不能继续正常工作的极限时间。

3. 发动机的特性

发动机的运行情况(简称工况)用其发出功率 P_e 和转速 n 来表示。

发出功率、转速应该与发动机所带动的工作机械要求的功率相适应。只有当发动机发出的转矩与工作机械消耗的转矩相等时，两者才能在一定的转速下、按一定的功率稳定工作。

对于用于陆上运输车辆上的发动机来说，其功率和转速都相对独立地在很大范围内变化，它们之间没有特定的关系。转速取决于行驶速度，可以从最低稳定转速一直变到最高转速；转矩取决于行驶阻力，在同一转速下，可由零变到全负荷。对于城市公交车辆来说，站点、路阻和信号多，起步和制动频繁，导致发动机经常在部分负荷的中、低速和怠速情况下工作，很少在满负荷下以最高车速行驶。当发动机工况(即功率和转速)为适应需要而变化时，其性能(包括动力性、经济性和排放等)也随之而变，因而评定和选用发动机时就必须考虑它在各种工况下的性能，才能全面判断其能否满足要求。

1)汽油机的速度特性

(1)有效转矩 M_e 曲线。

(2)有效功率 P_e 曲线。

(3)耗油率 g_e 曲线。

(4)转矩储备系数 μ。

2)汽油机的负荷特性

(1)每小时耗油量 G_T 曲线。

(2)有效燃料消耗率 g_e 曲线。

第二节 发动机换气过程

一、换气过程与配气相位

发动机的排气过程和进气过程称为换气过程。它包括从排气门开启到进气门关闭之间的全过程。换气过程应尽可能排净废气和吸足新鲜空气或混合气。从图 3-2-1 中可以看出,进气持续角大于理论进气行程的曲轴转角,排气持续角大于理论排气行程的曲轴转角。

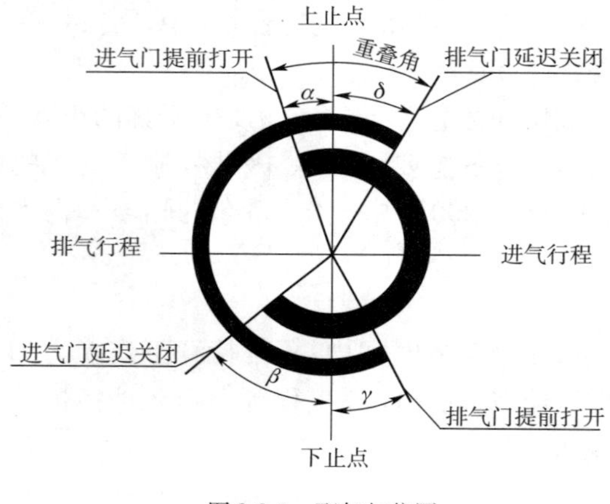

图 3-2-1 配气相位图

配气相位角这样安排有两方面的因素。

(1)气门及其传动机构工作时的速度和加速度以及由此产生的惯性力,对气门机构工作的噪声和使用寿命影响极大。在设计上既要保证气门开启有较大的通气断面,来满足发动机输出功率的需要,又要降低加速度,减小惯性力。因此只有将气门提前开启,滞后关闭,增大进排气门开启的配气相位角。

(2)考虑到气体流动惯性。不论是从汽缸内排出的废气还是吸入的新鲜气体,都具有一定的质量,要达到高速度、定向流动,必须有一个过程,来克服气流的惯性,使其流动并加速;或已产生了流动惯性,则尽量利用其惯性,把缸内残余气体排除或冲走。所以气门的开启需要提前,关闭要推后。

二、充气系数 η_v

在一个循环过程中,实际充入汽缸的空气质量 ΔG(实际充气量)与进气状态下汽缸工作容积内能够充入的空气质量 ΔG_0(理论充气量)之比称为充气系数 η_v。即:$\eta_v = \Delta G/\Delta G_0$。

在换气过程终了时,实际充气的压力较进气状态下的压力低,而充气温度却比进气状态下的高(因上一循环废气和高温机件的加热),因此非涡轮增压发动机的充气系数总是小于 1 的。发动机的充气系数越高,表示每一循环实际充气量越多,则所能做的功越大,发动机的动力性越好。所以,提高充气系数是提高发动机动力性能的先决条件。

发动机的充气系数是指节气门全开情况下的充气系数。对于四冲程发动机,节气门全开时的充气系数大致为:汽油机为 0.7 ~ 0.85;柴油机为 0.7 ~ 0.90,气体机为 1.11 ~ 1.54。

第三节　发动机的燃烧过程

一、汽油机燃烧过程的基本情况

汽油机的燃烧过程分为三个时期：着火延迟期（诱导期），明显燃烧期（速燃期），补燃期（后燃期）。

图 3-3-1 所示出汽油机燃烧过程的 p-φ 示功图。图中 p 为汽缸压力，φ 为对应的曲轴转角。图中 0°位置表示压缩行程结束的上止点。

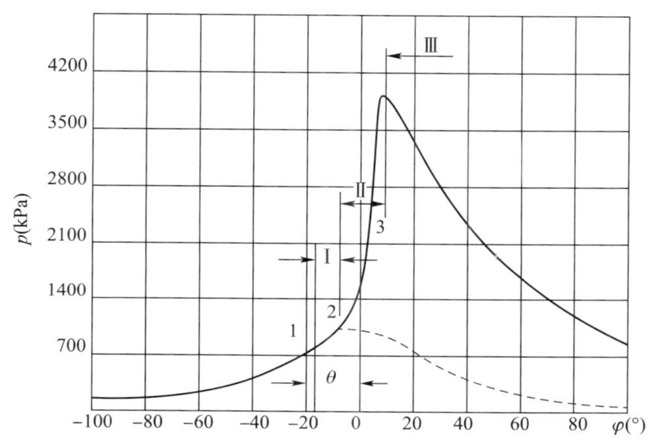

图 3-3-1　汽油机燃烧过程的 p-φ 示功图

Ⅰ-着火延迟期；Ⅱ-明显燃烧期；Ⅲ-补燃烧期；1-开始点火；2-形成火焰中心；3-最高压力点

可燃混合气在进气过程中被吸入汽缸，随之在压缩行程中被压缩，可燃混合气的压力和温度明显增高，为着火燃烧准备了条件。当火花塞跳过火花后，在电极周围局部的混合气形成高温，出现了明亮的火焰中心。但这只是很少量的混合气在着火燃烧，对整个汽缸内的压力影响很小，因而汽缸内的压力变化情况，仍与单纯因为压缩而压力升高的情况基本一致，这就是着火延迟期。如图 3-3-1 中 1 ~ 2 之间（阶段Ⅰ）所示。

火焰中心形成以后，燃烧发光的区域迅速扩展，混合气逐层燃烧发光，这种现象称为"火焰传播"。当火焰传播到整个燃烧室时，则缸内混合气全部燃烧，这段过程称为明显燃烧期。如图中 2 ~ 3 之间（阶段Ⅱ）。在这段时期，缸内混合气燃烧放热多而且快，所以压力明显上升，出现了很陡的尖峰。从图 3-3-1 中可以看出，最高压力出现在上止点后约 12° ~ 15°。这个时期是主要燃烧阶段，绝大部分的热量是在这个时期放出的，此时缸内压力上升的情况又决定着推动活塞做功的大小，对汽油机的动力性能有重要影响。最高燃烧温度可达 2200 ~ 2800K，最大爆发压力达 2.9 ~ 4.9MPa。

在工作循环过程中，由于时间很短，混合气中的汽油蒸发不良以及与空气混合不均匀，部分颗粒较大的燃油滴在火焰前锋面掠过后，处在表面的燃油被燃烧。尚有少量未被燃烧的部分在膨胀过程中继续燃烧，这段燃烧过程称为补燃期，如图阶段Ⅲ所示。

由于补燃期间汽缸容积明显增大，燃烧放出的热量产生的压力比明显燃烧期低得多，热量不能充分地转变为功，反而使排气温度上升和热量通过缸壁被冷却液带走，因此应尽量缩短补燃期。

以上是汽油机的正常燃烧过程。汽油机的不正常燃烧包括爆震和表面点火。

爆震是汽油机的一种不正常燃烧现象。在火焰传播还没有达到燃烧室的末端前，末端的部分未燃混合气内部出现了多个自发的火焰中心。这些火焰扩展速度很高，比电火花点火后的正常火焰传播速度快几十倍，使得这部分的压力急剧上升，比其他部分高得多。由于各部分的压力差别，则产生冲击波，撞击燃烧室壁和活塞顶部，使之振动而发出尖锐的金属敲击声。

爆震造成的局部高温，使热分解现象严重，出现了不能燃烧的游离碳及一氧化碳、氢、氧等，膨胀过程的补燃加强，造成发动机输出功率下降，发电机过热，耗油率增加。严重的爆震是有害的。强烈的爆震使活塞、连杆、曲轴、轴瓦等机件负荷大增，甚至引起活塞顶部和气门的烧蚀。

如果在发动机点火开关关闭之后，发动机继续运转，这是表面点火现象。造成这种现象的原因是燃烧室内局部机件过热或高温积炭将混合气点火而引燃的。表面点火可能发生在正常点火之前，这称之为早燃，反之称为后燃。后燃可能引起爆震。

二、影响汽油机燃烧过程的主要因素

1. 混合气浓度

混合气浓度影响着火延迟期和火焰传播速度。当过量空气系数 $\alpha = 0.85 \sim 0.95$ 时，火焰传播速度最快，燃烧速率最高。由于燃烧在短期内完成，压力峰值最高，发动机的功率最大，这种混合气称为功率混合气。当 $\alpha = 1.05 \sim 1.15$ 时，燃烧速率减慢，但燃烧最完全、最经济，这种混合气称为经济混合气。近年来发展的稀薄燃烧技术，α 值可以进一步增大，燃烧也更充分，发动机的经济性可以进一步提高。

2. 点火提前角

点火提前角过大，压力升高过快，压缩行程消耗的功过多，有效功率下降，爆震的可能性增大。点火提前角过小，最高压力下降，由于燃气与汽缸的接触面积增大，传给冷却液的热量增多；同时因膨胀不完全使排气温度较高。这些都造成了较大的热损失，甚至引起发动机过热。

3. 转速

当发动机高速运转时，进气系统的流速增大，压缩行程中活塞的挤气作用加强，涡流加强，有利于混合气的混合均匀；燃烧速率有所提高，燃烧时间缩短。因此在高速时爆震的可能性减小。但是，由于转速提高后，燃烧过程所占的曲轴转角相应增加，因此点火提前角也相应增大，以保证点火提前时间不会减小太多。

4. 负荷

当发动机在小节气门开度情况下工作时，汽缸内残余废气的比例较大，燃烧速度减慢，燃烧过程时间加长。因此，当负荷小时，点火提前角应增大。由于低负荷时，节气门开度小，进气量少，燃烧速度和压力相对较低，自燃不易产生。因此低负荷时，爆震的可能性也小。

表 3-3-1 对转速和负荷对燃烧过程的影响作了比较。

转速和负荷对燃烧过程的影响 表 3-3-1

条件	点火提前角	爆震可能性	条件	点火提前角	爆震可能性
转速高	大	小	负荷大	小	大
转速低	小	大	负荷小	大	小

发动机冷却液温度应控制在 80 ~ 95℃。冷却液温度过高易产生爆震、早燃，使功率下降，同时易烧蚀气门等。冷却液温度过低增加了冷却的热损失，热效率降低，功率下降，加剧机件磨损。

提高压缩比可以有效地提高发动机的热效率。压缩比提高后，压缩终了的压力、温度均提高，加快了燃烧速度。但压缩比提高后，爆震的倾向也提高了。爆震是限制压缩比提高的一个重要因素。

三、柴油机的燃烧过程

1. 柴油机的燃烧过程

柴油机的燃烧过程分为四个时期：着火延迟期、速燃期、缓燃期、补燃期。柴油机的 p-φ 示功图如图 3-3-2 所示。

从开始喷油到柴油着火使汽缸气压开始急剧上升而与压缩压力曲线分开时止，这一段曲轴转角称为着火延迟期，如图 3-3-2 中的 1 ~ 2 段。喷入的燃油经过雾化、吸热、蒸发、扩散，与空气混合后经过加压自行着火。着火延迟期的长短取决于燃烧室混合气的温度。

着火延迟期越长，在着火前燃烧室内积累的柴油越多，工作越粗暴。图 3-3-2 中的 2 ~ 3 段是速燃期。其最高燃烧温度可达 1800 ~ 2200K，最大爆发力达 4.9 ~ 8.8MPa。柴油机的混合气是压燃，燃烧室内混合气几乎是同时着火。因此在速燃期压力升高很大，这就是柴油机工作粗暴的原因。

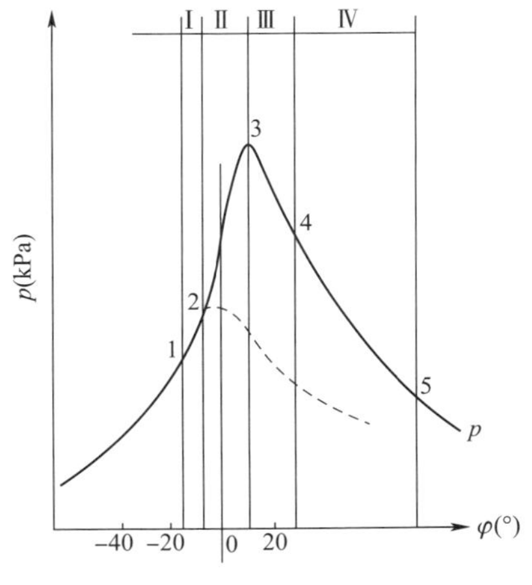

图 3-3-2 柴油机的 p-φ 示功图

3 ~ 4 段是缓燃期，喷油和燃烧同时进行。由于活塞下行，容积不断增大，工作压力变化不大。

4 ~ 5 段即为补燃期，过程进行到 5 点燃烧过程结束。补燃期是在膨胀过程中燃烧，已不再喷油，压力大大下降，通过缸壁较大面积将热量传给冷却液，因此应尽量减少补燃。喷油器断油不干脆会延长补燃期。

2. 影响燃烧过程的因素

1) 喷油提前角

若喷油提前角过大，压缩气体的压力和温度都不很高，不能很好地组织燃烧，着火延迟期长，工作粗暴；若喷油提前角过小，燃烧过程拉长，造成补燃量增加，功率下降，发动机过热。

2) 负荷与转速

负荷增加，供油量也增加，过量空气系数 α 相对减小。在单位容积内混合气燃烧放出的热量增加，着火延迟期缩短，因此发动机工作柔和。负荷过大，α 值过小，造成燃烧不良，补燃期加长，废气中出现炭烟，排气温度过高，经济性大大下降，且直接影响发动机寿命。当柴油机怠速运转时，压缩终了的空气温度低，着火延迟期加长。因此压力升高率较大，产生较强的敲缸声，工作粗暴。

发动机转速的提高加强了进气涡流，同时喷油压力也相应提高，使燃料的雾化与空气的混合得到改善，因而着火延迟期（以时间计）缩短。但是以曲轴转角计，着火延迟期则可能随转速升高而增加。

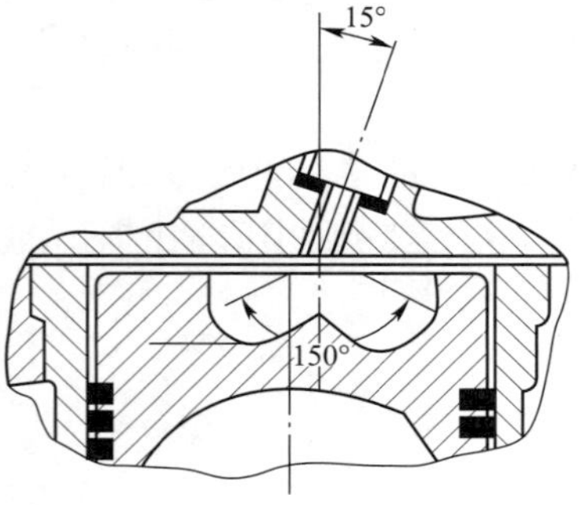

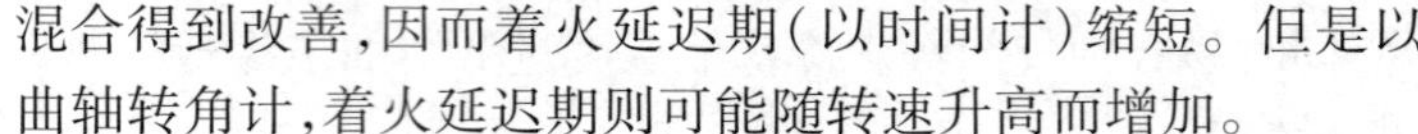

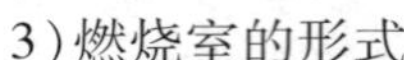

3）燃烧室的形式

对于柴油机来说，燃烧室的结构对燃烧过程有重大影响。燃烧室的结构分为直接喷射式燃烧室和分隔式燃烧室。分隔式燃烧室又分为涡流室式燃烧室和预热室式燃烧室。如图 3-3-3 ~ 图 3-3-5 所示。

图 3-3-3 135 系列柴油机用 ω 形燃烧室

直接喷射式燃烧室结构比较简单紧凑，散热面积小，低温起动性能好，是最省油的。图 3-3-3 所示为 ω 浅形燃烧室。直喷式对喷油器的喷射质量要求较高，同时要有较强的进气涡流才能使混合气得以迅速形成而使燃烧良好。

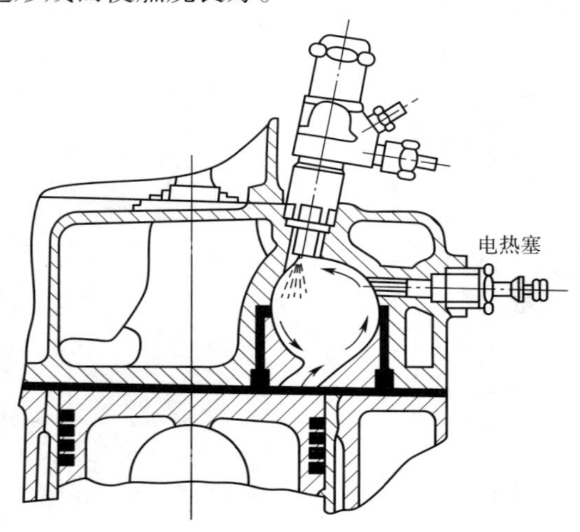

图 3-3-4 涡流室式燃烧室

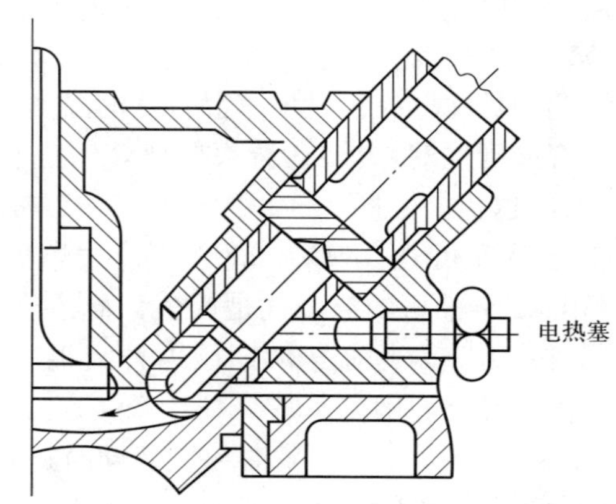

图 3-3-5 汽车柴油机用预燃室式燃烧室

预燃室式燃烧室被分隔为预燃室和主燃烧室，两室有小通道相通。预燃室式是在压缩过程中，在预燃室内形成强烈的无组织的紊流运动，使空气与一部分雾化的油混合。着火燃烧后，预燃室压力、温度迅速升高，室内的混合气高速流入主燃烧室，再次形成很强烈的燃烧涡流（或称二次涡流），使大部分燃油在主燃烧室中迅速混合燃烧。但是，由于气体流动损失和传热损失都较大，故油耗高、经济性差，且低温起动较困难。因此一般预燃室内设置预热室，以改善起动性能。

涡流室式燃烧室的结构不同于预燃室式，涡流室与缸盖是一体。涡流室的形状大多是球形。涡流室是依靠强烈的有组织的压缩涡流运动使室内的燃料和空气混合，在着火燃烧后，涡流室内的燃气压力、温度迅速升高，室内燃气带着未燃的燃油、空气一起经过通道流入主燃烧室，借助于活塞顶上的浅槽形成二次涡流，加速燃油于主燃烧室中的空气混合。

由于涡流室式与预燃室式有上述差异。涡流室式的热效率、经济性和起动性能比预燃室式稍好。但工作不如预燃室式柔和，噪声也较大，对燃料喷射要求也较高。

柴油机由于雾化时间很短，在大负荷工作时容易冒黑烟。柴油机燃烧室的形状决定柴油机的经济性、起动性和工作粗暴性。这是柴油发动机的工作特点。

四、气体机的控制和工作原理

天然气发动机为保证混合气在较大空燃比情况下的充分燃烧和发动机的稳定运行，需采用空燃比的精确控制和高能点火，并需解决气体燃料发动机普遍存在的功率下降问题。稀燃天然气发动机的优化结构设计，综合采用了包括电子控制在内的多种先进技术措施。稀薄燃烧方式可提高 CNG 发动机的平均有效压力，使发动机热效率提高，经济性得到改善。在稀薄燃烧条件下，由于最高燃烧温度的降低可使 NO_x 保持在较低水平，另外在富氧环境下 CO 的排放量也较低，从而改善发动机的排放。充分利用天然气着火极限宽、有利于稀薄燃烧的特点。

天然气发动机是在柴油机基础上开发研制的。为降低排放和燃油消耗，并满足功率指标的要求，对原机的燃烧系统进行了优化设计，采用了增压中冷、空燃比闭环控制的多点顺序燃气喷射和高能直接点火等多项技术。

1. 燃烧系统的改造

为了适应气体燃料，首先对压缩比和燃烧室形状进行重新设计。压缩比对发动机的动力性和经济性有很大影响，选择压缩比时应充分考虑提高热效率和避免爆震之间的协调，天然气发动机受到爆震和排放的限制，在由柴油机改装时需要降低压缩比，同时在避免爆震的基础上又要尽量采用较高的压缩比。根据分析，本系统将发动机的压缩比从 16.0 降低到 12.0。另外，通过新型活塞的研制，以浅球形的燃烧室取代了原机的 ω 型燃烧室，这样有利于缩短火焰传播距离，降低了对燃料辛烷值的要求，有利于防止爆震的发生和提高热效率，并使得燃烧室的结构简单，加工方便。

2. 增压中冷系统设计

在稀薄燃烧情况下采用增压中冷技术是提高发动机动力性的有效措施。柴油发动机有增压和非增压两种形式，为解决气体燃料发动机功率下降的问题，选择增压型柴油发动机为天然气发动机开发的原型机。在增压器与发动机的匹配中，应重点考虑在各转速工况下提供合适的增压压力，并且在低转速工况下能产生足够的空气量，以便获得良好的瞬态工况。中冷系统通常有空气冷却和水冷却两种形式，为了与发动机的实际应用环境相符，采用了简便易行的扁管波纹带式的空气冷却中冷器。通过对增压后空气的冷却，降低了进气温度，从而降低了最高燃烧温度，抑制 NO_x 产生。

3. 高能点火系统与控制

由于天然气的十六烷值低，不易采用压燃方式。天然气发动机采用了火花塞点燃式点火方式，将原型机从压燃式改为点燃式。为了保证火花塞点火时各方向的火焰传播距离相等，各缸火花塞采用了螺纹嵌套方式安装在原柴油机喷油器的位置处，即汽缸盖的中心位置，这种安装方式可使汽缸盖的结构基本不变，有利于汽缸盖的安装与布置。

天然气在常压下着火温度高达537℃,比汽油高出很多,需较高的点火能量。而对于稀燃增压发动机而言,要求在高空燃比和高的进气密度下点火,因而对点火电压和点火能量要求更高。为此,针对天然气发动机,研制了ECM控制的高能直接点火系统。

高能直接点火系统由输入信号传感器、电子控制单元及点火执行器三部分组成。输入信号主要包括发动机转速信号,判定曲轴位置的判缸信号和反映发动机负荷的节气门开度信号。点火执行器包括每缸独立的共6组点火线圈和火花塞。采用这种各缸独立点火的直接控制,可以增大初级电流的断开值,减少点火线圈低压绕组的匝数和低压电路电阻,从而可以提高点火电压,有利于实现高能点火。以ECM为核心的电子控制单元通过发动机转速和曲轴位置等信号的测量,来识别各缸信号。计算发动机转速和确定发动机运行工况,计算出最佳的各缸点火时刻,并保证各缸初级点火线圈的通电时间,最终通过两级驱动放大电路控制点火线圈的通断电,实现发动机的正确点火。由于各缸点火时刻是采用程序控制进行调节的,利用ECM内部的存储器存储点火脉谱,点火提前角按发动机负荷及转速信号根据脉谱数据查表得到,并可按不同工况进行修正,因此,可使发动机在任何工况下均能提供最佳点火时刻并保证初级线圈的导通时间,另外,通过ECM内的通信电路与PC通信,可进行系统的匹配和标定,对点火脉谱等数据进行修改或处理。

4.供气系统与多点顺序喷射控制

空燃比的精确控制是实现稀薄燃烧的关键。因此,在天然气发动机中采用了空燃比闭环控制的电控多点顺序喷射技术。

天然气是以20MPa的压力储存在CNG储气瓶内,经过燃气滤清器滤去气体燃料中的杂质后,经减压阀减压至所要求的压力,最后在电控单元的控制下由安装在发动机各缸进气歧管根部的天然气喷射器喷入汽缸。天然气喷射量控制采用了螺纹插装式且常闭开关式高速电磁阀,具有结构简单紧凑、可靠性强、寿命长、响应速度快、适应性强等特点。

发动机燃料改燃天然气后,燃烧过程为均质燃烧,进入汽缸的混合气的浓度必须在可燃范围内,因此在进气总管内安装节气门,使发动机负荷调节方式由原柴油机的质调节方式改变为量调节方式。

对于增压稀燃天然气发动机,电控多点顺序喷射是迄今为止成熟应用的先进混合气控制方式。该方式由软件严格控制气体燃料喷射量和喷射始点与进排气门及活塞运动的相位关系,可以根据发动机的转速和负荷,精确地控制对发动机功率、效率和废气排放有重要影响的空燃比。同时易于实现对每一缸的定时定量供气及分层进气,有利于减轻和消除由于气门重叠造成的天然气直接逸出而导致HC排放增加和燃气浪费,并改善各缸混合气的一致性,提高发动机稳定运行的稀燃极限,使燃料经济性和废气排放等综合技术指标得以提高。

电控单元接收各传感器采集到的发动机运行状态参数并输入到ECM中,由ECM进行工况判断、运算,以建立的脉谱图为基础确定发动机在不同转速、负荷、温度等工况下的天然气喷射量,并输出与相应脉宽具有定时关系的电脉冲信号用以控制天然气喷射器的开启时刻与开启持续时间,从而实现最佳空燃比的控制,使发动机优化运行,达到节省燃料与改善排放的目的。对于不同气源,天然气成分的变化比较大,这会导致混合气空燃比发生变化而不能充分发挥天然气优势,因此必须在上述基本控制功能的基础上实现对空燃比的自动调节,使发动机始终工作在要求的过量空气系数下,而采用闭环控制是最为有效的方案。

闭环控制是采用宽域氧传感器来反馈排气中的实际氧浓度，从而达到精确控制空燃比的目的。其优点在于系统只依赖于一个传感器，控制精度高，降低了对燃气供给系统状态和燃气成分的敏感性。

天然气发动机工作原理：

CNG 从气瓶体通过管路进入汽化器加热汽化，经过稳压罐稳压后由燃气滤清器滤清，之后通过电磁切断阀控制通断进入稳压器稳压，稳压后的燃气进入热交换器。

CNG 从压缩气瓶通过管路进入减压器减压至 700～800kPa 后，经过滤清器进入热交换器。燃气经过热交换器加热后进入燃料计量阀，由燃料计量阀控制喷射入混合器中与增压后的空气混合。电子节气门控制混合气进入发动机汽缸内燃烧做功。

第四节　发动机电子控制系统的组成与工作原理

一、柴油机电控系统的组成与工作原理

1. 电控高压共轨柴油机的工作原理

三大过程：参数采集、比较分析、指令执行。

（1）参数采集：通过曲轴、凸轮轴、加速踏板位置、进气温度、进气压力、燃油温度、冷却液温度传感器，将实时检查的参数输送给 ECM。

（2）比较分析：ECM 将接收到的参数与已储存的设定参数值或参数图谱进行比较，经过处理计算后按最佳值的指令输出给执行器。

（3）指令执行：执行器根据 ECM 指令控制喷油量和喷油正时，使柴油机运行状态达到最佳水平。

2. 柴油机电控系统的功能

（1）燃油喷射控制：主要包括供（喷）油量控制、供（喷）油正时控制、供（喷）油速率控制和喷油压力控制等。

（2）怠速控制：主要包括怠速转速控制和怠速时各缸均匀性的控制。

（3）进气控制：主要包括进气节流控制、可变进气涡流控制和可变配气正时控制。

（4）增压控制：根据柴油机转速信号、负荷信号、增压压力信号等，通过各种措施，实现对废气涡轮增压器工作状态和增压压力的控制。

（5）排放控制：主要是废气再循环（EGR）控制。

（6）起动控制：包括供（喷）油量、正时控制和预热装置控制。

（7）巡航控制：ECU 根据车速信号等自动维持汽车以一定车速行驶。

（8）故障自诊断：包含故障自诊断和失效保护两个子系统。

电控柴油喷射系统由传感器、ECU 和执行机构三部分组成。其任务是对喷油系统进行电子控制，实现对喷油量以及喷油定时随运行工况的实时控制。将转速、温度、压力等传感器实时检测的参数同步输入 ECU，与已储存的参数值进行比较，经过处理计算按照最佳值对电控喷油器、EGR（废气再循环系统）、VGT（可变几何截面涡轮增压器）等执行机构进行控制，驱动喷油系统，使柴油机运作状态达到最佳。

ECU控制喷油器的喷油量,喷油量大小取决于燃油共轨(公共供油管)压力和电磁阀开启时间的长短(控制的精度可达到0.1~0.3ms)。ECU控制喷油器的开启时刻,即柴油机供油时刻。供油时刻的早、晚完全由ECU根据发动机的工作状况来决定。

3.柴油机共轨技术(图3-4-1)

(1)所谓柴油共轨喷油系统是指高压油泵把高压燃油输送到公共供油管(称为共轨),通过对公共供油管内的油压实行精确控制,使高压油管压力大小与发动机的转速无关,可以大幅度减小柴油机供油压力随发动机转速的变化而引起的波动。

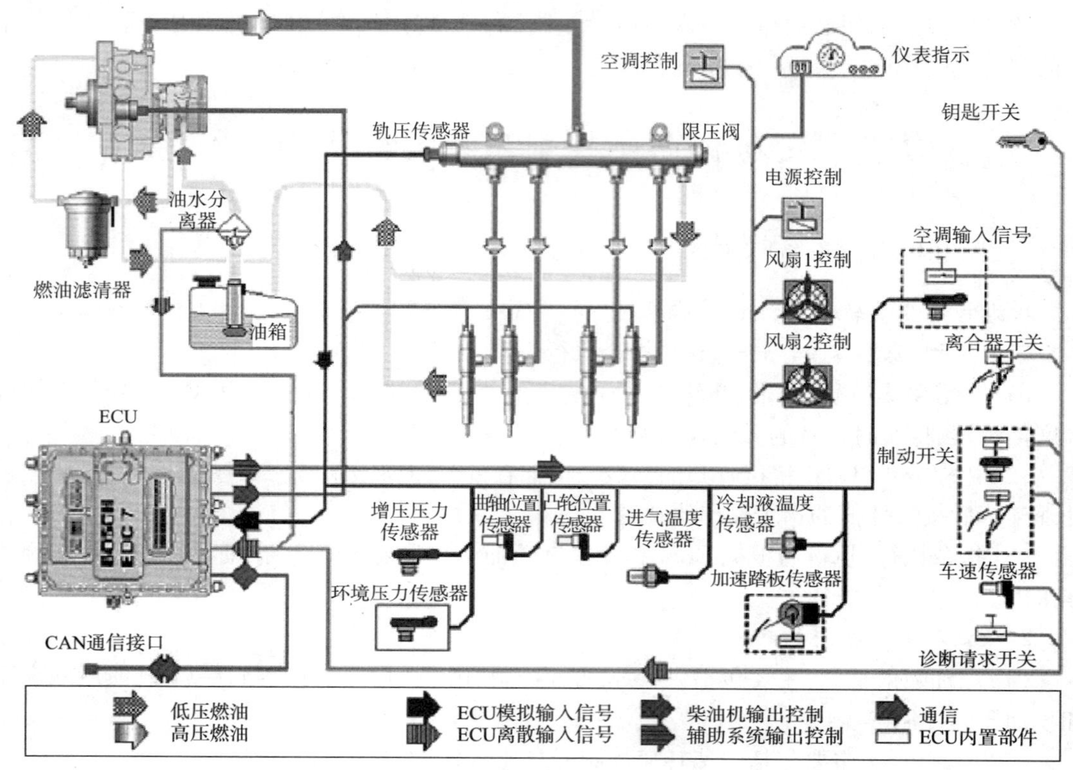

图3-4-1 博世高压共轨系统

(2)在燃油定量和喷油定时方面,由ECU控制集成在每个喷油器上的高速电磁开关阀的开启与闭合,定时定量地控制喷油器喷射至柴油机燃烧室的油量,从而保证柴油机达到最佳的燃烧比,进一步提高燃料的雾化,优化柴油机的燃烧过程,提高柴油机的动力性和经济性,减少污染排放。

(3)电控高压共轨系统的特点。电控高压共轨系统的特点可以概括如下:

①可调节喷油压力(共轨压力):利用共轨压力传感器检测共轨内的燃油压力,从而调整高压油泵的供油量,控制共轨压力。此外,还可以根据发动机转速、喷油量的大小与设定了的最佳值(指令值)始终一致地进行反馈控制。

②自由调节喷油量:以发动机的转速及油门开度等信息为基础,由计算机计算出最佳喷油量,通过控制喷油器的电磁阀通电、断电时刻直接控制喷油参数。

③自由调节喷油率:根据发动机的用途需要,设置并控制喷油率的形状——预喷射、主

喷射、后喷射等。

④可调节喷油时间:根据发动机的转速和负荷等参数,计算出最佳喷油时间,并控制电控喷油器在适当的时刻开启、关闭等,从而准确控制喷油时间。

总之,在电控高压共轨系统中,由各传感器(发动机转速传感器、凸轮轴位置传感器、加速踏板位置传感器、冷却液温传感器、进气温度压力传感器、燃油温度传感器、油轨压力传感器、机油温度和压力传感器等)适时检测出发动机的实际运行状态,由 ECU 的微型计算机根据预先设计的计算程序进行计算后,得出适合于该运行状态的喷油量、喷油时间、油轨压力、喷油率等参数,使发动机始终都能在最佳状态下工作。

(4)电控高压共轨系统的优点。

博世公司和电装公司的研究结果均表明:在直喷式柴油机中,采用电控高压共轨燃油系统与采用普通凸轮驱动的泵喷嘴系统相比,电控高压共轨系统与发动机匹配时方便灵活多了。其突出优点可以归纳如下:

①广阔的应用领域(可用于轿车和轻型货车、商用车、重型车及机车用柴油机,单缸功率为 30 ~ 200kW)。

②更高的喷油压力(从目前的 160MPa 到将来的 200MPa)。

③喷油始点、终点可以方便地调整、改变。

④可以实现预喷射、主喷射及后喷射,根据排放等要求实现多段喷射。

⑤喷油的压力与实际使用工况相适应(在电控高压共轨燃油系统中,喷油压力的建立与燃油喷射之间无相互依存关系,喷油压力不取决于发动机的转速和喷油量。)在高压燃油存储器即“共轨管”中,始终充满喷射需用的相应压力的燃油。喷油量由 ECU 计算得出,受到其他因素制约很少。

⑥喷油正时和喷油压力在 ECU 中由存储的特性曲线谱(MAP)算出,然后由电磁阀控制装在发动机每个汽缸上的喷油器和燃油计量阀控制共轨中燃油的压力予以实现。

ECU 借助于传感器(加速踏板位置传感器)得知驾驶员的要求以及发动机和车辆的实时工作状态。ECU 处理由传感器检测到的信号并对车辆,特别是对发动机进行控制和调节。曲轴位置传感器测定发动机转速及各缸活塞的位置,凸轮轴位置传感器确定喷油做功的顺序(相位)。加速踏板位置传感器是一种电位计,它通过电信号通知 ECU 关于驾驶员对转速、转矩的要求。

在涡轮增压并带增压压力调节的发动机中,进气压力传感器检测增压压力。

在低温和发动机处于冷态时,控制器(ECU)可根据冷却液温度传感器和进气温度传感器的数值对喷油始点、预喷油及其他参数进行最佳匹配。

(5)博世电控高压共轨系统的优点:

①喷油压力的产生过程与喷油过程相互独立。

②喷油始点和燃油喷射量的控制各自独立,可实现精确控制。

③最小稳定燃油喷射量极小,可达到每次 $1mm^3$。

④喷油系统响应灵敏,能灵活方便地实现预喷及主喷。

⑤高压喷射改善了进气和燃油的混合及燃烧过程,降低了柴油机的排放。

⑥高压油泵的驱动转矩峰值小,机械噪声低。

⑦不必要对柴油机的结构进行重大改进即可替代传统的机械喷油系统。

4. 电子控制单元(ECU)

ECU 是电控发动机的控制中心,通过接受各传感器传送来的发动机运行信息,加以运算处理后控制各执行器动作。ECU 还包含着一个检测模块,用以故障诊断以及出错以后的系统的保护。

5. 高压油泵

1)高压油泵的功能

(1)高压油泵是连接低压燃油与高压燃油系统之间的重要部件。

(2)在所有的工况下,高压油泵连续不断地产生高压共轨中所需要的压力燃油,这也包括当需要快速起动和在共轨燃油喷射系统中快速建立压力的时候提供额外燃油。

2)常用高压油泵类型

(1)CPN2.2(+)高压油泵如图 3-4-2 所示。

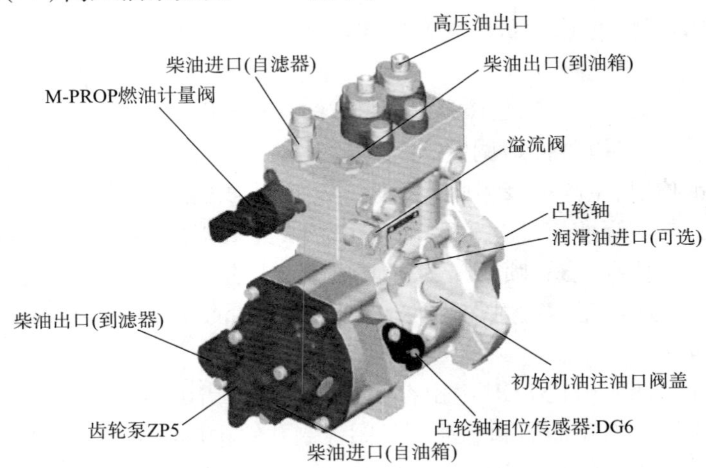

图 3-4-2　CPN2.2(+)高压油泵

(2)CP3.3 高压油泵如图 3-4-3 所示。

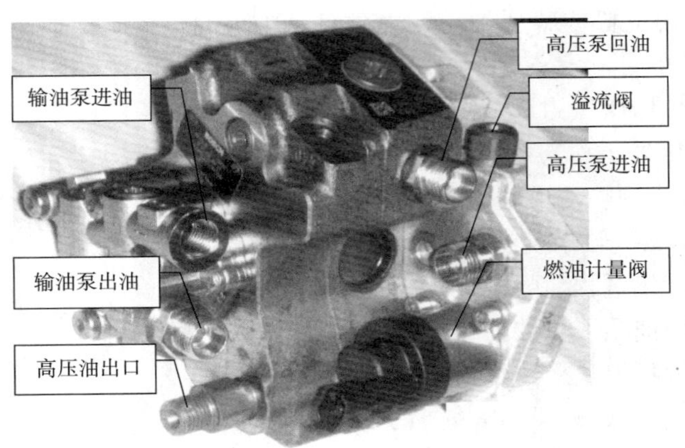

图 3-4-3　CP3.3 高压油泵

6. 燃油计量单元

燃油计量单元如图 3-4-4 所示。

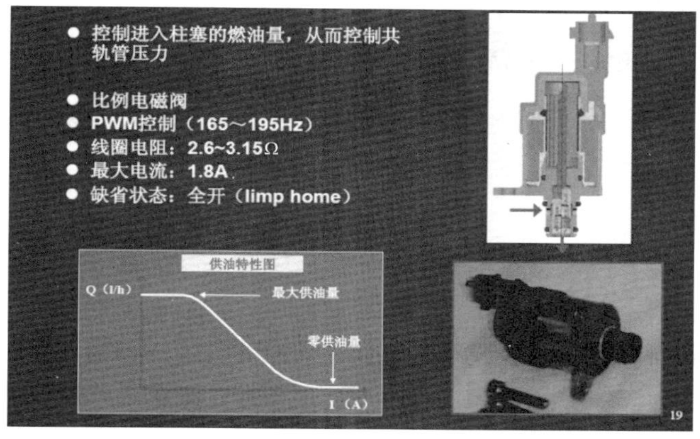

图 3-4-4　燃油计量单元

燃油计量单元的功能：控制进入高压油泵柱塞的燃油量，从而控制共轨管内燃油的压力。

7. 高压共轨管

高压共轨管如图 3-4-5 所示。

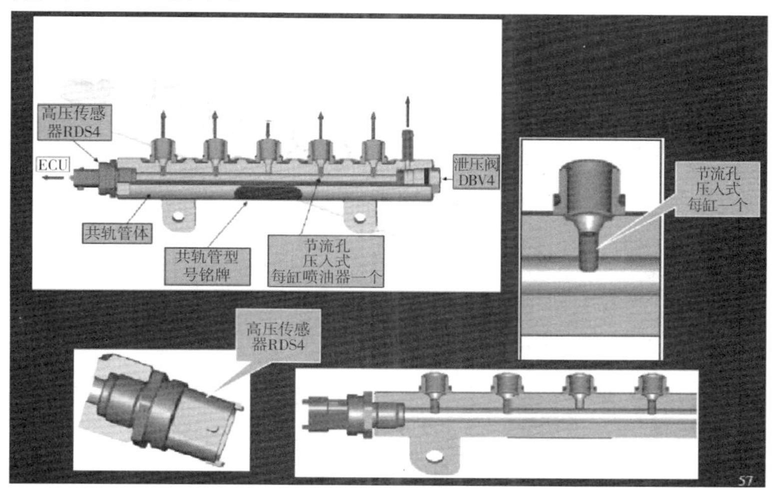

图 3-4-5　高压共轨管

（1）高压共轨管的功能。将其内部的燃油保持在高压状态下。因此，高压共轨管须能够消除由高压油泵传来的压力波动和燃油喷射造成的压力波动。这样才能够保证在喷油器开启及关闭时，油轨内的压力保持恒定。

（2）共轨压力传感器（图 3-4-5 中高压传感器 RDS4）。共轨压力传感器的功能：测量共轨管中的燃油压力，保证高压系统中油压控制稳定。

（3）共轨管泄压阀的功能。泄压阀用来限制高压共轨管中燃油的压力，当燃油压力超过特定的界限时，通过排油泄压的自我保护功能保证在燃油轨道中产生特定的压力，以维持车辆持续运转。

共轨管泄压阀如图 3-4-6 所示。

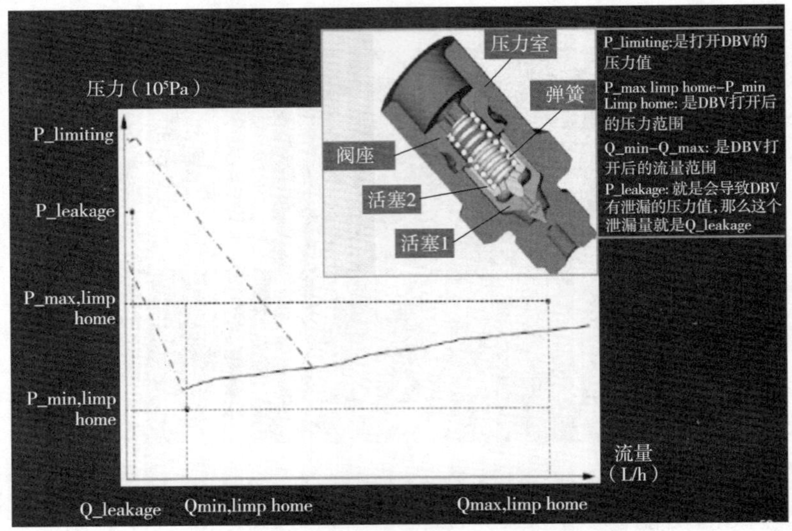

图 3-4-6 共轨管泄压阀

8. 曲轴、凸轮轴位置传感器

(1)曲轴位置传感器的功能：精确计算曲轴位置；用于喷油时刻和喷油量的计算；发动机转速计算。如图 3-4-7、图 3-4-8 所示。

(2)凸轮轴位置传感器的功能：判缸、瞬态转速的计算、喷油时刻的计算、喷油脉宽(喷油量)的计算。

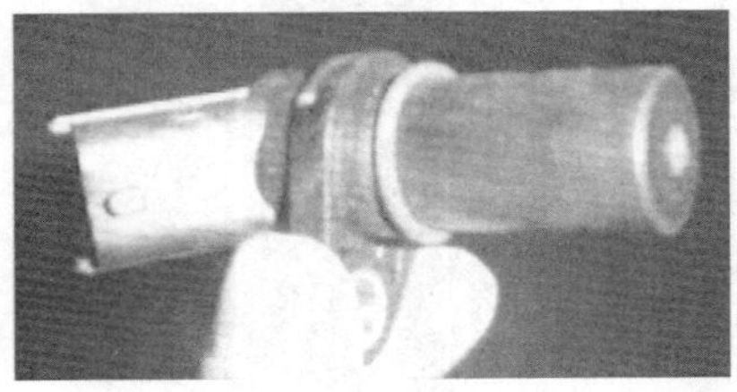

图 3-4-7 电磁感应式曲轴位置传感器

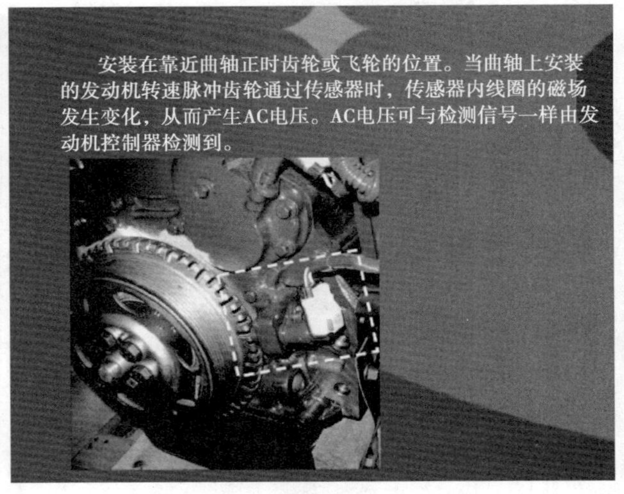

图 3-4-8 霍尔效应式曲轴位置传感器

9. 进气温度、压力传感器

进气温度、压力传感器(图 3-4-9)的功能：测量发动机的进气温度、压力，修正喷油量、喷油正时，调节喷油控制，进气温度过热保护(进气流量的计算、冒烟限制、增压器保护、进气温度过热保护、高原补偿)。

10. 冷却液温度传感器

冷却液温度传感器如图 3-4-10 所示。

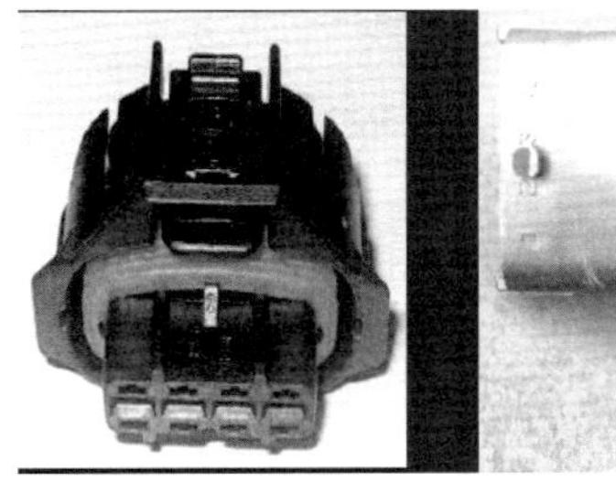

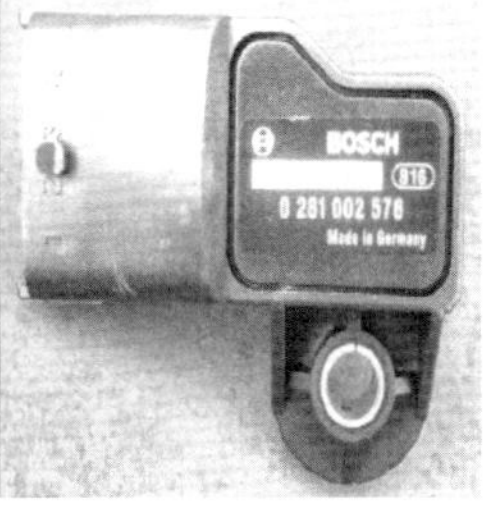

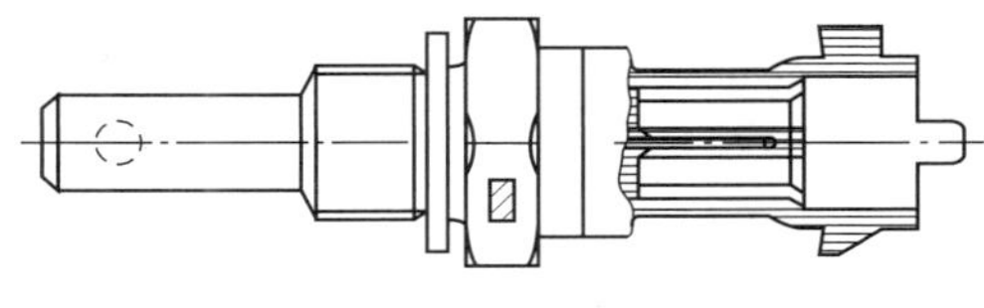

图 3-4-9　进气温度、压力传感器

图 3-4-10　冷却液温度传感器

11. 电控喷油器

电控喷油器如图 3-4-11 所示。

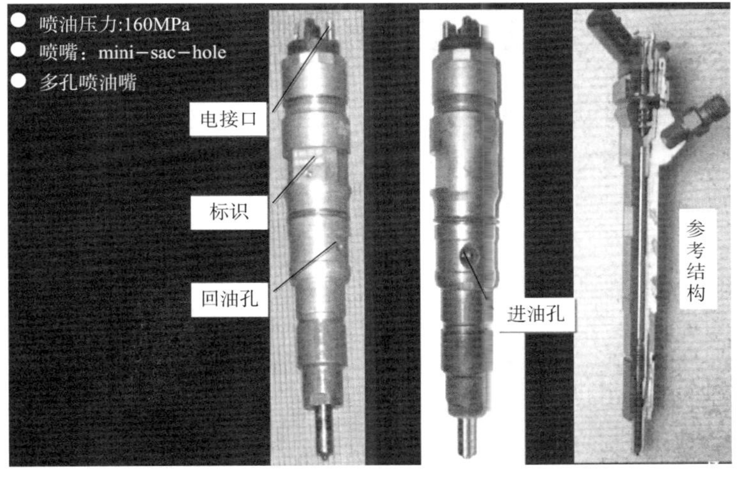

图 3-4-11　电控喷油器

(1)电控喷油器的功能:喷油正时的控制和计量喷射的燃油量。

(2)博世 CRIN2 电控喷油器电磁阀的技术参数见表 3-4-1。

博世 CRIN2 电控喷油器电磁阀技术参数　　表 3-4-1

技术参数	单位	数值	说　明
线圈电阻 Rcoil	mΩ	230	当 20℃时,公差: ±5%
线圈电感 LBoost	μH	150	模拟值,提升段,当 20℃时
线圈电感 LDIF_HOLD	μH	35	模拟值,保持段,当 20℃时
提升电压 UBoost	V	48	提升开始时,20℃
提升电流 Iboost	A	24 ~ 26	设定值:25A
保持电流 Ihold	A	11 ~ 13	设计值:12A

(3)电控喷油器在拆装时的注意事项:喷油器对杂质敏感,必须保持洁净。所用防护套仅在装配前才能去掉。

(4)电控喷油器安装步骤及注意事项如图 3-4-12 所示。

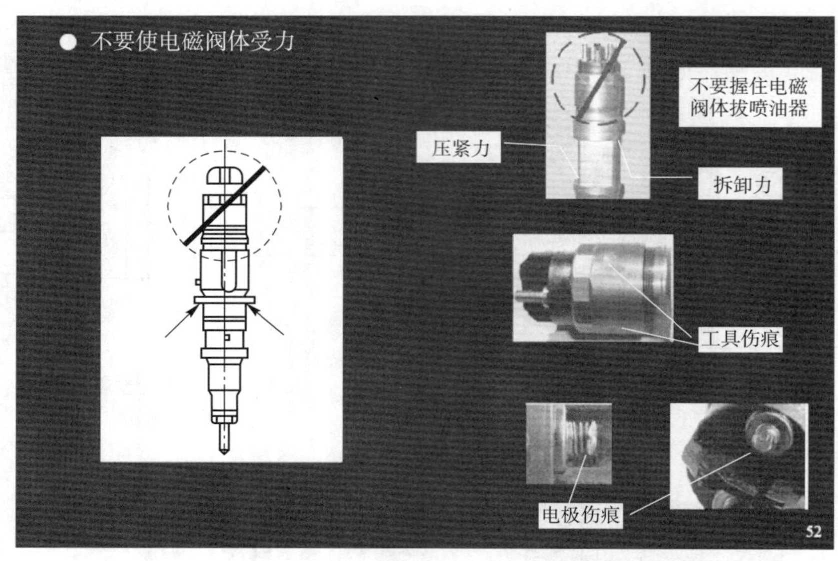

图 3-4-12 电控喷油器拆装注意事项

12. 加速踏板传感器

加速踏板传感器(图 3-4-13)的功能(此传感器为双信号输出、比例式):

(1)将驾驶员的意图传送给 ECU。

(2)转矩的控制。

(3)怠速的控制(高、低怠速)。

(4)减速断油的控制。

(5)跛行模式(Limp home)的控制。

13. 带水分离器的滤清器(油水分离器)

带水分离器的滤清器(油水分离器)的功能(图 3-4-14):

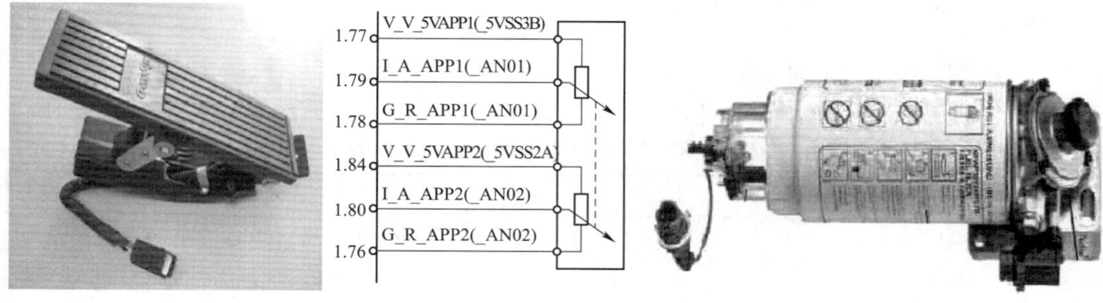

图 3-4-13 电子加速踏板

图 3-4-14 带水分离器的滤清器

(1)过滤燃油中的水分及杂质。

(2)高压共轨系统的零部件对燃油中的水分比较敏感(可能造成系统内部的锈蚀;过多的水分将造成润滑问题)。

(3)对含水 2% 的乳状液,在最大流量的工况状态下,水分离的效率要求为 93%。

14. 大气压力传感器

此传感器集成在 ECU 内,用于校正控制参数。

15. 失效策略

(1)失效策略:电控系统故障状态下的运行策略。

(2)失效策略的分级:

①一级——缺省值。

②二级——减转矩。

③三级——跛行模式(Limp home)。

④四级——停机。

16. 冷却液温度传感器故障下的保护策略(缺省值)

(1)进入条件:ECU 判断冷却液温度信号错误或丢失。

(2)ECU 处理措施:

①点亮故障灯,产生相应的故障码。

②发动机采用缺省值冷却液温度 100℃左右值。

③外特性油量会减少 40% 左右。

④在限制的范围内,油门仍然起作用。

17. 减转矩的失效策略(图 3-4-15)

(1)进入的条件:

①大气压力传感器故障或信号开路/短路。

②发动机进气温度、压力传感器损坏或信号线路开路/短路。

③油轨压力传感器信号飘移。

④油轨压力闭环控制故障。

⑤传感器的参考电压故障(一般为 5V)。

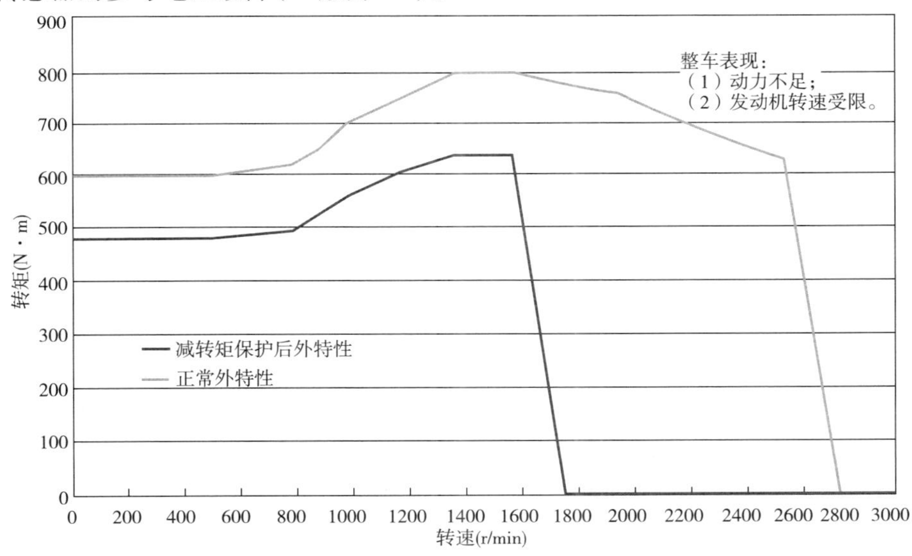

图 3-4-15 减转矩失效策略的示意图

(2)ECU 处理措施:

①点亮故障灯,产生相应的故障码。

②在限制的范围内，油门仍然起作用。

③外特性油量会减少。

④发动机转速限制于约 1700r/min。

(3)发动机处于以下几种情况时，控制策略将进入跛行模式(Limp home)：

①曲轴传感器损坏或信号线路开路/短路。

②共轨压力传感器损坏或信号线路开路/短路。

③高压油泵的燃油计量阀损坏或控制线路开路/短路。

④冷却液温度传感器故障及线路短路/断路等。

系统跛行回家处理功能：当系统检测到故障时，可以根据故障的等级，进行跛行模式设置，以保证系统和整车的安全。

18. 停机故障的失效策略

(1)进入的条件(ECU 判断出现下述故障)：

①控制器模数转换功能错误。

②油轨压力持续超高(如持续 2s 以上超过 160MPa)。

(2)ECU 处理措施：

①点亮故障灯，产生相应的故障码。

②发动机停机故障状态下无法再次起动。

19. 电子油门失效的策略

(1)进入的条件(ECU 判断电子油门信号及线路错误)：

①油门连线的插接件脱落。

②两路油门信号中任一路出现故障。

③两路油门信号不一致。

④加速踏板开度与制动踏板逻辑关系错误。

(2)ECU 处理措施：

①点亮故障灯，产生相应的故障码。

②油门失效，发动机起动后及随后的运行过程中转速维持在一定的转速范围内。

20. 电控共轨发动机起动工况的控制原理

1)喷油器开始喷油的必要条件

共轨压力超过最小设定值(不小于 20MPa)，同步信号正常。起动喷油量计算过程如图 3-4-16 所示。

2)冒烟限制控制

对于增压中冷柴油机，由于增压器的迟滞效应或者进气系统存在故障和泄漏情况下，在柴油机加速过程中易引起进气量不足，空燃比下降，燃油不能燃烧，从而产生冒黑烟的现象。

因此，必须根据实际的进气量来对柴油机的喷油量进行限制，以满足空燃比的要求，从而防止瞬态加速过程中冒黑烟的现象。

冒黑烟的限制策略：发动机进气流量下降时，限制最大喷油量。

3)进气不足的原因

(1)空滤器过脏导致阻力大。

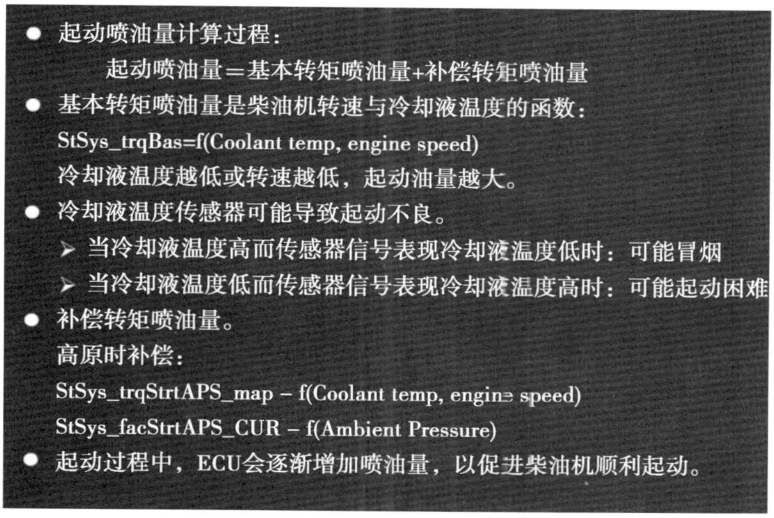

- 起动喷油量计算过程：

  起动喷油量＝基本转矩喷油量+补偿转矩喷油量
- 基本转矩喷油量是柴油机转速与冷却液温度的函数：

  StSys_trqBas=f(Coolant temp, engine speed)

  冷却液温度越低或转速越低，起动油量越大。
- 冷却液温度传感器可能导致起动不良。
  - 当冷却液温度高而传感器信号表现冷却液温度低时：可能冒烟
  - 当冷却液温度低而传感器信号表现冷却液温度高时：可能起动困难
- 补偿转矩喷油量。

  高原时补偿：

  StSys_trqStrtAPS_map – f(Coolant temp, engine speed)

  StSys_facStrtAPS_CUR – f(Ambient Pressure)
- 起动过程中，ECU会逐渐增加喷油量，以促进柴油机顺利起动。

图 3-4-16 起动喷油量计算过程

(2)增压器损坏。

(3)进气管路漏气。

(4)中冷器阻力大或破损漏气。

(5)增压压力传感器损坏误报信号。

4)发动机过热保护功能

过热保护的必要性：防止冷却液温度过高对发动机的损坏；防止进气温度过高对发动机的损坏；防止温度过高对喷油系统的损坏。

5)导致冷却液温度过高的原因

散热器阻塞；冷却液缺失；水泵、节温器、冷却风扇等故障。

6)热保护种类

(1)高冷却液温度保护；高进气温度保护。

(2)热保护的策略：限制喷油量，降低发动机的功率。

7)怠速的控制

(1)怠速控制模式过程：计算目标怠速，进行闭环控制以满足目标怠速。

(2)目标怠速的影响因素：冷却液温度；蓄电池电压的状况；空调的使用。

(3)车速的高低(车辆起步后达到一定车速时发动机怠速将有所提升)。

(4)怠速闭环参数的影响因素：冷却液温度；负荷的大小；挡位的信号。

8)油轨压力传感器失效策略

(1)进入的条件：ECU 判断油轨压力传感器信号失效，油轨压力传感器本身损坏或传感器信号线路损坏。

(2)ECU 的处理措施：

①点亮故障灯，产生故障码。

②ECU 将加大高压油泵的供油量。

③燃油压力超高限，泄压阀被冲开。

④实际轨压会维持在70～76MPa。

⑤限制发动机的转速(最高在1700r/min左右)。

⑥在限制的范围内,节气门仍然起作用。

⑦其他:

a. 关闭点火开关后,燃油系统的压力泄放完(接近0kPa),泄放阀关闭恢复正常。

b. 如发动机起动过程已进入此策略,发动机仍能起动且无明显的异常感觉。

二、燃气机电控系统的组成与工作原理

1. 燃气发动机的基础知识

1)燃料知识

(1)天然气的成分。主要成分是甲烷,易于完全燃烧,比空气轻,泄漏后迅速飘散在大气中,安全性好。

作为车载能源,主要有以下两种储存形态:

①压缩天然气(CNG-Compressed natural gas):气瓶内充满气时一般为20MPa。

②液化天然气(LNG-Liquefied natural gas):在常压下、温度为-162℃的天然气变为液态。

(2)天然气的特点:

①天然气在压缩(液化)、储运、减压、燃烧过程中,都是在严格密封的状态进行,不易泄漏。

②天然气比空气轻(密度为空气密度的55%),如有泄漏,在高压下很快散失,不易着火。

③天然气的着火点为650～750℃,比汽油高约260℃。

④爆炸极限为5%～15%,比汽油的1%～6%高2.5～4.7倍,与汽油相比不易发生燃烧和爆炸。

2)燃气发动机燃烧特点

(1)空气进气量对燃气发动机功率影响大。

发动机进气调节控制能力决定发动机性能。

增压低则功率小,如果增压低,系统中不能通过增加燃料来提升动力,否则发动机发生爆震。过多燃料导致排放急剧恶化,燃料经济性变差。

(2)天然气发动机使用稀燃技术。

足够的空气燃烧完所有的燃料,燃烧后无氧气和燃烧燃料残留称为理论(当量)空燃比。

柴油机理论空燃比为14.5。

天然气发动机理论空燃比为16～17。

汽油机理论空燃比为14.7。

发动机稀燃具有以下优点:经济性好,排放性能好,发动机热负荷减小。

(3)燃气发动机抗爆性好。

潍柴燃气发动机压缩比经过精确计算和试验验证,设计为10.5～11.5,既满足了抗爆性,又提高了发动机热效率。

(4)天然气发动机采用闭环控制,不易失火。

失火即发动机不点火。混合气浓度过浓或过稀都会导致天然气发动机出现失火,失火后发动机动力性下降,排放性能恶化。

3)CNG 发动机结构与工作原理

CNG 发动机结构与工作原理如图 3-4-17 所示。

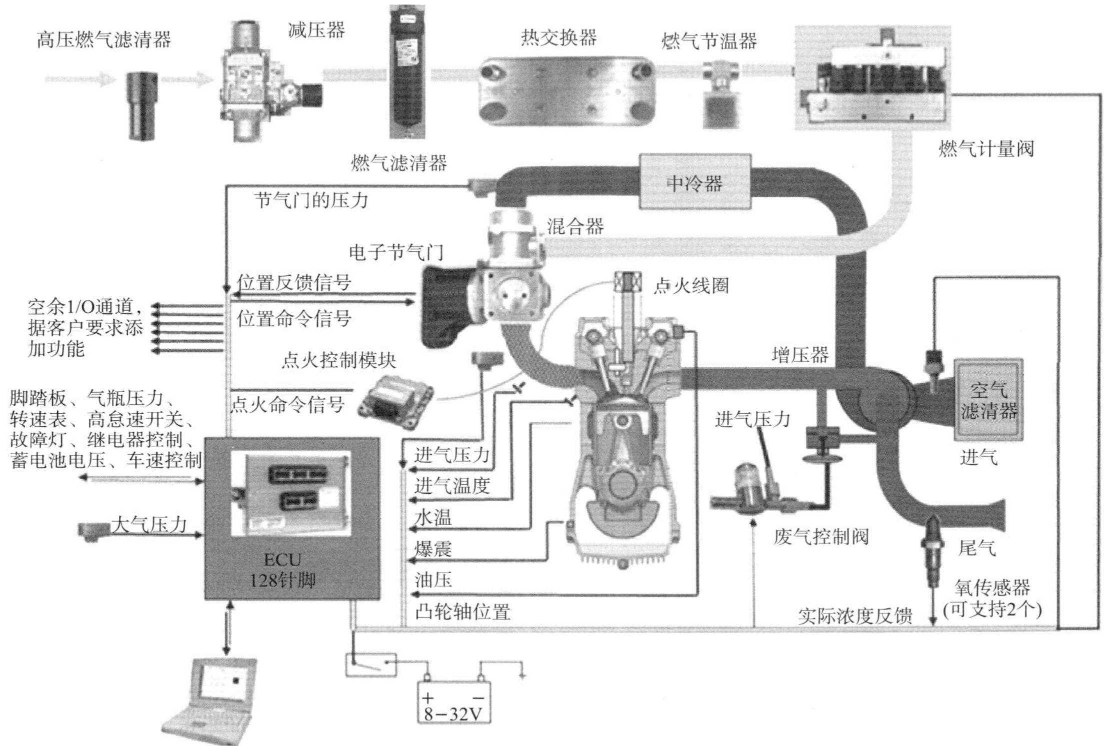

图 3-4-17　CNG 发动机结构与工作原理示意图

(1)燃气供给系统的作用。

压力管理:气罐压力及混合器前的供气压力保持规定范围。

温度控制:极低温度的燃气将冻结管路和相关部件,有效加热并控制燃气温度在合理范围内。

传感器:提供稀燃燃烧需要的燃气温度信息,精确控制喷嘴喷射量。

安全性:燃气需要电磁阀控制燃气的开断。

(2)滤清器。

作用:过滤燃气中 0.3 ~0.6μm 的微粒,过滤效率≥95%。

安装要求:放水口朝下,按箭头所指的气流方向安装,切记不能装反。

定期更换滤清器滤芯。

(3)电磁阀。

电磁切断阀由线圈驱动阀芯,由 ECM 控制其通断,停机状态下处于常闭状态,可及时切断或恢复燃料供给。

安装要求：

①电磁切断阀安装于 LNG 气罐稳压罐与稳压器之间，是发动机管路与气瓶管路的连接节点。

②电磁切断阀使用 24V 直流电源，安装时请注意电源正负极连接正确。

③保证电磁阀上所标明的气流方向与实际气流方向一致。

(4)减压器(图 3-4-18)。

减压器工作时，通过压力膜片克服弹簧阻力，带动杠杆，调整节流孔的流通面积，从而控制减压后的天然气压力，将压缩天然气压力由存储状态的 5～20MPa 调节至 0.8MPa 左右。

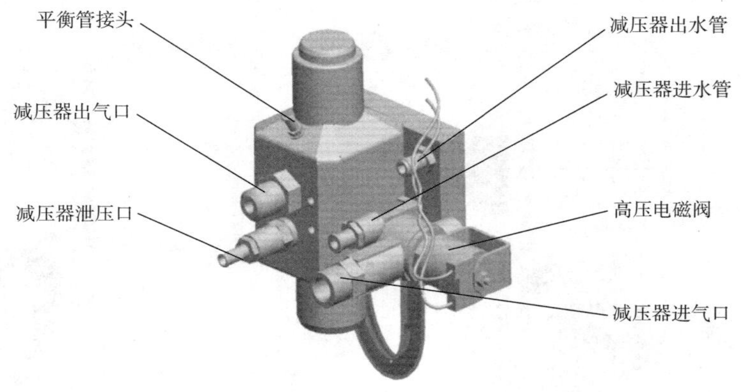

图 3-4-18　减压器

(5)热交换器。

热交换器的作用：天然气从液态变为气态导致燃气温度大幅降低，通过发动机的冷却液给天然气进一步加热，可防止进入燃料计量阀前的燃气结晶，以免影响燃料计量阀性能。

结构：换热器采用叉流结构以避免因燃气过冷和冷却液过热时导致的热冲击。

性能：在冷却液温度高于 0℃ 的发动机所有工况下，热交换器能保证燃气始终高于 -40℃。冷却液温度高于 82℃时燃气温度高于 0℃。

(6)节温器(图 3-4-19)。

作用：保持出口燃气在 0～40℃，当燃气出口温度 >60℃时会导致燃气流量的减少。

性能：燃气温度超过 40℃时，30s 内关闭；燃气温度低于 10℃，30s 内开启。

注意事项：节温器的开启与关闭受燃气温度控制，冷却液的进口与出口不能接反，进口处有“IN”标记，出口处有“OUT”标记。

(7)FMV(图 3-4-20 燃料计量阀或喷射阀)。

天然气流经热交换器和节温器后被加热到合适的温度范围，然后进入燃料计量阀。燃气依次流经 NGP 传感器和 NGT 传感器，然后通过喷嘴进行流量控制，最后从出口流出。

FMV 配置 8/10/12 个喷嘴，分成 2 组平行布置，每个喷嘴一个驱动器，在正常喷射模式下，喷嘴依次轮流喷射，在某些变工况下，喷嘴同时喷射以加快系统反应速度。

根据发动机运行工况，电控单元调整燃料计量阀喷嘴脉宽占空比，控制燃气喷射量，保证发动机在设定的空燃比下运行。

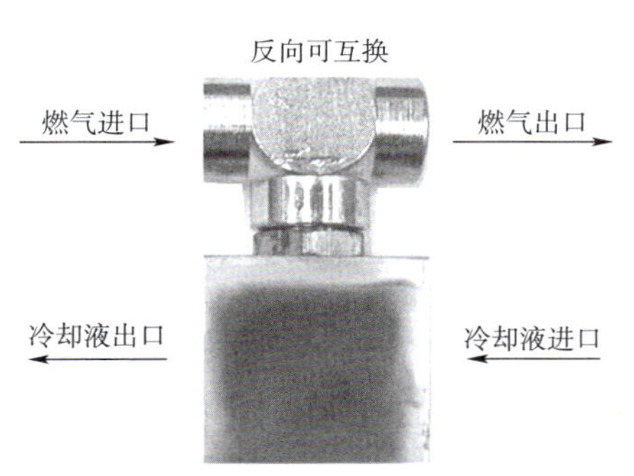

图 3-4-19　节温器

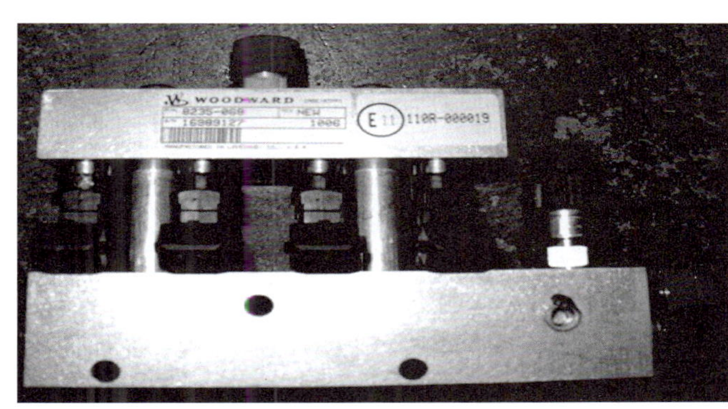

图 3-4-20　燃气喷射阀

喷射阀喷嘴的数目随发动机的机型不同而不同。目前,WP6NG 和 WP7NG 系列发动机为 8 喷嘴,WP10NG 系列发动机为 10 喷嘴,WP12NG 系列发动机为 12 喷嘴。燃料计量阀工作电压为 16 ~ 32V,每个喷射阀的峰值电流是 4A,维持电流是 1A;工作环境温度: - 40 ~ 125℃;燃气温度: - 40 ~ 90℃。

安装要求:FMV 的安装位置要合理可靠,连接到 FMV 的线束和管路应保证没有干涉,在 FMV 上安装有压通式止回阀以用于检测燃气压力,安装 FMV 时应保证便于检测燃气压力,注意 FMV 喷嘴线束一定要插紧。

FMV 使用一段时间后,需要清洗,清洗时使用专门的清洗设备,并且应用诊断软件中专门的清洗功能。

(8)混合器。

工作原理及作用:(图 3-4-21)将天然气和中冷后的空气充分混合,使燃烧更充分、柔和,有效降低 NO_x 排放和排气温度。

结构:(图 3-4-22)采用喉管和十字叉结构,天然气从小孔中进入混合器。

喉管可以拆卸清洗。

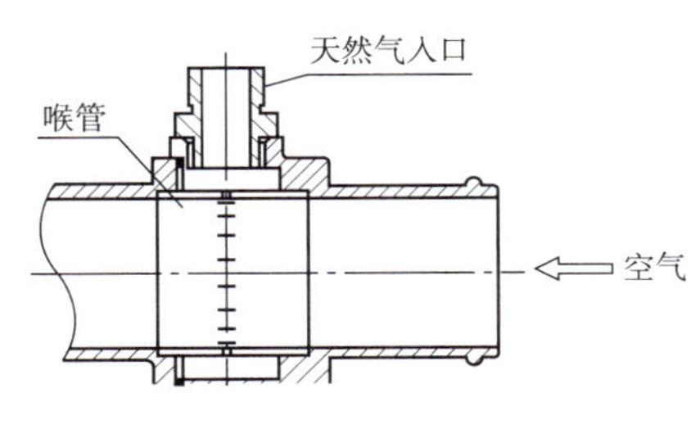

图 3-4-21　燃料混合示意图

图 3-4-22　混合器

(9)空气供给系统(图 3-4-23)。

(10)负荷控制。

天然气发动机通过加速踏板控制节气门来控制发动机负荷:电子加速踏板和节气门间不使用机械部件连接。ECU 接受电子加速踏板位置信号并转换成节气门开度信号,节气门从 ECU 处接受开度命令信号,并将实际开度反馈给 ECU。

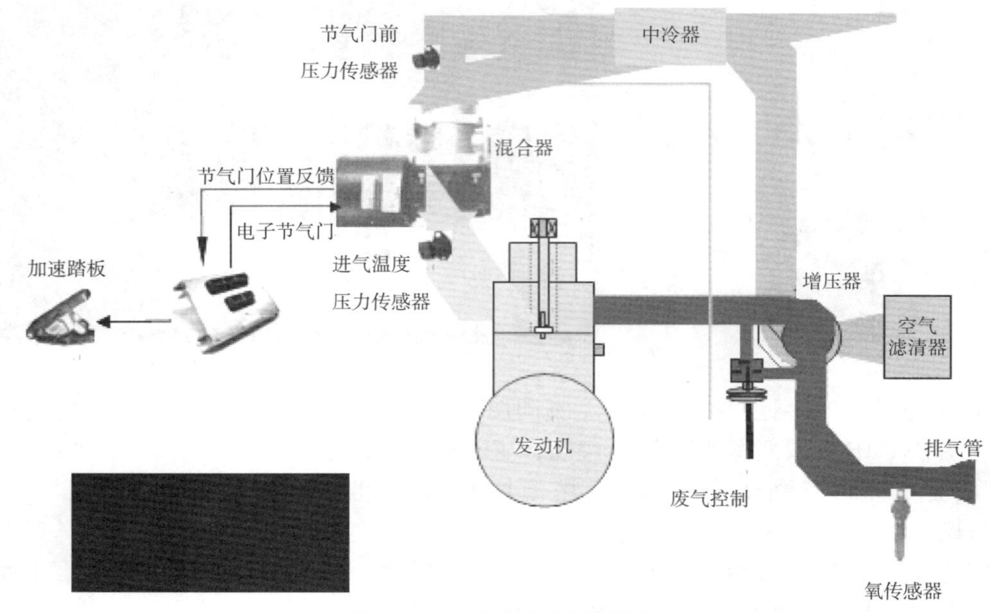

图 3-4-23　空气供给系统示意图

(11)ECU(图 3-4-24)。

ECU 是一个微缩了的计算机管理中心,它以信号(数据)采集作为输入,经过计算处理、分析判断、决定对策,然后以发出控制指令、指挥执行器工作作为输出,同时给传感器提供稳压电源或参考电压。其全部功能是通过各种硬件和软件来完成的。WOODWARD2.0 系统采用 ECU128-HD 微处理器,可以支持单点或多点喷射,支持 CAN 通信。

ECU 有两个 5V 电源输出,给传感器供电,两电源相互独立,如果 5V 电源短路,电压下降并会导致许多系统错误;有专门应用于连接传感器和 ECU 的搭铁,以保证传感器的精确读数。ECU 采用 RS485 用于 Toolkit 软件连接,故障检查和标定。

(12)电子加速踏板。

潍柴燃气发动机加速踏板采用非接触式传感器,输出电压信号为 0 ~ 5V,ECU 根据加速踏板的信号来控制电子节气门的开度。

电子加速踏板有一电位计(FPP)和怠速确认开关(IVS)IVS,一端接地,另一端接 ECU。当加速踏板没有踩下去的时候,IVS 开关是开着的,当加速踏板下踩到某个点时,IVS 将关闭并发出一个信号通知 ECU。

加速踏板接线端口如图 3-4-25 所示。加速踏板线束端子如图 3-4-26 所示。

图 3-4-24　ECU

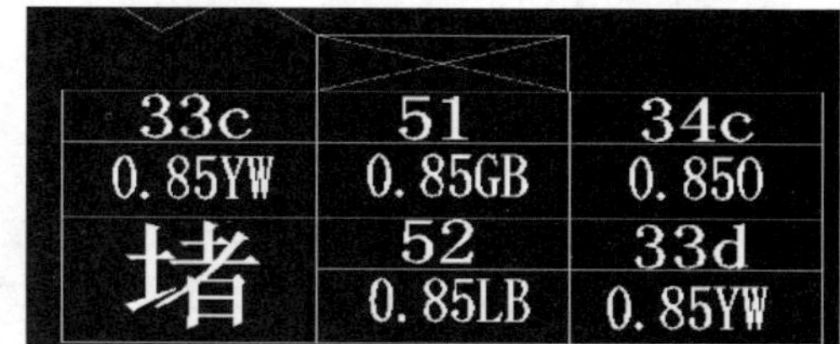

图 3-4-25　加速踏板接线端口

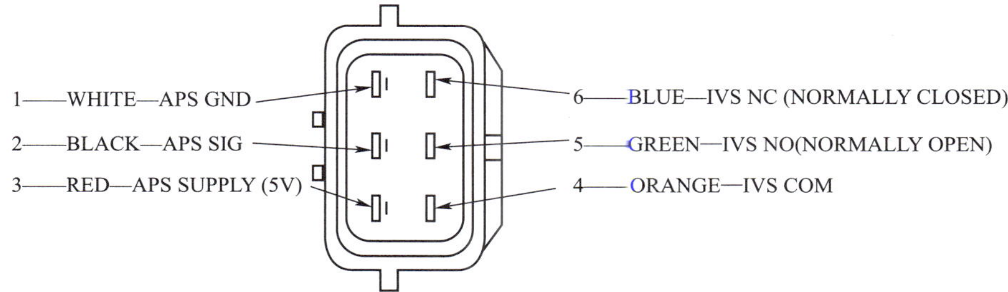

图 3-4-26 加速踏板线束端子

加速踏板线束端子对应关系及定义:

33C(J1A24)——1 加速踏板搭铁线

51(J1A8)——2 加速踏板信号线

34C(J1A11)——3 5V 电源

52(J1B7) ——5 怠速确认信号线

33d(J1A24)——4 怠速搭铁线

(13)线束。

WOODWARD OH 2.0 系统有三条线束:ECU 线束、发动机线束和点火线束。

ECU 线束连接 ECU 与发动机线束,并有诊断接口、CAN 接口等功能性接口。发动机线束是连接各个传感器与 ECU 线束,将传感器测得信号传递给 ECU,并将 ECU 发出的指令传递于各个执行器。点火线束是将 ICM 的点火信号传递给点火线圈,以控制点火正时。安装要求:潍柴发动机线束包括 ECU 线束、点火线束、发动机线束。发动机线束及点火线束由潍柴出厂前安装在发动机上,整车厂负责将其与 ECU 线束对应接插件相互连接。

(14)油门。

电子油门集成有:执行器、位置传感器、节气阀门等。接收 PWM 信号由 ECU 控制其开度大小,节气门开度大小控制混合气进气量,从而改变发动机的输出功率。

电子油门根据 ECU 指令,有三种工作状态:当发动机速度低于怠速目标值时,ECU 进行怠速控制,即控制油门开度位置,保持发动机速度在怠速目标值附近;当发动机速度超过最大额定转速时,ECU 限制油门开度位置,即速度越高油门开度位置越小;当发动机速度在怠速和最大额定转速之间时,油门开度位置直接由加速踏板控制,即油门开度位置随加速踏板位置同步变化。

(15)废气旁通控制阀。

作用:与增压器的放气阀连接,控制增压器废气门驱动气室的气体压力电磁阀开启频率为 30Hz 或 50Hz。

注意事项:

①如果通至阀门的空气被污染,阀门的隔网可能堵塞。

②连接管路长度不可更改,否则增压控制可能不稳。

③消声器仅用做隔声。

④如果空气连接断开,发动机功率过大可能会损坏发动机,或者产生故障码(该故障码通过限制节气门来保护发动机和降低功率)。

⑤如果电气连接断开，则发动机功率下降。

废气控制阀 PWM 信号：

DC% =0 时，电磁阀关闭，压缩空气全部用来推动增压器废气阀，使其完全打开，从而推动增压器工作的排气能量减少，最终降低增压力。

DC% =100%，电磁阀处压缩空气泄漏量最大，增压器废气阀在弹簧力作用下趋向关闭，从而使增压器工作的排气能量增多，增压压力升高。

增压控制逻辑为：

MAP < 设定增压压力，DC% 增加。

MAP > 设定增压压力，DC% 减少。

涡轮增压器增压控制示意图如图 3-4-27 所示。增压压力控制阀如图 3-4-28 所示。

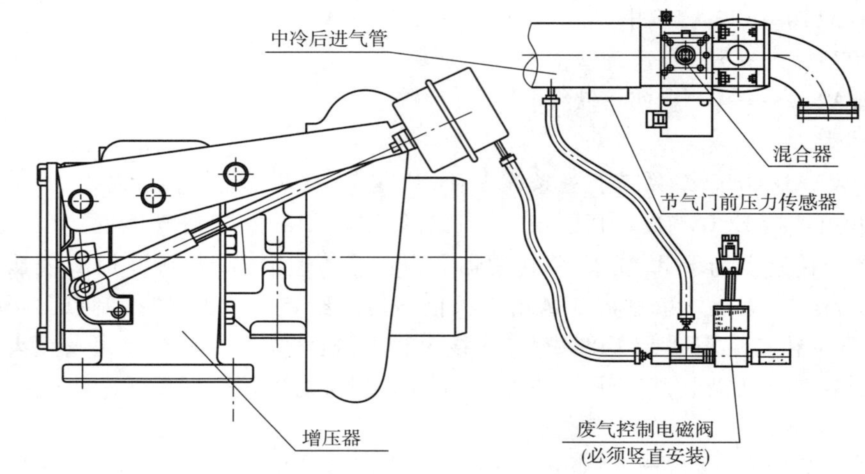

图 3-4-27 涡轮增压器增压控制示意图

(16) TMAP 传感器。

①安装在电子节气门之后。

②集成压力温度的传感器。

③用途：

a. 燃料喷射计算。

b. 增压控制。

④压力传感器(图 3-4-29)：

a. 测量进气管绝对压力。

b. 测量范围从真空到增压压力。

⑤温度传感器。测量进气歧管温度。

注意事项：可以和 PTP 传感器互换，但线束不能插错。

(17) PTP 传感器。

安装在电子节气门之前，用于测量混合器后节气门前进气接管中混合气的压力。作为计算进入发动机空气流量的修正参数，对涉及燃气量修正的充气效率(VE)提供基准；

OH2. x 系统中,有许多错误代码的判断需要 PTP 参数作为参考。(如 SFC331、371、372、373、491)。

注意:可以和 TMAP 传感器互换,但线束不能插错。

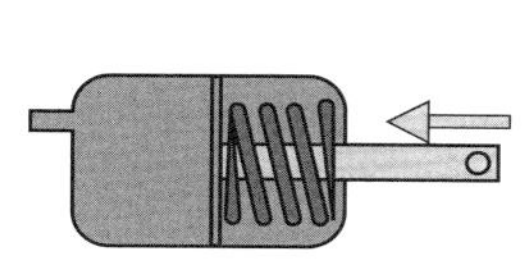

图 3-4-28 增压压力控制阀

图 3-4-29 压力传感器

(18)氧传感器。

作用:稀薄燃烧闭环控制传感器,通过测量排气成分中氧分子浓度,把此信号传给 ECU,ECU 判断混合气的实际空燃比相对于设定值是稀还是浓,并相应控制喷气量的增减,从而修正空燃比。

安装位置要求:

①安装在离增压器出口或排气弯管下游 3 ~5 倍排气管直径的地方。

②氧传感器不能安装在排气管弯管处。

③如果车辆安装有排气制动装置,氧传感器必须安装在此装置的后方。

④满足上述前提下,氧传感器尽量靠近增压器。

⑤氧传感器线束及接插件应尽量远离排气管,不能有被烧结的可能。

⑥氧传感器的安装座面不能太高,焊接在排气管上的氧传感器螺孔座高度要小于 10mm,以保证氧传感器头部能完全伸入排气管。

(19)湿度传感器。

作用:通过测量进气压力、温度、湿度,并根据所测得的湿度、压力修正空燃比来补偿环境所造成的影响,使发动机运行在最佳状态。工作温度为 -40 ~105℃,测量范围为 0 ~100% RH。

安装要求:该传感器要求安装在空气滤清器和增压器之间的空气管路上;尽量远离呼吸器和空气压缩机进气口;为保证其测量值正确,安装时使其平行于气流方向,并且温度、压力探头必须置于气流中。

(20)点火系统(图 3-4-30)。

①信号发生器。

作用:发动机控制模块(ECM)通过发动机转速来控制其他参数,包括:进气量、燃料量、点火提前角等。这些参数的控制要求发动机控制模块(ECM)精确地知道发动机的凸轮轴位置(如应知道哪一缸发火)和发动机转速。

安装:转速传感器和信号轮之间的间隙应足够小,以保证发动机在最低转速时能产生波幅大于 1V 的电压信号。安装时,盘车至一缸压缩上止点,传感器齿盘上的 TDC 标志对准 CAM 传感器的中心(使齿盘上的刻线竖直),齿盘的信号齿与传感器之间的间隙为(1 ± 0.5)mm。

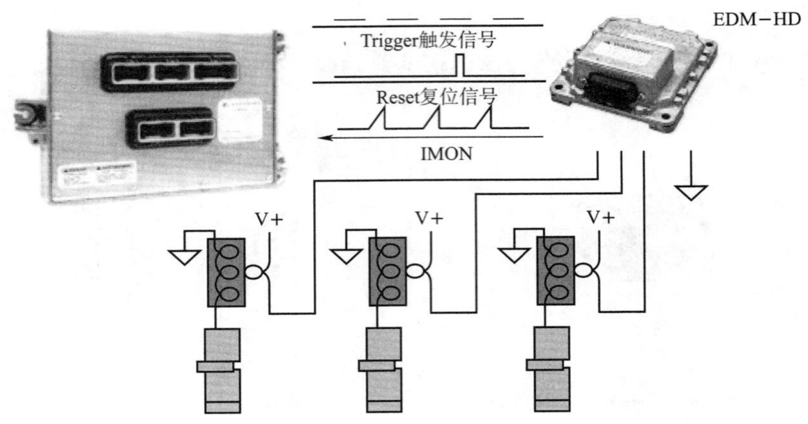

图 3-4-30 点火系统示意图

信号盘应可靠固定，以保证信号盘和发动机的相位关系不会改变。信号盘通常有一个标记齿（和其他齿不均匀分布）用来确定发动机旋转的绝对位置。

调整：准确的点火提前角度需用点火正时灯测量。

②ECU。ECU 点火控制：

a. 电控单元对点火时刻控制为开环控制，无反馈。

b. 点火提前角从程序中查表。

c. 冷却液温度（ECT）对查表所得数值有一定补偿。

③ICM 点火模块（图 3-4-31）。ICM 只是一个驱动盒，在点火线圈开始充电时它从 ECU 接收到信号，当来自于 ECU 的触发信号上升时：

a. ICM 打开点火驱动并寻找相应的点火线圈初级电流上升到 6.5A。

b. 在触发信号下降前初级电流保持在 6.5A。

c. 当触发信号下降时，ICM 驱动电流降低到初级电流。

d. 产生火花。

来自 ECM 的复位脉冲触发 ICM 再次在第一缸点火。

④点火线圈。感应式点火线圈在初级线圈使用线圈匝数储存电流，次级线圈部分含有更多的线圈匝数，从而产生变压器功能（电压升高）。

⑤高压线。高压线用以将点火线圈产生的高压电传递给火花塞，从而使之产生电火花，点燃可燃混合气。高压线对发动机性能有十分重要的影响。严格按照潍柴维护规范维护更换高压线可充分保证发动机性能，提高发动机寿命。

⑥火花塞（图 3-4-32）。

作用：产生电火花，点燃混合气。

火花塞的安装力矩：20 ~ 25N · m。

火花塞间隙：（0.35 ±0.05）mm（严格用塞规调整）。

注意：要保证侧电极和中心电极面平行！

（21）循环水系统（图 3-4-33）。

图 3-4-31　ICM 点火模块

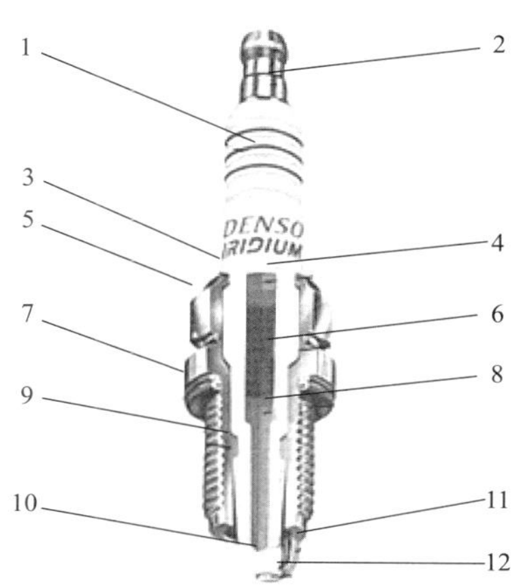

图 3-4-32　火花塞

1-绝缘体;2-火花塞头部;3-密封垫圈;4-中间柱体;5-火花塞体;6-玻璃密封剂 7-垫圈;8-电极;9-密封垫圈;10-中心电极;11-地电极;12-火花塞间隙

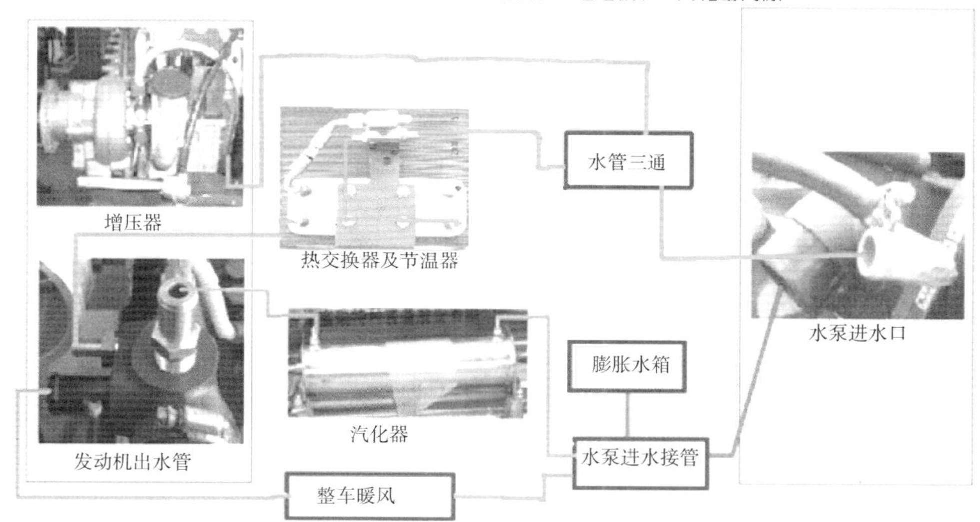

图 3-4-33　循环水系统

单独的水循环:发动机出水管→水浴式汽化器→水泵进水管。发动机出水管→热交换器→节温器→水泵进水管。增压器出水管→水泵进水管。

水浴式汽化器安装位置不高于发动机出水管。

第五节　发动机故障诊断与修复

一、发动机电控系统故障检修

电控共轨系统故障检修注意事项:

(1)在拆卸电控系统部件之前,必须先将点火开关关断(OFF),必要时应拆下蓄电池负极搭铁线，以免损坏 ECU 或造成电路短路。严禁在发动机运行时，拆卸电控系统部件；拆装过程中应避免剧烈振动及冲击。

(2)连接蓄电池时，应仔细区分蓄电池"+"、"-"，千万不要将"+"、"-"极接错。否则，将烧坏 ECU、电路部件和电束。

(3)电路检修时，应使用数字式万用表。严禁用"试灯"和"划火"等方法测试任何与 ECU 相连的电气装置。

(4)拆检油路时，应严禁烟火，泄漏的燃油应及时收集和清除。

(5)防止高压电对电控单元的损坏；快速充电应从汽车上拆开蓄电池的正负极接线，单独对蓄电池进行充电；车身上使用电弧焊时，必须把 ECU 从汽车上拆下或拆开电控单元的电路。

(6)避免电磁波干扰和静电危害。车上不宜安装功率超过 8W 的无线电台，如必须安装时，天线应尽量远离 ECU，保持天线和 ECU 导线之间距离至少 20cm 以上。

二、电控柴油机常见故障诊断及排除方法

1. 起动困难或不能起动的原因

(1)燃油系统有空气或油路堵塞。

(2)进气管路完全堵塞。

(3)电源电压过低。

(4)电子控制单元(ECU)有故障。

(5)ECU 未通电。

(6)钥匙开关故障。

(7)线束故障。

(8)NE 传感器、G 传感器故障同时发生故障、不同步。

(9)喷油器线束未接。

(10)预热电路(冬季)故障。

(11)高压泵或共轨压力控制装置失效。

(12)喷油嘴电磁阀有故障。

(13)发动机有机械故障。

2. 发动机功率不足的原因

(1)增压压力低。

(2)进气压力温度传感器故障。

(3)进气管路漏气、堵塞。

(4)在高原地区。

(5)燃油滤清器堵塞。

(6)柴油品质差。

(7)燃油系统进空气。

(8)燃油温度过高，油箱存油太少。

(9)中冷后温度过高。

3. 发动机突然停机的原因

(1)没有燃油。

(2)燃油中有水。

(3)ECU 断电。

(4)供电线路接触不良。

(5)燃油滤清器堵塞。

(6)燃油系统中进入空气过多。

(7)输油泵失效。

4. 发动机运转声音异常的原因

(1)某一缸或几缸喷油器不工作。

(2)检查线束和故障灯。

(3)检查喷油器和高压油管。

(4)燃油滤清器堵塞,进油管路阻力过大。

(5)油轨压力传感器故障。

(6)检查故障灯。

5. 发动机运转不稳的原因

(1)某一缸或几缸喷油器不工作。

(2)检查线束和故障灯。

(3)检查喷油器和高压油管。

(4)燃油滤清器堵塞,进油管路阻力过大。

(5)油轨压力传感器故障。

(6)检查故障诊断灯。

(7)NE 传感器或 G 传感器故障。

(8)检查故障灯。

6. 发动机排气烟度不正常的原因

(1)发动机冒黑烟。

①PIM 传感器故障,检查故障灯。

②喷油器故障。

③油轨压力传感器故障。

(2)发动机冒白烟。

①燃油中水分多,使用符合要求的柴油。

②喷油器安装故障,重新安装喷油器。

第四章 汽车底盘与电气知识

第一节 汽车底盘的结构与工作原理

一、离合器的结构与工作原理

一般汽车传动系的动力由发动机输出，经离合器、变速器、万向节、传动轴、主减速器、差速器和半轴，最后传给驱动车轮(图4-1-1)。

1. 摩擦式离合器的结构(图4-1-2)

(1)按从动盘的数目分:分为单片式和双片式。

(2)按压紧弹簧的形式分:分为膜片弹簧式、多簧式和中央弹簧式。

(3)按操纵方式分:分为机械式、液压式和气压式。

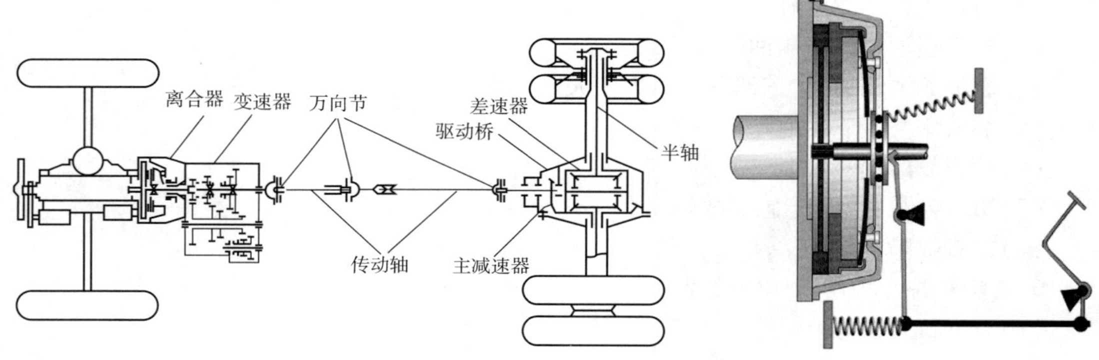

图4-1-1 车辆底盘总成结构图

图4-1-2 离合器示意图

2. 摩擦式离合器的工作原理

1)离合器接合时的工作[图4-1-3a)]

当发动机工作时，飞轮带动离合器主动部分压盘、离合器盖一起旋转。由于在压紧弹簧的作用下，压盘和从动盘被紧压在飞轮上，而使从动盘接合面与飞轮、压盘产生摩擦力矩，并通过从动盘带动变速器第一轴一起旋转，发动机的动力便传给了变速器。从动盘与飞轮、压盘间的摩擦力矩大于发动机的输出转矩，从动盘与飞轮等速转动，转矩正常输出；反之，从动盘与飞轮间产生滑转。

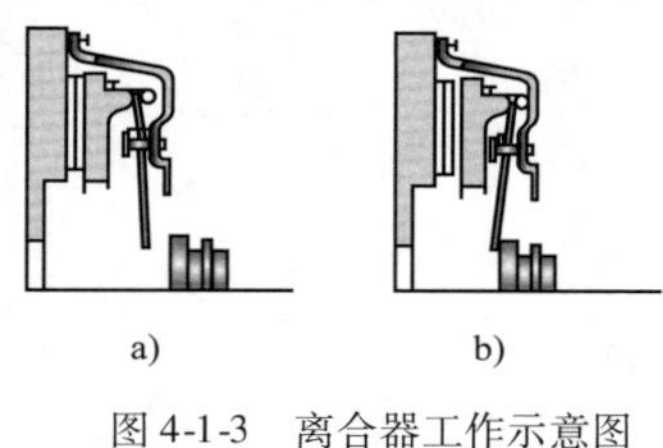

图4-1-3 离合器工作示意图

a)接合；b)分离

2)离合器分离时的工作[图4-1-3b)]

当驾驶员踩下离合器踏板时，通过联动件使分离轴承前移，压在分离杠杆上，使压盘产生一个向后的拉力，当大于压紧弹簧的弹力时,从动盘与飞轮、压盘脱离接触,发动机则停止向变速器输出动力。

3)汽车起步时的工作

当缓慢放松离合器踏板时,通过联动件作用在压盘上的拉力逐渐减小,在压紧弹簧的作用下,从动盘与飞轮、压盘接合程度逐渐增加,其摩擦力矩逐渐增大,当大于汽车通过传动系统作用在从动盘上的阻力扭矩时,从动盘便与飞轮等速转动,汽车起步。

3. 典型离合器构造及液压操纵机构

(1)膜片式离合器如图4-1-4所示。

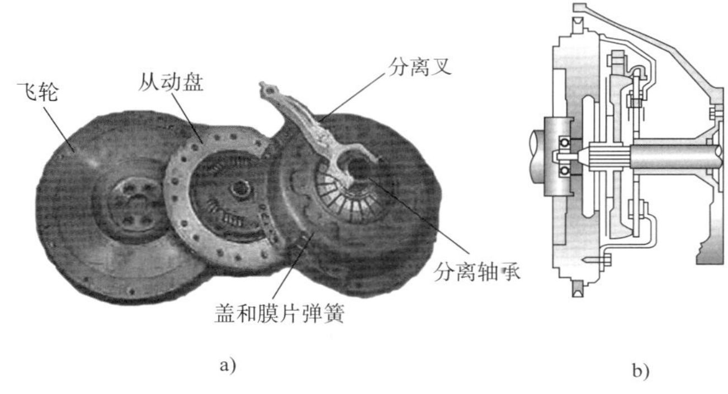

图4-1-4　膜片式离合器结构图

(2)多簧式离合器如图4-1-5、图4-1-6所示。

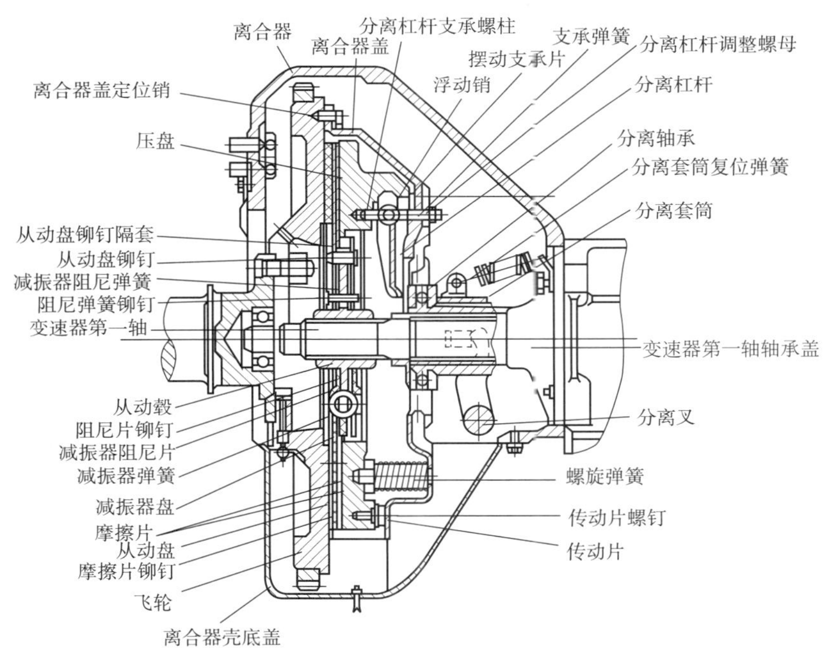

图4-1-5　东风EQ1092型汽车单片离合器结构图

(3)中央弹簧式离合器如图4-1-7所示。

(4)操纵机构。

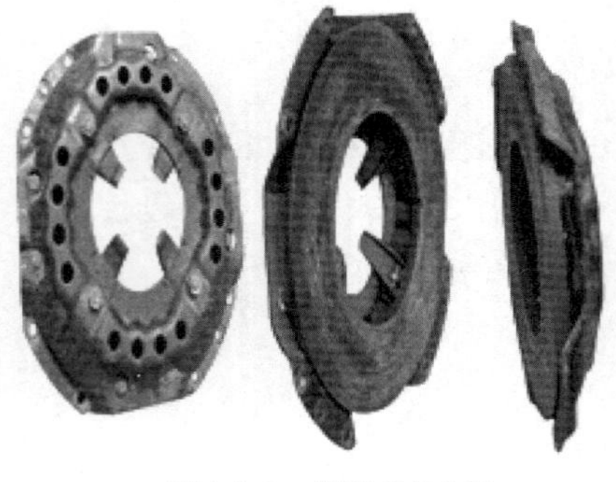
图 4-1-6 多簧式离合器

①操纵机构的作用。使离合器迅速彻底分离适应换挡需要,并使之柔和接合以满足汽车平稳起步的需要。

②操纵机构的种类。

a. 机械式操纵机构。

杠杆式操纵机构由踏板、复位弹簧、拉杆调节叉、分离叉、分离轴承等组成。当踩下离合器踏板时,使踏板轴转动并带动调节叉向后运动,分离叉在调节叉的作用下,以球头销为支点通过分离轴承将离合器的分离杠杆外端向前推,内端向后拉,使离合器分离;当放松离合器踏板时,在复位弹簧作用下,各部件复位,离合器重新接合。

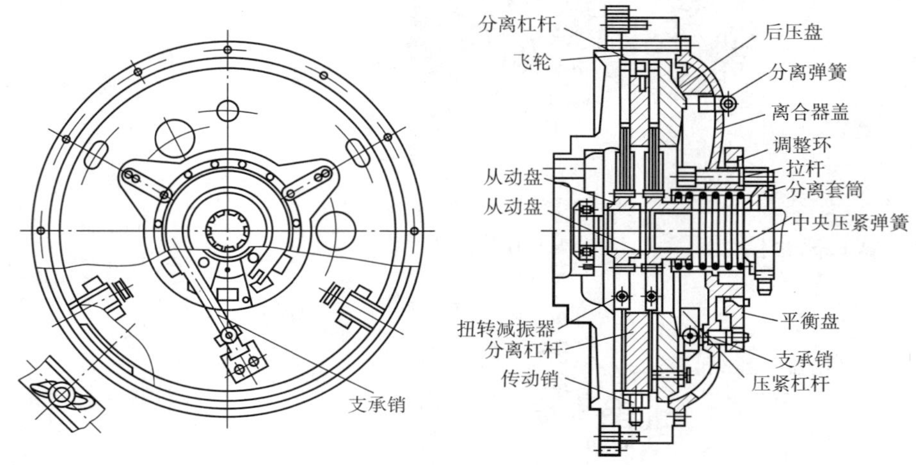

图 4-1-7 长征 XD2150 型汽车采用中央弹簧式离合器

杠杆式操纵机构结构简单,工作可靠,但杠杆间的铰接多,中间磨损大,当车身和车架发生变形时,影响其正常工作。

b. 液压式操纵机构(图 4-1-8)。

液压式操纵机构由踏板、主缸、储液罐、工作缸、分离板、分离轴承、助力弹簧及管路系统等所组成。

液压操纵机构具有摩擦阻力小、质量轻、操纵轻便、接合柔和、布置方便、不受车身车架变形的影响等优点,另外由于采用了吊挂式踏板,提高了车身内的密封性,因此应用较为广泛。

二、变速器的结构与工作原理

1. 变速器的结构形式

(1)按传动比变化方式分:分为有级式变速器,无级变速器和综合式变速器。

(2)按操纵方式分:分为手动变速器和自动变速器。

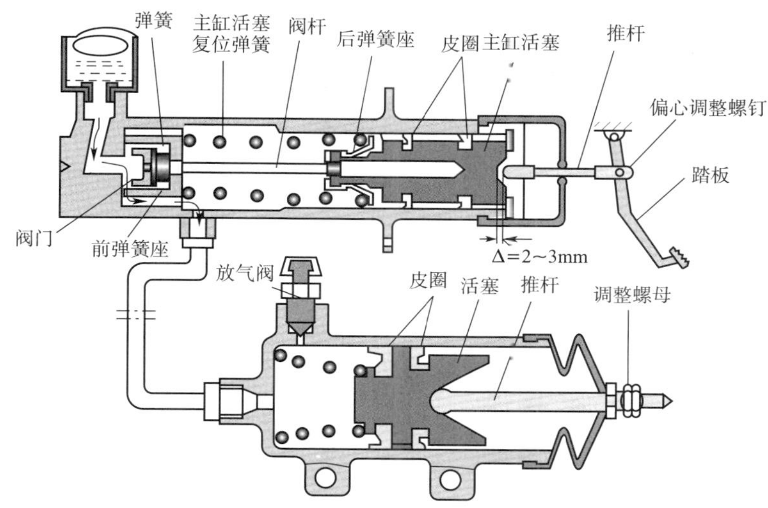

图 4-1-8　液压式操纵机构

2. 普通齿轮式变速器的变速原理

一对啮合传动的齿轮,设小齿轮齿数为 17 齿,大齿轮齿数为 34 齿,则在相同时间内,小齿轮转 2 周而大齿轮只能转 1 周(即小齿轮转速为大齿轮转速的 2 倍),可见两齿轮的转速与齿数成反比。若小齿轮是主动齿轮,它的转速经大齿轮(从动齿轮)传出时转速就降低了;反之,以大齿轮为主动,它的转速经小齿轮(从动齿轮)传出时转速就升高了。汽车用齿轮式变速器就是根据这一变速原理,利用若干齿数不同的齿轮搭配啮合传动来实现变速的,如图 4-1-9 所示。

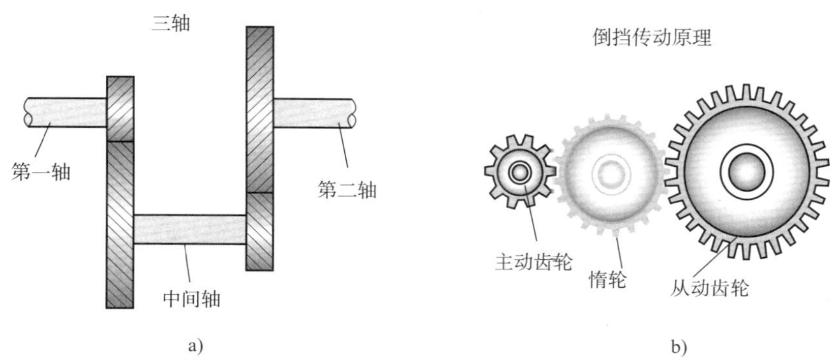

图 4-1-9　变速器啮合示意图

1)同步器的结构

同步器的作用是使接合套与待啮合的齿圈迅速同步,缩短换挡时间且防止在同步前啮合而产生接合齿之间的冲击。

同步器都由同步装置(包括推动件、摩擦件)、锁止装置和接合装置三部分组成。

下面介绍两种惯性式同步器。

(1)锁环式惯性同步器结构如图 4-1-10、图 4-1-11 所示。

(2)锁销式惯性同步器结构如图 4-1-12 所示。

图 4-1-10 锁环式惯性同步器组件

2）同步器的工作原理

(1)锁环式惯性同步器工作原理。以三挡换四挡为例(图 4-1-13)说明同步器的工作原理。

①空挡位置。接合套[图 4-1-13a)]刚从三挡退入空挡时,四挡齿轮、接合套、锁环以及与其有关联的运动件,因惯性作用而沿原方向继续旋转(图示箭头方向)。设齿轮、接合套、锁环的转速分别为 n_1、n_8、n_9,因接合套通过滑块前侧(图中下侧)推动锁环一起旋转,所以 $n_9 = n_8$,因 $n_1 > n_8$,故 $n_1 > n_9$。此时锁环是轴向自由的,其内锥面与齿轮的外锥面没有摩擦(图示虚线)。

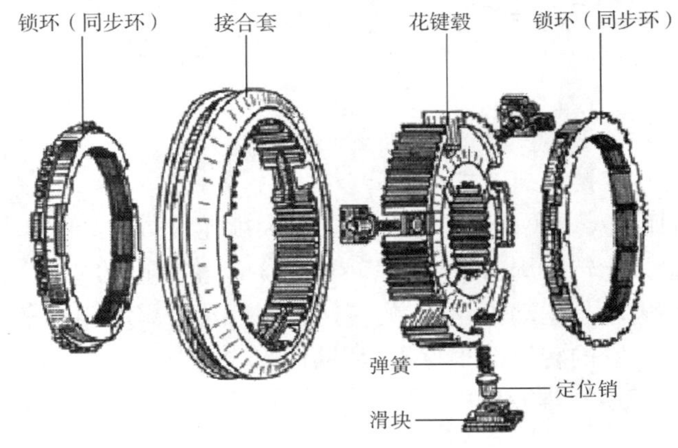

图 4-1-11 锁环式惯性同步器

图 4-1-12 锁销式惯性同步器

②摩擦力矩形成与锁止过程。欲换入四挡(直接挡)时,接合套连同滑块一起向左移动[图 4-1-13b)],滑块又推动锁环移向四挡齿轮,使锥面接触。驾驶员作用在接合套上的轴向推力,使两锥面有正压力(N),又因两者有转速差($n_1 > n_9$),所以产生摩擦力矩。通过摩擦作用,四挡齿轮带动锁环相对于接合套向前转动一个角度,使锁环缺口靠在滑块的另一侧(上侧)为止,此时接合套的内齿与锁环上的齿错开了约半个齿宽,接合套的齿端倒角面与锁环的齿端倒角面互相抵住,锁止作用开始,接合套暂不能前移进入啮合。

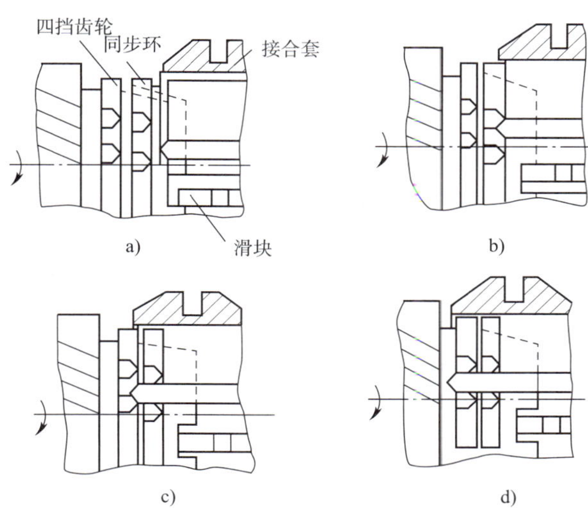

图 4-1-13　锁环式惯性同步器工作示意图

驾驶员的轴向推力使接合套的齿端倒角面与锁环的齿端倒角面之间产生正压力 N，力 N 可分解为轴向力 P_1 和切向力 P_2。P_2 形成一个企图拨动锁环相对于接合套反转的力矩，称为拨环力矩 M_2。P_1 使锁环和齿轮的锥面进一步压紧，两锥面间的摩擦力矩 M_1 使齿轮相对于锁环迅速减速而趋向与锁环同步，齿轮以及与其相关联的零件产生一个与旋转方向相同的惯性力矩，又通过摩擦锥面以摩擦力矩的方式传到锁环上，阻碍锁环相对于接合套反向转动。

③同步啮合。随着驾驶员施加于接合套上的推力加大，摩擦力矩 M_1 不断增加，使四挡齿轮的转速迅速降低。当齿轮、接合套和锁环达到同步时，作用在锁环上的惯性力矩消失。此时在拨环力矩 M_2 的作用下，锁环、齿轮以及与之连接的各零件都相对于接合套反转一角度（因轴向力 P_1 仍存在，使两锥面以静摩擦方式贴合在一起），滑块处于锁环缺口的中央［图 4-1-13c）］，两花键齿不再抵触，锁环的锁止作用消除。接合套压下弹簧圈继续左移（滑块脱离接合套的内环槽而不能左移），与锁环的花键齿圈进入啮合。由于作用在锁环齿圈的轴向力和滑块推力都不存在，锥面间的摩擦力矩消失。若接合套花键齿与四挡齿轮的齿端相抵触，则靠齿端倒角面上的切向分力拨动齿轮相对于锁环和接合套转过一角度，让接合套与四挡齿轮进入啮合，即换入四挡［图 4-1-13d）］。

若由四挡换入三挡，上述过程也适用。

考虑到结构布置的合理性、紧凑性及锥面间摩擦力矩大小等因素，锁环式惯性同步器多用在小型汽车上，有的中型汽车变速器的中高速挡也采用这种同步器。

（2）锁销式惯性同步器工作原理。锁销式惯性同步器的工作原理与锁环式惯性同步器类似。

当接合套受到轴向推力时，通过钢珠、定位销推动摩擦锥环向前移动，即欲换入五挡。因摩擦锥环与锥盘有转速差，故接触后的摩擦作用使锥环和锁销相对于接合套转过一个角度，锁销与接合套上相应孔的中心线不再同心，锁销中部倒角与接合套孔端的锥面相抵住，在同步前作用在摩擦面上摩擦力矩总大于切向分力形成拨销力矩，接合套被锁止不能前移，防止在同步前接合套与齿圈进入啮合。同步后惯性力矩消失，拨销力矩使锁销、摩擦锥盘和相应的齿轮相对于接合套转过一个角度，锁销与接合套的相应孔对中，接合套克服弹簧的张力压下钢球并沿锁销继续向前移动，顺利地换入五挡。

总之，锥环与锥盘的摩擦力矩较大，多用在中型和重型汽车上。

三、万向传动装置

1. 万向传动装置的功用、组成

在轴线相交，且相对位置经常变化的转轴间传递动力的装置，称为万向传动装置。万向传动装置一般由万向节和传动轴组成，有的还加有中间轴承。

2. 万向传动装置的类型

万向传动装置可分为闭式和开式两种。

解放 CA1091 型汽车传动轴如图 4-1-14、图 4-1-15 所示，传动轴分两段，由 3 个十字轴万向节相连接，中间传动轴用双列圆锥滚子轴承支承装在车架横梁下，主动轴带有滑动花键，可以伸缩，以改变传动轴的长度。

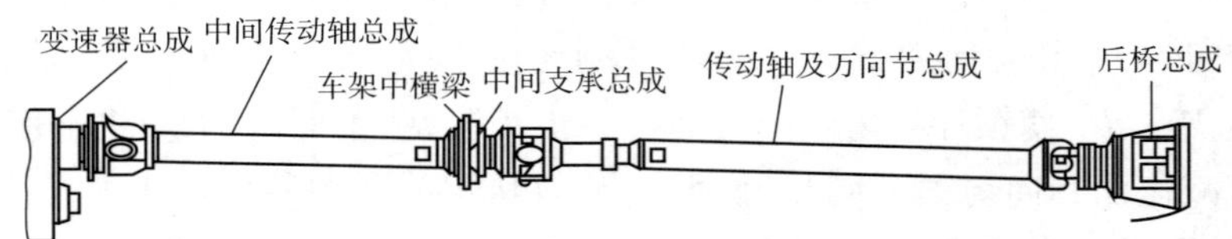

图 4-1-14 解放 CA1091 汽车传动轴装配关系图

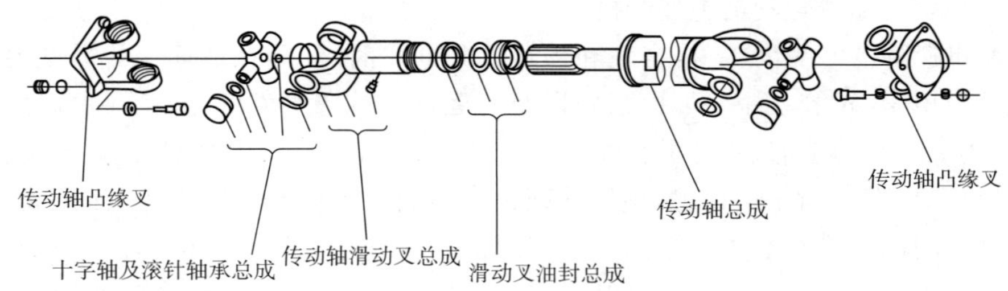

图 4-1-15 分解后的传动轴及滑动叉总成

四、气压鼓式制动器的结构与工作原理

1. 气压鼓式制动器的结构

气压行车制动系统如图 4-1-16 所示，其主要部件为制动踏板、制动控制阀、制动器室及行车制动器。

气压鼓式制动器主要由制动底板、制动凸轮、调整臂、复位弹簧、制动蹄片及支承销组成。

2. 工作原理

当汽车行驶制动时，踩下制动踏板，通过拉杆和制动控制阀，使压缩空气进入制动器室，再通过气室推杆、调整臂驱动凸轮旋转，使两制动蹄绕支承销转动，上端向两边张开而使其摩擦片压紧在制动鼓的内圆面上。不旋转的制动蹄就对旋转的制动鼓产生一个摩擦力矩 M_{μ}，其方向与车轮旋转方向相反，实现降速制动。

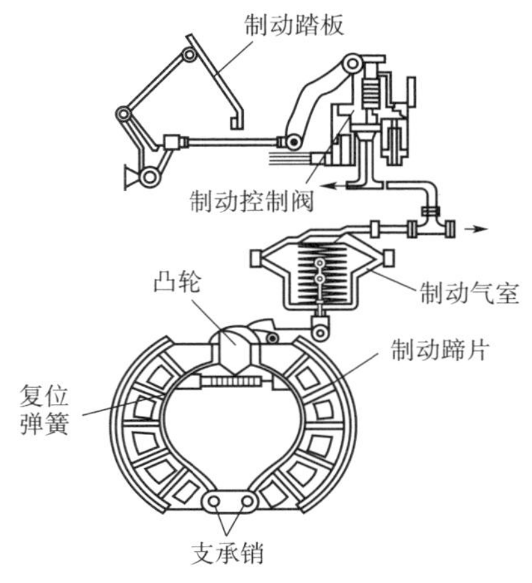

图 4-1-16 气压制动系统

五、气压盘式制动器的结构与工作原理

1. 气压盘式制动器的结构

盘式制动器主要由气室、支架及卡钳体组成。支架与卡钳体之间用连接螺栓进行连接。以长、短导套来实现支架与卡钳体之间的滑动。钳体内部设置制动自动间隙调整臂（即转轴）实现间隙自动补偿。支架与转向节或制动底板连接，主机厂不同，布置也不同，但是同类型卡钳体是一样的，只是通过支架的改型（即连接孔位）来满足主机厂的不同布置要求。膜片式前气室和储能弹簧后气室与鼓式制动器所用气室本质上没有太大区别，盘式制动器气室顶杆前端是半圆形，直接作用于压力臂的球窝处；鼓式制动器气室顶杆前端是叉形的，与调整臂相连。

2. 工作原理

如图 4-1-17 所示，先将托架 8 在车桥上安装不动，转动轴向固定的制动盘 7，当气室 5 输入压力 F_1 时，气室 5 的推杆推动自调机构 4 向左压出，从而消除了右制动块 3 与制动盘 7 右侧面的间隙，并开始输出压力 F_2 传递给右制动块 3。此时，右制动块 3 将压力 F_2 压在旋转制动盘 7 上，由于制动盘 7 的轴向移动受限制，因此制动盘 7 将 F_2 的反作用力经过自调机构 4 传回到主钳体 6；同时主钳体 6 又把反作用力 F_2 通过连接螺栓传给副钳体 1，使得副钳体 1 受到一个向右的拉力；由于滑销 9 在托架 8 上也固定不动，并对主钳体 6 和副钳体 1 仅起支承、防转动而不限左右移动的作用；随着自调机构 4 的不断伸出，整个制动钳不停地向右滑动，使得左制动块 2 与制动盘 3 左侧面的间隙也被消除，此时，副钳体 1 就对左制动块 2 产生压力 F_3，这样左制动块 2 和右制动块 3 就以 $F_2 = F_3$ 制动力压在制动盘 7 的两侧面上，并产生制动力矩 T，最后将旋转的制动盘 7 制动。

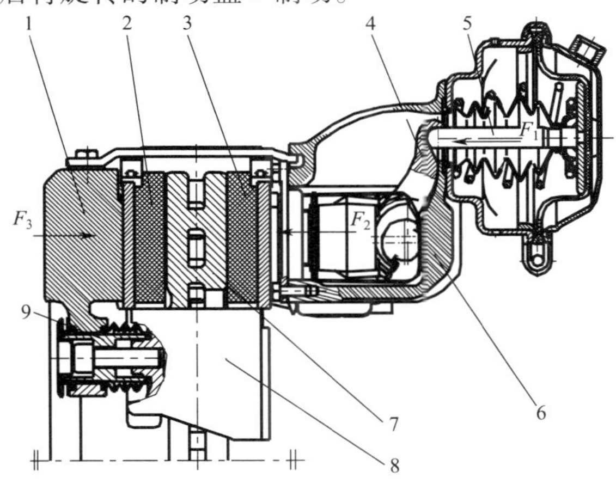

图 4-1-17 气压盘式制动器

1-副钳体；2-左制动块；3-右制动块；4-推杆推动自调机构；5-气室；6-主钳体；7-旋转制动盘；8-托架；9-滑销

六、液压助力转向器的结构与工作原理

1. 液压助力转向器的结构

图 4-1-18 所示为一种液压整体式助力转向器。它主要由循环球式的机械转向器、动力缸及转阀式转向控制阀等部分组成。机械循环球式转向器的转向螺母被制成圆柱形,它既是转向器中的转向螺母和齿条,又是动力缸中的活塞。转向螺母 19 内制有截面为半圆形的螺旋槽,与其配合的转向螺杆 17 外表面也制有表面为半圆形的螺旋槽,两者配合能形成截面为圆形的螺旋管状通道,在转向螺杆与转向螺母 19 间装有钢球,利用循环球导管 23 让其构成回路。扇齿与转向摇臂轴 18 制成一体,利用调整螺钉 27 调整扇齿与转向螺母 19 间的啮合间隙。转向螺母 19 的下圆柱表面上,有一环形槽。在槽上装有聚四氟乙烯环和 O 形密封圈 20,以保证活塞装入动力缸以后密封和耐磨。这样将动力缸分成上、下两个密封腔。上、下两密封腔又分别通过设在转向器壳体上的油道与转向控制阀相通。上腔为左转向动力腔,下腔为右转向动力腔。转向控制阀位于动力转向器的上部,它主要由阀体 13、转阀 12 及扭杆轴组件等组成。转向阀阀体滑装在壳体 22 上部孔中,制成圆筒状。在其外圆柱形表面上,制有三道较宽深的槽和三道较窄浅的槽。宽深的槽是环形的油槽(也称油环槽),其底部开有与内壁相通的油孔。中间油环槽的 4 个油孔直径较大,是进油通道,与转向油泵相通。两侧油环槽各有四个直径较小的油孔,与动力缸相通。窄浅的环槽用于安装密封圈组件。阀体的下边缘开有矩形缺口,此缺口与转向器螺杆用锁销 16 相卡,形成阀体驱动螺杆的传力连接。在阀体的中部固定有定位销 29,此销的外端埋在外圆表面以下,内端伸出少许,与扭杆轴组件下端轴盖 14 外圆上的缺口相卡,互相不能发生相对转动。阀体的内表面制有八条不贯通的纵槽,形成八道槽肩,与转阀的纵槽和槽肩形成工作液流动的间隙。

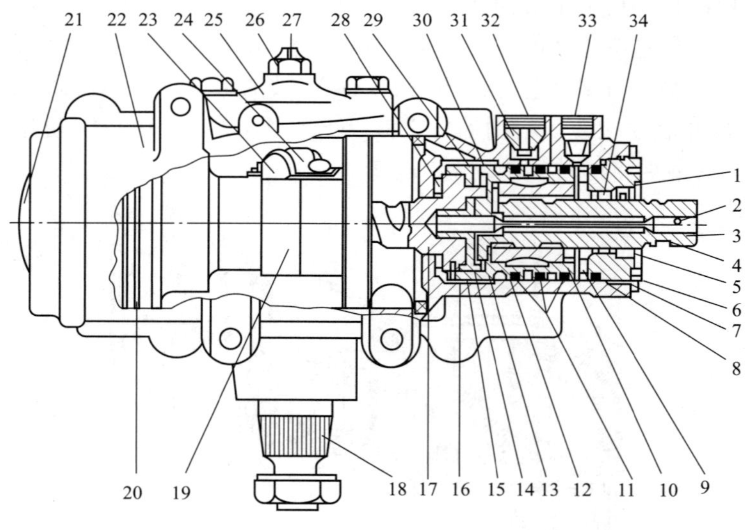

图 4-1-18 液压助力转向器

1-卡环;2、16、30-锁销;3-短轴;4-扭轴;5-骨架油封;6-调整螺塞;7-锁紧螺母;8、10、11、15、20-O 形密封圈;9、28-推力滚针轴承;12-转阀;13-阀体;14-下端轴盖;17-转向螺杆;18-转向摇臂轴;19-转向螺母;21-转向器端盖;22-壳体;23-循环球导管;24-导管压紧板;25-侧盖;26-销紧螺母;27-调压螺钉;29-定位销;31-止回阀;32-出油口;33-进油口;34-滚针轴承

2. 工作原理

当汽车直线行驶时,转阀位于中间位置。如图 4-1-18 所示,来自转向油泵的工作液从转向器壳体的进油口流到阀体的中油环槽中,经过其槽底的通孔进入阀体和转阀之间,此时因转阀处于中间位置,所以进入的油液分别通过阀体和转阀纵槽槽肩形成的两边相等的间隙,再通过转阀的纵槽和阀体的纵槽以及阀体的径向孔流向阀体外圆上、下环油槽,然后通过壳体中的两条油道分别流到动力缸的上、下腔中去,即左转向动力腔 L 和右转向动力腔 R,但上下腔油压相等且很小。此时齿条—活塞既没有受到转向螺杆所造成的轴向推力,也没有受到上、下腔因压力差造成的轴向推力,所以齿条—活塞处于中间位置,动力转向不工作。流入阀体内腔的油液在通过转阀纵槽流向阀体上、下油环槽的同时,通过转阀槽肩上的径向油孔流到转阀与扭杆轴组件之间的空隙中,经阀体组件和调整螺塞之间的空隙流到回油口,经油管回到油罐中去,形成了常流式油液循环。

当汽车需要转向时,如左转弯,转动转向盘,使短轴逆时针转动,通过其下端轴销子带动转动转阀同步转动,这个转矩也通过具有弹性的扭杆轴传给下端轴盖,下端轴盖边缘上的缺口通过固定在阀体上的销子带动阀体转动,阀体通过其下端缺口和销子,把转向力矩传给螺杆。由于转动阻力的存在,要有足够的转向力矩才能使转向螺杆转动。这个转矩促使扭杆轴发生弹性扭转,造成阀体的转动角度小于转阀的转动角度,两者产生相对角位移。通过动力腔的进油缝隙减小(或封闭),回油缝隙增大油压降低;通过动力腔的进油缝隙增大而回油缝隙减小(或关闭),油压升高,上、下动力腔产生油压差。齿条—活塞便在上、下油压差的作用下移动,产生助力作用。此时来自转向油泵的压力油通过槽隙流向动力缸上腔,动力缸下腔的油则通过阀体径向孔、槽隙、转阀径向孔和回油口流向储油罐。

右转弯基本相似,不同的是由于转向方向相反,造成的阀体和转阀的角位移相反,转向螺母 19 下腔压力升高而上腔油压降低,产生右转向助力。

七、主减速器的分类与工作原理

1. 主减速器的分类

按减速齿轮副的级数可分为单级(图 4-1-19)和双级主减速器;按主减速器速比挡数分,有单速和双速主减速器;按主减速器所在位置分,有中央主减速器和轮边主减速器。

2. 单级主减速器工作原理(图 4-1-20)

传动轴传来的转矩经主减速器主动齿轮传给从动齿轮,经差速器壳传给十字轴至行星齿轮,再由行星齿轮传给左右两半轴齿轮。行星齿轮相当于一个等臂杠杆,而两个半轴齿轮半径也相等,因此,实际上可以认为差速器分配给两侧车轮的转矩大小是相等的,不管左右车轮转速是否相等,转矩总是平均分配的。

八、悬架的结构与工作原理

1. 悬架的结构类型

根据汽车悬架结构的不同,通常将悬架分为独立悬架和非独立悬架两大类,如图 4-1-21 所示。

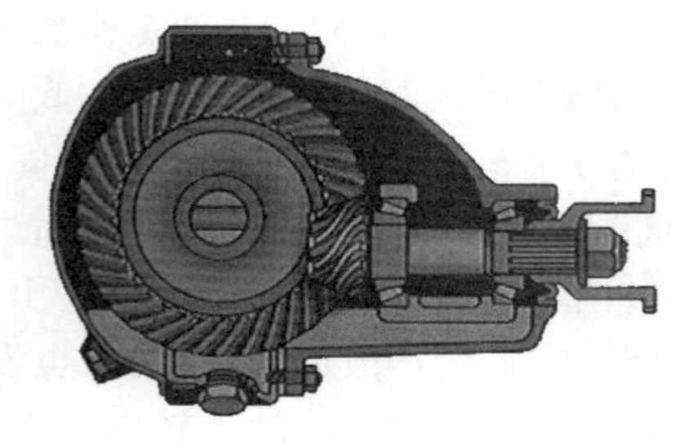

图 4-1-19 单级主减速器结构示意图

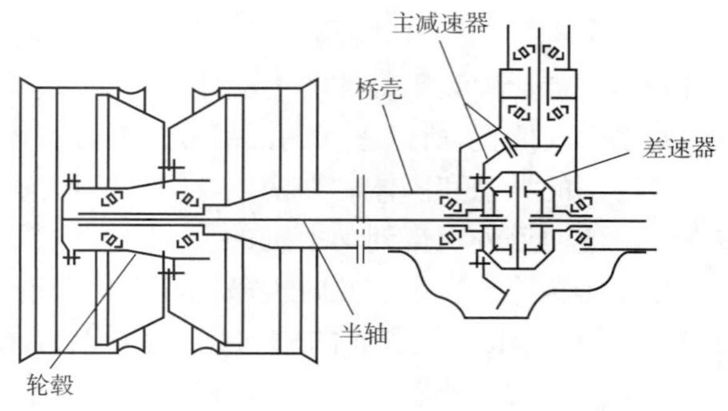

图 4-1-20 一般汽车驱动桥的组成

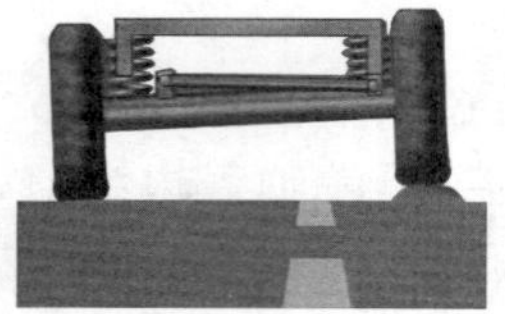

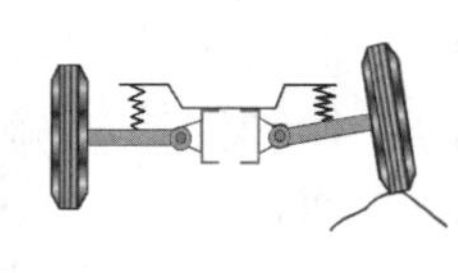

a) b)

图 4-1-21 悬架的结构类型

a)非独立悬架;b)独立悬架

2. 钢板弹簧非独立悬架

采用钢板弹簧作弹性元件,兼起导向装置的作用,并有一定的减振作用,大大简化了悬架的结构。

钢板弹簧结构简单,具有耐久性,可降低高度,使驾驶室与车厢底板平坦。SWB6106/6116MG、SWB6107Q6 等型城市公交客车均采用这种悬架,如图 4-1-22 所示。

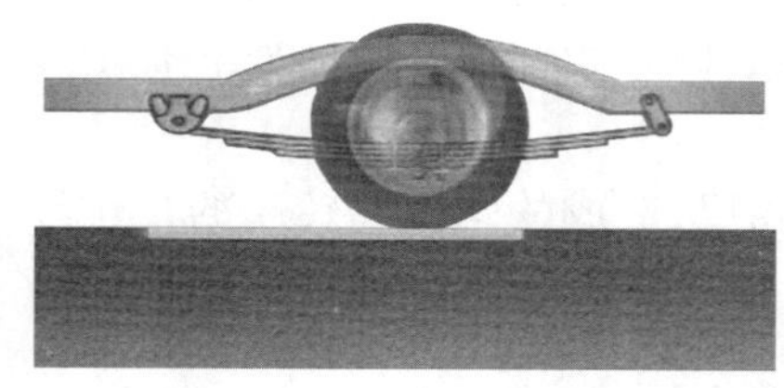

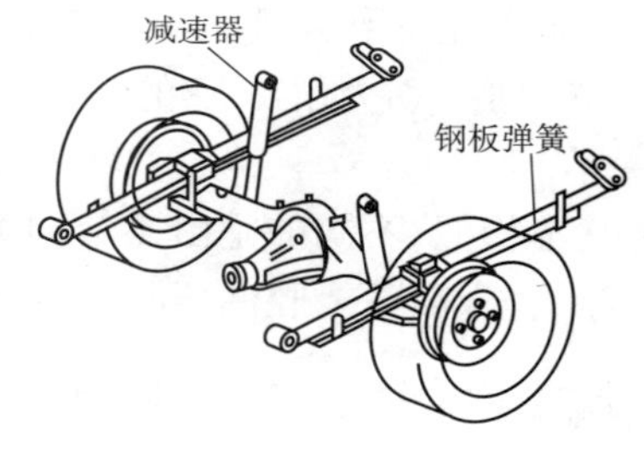

图 4-1-22 钢板弹簧非独立悬架

3. 弹性元件

汽车悬架的弹性元件包括钢板弹簧、螺旋弹簧、扭杆弹簧、气体弹簧、横向稳定杆等。

1)钢板弹簧

它是由若干片等宽不等长、弧度不等、厚度相等或不等的钢板弹簧片组合而成的一根近似等强度的弹性梁。如图 4-1-23 所示。

2)螺旋弹簧

螺旋弹簧是一根钢丝卷成螺旋状的弹簧,它具有以下优点:无须润滑、不怕油污、质量小、所占空间不大、具有良好的吸收冲击能力、可改善乘坐舒适性。其不足之处是只能承受垂直载荷,且无减振作用。螺旋弹簧悬架被广泛应用于独立悬架。

3)扭杆弹簧

扭杆弹簧是由具有扭转弹性的弹簧钢制成的杆,一端固定于车架,另一端与悬架控制臂连接,控制臂则与车轮相连,车轮上下运动时,扭力杆便发生扭曲,起弹簧作用,借以保证车轮与车架的弹性联系。

4）气体弹簧

气体弹簧是在密封的容器中充入压缩空气和油液，利用气体的可压缩性实现其弹簧作用的，这种弹簧的弹性是可变的。

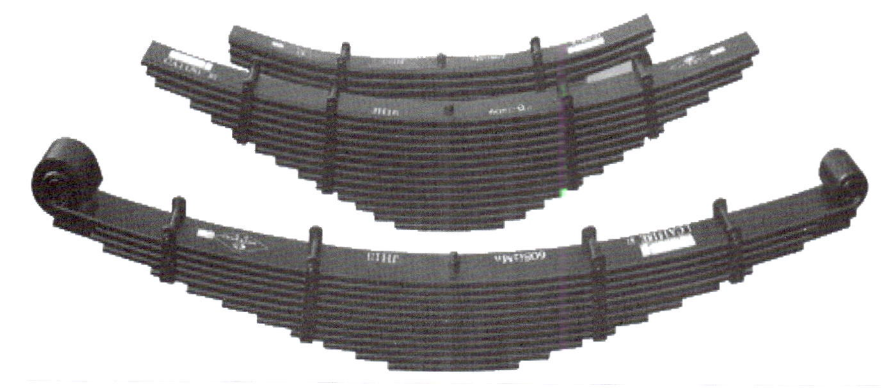

图 4-1-23　钢板弹簧总成

5）横向稳定杆

横向稳定杆是一根横贯车身下部的弹性扭杆，它横向地安装在汽车上，两侧末端用橡胶衬套与悬架摇臂相连，当一侧前轮与车身的垂直距离减小或增大时，通过横向稳定杆的扭转，减小了车身的倾斜，它的安装使汽车的行驶平顺性、舒适性和操纵稳定性得到了较大的提高。

4. 减振器

减振器的作用是迅速衰减汽车行驶中产生的振动，提高汽车行驶平顺性。减振器的工作原理就是利用液体流动的阻力来消耗振动的能量，使振动消失。

5. 钢板弹簧非独立悬架工作原理

悬架支撑全车质量，当汽车运行时，车轮传递的驱动力矩通过钢板吊耳作用在车架上，驱动车辆运动及制动产生的惯性力。当车辆产生颠簸振动时，车辆产生向下的重力与路面对轮胎向上反作用力，使钢板弹簧被压缩并将重力势能转化为弹性势能。当车身弹起时，弹性势能又转化为重力势能。减振器吸收（内部产生的液压阻力）弹性势能，衰减车辆在不平路面上运行产生的振动，提高乘坐舒适性。

九、气路元件的结构与工作原理

1. 气压制动传动装置结构

气压制动传动装置结构如图 4-1-24 所示。

2. 气压制动工作过程

（1）当踩下制动踏板时，拉杆拉动制动控制阀使之工作，由于前桥储气筒并列双腔与制动控制阀的右腔室相连，后桥储气筒与控制阀的左腔室相连，所以，前、后桥储气筒的压缩空气便通过制动控制阀的右腔和左腔进入前、后轮制动气室，使前、后轮制动。同时，通过前、后制动管路之间并联的双通止回阀接通挂车制动控制阀,将由湿储气筒与通向挂车的通路切断。由于挂车采用断气制动,所以挂车也同时制动。

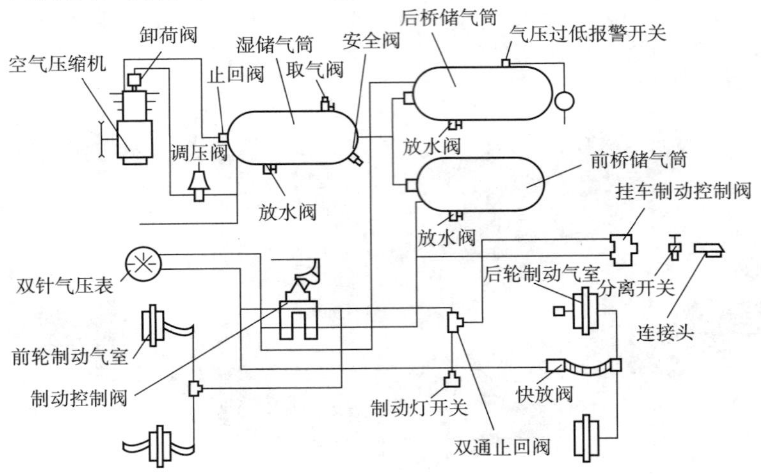

图 4-1-24 东风 EQ1092 型汽车双回路气压制动传动装置

(2)当放松制动踏板时,前后制动气室,挂车制动阀及管路中的压缩空气,都经制动控制阀排气孔排入大气,从而解除制动。

3. 主要气路元件的结构

1)四回路保护阀的结构与工作原理

结构:四回路保护阀用于多回路气制动系统中,保证系统中各回路阀的相对独立性。(图 4-1-25)压缩空气由 1 口进入四回路保护阀后,分别由 21、22、23、24 四个出气口分为四条相互独立的管路。

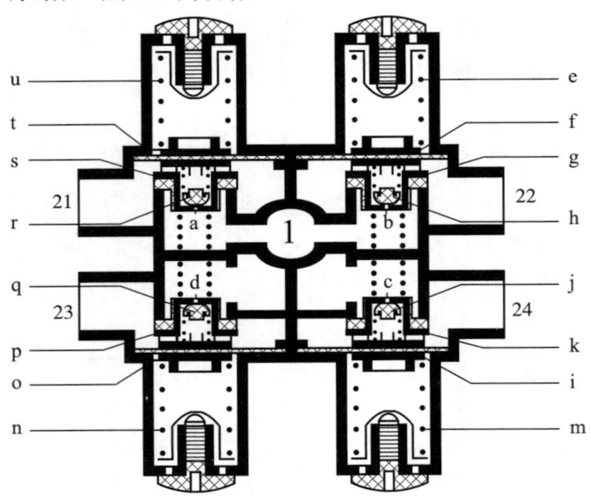

图 4-1-25 四回路保护阀的结构

工作原理:来自空气干燥器的压缩空气通过 1 口进入四回路保护阀,通过止回阀(h、j、q、r)进入系统的四条回路。同时,在阀门(g、k、p、s)下也建立起压力,当达到设置的开启压力时,阀门打开,膜片(f、i、o、t)克服弹簧(e、m、n、u)力鼓起。阀门(g、k、p、s)打开,压缩空气通过 21、22 口流入行车制动系统的 1 回路储气筒和 2 回路储气筒,通过 23、24 口进入 3、4 回路。3 回路给汽车的紧急制动和停车制动系统供气,也为挂车提供气源。4 回路为辅助系统供气。

如果行车制动的一条回路失效,其他三条回路的空气从失效回路中泄漏,直到达到关闭压力。弹簧力使得阀门(e、m、n、u)关闭。如果 2、3、4 回路中空气泄漏,将再一次被充入,直到达到失效回路的设置开启压力。如果其他回路失效,完好回路的压力保护过程以同样的方法进行。

2）干燥器的结构与工作原理

结构：利用分子筛吸附来自压缩机的压缩空气中的水分，从而清洁和干燥整个制动管路，延长了制动元件的寿命（图4-1-26）。

加热器能保证整个装置在低温环境下不会被冻住，提高了行车安全性。

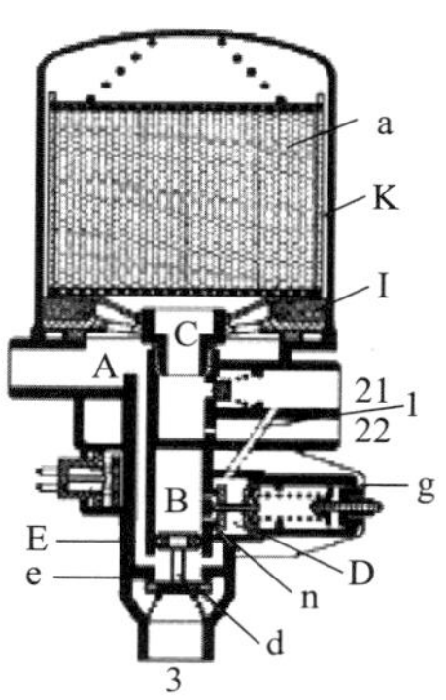

图4-1-26　干燥器的结构

调压阀功能：具有调节整车工作气压的功能，当整个系统压力高于设定压力值时，调压部分打开排气阀门，使进气口的压缩空气直接通向大气卸荷。

工作原理：压缩空气进入A腔，通过干燥滤网I、环形通路K到达干燥器的上部，气流经干燥剂a时，水分被干燥剂a吸附并滞留其表面上，干燥气流经过通道C后、一部分经22口流到再生储气筒。一部分通过止回阀流到21口，同时部分压缩空气从斜孔l进入D腔，作用在膜片总成g上，当系统气压超过弹簧预紧压力时，g带动阀门n向右移动，打开阀门n，压缩空气进入B腔，推动活塞d往下移动，打开排气阀门e，空气压缩机卸荷。

在空气压缩机卸荷的同时，再生储气筒内的压缩空气经过通道C、干燥剂a、环形通路K、干燥滤网I、通路E、排气阀门e从排气口排出，从而将干燥剂a吸附的水分通过反吹气流排出。

当21口的压力下降到60～130kPa时，由于D腔压力下降，膜片总成g左移，阀门n关闭，B腔压缩空气从小孔排出，在弹簧的作用下，活塞d上移将排气阀门e关闭，空气压缩机恢复向系统供气，整个干燥过程重新开始。加热器m可防止阀门e等元件被冻住，从而能避免工作故障发生。

3）气制动阀的结构与工作原理

结构：该阀为双腔串联活塞式结构，上、下腔分别向后制动室和前制动室提供基本相同的控制气压，由驾驶员直接控制，用作行车制动。当一腔的供气源被切断或它控制的工作管路损坏时，另一腔仍能照常工作，且输出特性不变，因此大大提高了行车的安全性（图4-1-27）。

工作原理：踩下制动踏板时，压下顶杆座a，使橡胶弹簧b及活塞c向下移动，消除排气间隙d后推开上阀门j，此时从后储气筒来的压缩空气经上阀门j进入A腔，从21口输出，使后轮制动。同时，A腔压缩空气通过小孔D进入B腔，作用在中活塞f上方，使中活塞下移，消除排气间隙h后而将下阀门g打开，此时从前储气筒来的压缩空气经下阀门g进入C腔，从22口输出，使前轮制动。

松开制动踏板时，受平衡弹簧、A腔气压的作用，活塞c向上移动，形成排气间隙d，压缩空气经A腔及排气间隙d，从排气口排出。同时，中活塞f受C腔压缩空气的作用上移，形成排气间隙h，压缩空气经C腔及排气间隙h，从排气口排出。

4）继动阀的结构与工作原理

结构（图4-1-28）：活塞a把继动阀分为上下两腔，b为止回阀，3为排气口，1接储气筒，2接后制动管路，4接口接气制动阀上出气口。A、B为上下两个腔。

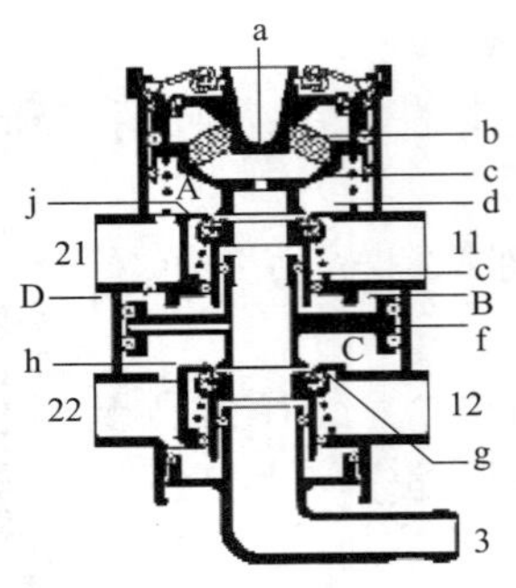

图 4-1-27 气制动阀的结构

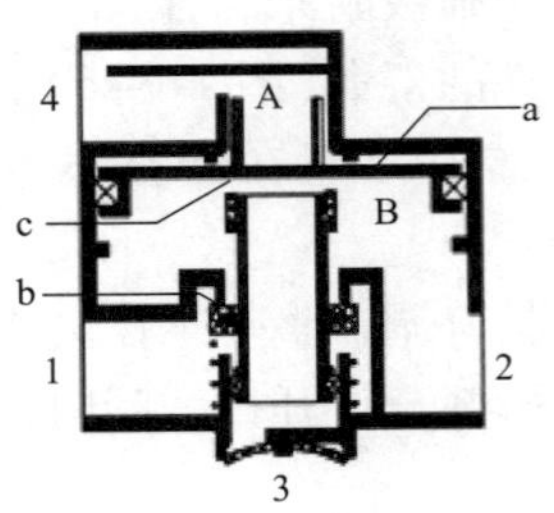

图 4-1-28 继动阀的结构

工作原理：当踩下制动踏板时，来自气制动阀上出气口的高压空气经气管路通过 4 接口到达继动阀 A 腔，高压空气推动活塞 a 下行，先将 c 关闭再打开进气阀 b，后储气筒中的高压空气通过管路经 1 接口再经过进气阀 b 到达 B 腔，再从 B 腔经制动管路迅速到达后制动器室，使后车轮产生制动作用。

当抬起制动踏板时，从气制动阀来的高压空气迅速排除，A 腔压力迅速降低使活塞 a 快速弹起，进气阀 b 迅速关闭，B 腔中的高压空气从排气间隙 c 处经排气管口 3 排除，制动随之解除。

十、汽车转向系统

汽车在行驶过程中，需要经常改变行驶方向。改变行驶方向的方法是通过转向轮（一般是前轮）相对于汽车纵轴线偏转一定角度实现的。汽车在直线行驶时，转向轮也往往受到路面侧线干扰力的作用自动偏转而改变行驶方向。因此，驾驶员需要通过一套机构随时改变或恢复汽车行驶方向。该套专设机构即为汽车的转向系统。

1. 汽车转向系统分类

按转向能源的不同分为机械转向系统和动力转向系统两大类。

2. 组成及工作原理

1）机械式转向系统

图 4-1-29 机械式转向系统组成

机械式转向系统（图 4-1-29）由转向操纵机构、转向器和转向传动机构三部分组成，汽车转向时，驾驶员作用于转向盘上的力，经过转向轴（转向柱）传到转向器，转向器将转向力放大后，又通过转向传动机构的传递，推动转向轮偏转，致使汽车行驶方向改变。汽车的转向，完全由驾驶员所付的操纵力来实现的，操纵较费力，劳动强度较大，但其具有结构简单、工作可靠、路感性好、维护方便等优点，多应用于中小型货车或轿车上。

2）液压式动力转向系统

液压式动力转向系统是在机械式转向系统的基础上，增加了转向控制阀、转向油泵、转向动力缸等一套液压助力装置，如图 4-1-30 所示。当汽车转向时，由发动机驱动的油泵产生高压油，高压油在控制阀的作用下，进入动力缸推动转向轮偏转，这时作用在转向盘的作用力就很小，从而减轻了驾驶员的劳动强度。

液压式动力转向系操纵轻便，灵活省力，维护简单。目前，广泛应用于高速轿车和重型货车上及城市公交车上。

3. 汽车实现正常转向原理

汽车转向时，要保证每个车轮都是纯滚动而不发生侧滑，必须使汽车车轮转向轨迹符合一定的规律，必须使各个车轮的轴线都相交于一点，即使所有的车轮能围绕它们的共同圆心转动，如图 4-1-31 所示，交点 O 称为转向中心，这个转向中心随驾驶员操纵的转向轮转角的变化而改变，因此转向中心也称为瞬时转向中心。

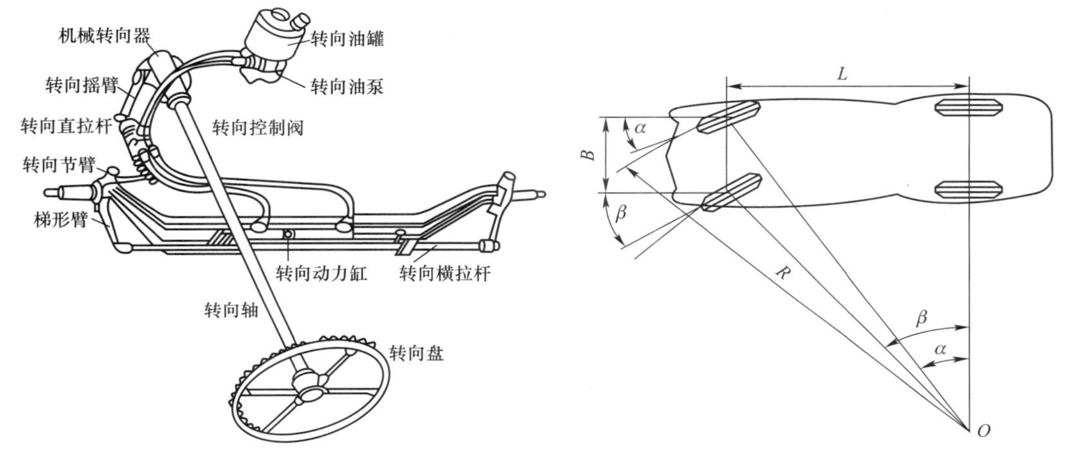

图 4-1-30　液压式动力转向系统示意图　　图 4-1-31　双轴汽车转向示意图

内转向轮偏转角大于外转向轮偏转角，两偏转角的关系是：

$$\cos\alpha = \cos\beta + B/L$$

式中：B——两侧主销中心距离；

L——汽车轴距。

这个关系式是由转向梯形（前轴，左右梯形臂和横拉杆组成）来保证的。

十一、转向桥

1. 转向桥作用与组成

转向桥是利用铰接装置，使装在其两端的车轮偏转一定角度来实现汽车转向，同时，还承受和传递汽车的部分载荷及汽车制动、车轮侧滑等产生的作用力及力矩。

转向桥由前轴、转向节、主销和轮毂等四部分组成，如图 4-1-32 所示。

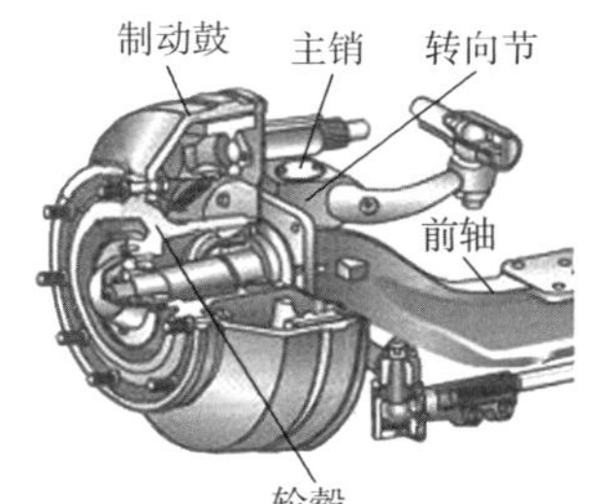

图 4-1-32　SWB6106MG 转向桥结构图

2. 转向桥结构分解

转向桥结构分解如图 4-1-33 所示。

3. 转向轮定位

1）主销后倾

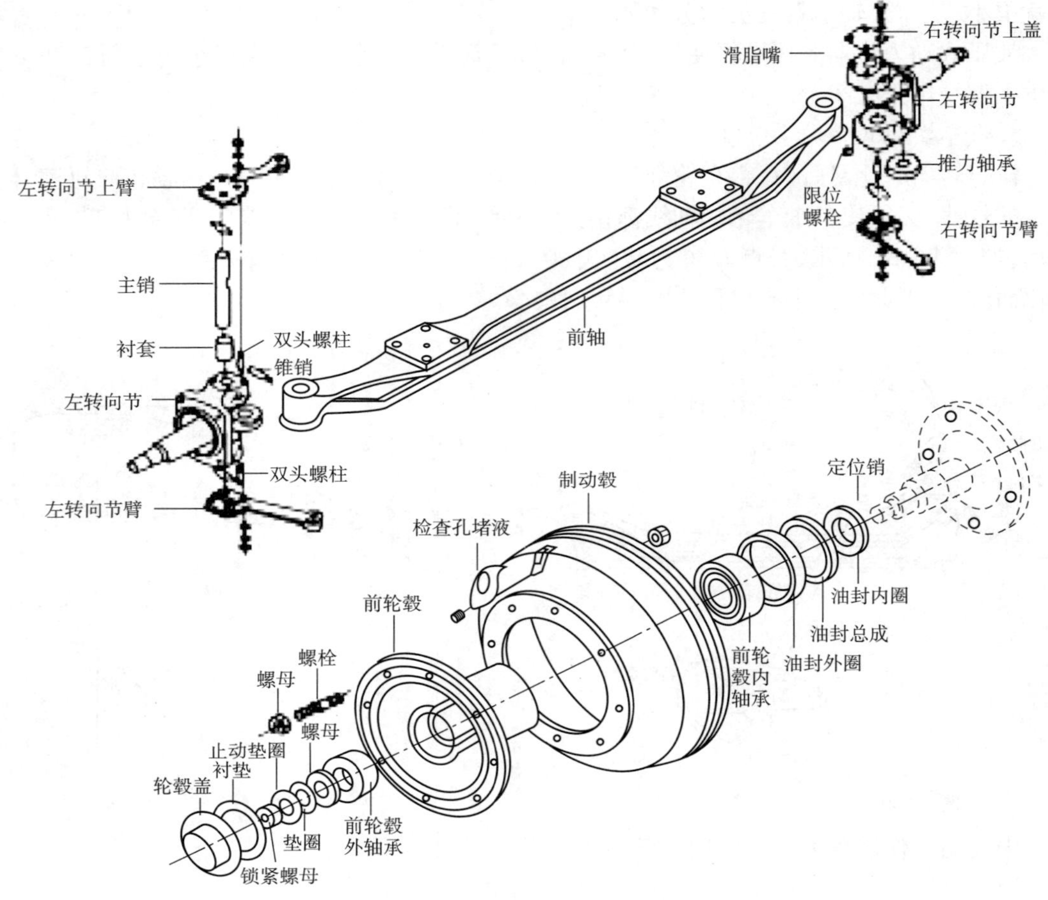

图 4-1-33 SWB6106MG 转向桥分解图

(1)主销后倾:主销安装在前轴上,其上端略向后倾斜。

(2)主销后倾角:在纵向平面内,主销轴线与垂线之间的夹角,如图 4-1-34 所示。

主销后倾后,其轴线延长线与路面的交点 a 位于轮胎与地面接触点 b 之前,b 点距离 a 点为 1。若汽车转弯时(如右转弯),则汽车的离心力将引起路面对车轮的侧向反作用力 F,F 通过 b 点作用于车轮上,形成稳定力矩 $M = FL$,其方向与车轮旋转方向相反,它有使转向轮自动恢复到原来中间位置的趋势。主销后倾的作用是保证汽车直线行驶的稳定性,并力图使转弯后的转向轮自动回正。

主销后倾角越大,车速越高,转向轮的稳定效应越强,但转向越沉重,主销后倾角一般不超过 3°。主销后倾角是由前轴、悬架和车架装配在一起时,使前轴向后倾斜或依靠钢板弹簧座间加装楔形垫块而形成的。

2)主销内倾

(1)主销内倾:主销安装在前轴上,其上端略向内倾斜。

(2)主销内倾角:在横向平面内,主销轴线与垂线之间的夹角,如图 4-1-35a)中 β。

(3)作用是使转向轮自动回正,并使转向轻便。

当转向轮在外力作用下由中间位置偏转一个角度时(为解释方便,图中画成偏转了

180°，如图 4-1-35b）所示，实际车轮偏转角度一般不超过 50°），车轮的最低点将陷入地面下，但实际上是不可能的，而是将转向轮连同汽车前部向上抬起一个相应的高度。一旦外力消失，转向轮就在汽车前部重力的作用下，力图恢复到原来的直驶位置，这就是前轮自动回正的原因。

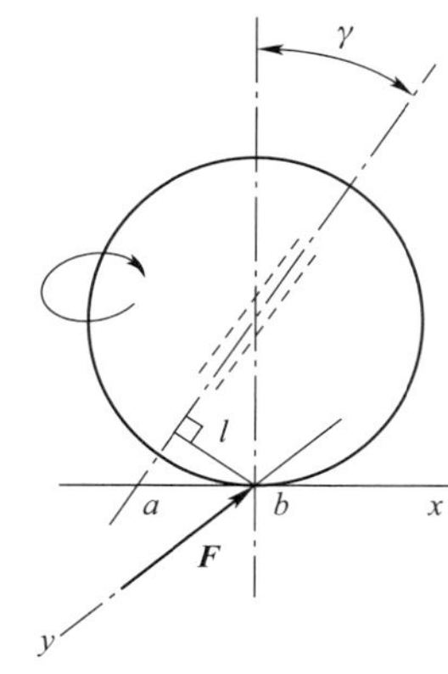

图 4-1-34 主销后倾示意图

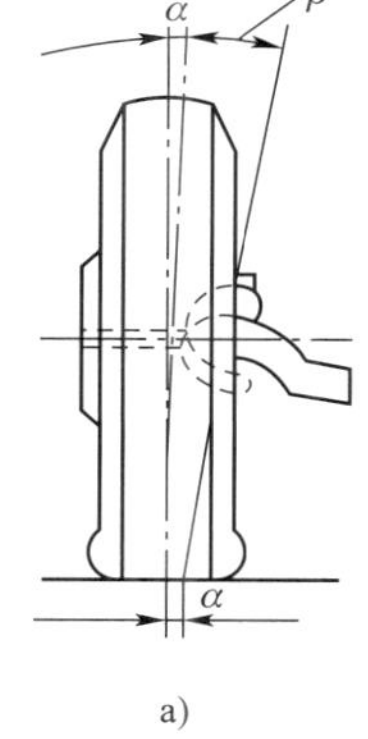

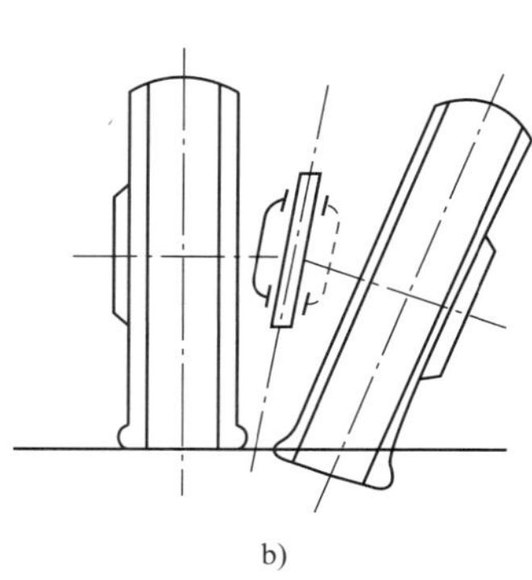

图 4-1-35 主销内倾示意图

主销内倾角越大或转向轮转角越大，则汽车前部抬起就越高，转向轮自动回正作用就越强烈，但转向就越费力，主销内倾角一般不大于 8°。此外，主销内倾角还使得转向臂缩短，从而减小了阻力臂，使得转向轻便，同时也可减小从转向轮传到转向盘上的冲击力。

主销内倾角是在前轴制造加工时，使主销孔向内倾斜而获得的。

3）前轮外倾（转向轮外倾）

（1）前轮外倾：前轮安装在车桥上，其上端略向外倾斜。

（2）前轮外倾角：前轮旋转平面与纵向垂直平面之间的夹角如图 4-1-35a）中 α。

前轮外倾作用在于提高前轮工作的安全性，使转向轻便。由于前轮外倾使前轮所承受的重力集中到较大的内轴承上去，保护了较小的外轴承和转向节轴外端的锁紧螺母，有利于行驶安全。此外，前轮外倾和主销内倾相配合，进一步缩小了转向臂 a 的距离，使汽车转向更为轻便。

前轮外倾角一般为 1°左右。

前轮外倾角是由转向节的结构确定的。

4）前轮前束（转向轮前束）

（1）前轮前束：前轮安装后，两前轮的旋转平面不平行，前端略向内束。

（2）前轮前束值 $A-B$：两轮后端距离 A 与前端距离 B 差值，如图 4-1-36 所示。

（3）前轮前束的作用是消除因前轮外倾使汽车行驶时向外张开的趋势，减小轮胎磨损和燃料消耗。

（4）前轮前束可通过改变横拉杆的长度来调整。

4. 转向轮定位的检测与调整

1）前轮前束的检测与调整

首先检查轮胎气压是否符合规定值，转向机构、轮毂轴承紧度及各拉杆连接的间隙是否正常，然后把汽车前轴架起，使两前轮悬空成水平状态，转动转向盘，使两轮毂摆成直线，用前束尺进行测量,把前束尺对准两轮胎中心平面,如图 4-1-37 所示。在两端离地面相等处或两轮胎内侧轮毂边缘外进行测量距离,然后把两前轮转动 180°,再在同一位置测量后面距离,前、后两距离之差值,即为前束值。

前束值若不符合原厂规定,必须进行调整。SWB6106MG 型汽车调整时,先把横拉杆两端接头锁紧螺栓松开,再用管钳转动横拉杆,横拉杆伸长,前束值增大,反之,前束值减小。前束值调好后,及时把横拉杆左右两端接头螺栓拧紧。

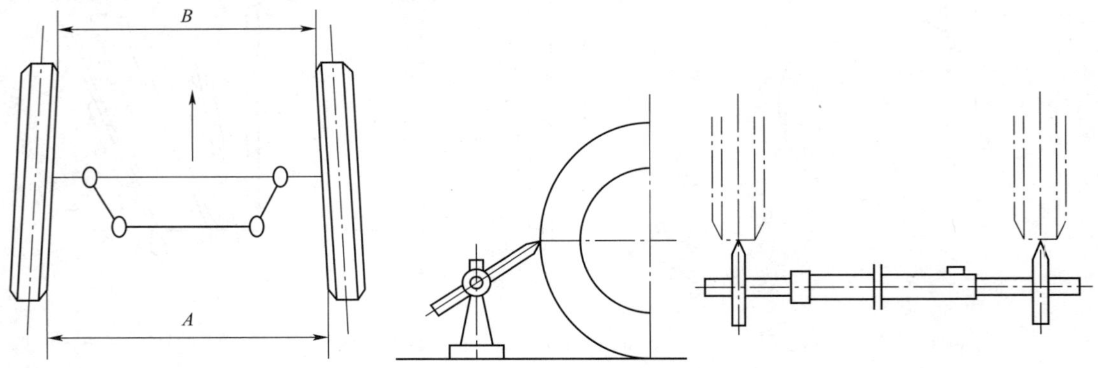

图 4-1-36 前轮前束示意图　　图 4-1-37 用指针式前束尺测量前束

2)前轮外倾角的调整

(1)车轮着地,松开下摇臂球形接头的固定螺母。

(2)将外倾调整杆插入 4-1-38 图所示的孔中,横向移动球形接头,直至达到外倾值,一般是右侧从前面插入调整杆,左侧从后面插入调整杆。

(3)调整后紧固螺母,再次检查外倾角及前束,直到符合标准为止。

十二、车轮与轮胎

车轮和轮胎作用是支撑全车的质量,吸收、缓和由路面传来的冲击力;通过轮胎同路面间的附着力来产生驱动力和制动力;保证汽车正常转向行驶的同时,通过轮胎产生自动回正力矩,使汽车保持稳定的直线行驶方向。

1. 车轮

1)车轮的作用、组成和分类

(1)作用:安装轮胎、连接半轴或转向节,并承受汽车质量和半轴或转向节传来的力矩。

(2)组成:轮毂、轮辋和轮盘等(图 4-1-39)。轮毂通过滚柱轴承支撑在半轴套管或转向节轴上,轮辋用来安装轮胎,轮盘用来连接轮毂和轮辋。

(3)分类:车轮根据轮盘的不同结构,分为辐板式(盘式)和辐条式(辐式)两种。

①辐板式车轮的构造。主要由挡圈、轮辋、辐板和气门嘴伸出口等组成。辐板式车轮结构便于轮毂拆装,辐板上开有几个大孔,以减轻质量,也利于拆装、充气和制动鼓散热。如图 4-1-40 所示。

②辐条式车轮的构造。图 4-1-41 所示为辐条式车轮,它是用几根辐条将轮辋与轮毂组装在一起,辐条与轮毂可制成一体,也可用螺栓连接。轮毂通过螺栓和特殊形状的衬块与辐条相连。

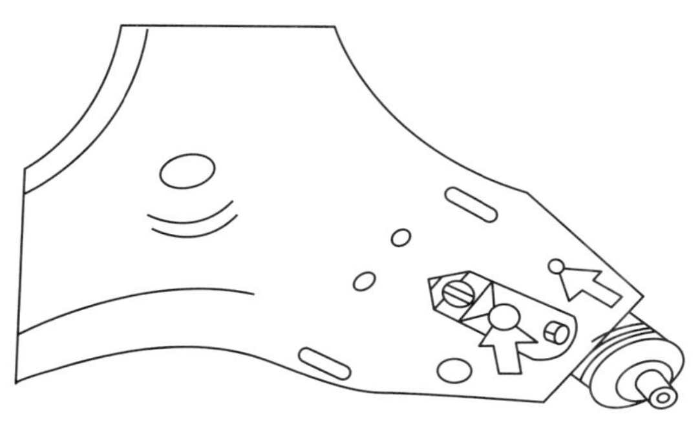
图 4-1-38 外倾调整杆安装位置

图 4-1-39 车轮

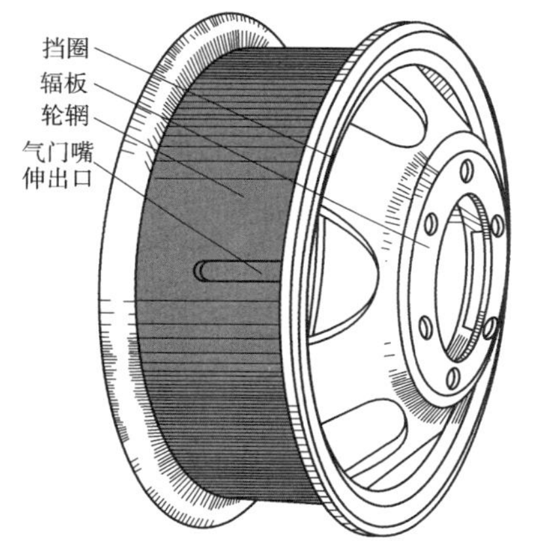

图 4-1-40 辐板式车轮

图 4-1-41 辐条式车轮

2）车轮的主要零部件

（1）轮辋。轮辋也称钢圈，用于安装轮胎。它由轮辋、挡圈和锁圈等组成。轮辋按其结构特点的不同，可分为深式轮辋、平式轮辋和可拆式轮辋。

（2）轮辋形式。

①深式轮辋。深式轮辋（深槽式），它用钢板冲压成整体结构，中部的深凹槽是为便于外胎拆装而专设的，凹槽两侧略倾斜。这种轮辋结构简单、刚度大、质量轻，适用于安装尺寸小、弹性较大的轮胎，它主要用于轿车及轻型越野车上。如图 4-1-42、图 4-1-43a）所示。

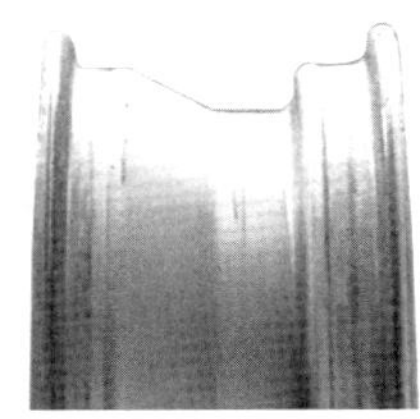
图 4-1-42 深式轮辋

②平式轮辋（平底式）。轮辋底面呈平环状，它的一边有凸缘，另一边用可拆卸的挡圈作凸缘，它用一个具有弹性的锁圈来防止挡圈脱出。这种轮辋的优点是便于安装轮胎，一般用于大中型货车，如东风 EQl092 和解放 CAl092 型汽车。如图 4-1-43b）所示。

③可拆式轮辋（对开式）。它将平式轮辋制成可拆开的两部分，其中一部分与轮盘制成

一体，两部分用螺栓连成一体，拆装轮胎时，只需拧下螺栓的螺母即可，挡圈也是可拆的。这种轮辋只能装用单个轮胎，主要用于大、中型越野车上。如 4-1-43c）所示。

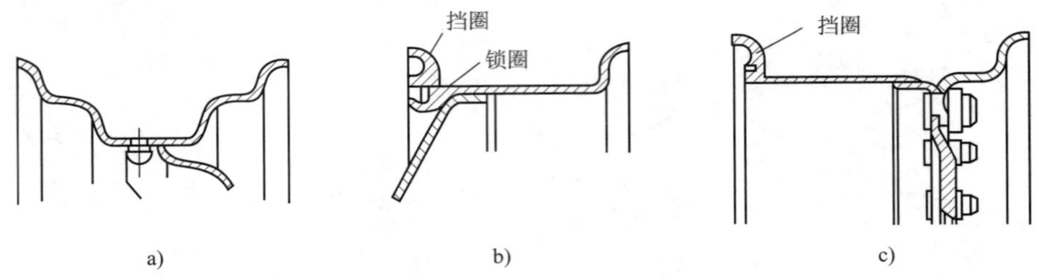

图 4-1-43　轮辋的形式

a）深式轮辋；b）平底轮辋；c）对开式轮辋

3）轮毂

轮毂用于连接制动鼓、轮盘和半轴凸缘。一般由圆锥滚柱轴承套装在半轴套管或转向节轴颈上。辐板式车轮多用于轻型和中型汽车上，辐条式车轮是把它与辐条制成一体，强度大，多用于重型车上。

2. 轮胎

1）轮胎的作用与分类

（1）作用。轮胎是支撑汽车的总质量、传递驱动力和制动力、吸收和缓和汽车行驶时所受到的部分冲击和振动，以保证汽车有良好的乘坐舒适性和行驶平顺性，保证轮胎与路面的良好附着，以提高汽车的动力性、制动性和通过性。

（2）分类。汽车轮胎按胎体结构不同，可分为充气轮胎和实心轮胎。现代汽车绝大多数都采用充气轮胎。充气轮胎按组成结构可分为有内胎和无内胎两种；按其胎内工作气压分为高压胎、低压胎和超低压胎；按其轮胎胎面花纹的不同，可分为普通花纹轮胎、越野花纹轮胎和混合花纹轮胎，如图 4-1-44 所示；按其胎体内帘线排列方向的不同，又可分为普通斜交轮胎和子午线轮胎。

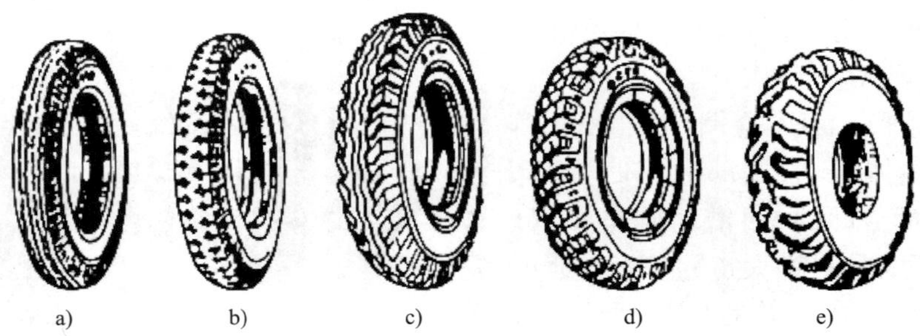

图 4-1-44　轮胎花纹

a）纵向花纹；b）横向花纹；c）混合花纹；d）马牙形花纹；e）人字形花纹

2）轮胎花纹特点

普通花纹轮胎的特点是花纹沟槽细而浅，花纹块的接地面积较大，因而耐磨损性和附着性较好，适用于较好的硬路面。

越野花纹轮胎的特点是花纹沟槽宽而深，花纹块接地面积较小，保证了轮胎与大片接地面积的"咬合",防滑性能好。常用在矿山、建筑工地上行驶的车辆。

混合花纹轮胎兼有普通花纹和越野花纹的特点。

3)充气轮胎的结构

(1)有内胎的充气轮胎由外胎、内胎和垫带组成,如图 4-1-45 所示。

①外胎是用耐磨橡胶制成的强度高又有弹性的外壳,直接与地面接触,保护内胎不受损伤,组成如图 4-1-46 所示。

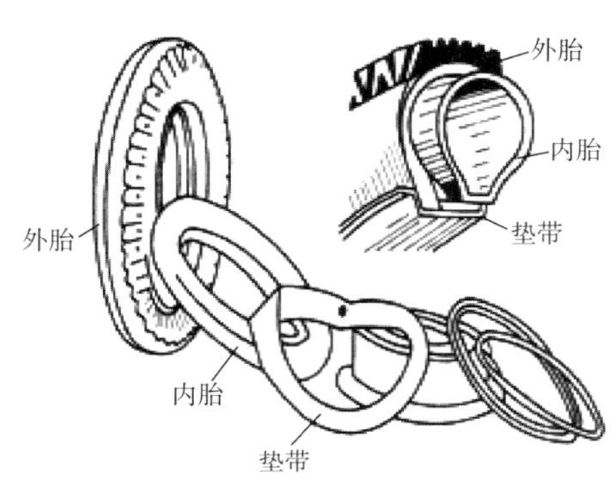

图 4-1-45　充气轮胎的形成

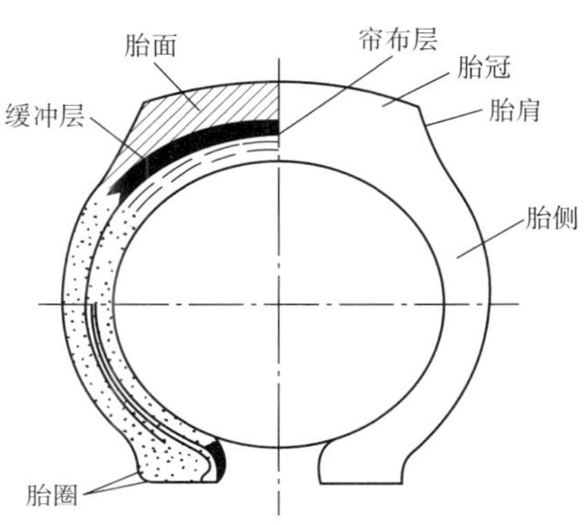

图 4-1-46　外胎的结构

胎冠与地面接触,直接承受冲击与磨损,并保护胎体免受机械损伤。胎肩是较厚的胎冠与较薄的胎侧间的过渡部分,一般也制有花纹,以利于防滑和散热。胎侧是贴在帘棉层侧壁的薄橡胶层,用以保护帘布层,避免受潮湿和机械损伤。帘布层是外胎的骨架,也称胎体,其主要作用是承受载荷、保持轮胎外缘尺寸和形状。

帘布层通常用多层胶化的棉线或其他纤维编织而成,其帘线按一定角度交叉排列,如图 4-1-47 所示。

缓冲层位于胎面与帘布层之间,质软而弹性大,一般由多层较稀疏的帘线和富有较大弹性的橡胶制成,其作用是加强胎面与帘布层的结合,以防紧急制动时胎面从帘布层上脱落,同时又能减小路面对轮胎的冲击和振动。

胎圈是帘布层的根基,它有较大的刚度和强度,轮胎靠胎圈装在轮辋上。胎圈由钢丝圈、帘布层包边和胎圈包布组成。

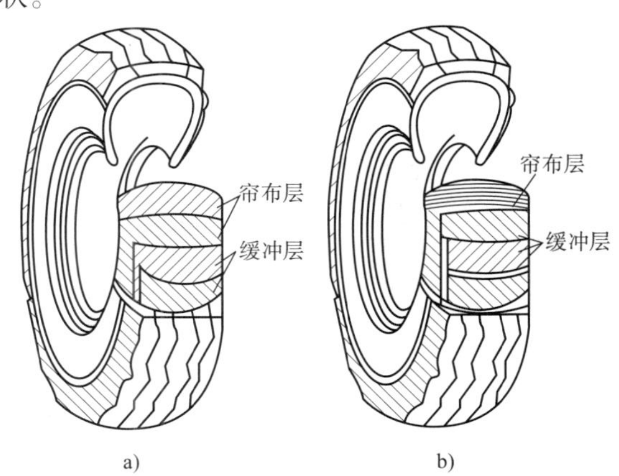

图 4-1-47　帘布层和缓冲层帘线的排列

a)普通斜交轮胎;b)子午线轮胎

②内胎和垫带。内胎是一个环形橡胶管,上面有气门嘴,用于充入或排出空气,其尺寸稍小于外胎内壁尺寸,内胎具有良好的弹性、耐热性和密封性。

垫带是一个环形橡胶带,它垫在内胎与轮辋之间,保护内胎不被轮辋和胎圈磨坏,并防止尘土及水汽浸入胎内。

(2)普通斜交轮胎和子午线轮胎。

①普通斜交轮胎。普通斜交轮胎的帘布层和缓冲层各相邻层帘线交叉,且与胎面中心线呈小于90°角排列,帘布层通常由成双数的多层帘布用橡胶贴合而成,帘布的帘线与轮胎子午断面的交角一般为52°~54°。相邻层帘线相交排列,缓冲层由两层帘线交叉排列。如图4-1-48所示。

②子午线轮胎。帘布层帘线排列方向与轮胎子午断面一致(即与胎面中心线成90°角),能使其强度被充分利用,故它的帘布层数比普通轮胎可减少一半,因而胎体较柔软,而缓冲层层数较多,提高了胎面的刚度和强度。如图4-1-49所示。

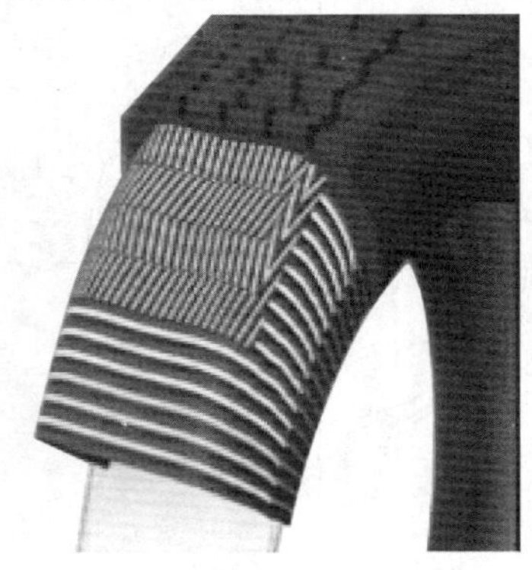

图4-1-48 普通斜交轮胎

图4-1-49 子午线轮胎

子午线轮胎优点:弹性大、耐磨性好、滚动阻力小、附着性能强、缓冲性能好、承载能力大、不易穿刺。缺点:外胎面刚性大、不容易吸收路面凹凸及接缝产生的冲击(主要是低速时)。此外,由于胎侧柔软,被刺后伤痕易扩大。由于具有较多优点,现代汽车已逐渐广泛应用。

(3)无内胎的充气轮胎。没有充气内胎,但在外胎内壁上有一层很薄的专门用来封气的橡胶密封层,胎缘部位留有余量,密封层被固定在轮辋上,钉子刺破轮胎后,内部空气不会立即泄掉,安全性能好。另外轮胎爆破后,可从外部紧急处理,目前这种轮胎在轿车上应用较多。如图4-1-50所示。

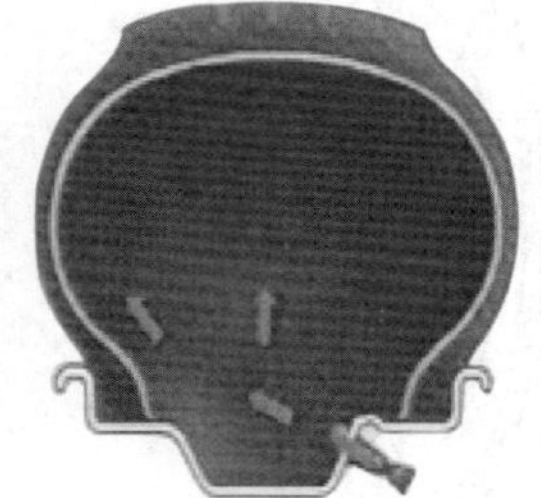

图4-1-50 无内胎轮胎

4)轮胎规格的表示方法

(1)高压胎。高压胎一般用 $D \times B$ 表示。D 为轮胎名义直径,B 为轮胎断面宽度,其单位均为in(英寸),"×"表示高压胎。因为轮胎断面宽度 B 约等于断面高度 H,故安装外胎轮辋应选直径 $d = D - 2B$(图4-1-51)。例如,轮胎规格34×7表示为该轮胎外径为34in,断面宽度为7in的高压胎,可选用直径 d 为20in的轮辋。

(2)低压胎。低压胎一般用 B-d 表示。B 为轮胎断面宽度,d 为轮辋直径,单位均为in(英寸),"-"表示低压胎。

(3)超低压胎。超低压胎的规格表示方法与低压胎表示方法相同。

(4)子午线轮胎。子午线轮胎一般标注有"Z"字母,但有的用英文缩写字母"R"表示。子午线轮胎断面宽度的单位用mm(毫米)表示,车轮轮辋用in(英寸)表示,轮胎强度用字母或数字表示，扁平轮胎还表示扁平率（高宽比）。例如，上海桑塔纳轿车装用的子午线内胎轮胎，规格为185/70SR14或195/60SR14。

有些子午线无内胎轮胎，在规格中加注“TL”标志，例如，轻型货车子午线轮胎7.00R16.5TL、乘用车子午线轮胎205/70SR15TL，其中“TL”表示无内胎轮胎。

（5）普通斜交轮胎。普通斜交轮胎除了用in（英寸）表示轮胎宽度和轮辋直径外，轮胎强度用帘布层数来表示。例如：轮胎规格5·60－134PR。

轮胎编号如图4-1-52所示。

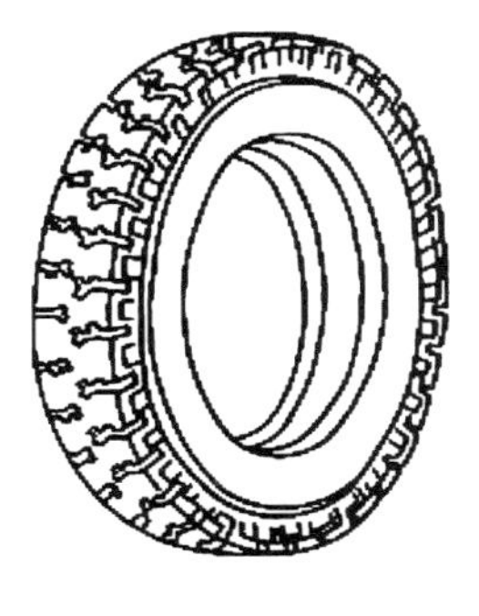

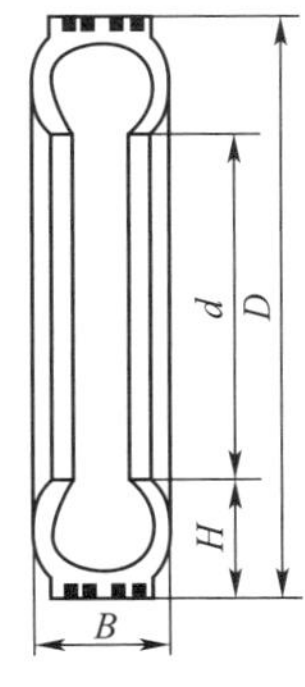

图4-1-51　轮胎规格表示方法

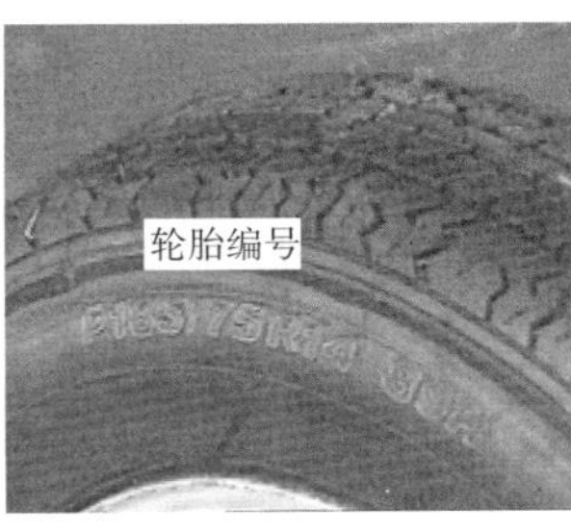

图4-1-52　轮胎编号

5）轮胎的使用与维护

（1）更换轮胎注意事项。

①不能装用其他汽车型号的轮胎，否则难以保证汽车的路面附着性和行驶的安全性。

②为了使轮胎磨损尽可能达到均衡，安装在汽车上的所有轮胎，应进行轮胎换位，轮胎换位要按规定进行，并保持轮胎的原滚动方向。下面介绍两种换位法：

a.交叉换位法，适用于经常在拱形路面行驶的汽车。

b.循环换位法，适用于经常在较平坦道路上行驶的汽车（图4-1-53）。

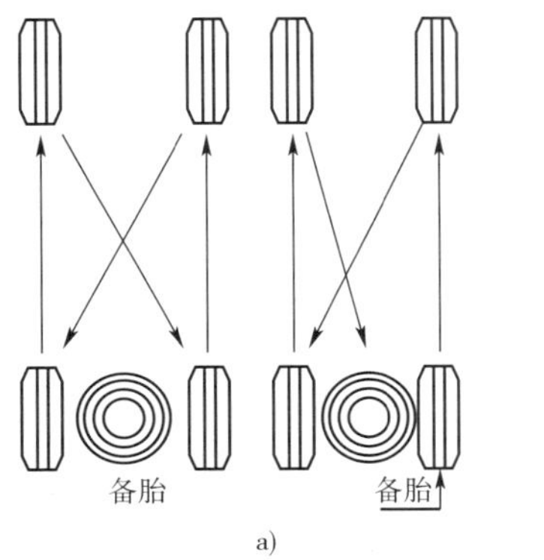

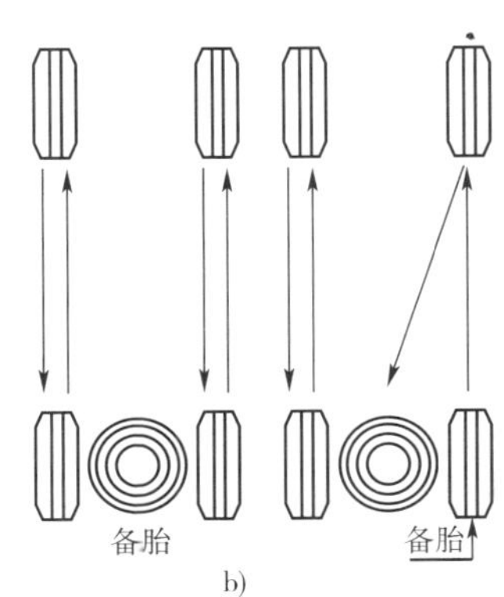

图4-1-53　轮胎的换位

a）轮胎交叉换位；b）轮胎循环换位

③新轮胎花纹上有宽12mm、厚6mm的磨损指示条，如指示条已磨去，应立即更换轮胎。

④拆卸轮胎时，应使用千斤顶，在指定位置上将车身顶起。

⑤轮胎与轮辋必须配套使用,不允许对轮辋进行敲击或使用撬棒,要用轮胎拆装机进行拆装。

⑥经修理过的或新的轮胎必须经过动平衡试验后方可使用。

(2)轮胎的使用。

①严格遵守轮胎充气标准:轮胎气压过高,在行驶中会发生跳动,前轮摆动,使转向盘抖动,不能高速行驶;轮胎气压不足,将使胎侧弯曲变形过大,加剧帘布层之间摩擦,使轮胎过度发热,橡胶耐磨性、帘布层强度降低,轮胎使用寿命缩短。

②控制轮胎温度。汽车行驶时,轮胎因变形摩擦而发热升温,若超过100℃,则胎体强度会大大降低,易引起脱层、爆破等损坏。因此,应尽量避免高速行驶,或在轮胎选配时应取与车辆最高时速相符的速度级别。

轮胎温度升高后,应采用停车降温的方式,严禁泼水降温或放气。

(3)轮胎常见故障及其原因。

①轮胎花纹磨损,当磨损到指示条显露时,必须更换新胎。

②轮胎某一部位早期严重磨损,可能由于急剧起步、制动而导致的异常磨损。

③轮胎单侧台肩处发生早期磨损,可能是由于车轮外倾角、前束调整不当或频繁紧急制动而引起的。

④轮胎成多角形磨损,可能是由于轮胎、车轮偏心弯曲或轮毂、转向节偏心弯曲、轴承松旷等原因引起的。

⑤轮辋凸缘处发生变形、锈蚀,引起轮胎轮辋错位,引起轮胎周缘处损伤、漏气。

(4)轮胎的拆装。轮胎的分解应先举升车体,并在车轮上标明记号,如“左前”、“右内”等,然后拆下车轮。

①先清洁各处泥土,然后放出胎内空气。

②用轮胎撬棒尖端插入挡圈缺口,并在缺口对面挡圈上轻轻敲击,将挡圈撬出。

③把气阀推进外胎内部,取下轮盘。

拆卸轮胎必须使用专用工具。如撬棒、手锤、拆胎机等,不允许用大锤重击或用其他尖锐工具。

(5)轮胎的装配与拆卸顺序相反,并注意以下事项:

①装合内、外胎时应擦拭干净,并在接触面上涂撒滑石粉。

图4-1-54 人字花纹轮胎的安装方向

②外胎胎面如有标志,表示轮胎较轻的部位,内胎嘴应安装在该处。

③人字花纹的轮胎和在轮胎侧标有旋转方向的轮胎,应按规定方向装用,如图4-1-54所示。

④气门嘴应与制动鼓上的间隙检视孔错开,以便检查制动鼓与摩擦片的间隙。

⑤双胎并装时,两轮胎的气门嘴应对称排列(互成180°角),这样有利于平衡。

⑥内侧轮胎的气门嘴与外侧轮胎的轮辋孔应对正,以便于检查气压和充气。

⑦轮胎装配后和汽车使用中,均应保持轮胎气压符合标准。

第二节　汽车电气设备的结构与工作原理

一、起动机的结构工作原理

1. 常规起动机的组成、结构和工作原理

常规起动机一般由直流串励式电动机、传动机构和控制装置(也称电磁开关)三部分组成。图4-2-1所示是其和发动机飞轮的啮合关系,图4-2-2所示是起动机的组成。由图可以看出,把点火开关旋至起动挡时,电动机产生转矩开始转动,同时电磁开关把传动机构中的小齿轮推出,使其与发动机的飞轮齿圈啮合,这样就把电动机的转矩通过传动机构传递给飞轮,使发动机起动。

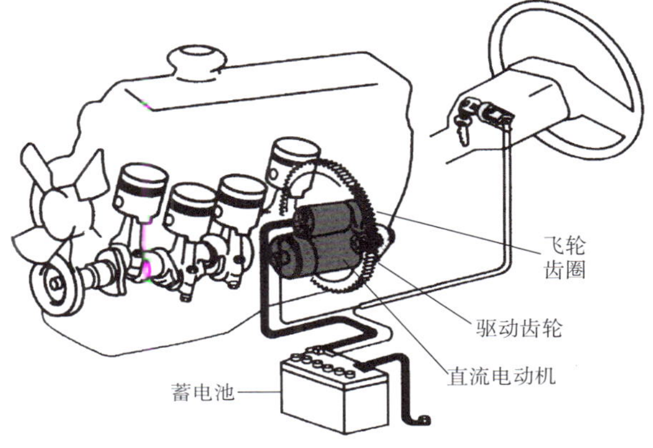

图4-2-1　起动机和发动机的啮合关系

1)直流串励式电动机

直流电动机的作用是产生力矩。一般均采用直流串励式电动机。“串励”是指电枢绕组与磁场绕组串联。

(1)直流电动机的结构。直流电动机由磁极、电枢、换向器和外壳等组成,如图4-2-3所示。

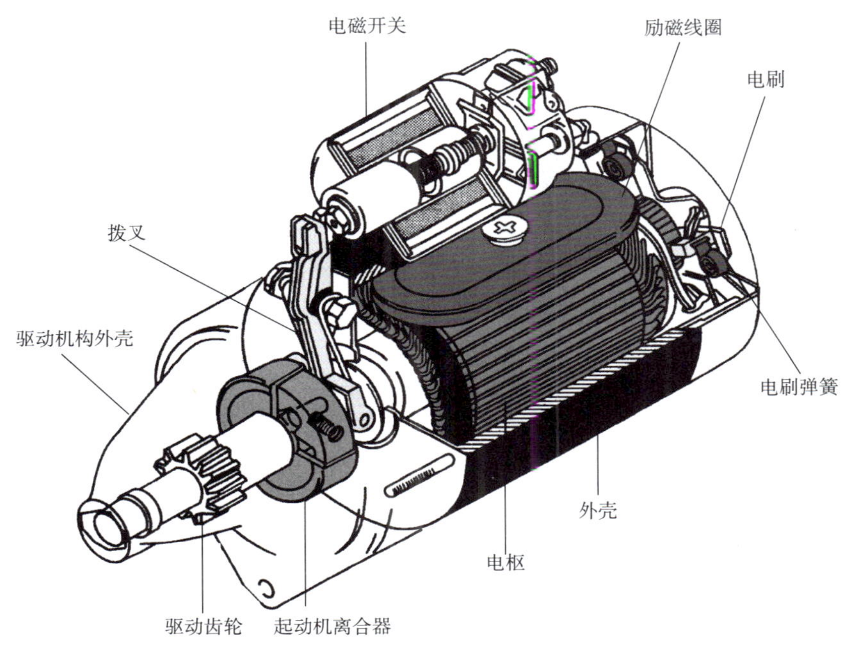

图4-2-2　常规起动机的组成

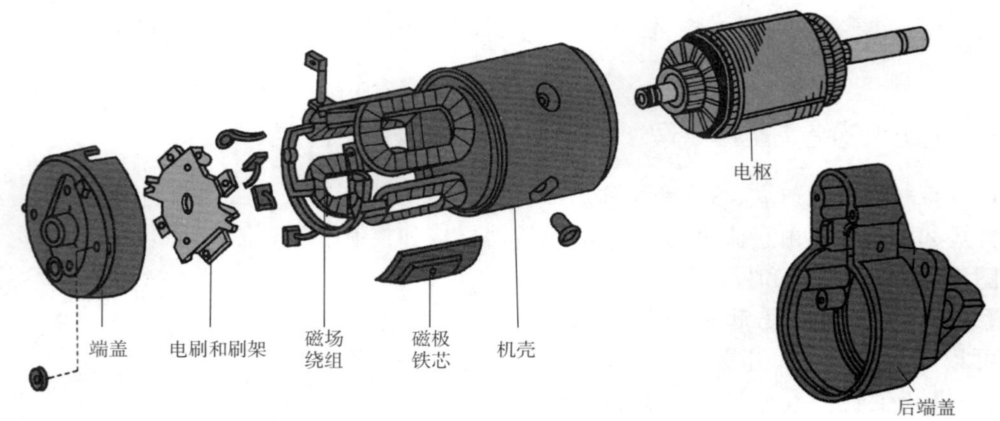

图 4-2-3 直流电动机

①磁极。产生电枢转动时所需要的磁场，它由固定在机壳上的磁极铁芯和磁场绕组组成，为增大磁场强度，大多数起动机采用四个磁极。通过螺钉将磁极铁芯固定在电动机的外壳上，如图 4-2-4 所示。

励磁绕组也是采用较粗的矩形裸铜线绕制而成(电流达 200 ~ 600A)。励磁绕组的内部电路连接方法如图 4-2-5 所示，励磁绕组一端接在外壳的绝缘接线柱上，另一端与两个非搭铁电刷相连。

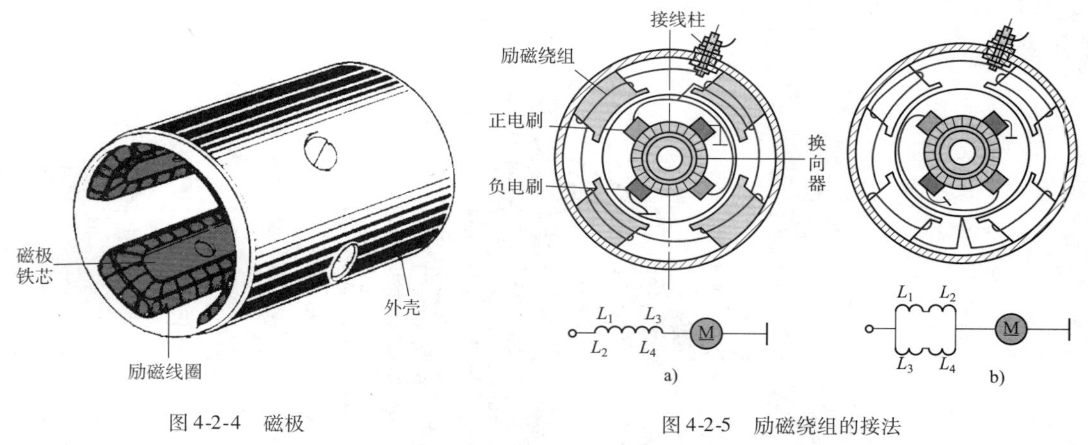

图 4-2-4 磁极

图 4-2-5 励磁绕组的接法

a) 四个绕组相互串联；b) 两个绕组串联后再并联

②电枢。电枢由电枢绕组、铁芯、电枢轴和换向器等组成。其作用是产生电磁转矩，如图 4-2-6 所示。

电枢铁芯由硅钢片叠成后固定在轴上，铁芯外圆均开有槽，用以放置电枢绕组。为了得到较大的转矩，尽可能地提高电枢电流(一般为 200 ~ 600A)，因此电枢绕组一般都采用较粗的矩形裸铜线制成，铜线与铁芯之间、铜线与铜线之间用绝缘纸隔开。绕组两端均匀地焊接在换向器片上，常采用波绕法，采用这种绕法电阻较低，有利于提高转矩。

换向器装在电枢轴上，它由许多换向片组成。换向片(铜片)嵌装在轴套上，各换向片之

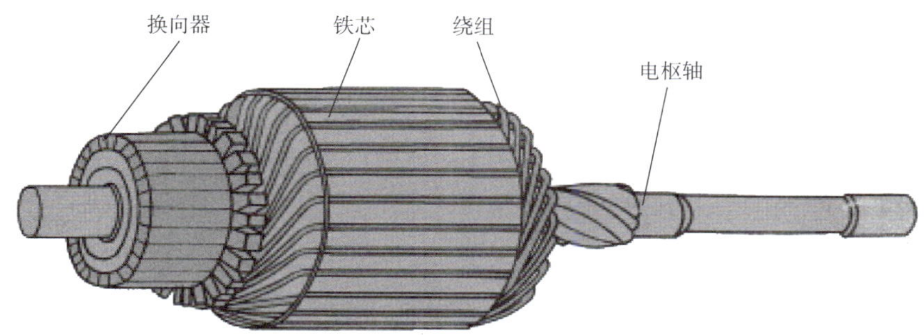

图 4-2-6　电枢总成

间均用云母绝缘。换向器的作用是将电源提供的直流电转化为电枢绕组所需的交流电，以保证电枢绕组所产生的转矩方向不变。

③电刷。电刷和换向器配合使用用来连接磁场绕组和电枢绕组的电路，并使电枢轴上的电磁力矩保持固定方向。如图 4-2-7 所示。

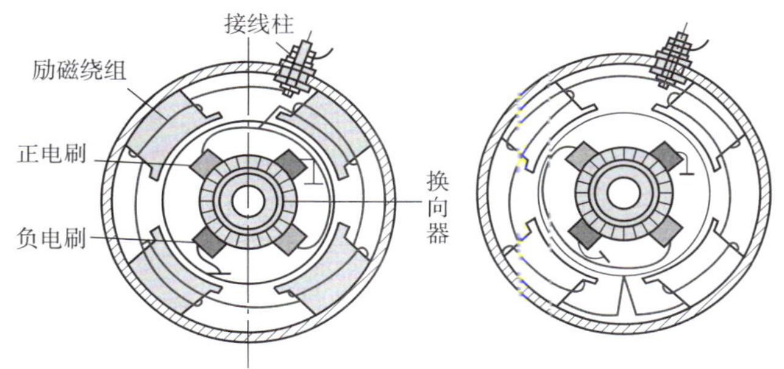

图 4-2-7　电刷

电刷装在端盖上的电刷架中，电刷弹簧使电刷与换向片之间具有适当的压力以保持配合，如图 4-2-8 所示。

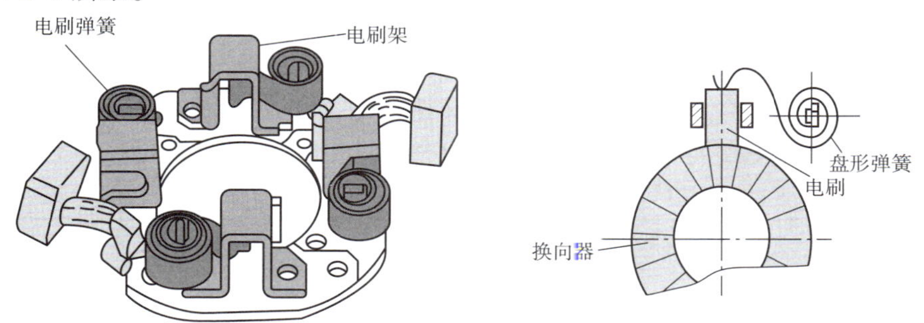

图 4-2-8　电刷及电刷架的组合

以四磁极电动机为例，其中两个电刷与机壳绝缘，电流通过这两个电刷进入电枢绕组，另外两个为搭铁电刷，电枢绕组的电流通过这两个电刷搭铁。

④机壳。机壳是电动机的磁极和电枢的安装机体，其中一端有四个检查窗口，便于进行电刷和换向器的维护，同时起动机的电磁开关也安装在机壳上，其上有一绝缘接线端，是电动机电流的引入线。

（2）直流电动机的工作原理。直流电动机的基本工作原理是通电的导体在磁场中受电磁力作用,电磁力的方向遵循左手定则。

如图 4-2-9 所示,两片换向片分别与环状线圈的两端连接,电刷一端与两换向器片相接触,另一端分别接蓄电池的正极和负极。在环状线圈中电流的方向交替变化,用左手定则判断可知,环状线圈在电磁力矩作用下按顺时针方向连续转动。这样在电源连续对电动机供电时,其线圈就不停地按同一方向转动。

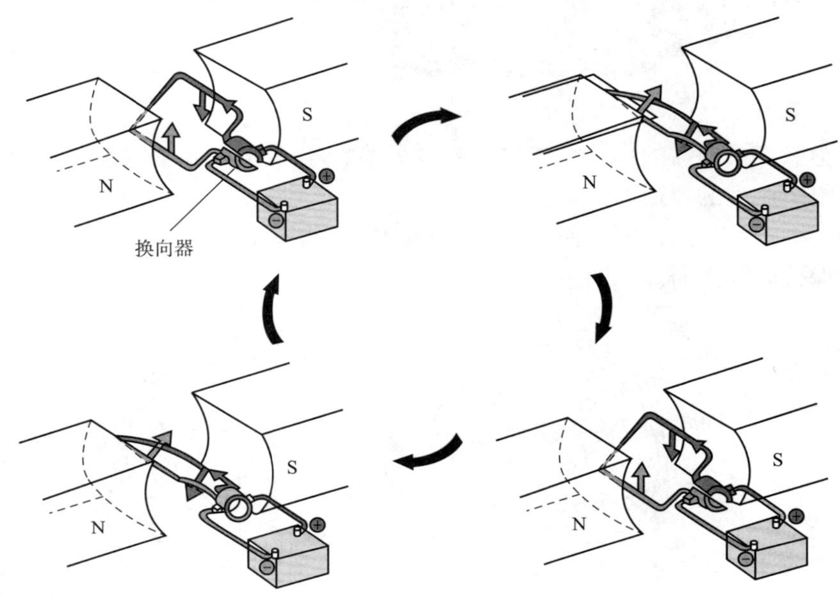

图 4-2-9 直流电动机的原理图

为了增大输出转矩并使其运转均匀,实际的电动机中电枢采用多匝线圈,随线圈匝数的增多换向片的数量也要增多。

(3)直流电动机的工作特性。直流电动机工作时有如下特点:

①电动机中电流越大,电动机产生的转矩越大。

②电动机的转速越高,电枢线圈中产生的反电动势就越大,电流也随之下降。

起动机在初始起动期间和正常起动期间各项指标的比较见表 4-2-1。

起动机在初始起动期间和正常起动期间指标比较 表 4-2-1

项目 \ 阶段	初始起动期间	正常起动期间
电动机速度	较低	较高
电动机电流	较大	较小
电动机产生的转矩	较大	较小
电枢中的反向电动势	较小	较大

直流串励式电动机的力矩 M、转速 n 和功率 P 随电枢电流变化的规律,称为直流串励式电动机的特性。图 4-2-10 所示为直流串励式电动机的特性曲线,其中曲线 M、n 和 P 分别代表力矩特性、转速特性和功率特性。

结合表4-2-1和图4-2-10可知，在起动机起动的瞬间，电枢转速为零，电枢电流达到最大值，转矩也相应达到最大值。使发动机的起动变得很容易。这就是汽车起动机采用串励式电动机的主要原因。

串励式电动机在输出转矩大时，电枢电流也大，电动机转速随电流的增加而急剧下降；反之，在输出转矩较小时，电动机转速又随电枢电流的减小而很快上升。

串励式电动机具有轻载转速高，重载转速低的特性，对保证起动安全可靠是非常有利的，这是汽车上采用串励式电动机的一个重要原因。

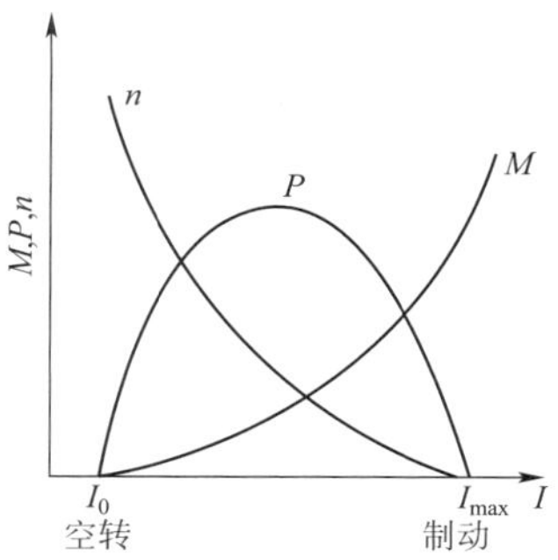

M,P,n　n　P　M　I_0 空转　I_{max} 制动　I

图4-2-10　直流串励式电动机的特性

串励式电动机的功率 P 可用下式表示：

$$P = Mn/9550$$

式中：M——电枢轴上的力矩，N·m；

n——电枢转速，r/min。

电动机完全制动时，转速和输出功率为零，转矩达到最大值。空载时电流最小，转速最大，输出功率也为零。当电枢电流接近制动电流一半时，电动机输出功率最大。

2）传动机构

传动机构的作用是把直流电动机产生转矩传递给飞轮齿圈，再通过飞轮齿圈把转矩传递给发动机的曲轴，使发动机起动。起动后，飞轮齿圈与驱动齿轮自动打滑脱离。传动机构一般由驱动齿轮、单向离合器、拨叉、啮合弹簧等组成。

（1）发动机对起动机传动机构的要求。

①起动机驱动齿轮与发动机飞轮齿圈啮合要平稳，无冲击现象。

②发动机起动后，驱动齿轮能自动打滑或脱离啮合。

③发动机工作时，要防止点火开关误操作，使起动机驱动齿轮再次与发动机齿圈啮合，导致飞轮齿圈的损坏。

传动机构的工作过程分为起动机未工作处于静止状态，飞轮齿圈与驱动齿轮啮合，及完全啮合三个过程。

（2）常见起动机单向离合器。单向离合器有滚柱式、摩擦片式、弹簧式等几种类型。其中以滚柱式单向离合器最常用。

①滚柱式单向离合器。

a. 滚柱式单向离合器结构。滚柱式单向离合器是通过改变滚柱在楔形槽中的位置来实现分离和接合。如图4-2-11所示，滚柱式单向离合器的驱动齿轮与外壳制成一体，外壳内装有十字块和4套滚柱、压帽及弹簧。十字块与花键套筒固连，壳底与外壳相互扣合密封。花键套筒的外面装有啮合弹簧及衬圈，末端安装着拨环与卡圈。整个离合器总成套装在电动机轴的花键部位上，可轴向移动和随轴转动。在外壳与十字块之间，形成4个宽窄不等的楔形槽，槽内分别装有一套滚柱、压帽及弹簧。滚柱的直径略大于楔形槽窄端，略小于楔形槽的宽端。

b. 滚柱式单向离合器工作过程。当起动机开始工作时，驱动齿轮与齿圈啮合，十字块同电枢轴一起旋转,由于摩擦力矩的作用滚柱滚入楔形槽窄端,将十字块与外壳卡死,驱动齿轮和套筒成为一个整体,带动飞轮,起动发动机;发动机起动后,飞轮齿圈会带动驱动齿轮旋转,外壳转速高于十字块转速,滚柱滚入宽端打滑,这样发动机的转矩就不会传递至起动机,起到保护起动机的作用。

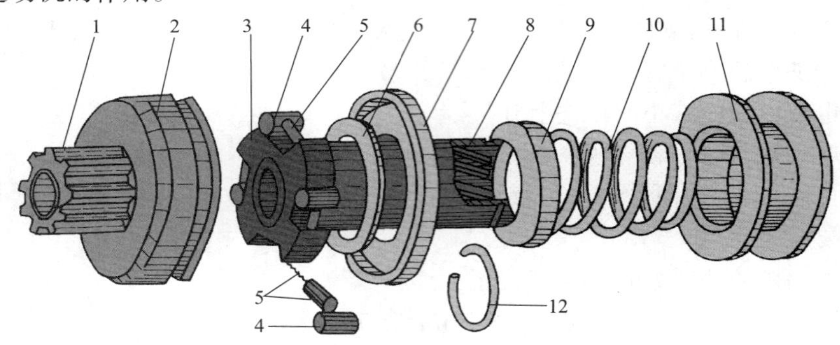

图 4-2-11 滚柱式单向离合器

1-驱动齿轮;2-外壳;3-十字块;4-滚柱;5-压帽及弹簧;6-垫圈;7-护盖;8-花键套筒;9-弹簧座;10-啮合弹簧;11-拨环;12-卡簧

受力分析如图 4-2-12 所示,当起动机电枢旋转时,转矩经套筒带动十字块旋转,滚柱滚入楔形槽窄端,将十字块与外壳卡紧,使十字块与外壳之间能传递力矩,如图 4-2-12a)所示;发动机起动以后,飞轮齿圈会带动驱动齿轮旋转,当转速超过电枢转速时,滚柱滚入宽端打滑,这样发动机的转矩就不会传递至起动机,起到保护起动机的作用,如图 4-2-12b)所示。

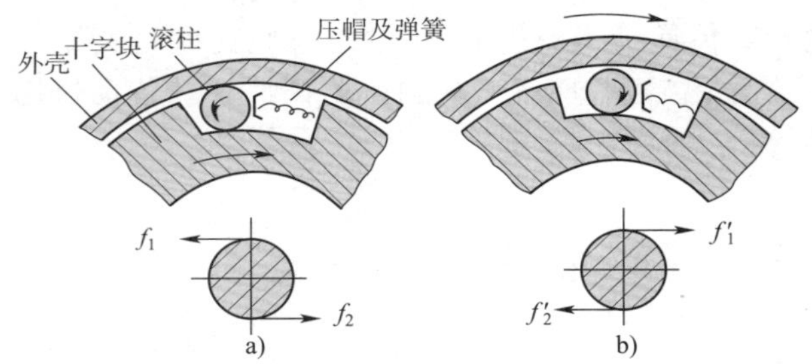

图 4-2-12 滚柱的受力及作用示意图

a)起动时;b)起动后

滚柱式单向离合器构造简单,在中小功率起动机上被广泛应用,适用于额定功率在 1.47kW 以下的小型起动机,工作可靠;由于接合时为刚性,不能承受大的冲击力,在转速较大转动时,滚柱容易卡死,因此滚柱式单向离合器不适用于功率较大的起动机上。

②摩擦片式单向离合器。摩擦片式单向离合器是通过主从动片的压紧和放松来实现分离,结构如图 4-2-13 所示。由主动盘、被动盘、主动摩擦片、被动摩擦片、保险弹簧垫圈、驱动齿轮轴套等机件组成。

摩擦片式单向离合器可以传递较大的转矩,应用于大功率起动机,但在使用过程中,摩擦片磨损后传递的转矩将会下降,因此需要经常调整,结构复杂。

主动盘内制有螺旋键槽,套在电枢轴的螺旋键槽上,可转动,也可轴向移动。

主动盘的一端外部制有四个缺口,与主动摩擦片外缘的四个凸起相结合,以带动主动摩擦片转动。

被动盘内制有左螺旋线槽,与驱动齿轮轴套的一端螺旋键槽相配合,盘外制有键槽,与被动摩擦片内缘的凸起部分相配合,被动盘能随被动摩擦片一起转动。主动摩擦片用铜片制成,被动摩擦片用钢片制成,主被动摩擦片相间排列,能在主、被动盘上轴向移动。

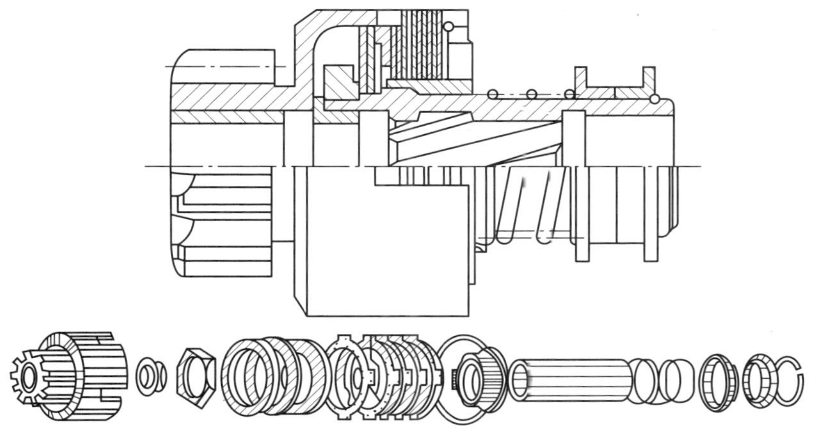

图 4-2-13 摩擦片式离合器的构造

驱动齿轮与驱动齿轮轴套制成一体,内部中空,套装在电枢轴的光滑部分,可以转动也可以轴向移动。轴套在螺旋键的端部制有环槽,以便将被动盘上的机件锁住。被动盘上套有压环,在压环与摩擦片之间装有调整垫圈,增减调整垫圈可以调整离合器所能传递的最大转矩。整个主动盘和驱动齿轮轴套由铁皮外壳包装密封。

起动时,电枢轴带动主动盘和主动摩擦片转动,借摩擦力带动被动摩擦片及被动盘。由于发动机阻力大,驱动齿轮和轴套开始并不转动,因而迫使被动盘沿驱动齿轮轴套的螺旋键槽转动(从驱动齿轮一端看被动盘作顺时针方向转动)。

由于被动盘是沿着压紧摩擦片的方向轴向移动,摩擦片之间的摩擦力将随之增大。当摩擦片之间能够传递的转矩增大到克服发动机的阻力矩时,被动盘将停止轴向移动,电动机产生的转矩即可通过驱动齿轮带动飞轮旋转起动发动机。

发动机起动后由于被动盘的惯性作用,使被动盘在驱动齿轮轴套的螺旋槽上作反时针转动,被动盘沿螺旋槽向左退出,向放松摩擦片的方向移动,因而离合器分离,避免了电枢轴超速旋转的危险。

3)控制装置

电磁控制装置在起动机上称为电磁开关,它的作用是控制驱动齿轮与飞轮齿圈的啮合与分离,并控制电动机电路的接通与切断。在现代汽车上,起动机均采用电磁式控制电路,电磁式控制装置是利用电磁开关的电磁力操纵拨叉,使驱动齿轮与飞轮啮合或分离。

(1)电磁控制装置的组成。图 4-2-14 所示为其结构图。电磁开关主要由吸引线圈、保持线圈、复位弹簧、可动铁芯、接触片等组成。其中,端子 C 接点火开关,通过点火开关再接电源,端子 30 直接接电源。

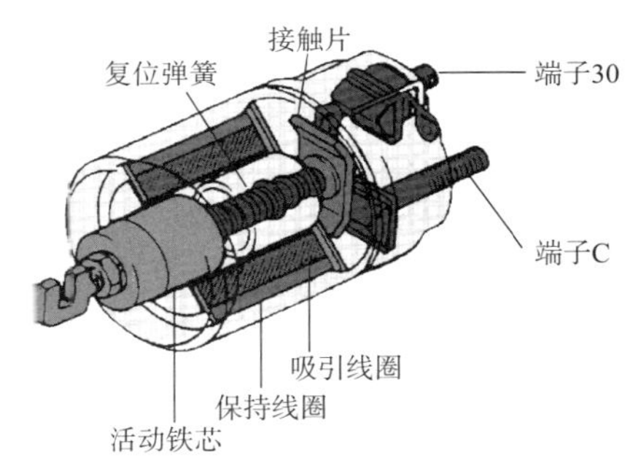

图 4-2-14 电磁开关结构图

(2)基本工作过程。电磁开关的工作过程要结合电路进行分析,此处不对其进行单独的分析。主要的工作过程见起动系统控制电路,如图 4-2-14 所示。当起动电路接通后,保持线圈的电流经起动机接线柱 30 进入,经线圈后直接搭铁,吸引线圈的电流也经起动机接线柱 30 进入,但通过线圈后未直接搭铁,而是进入电动机的励磁线圈和电枢后再搭铁。两线圈通电后产生较强的电磁力,克服复位弹簧弹力使活动铁芯移动,一方面通过拨叉带动驱动齿轮移向飞轮齿圈并与之啮合,另一方面推动接触片移向接线柱 30 和 C 的触点,在驱动齿轮与飞轮齿圈进入啮合后,接触片将两个主触点接通,使电动机通电运转。在驱动齿轮进入啮合之前,由于经过吸引线圈的电流经过了电动机,所以电动机在这个电流的作用下会产生缓慢旋转,以便于驱动齿轮与飞轮齿圈进入啮合。在两个主接线柱触点接通之后,蓄电池的电流直接通过主触点和接触片进入电动机,使电动机进入正常运转,此时通过吸引线圈的电路被短路,因此,吸引线圈中无电流通过,主触点接通的位置靠保持线圈来保持。发动机起动后,切断起动电路,保持线圈断电,在弹簧的作用下,活动铁芯复位,切断了电动机的电路,同时也使驱动齿轮与飞轮齿圈脱离啮合。

2. 起动机工作过程

起动开关未接通时,启动继电器触点张开,电动机开关断开,离合器驱动齿轮与飞轮处于分离状态。

起动开关接通时:

(1)启动继电器线圈电路接通。其电路为:蓄电池正极→点火开关接柱→启动继电器“点火开关”接柱→线圈搭铁→蓄电池负极。如图 4-2-15 所示。

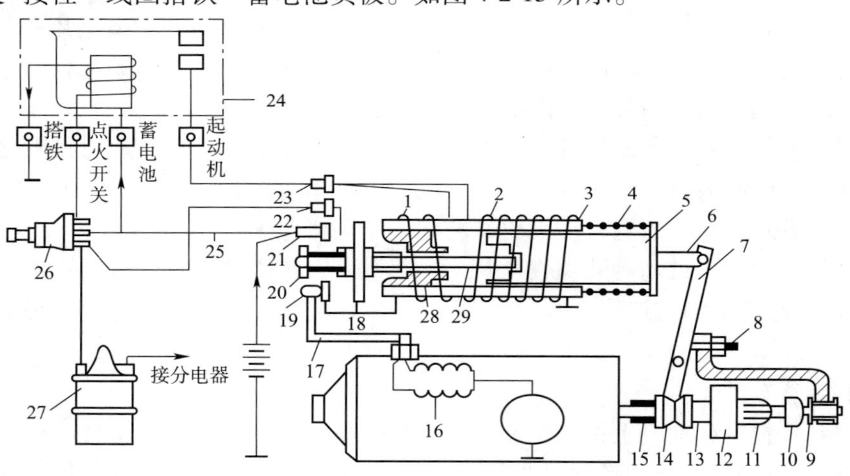

图 4-2-15 起动机工作示意图

1-吸引线圈;2-保持线圈;3-铜套;4-引铁限位簧;5-引铁;6-耳环;7-拨叉 ;8-拨叉限位簧;9-止推垫圈;10-限位螺母;11-驱动齿轮;12-单向离合器;13-缓冲弹簧;14-集电环;15-定位弹簧;16-磁场绕组;17-导电片;18-触盘;19、20-电动机开关接柱;21-触盘限位弹簧;22-附加电阻短路开关接柱;23-电阻开关接柱;24-启动继电器;25-附加电阻接柱;26-点火开关;27-点火圈;28-固定铁芯;29-触盘顶杆

(2)电磁铁线圈电路接通(点火开关起动挡)。继电器触点闭合,同时接通吸引线圈和保持线圈电流电路,两线圈产生同方向的磁场,磁化铁芯,吸动引铁前移,引铁前端带动触盘接通两个开关(电动机开关 19、20),后端通过耳环带动拨叉移动使驱动齿轮与飞轮啮合。

吸引线圈电路:蓄电池正极→电动机开关接柱 21(主接线柱)→启动继电器“电池”接柱、支架、触点、“起动机”接柱→电磁开关接柱 23(起动接线柱)→吸引线圈 1→电动机开关接柱19→电动机磁场绕组→电枢绕组→搭铁→蓄电池负极。

保持线圈电路：蓄电池正极→电动机开关接柱21→启动继电器"电池"接柱、支架、触点、"起动机"接柱→电磁开关接柱23→保持线圈2→搭铁→蓄电池负极。

(3)电动机电路接通。触盘将电动机开关接柱19、21连通后，电动机电路接通。此电路电阻极小，电流可达几百安培，电动机产生较大转矩，带动飞轮转动。电动机开关接通后，吸引线圈被短路。其电路为：蓄电池正极→电动机开关接柱19、21→导电片17→磁场绕组→电枢绕组→搭铁→蓄电池负极。

起动开关断开时(点火开关复位)：启动继电器停止工作，触点张开。

启动继电器触点张开后电动机开关断开瞬间，保持线圈电流通路为：蓄电池正极→电动机开关接柱21→触盘18→接柱19→吸引线圈1→保持线圈2→搭铁→蓄电池负极。电动机开关断开，驱动齿轮和飞轮分离。

3.起动机的工作特性

直流电动机按照磁场绕组和电枢绕组连接方法不同，可分为并励式、串励式、复励式三种。如图4-2-16所示。

汽车起动机常用的是串励式直流电动机，其工作特性如下。

1)转矩特性

由于励磁绕组与电枢绕组是串联的，因此励磁电流 I_J 与电枢电流 I_S 相等，电流不大磁路未饱和时，Φ 与 I_J 成正比，即 $\Phi = C_1 \cdot I_J = C_1 \cdot I_S$，故电动机产生的电磁转矩为 $M = C_m \Phi I_S = C_m C_1 I_S = C_1 S^2$，即磁路未饱和时，串励式直流电动机的电磁转矩 M 与电枢电流的平方成正比，如图4-2-17所示。

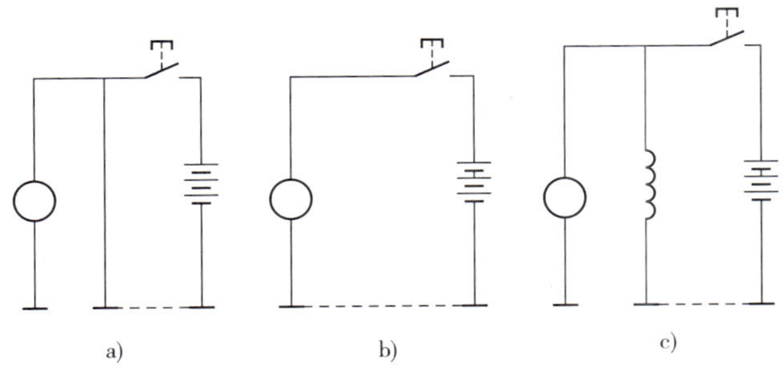

图4-2-16　起动机磁场绕组和电枢绕组连接方式

a)并励式；b)串励式；c)复励式

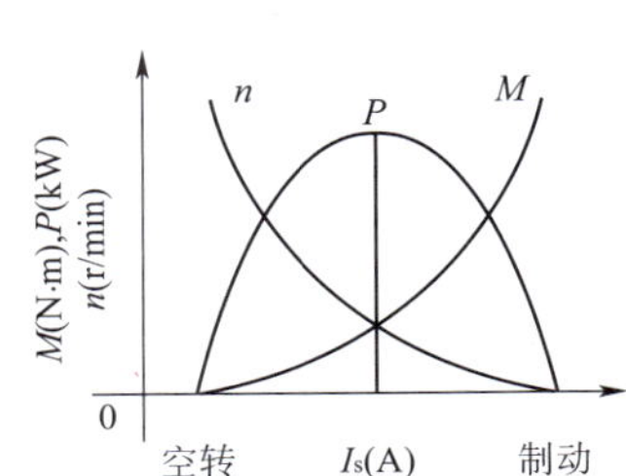

图4-2-17　起动机外特性曲线图

由上式可知，当电枢电流相同时，串励式直流电动机产生的电磁转矩比并励式直流电动机产生的电磁转矩要大很多，这是汽车起动机采用串励直流电动机的原因之一。

另外，由电枢电流 $I_S = (U_b - C_e \Phi n)/R_a$ 得，在起动瞬间，由于发动机的阻力矩很大，起动机处于完全制动的状态，$n = 0$，故电枢电流 I_S 将达到最大值(制动电流)，产生最大转矩(制动转矩)，从而使起动机易于起动，这是汽车上采用串励式直流电动机的另一原因。

2)转速特性

由 $U_b = E_{反} + I_S R_a$ 得 $n = (U_b - I_S R_a)/C_e \Phi$，由此可知串励式直流电动机在轻载时 I_S 小，转速高；重载时 I_S 大，转速低，如图4-2-17中的曲线 n。

串励式直流电动机在重载时转速低而转矩大的特性,可以保证起动安全可靠,但在轻载和空载时的转速很高,容易造成电枢绕组飞散。这就是俗称的串励式直流电动机的机械特性软。因此,串励式直流电动机不可在轻载或空载下运行。

3)功率特性

起动机的输出功率 P(kW)可以通过测量电枢轴上的输出转矩 M 和电枢的转速 n 确定,即 $P = Mn/9550$。

从上式可以看出,在完全制动($n=0$)和空载($M=0$)两种情况下,起动机的输出功率都等于0,如图4-2-17中的 P 曲线,在 I_S 接近完全制动电流一半时,起动机的输出功率最大。因为起动机的工作时间很短,所以允许在最大输出功率状态下工作,通常把起动机的最大输出功率称为起动机的额定功率。

4. 影响起动机工作特性的因素

1)蓄电池的容量和充电情况

容量大,充电充足,内阻小,供给起动机电流大,起动机的功率、制动力矩都大,使用时要经常保持蓄电池充足电。

2)起动电路的电阻影响

起动机内部电阻和起动线路电阻越大,起动机的输出功率、制动力矩均会降低。另外,起动机的电缆线不要随意更换,最好使用与车型配套的电缆线,否则电缆线过长、过细都会使电阻增大,使起动机输出功率下降。

3)环境温度的影响

环境温度低时会引起蓄电池的内阻增大,容量下降,起动性能不好,导致起动机输出功率下降。

起动机的分组代号见表4-2-2。

起动机的分组代号 表4-2-2

分组代号	1	2	3
功率等级(kW)	~0.736	>(1~2)×0.736	>(2~3)×0.736
分组代号	4	5	6
功率等级(kW)	>(3~4)×0.736	>(4~5)×0.736	>(5~7)×0.736
分组代号	7	8	9
功率等级(kW)	>(7~10)×0.736	>(10~15)×0.736	>15×0.736

型号中关于设计序号和变型代号的规定与其他电气产品中的有关规定相同。

二、发电机的结构与工作原理

1. 发电机的功用

发电机是汽车的主要电源,其功用是在发动机正常运转时(怠速以上),向所有用电设备(起动机除外)供电,同时向蓄电池充电。如图4-2-18所示。

2. 发电机的分类

汽车用发电机可分为直流发电机和交流发电机,由于交流发电机在许多方面优于直流发电机,直流发电机已被淘汰,目前所有汽车均采用交流发电机,交流发电机按照不同的分类方法分为以下几类。

1)按总体结构分五类

(1)普通交流发电机(使用时需要配装电压调节器的发电机),例如 JF132 型发电机(EQ140 用)。

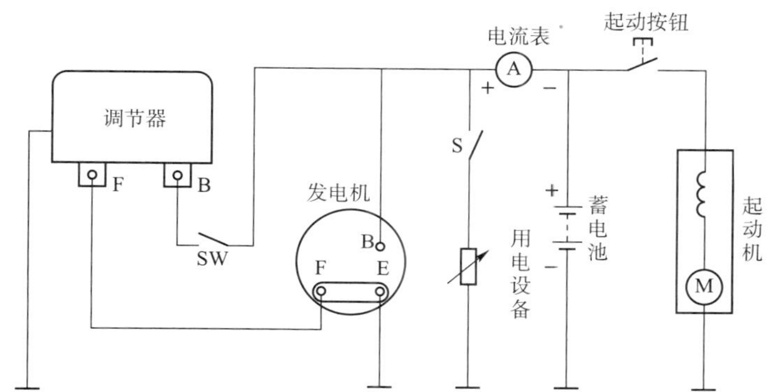

图 4-2-18 发电系结构示意图

(2)整体式交流发电机(发电机和调节器制成一个整体的发电机),例如别克轿车的发动机上装配的是 CS 型发电机。

(3)带泵交流发电机(和汽车制动系统用真空助力泵安装在一起的发电机),例如 JFZB292 型发电机。

(4)无刷交流发电机(不需要电刷的发电机),例如 JFW1913 型发电机。

(5)永磁交流发电机(磁极为永磁铁制成的发电机)。

2)按整流器结构分四类

(1)六管交流发电机,例如 JF1522 型发电机(东风汽车用)。

(2)八管交流发电机,例如 JFZ1542 型发电机(天津夏利汽车用)。

(3)九管交流发电机。

(4)十一管交流发电机,例如 JFZ1913Z(桑塔纳汽车用)。

3)按磁场绕组搭铁形式分两类

(1)内搭铁型交流发电机。磁场绕组的一端(负极)直接搭铁(和壳体相连)。

(2)外搭铁型交流发电机。磁场绕组的一端(负极)接入调节器,通过调节器后再搭铁。

3. 交流发电机的型号

根据中华人民共和国汽车行业标准 QC/T 73—1993《汽车电气设备产品型号编制方法》的规定,汽车交流发电机型号组成如下。

1)产品代号

产品代号用中文字母表示,例如:

(1)JF——普通交流发电机。

(2)JFZ——整体式(调节器内置)交流发电机。

(3)JFB——带泵的交流发电机。

(4)JFW——无刷交流发电机。

2)电压等级代号

电压等级代号用一位阿拉伯数字表示：

(1)1 表示 12V 系统。

(2)2 表示 24V 系统。

(3)6 表示 6V 系统。

4. 交流发电机工作原理(图 4-2-19)

1)交流发电原理

(1)在发电机内部有一个由发动机带动的转子(旋转磁场)。

(2)磁场外有一个定子绕组,绕组有 3 组线圈(3 相绕组),3 相绕组彼此相隔 120°。

(3)当转子旋转时,旋转的磁场使固定的电枢绕组切割磁力线(或者说使电枢绕组中通过的磁通量发生变化)而产生电动势。

2)整流原理

(1)交流发电机定子的三相绕组中,感应产生的是交流电,是靠六只二极管组成的三相桥式整流电路变为直流电的(图 4-2-20)。

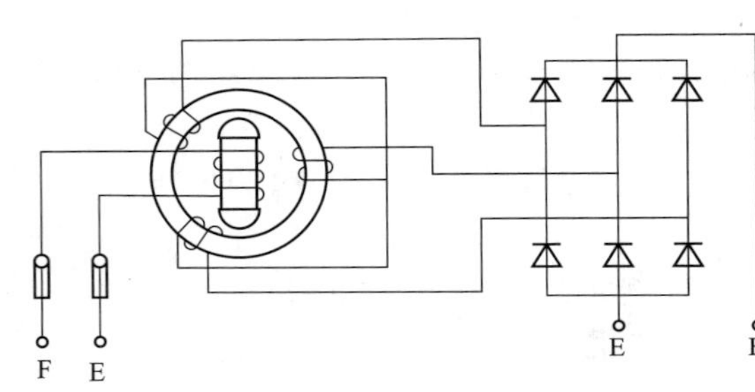

图 4-2-19 交流发电机工作原理图

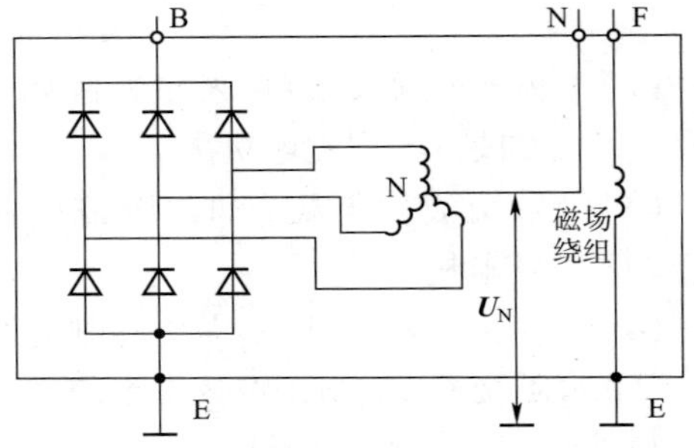

图 4-2-20 三相桥式整流电路

(2)二极管具有单项导电性,当给二极管加上正向电压时,二极管导通,当给二极管加上反向电压时,二极管截止。二极管的导通原则如下：

①当三只二极管负极端相连时,正极端电位最高者导通。

②当三只二极管正极端相连时,负极端电位最低者导通。

3)整流过程分析(图 4-2-21)

(1)整流时二极管导通条件：

①对于三个正极管子(VD_1、VD_3、VD_5 正极和定子绕组始端相连),在某瞬时,电压最高一相的正极管导通。

②对于三个负极管子(VD_2、VD_4、VD_6 负极和定子绕组始端相连),在某瞬时,电压最低一相的负极管导通。

③但同时导通的管子总是两个,正、负管子各一个,如图 4-2-21a)、b)所示。

(2)整流过程。

三相桥式整流电路中二极管的依次循环导通,使得负载 R_L 两端得到一个比较平稳的脉动直流电压。如图 4-2-21c)所示。

(3)中性点电压。

①有的发电机具有中性点接线柱,是从三相绕组的中性点引出来的,标记为“N”。输出

电压为 U_N,称为中性点电压。

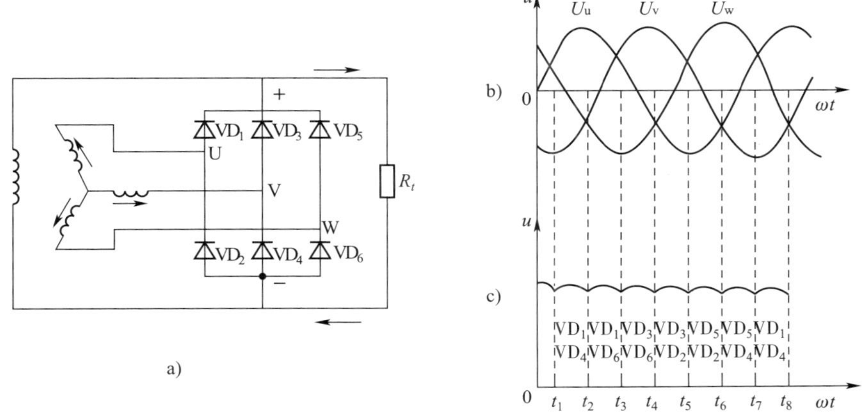

图 4-2-21 三相桥式整流电路及电压波形

a)整流电路;b)、c)电压波形

②中性点电压的瞬时值是一个三次谐波电压,中性点电压的平均值为发电机输出电压(平均值)的一半。

(4)中性点作用。

①带有中性点接线柱的发电机可用中性点电压来控制各种用途的继电器。

②有的发电机没有中性点接线柱,但是也把中性点电压充分地利用了,如图 4-2-22 所示(如夏利、桑塔纳发电机),这些发电机在中性点处接上两只整流二极管,和三相绕组的六只整流二极管一道输出,可提高发电机功率。

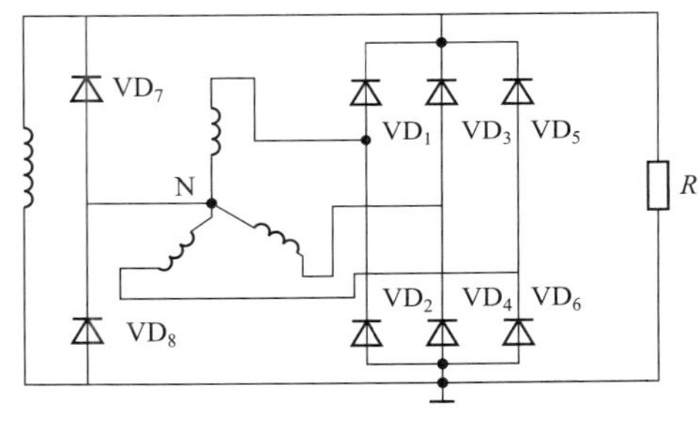

图 4-2-22 桑塔纳三相桥式整流电路

5. 交流发电机的结构

交流发电机一般由转子、定子、整流器、端盖四部分组成。JF132 型交流发电机组件如图 4-2-23 所示。

1)转子

转子的功用是产生旋转磁场。转子由爪极、磁轭、磁场绕组、集电环、转子轴组成,如图 4-2-24 所示。

转子轴上压装着两块爪极,两块爪极各有六个鸟嘴形磁极,爪极空腔内装有磁场绕组(转子线圈)和磁轭。集电环由两个彼此绝缘的铜环组成,集电环压装在转子轴上并与轴绝缘,两个集电环分别与磁场绕组的两端相连。

交流发电机的磁路为:磁轭→N 极→转子与定子之间的气隙→定子→定子与转子间的气隙→S 极→磁轭。如图 4-2-25 所示。

当两集电环通入直流电时(通过电刷),磁场绕组中就有电流通过,并产生轴向磁通,使爪极一块被磁化为 N 极,另一块被磁化为 S 极,从而形成六对相互交错的磁极。当转子转动时,就形成了旋转的磁场。

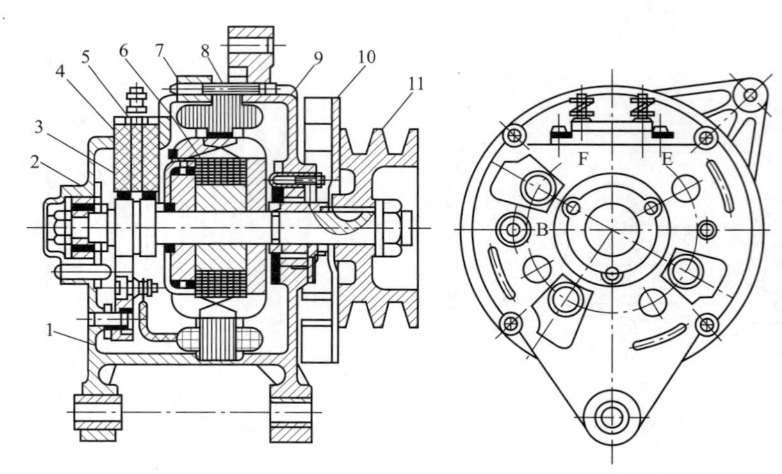

图 4-2-23 JF132 型交流发电机结构图

1-后端盖;2-集电环;3-电刷;4-电刷弹簧;5-电刷架;6-磁场绕组;7-定子绕组;8-定子铁芯;9-前端盖;10-风扇;11-带轮

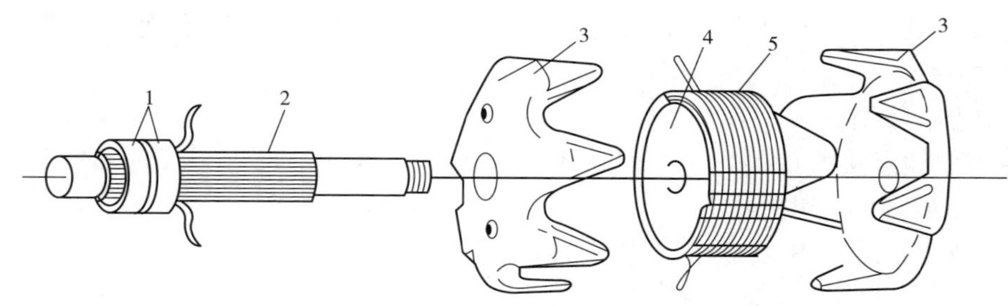

图 4-2-24 交流发电机的转子

1-集电环;2-转子轴;3-爪极;4-磁轭;5-磁场绕组

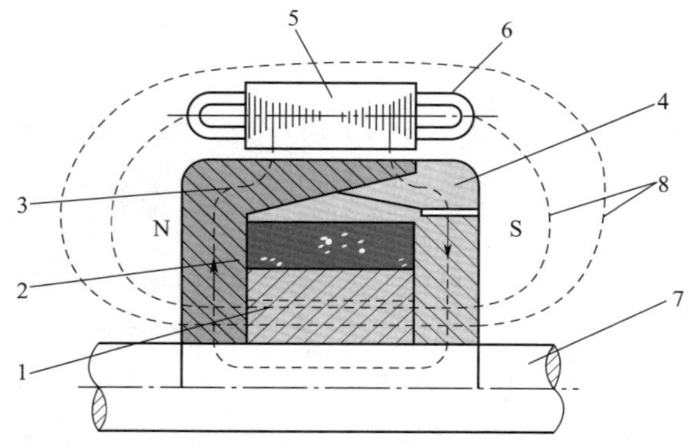

图 4-2-25 交流发电机的磁路

1-磁轭;2-磁场绕组;3、4-磁极;5-定子铁芯;6-定子绕组;7-轴;8-漏磁道

2)定子

定子的功用是产生交流电。定子由定子铁芯和定子绕组组成。

定子绕组:

(1)每个线圈的两个有效边之间的距离应和一个磁极占据的空间距离相等。

(2)每相绕组相邻线圈始边之间的距离应和一对磁极占据的距离相等或成倍数。

(3)三相绕组的始边应相互间隔 $2\pi + 120°$电角度(一对磁极占有的空间为 360°电角度)。

3)整流器

交流发电机整流器的作用是将定子绕组的三相交流电变为直流电;6 管交流发电机的整流器是由 6 只硅整流二极管组成三相全波桥式整流电路;6 只硅整流二极管分别压装(或焊装)在两块板上。

4）端盖

端盖一般分两部分（前端盖和后端盖），起固定转子、定子、整流器和电刷组件的作用。端盖一般用铝合金铸造，一是可有效地防止漏磁，二是铝合金散热性能好。后端盖上装有电刷组件，由电刷、电刷架和电刷弹簧组成。电刷的作用是将电源通过集电环引入磁场绕组。

6. 交流发电机的工作特性

交流发电机的工作特点是转速变化范围大，对于一般汽油发动机来说，其转速变化约为1∶8，柴油机约为1∶5，因此分析汽车用交流发电机的特性必须以转速的变化为基础。

交流发电机的特性有输出特性、空载特性和外特性，其中以输出特性最为重要。

1）输出特性

输出特性是指在发电机端电压 U 不变（对12V系列的交流发电机规定为14V），对24V输出电流与转速之间的关系，即 $U=$ 常数时，$I=f(n)$ 的函数关系。如图4-2-26a）所示。

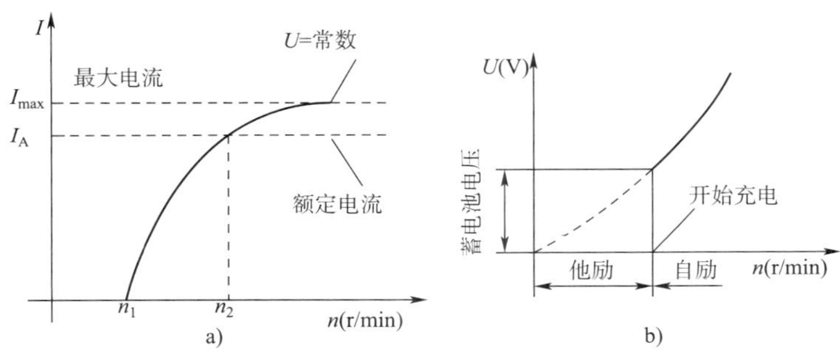

图4-2-26　交流发电机输出特性

（1）空载转速 n_1。发电机转速小于一定值 n_1 时，对外输出电流为零。当发电机达到额定电压并能对外输出电流时的最小转速为 n_1，称 n_1 为空载转速。空载转速常用来作为测试发电机性能的参数之一。

（2）最大电流 I_{max}。发电机输出电流能力随转速的升高而增大，但曲线越来越平坦，当转速达到一定值时，无论转速增加多少电流都不再增加，即一定结构的发电机输出最大电流 I_{max} 有一定限制。由此可见，交流发电机自身具有限制输出电流防止过载的能力，称为自我保护能力。

（3）额定转速 n_2 额定电流 I_A。发电机出厂时，通过试验，规定了空载转速与额定转速。在使用过程中，可通过检测这两个数据来判断发电机性能的好坏。

发电机达到额定电流 I_A 时的转速定为额定转速，图中用 n_2 表示，额定电流一般定为最大输出电流的2/3。

空载转速与额定转速是测试交流发电机性能的重要依据。

2）空载特性

空载特性是研究发电机在空载运行时，其端电压随转速变化的关系，即 $I=0$ 时，$U=f(n)$ 的曲线。如图4-2-26b）所示。

7. 发电机电压检测电路(图 4-2-27)

分压器 R_1、R_2 从发电机输出端(D+端)得到电压,稳压管 VS 上的电压与发电机的输出电压成正比,所以该电路称为发电机电压检测电路(检测点在发电机上)。

发电机电压检测电路的优点:发电机到检测电路距离近,可不用导线连接,直接接在发电机输出端,连接可靠,不会致使检测电路检测不到信号。

发电机电压检测电路的缺点:当发电机到蓄电池之间连接电阻大时,蓄电池充电电压会偏低,使蓄电池充电不足。

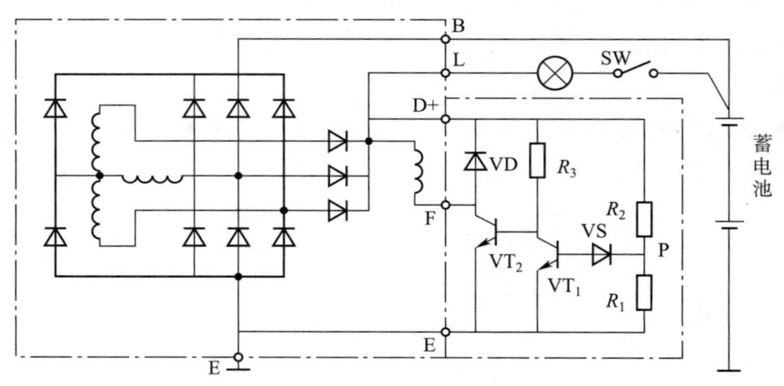

图 4-2-27 发电机电压检测电路

三、缓速器的结构与工作原理

1. 缓速器简介

电涡流缓速器作为一种辅助制动装置装备在车辆上,在国外已经有几十年的历史。而国内则是在近几年开始逐步推广和普及。电涡流缓速器以其低速大转矩、维护简单、可靠性高等特点而在汽车辅助制动市场上得到了较为广泛的运用。

其优势主要体现在以下几个方面:

(1)极大地改善了车辆的制动性能,延长了制动蹄片的使用寿命,降低车辆的使用成本。

(2)降低了轮毂温度,避免了爆胎和制动过热的发生,大大提高了车辆的安全性能。

(3)减少了制动蹄片中有害粉尘的产生,缓解了车辆制动时产生的巨大噪声,具有良好的环保效应。

基于以上优势,并随着国内对车辆的安全性、舒适性、环保性要求的进一步提高,电涡流缓速器在汽车市场上必将扮演越来越重要的角色。

2. 原理和结构

电涡流缓速器的基本原理是通过与定子和转子之间的磁场作用达到车辆减速的目的。其中定子和车辆底盘固定在一起(变速器、后桥、车架)。转子通过凸缘连接和传动轴一起高速旋转。转子和定子之间有很小的气隙。定子中的多组线圈通电后产生巨大的力矩作用在旋转的转盘上从而使车辆减速。如图 4-2-28、图 4-2-29 所示。

主要组成部件功能简介如下。

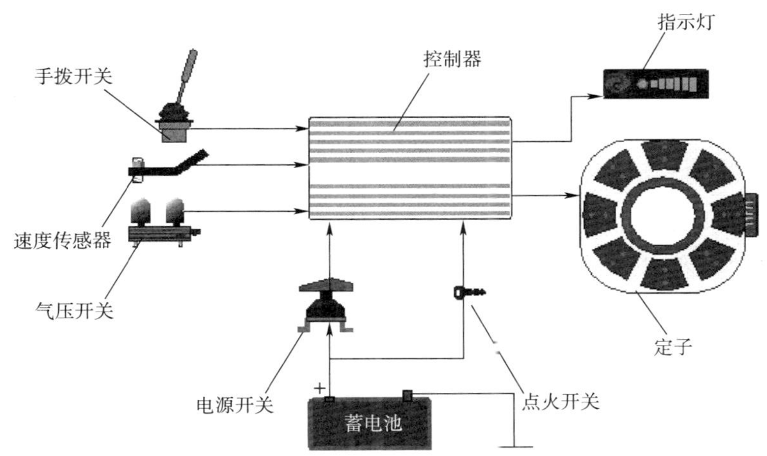

图 4-2-28　缓速器结构示意图

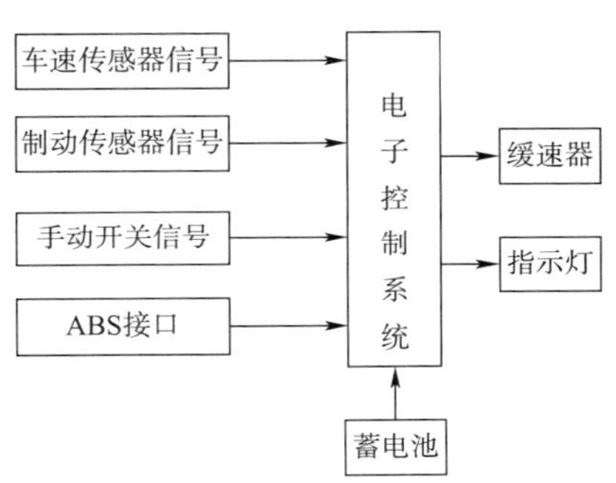

图 4-2-29　系统控制原理图

（1）定子：如图 4-2-30 所示，内置多组线圈，是缓速器的主要工作部件。通过固定支架与车辆底盘连接。

（2）转子：如图 4-2-31 所示，由对称的前、后转盘组成，中间通过凸缘或者连接环将其固定为一体，与传动轴一起高速旋转。

（3）控制器：缓速器的控制核心，采用无触点的大功率晶体管控制。

（4）气压开关：与气阀座一同安装在车架上，通过三通、气管与前制动气路相连，是采用制动踏板操作缓速器工作时的控制开关。

（5）速度传感器：传感器头通过固定支架一起安装在定子上，在转盘旋转过程中传感器头产生脉冲信号，由此得到车辆行驶的速度信号。

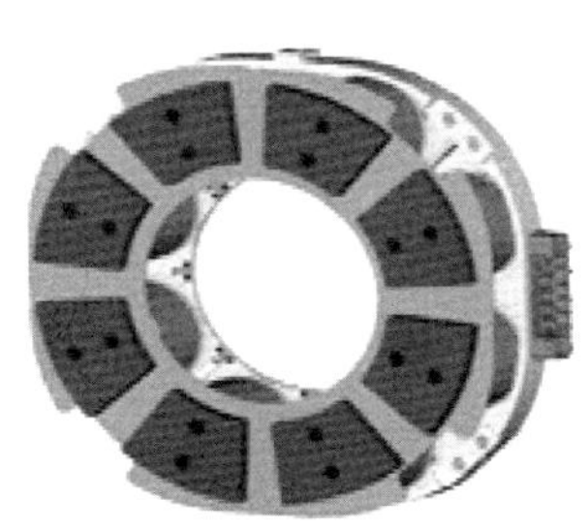

图 4-2-30　缓速器定子

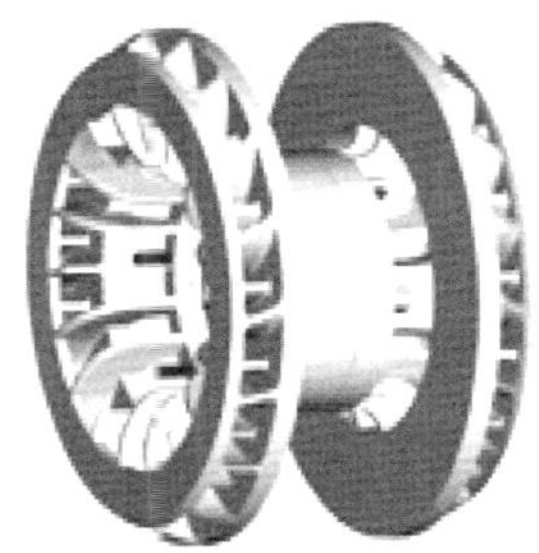

图 4-2-31　缓速器转子

（6）手拨开关：安装在驾驶室内。驾驶员通过选择合适的挡位来实现车辆的制动。

（7）电源总开关：一般安装在电气舱内，接在蓄电池正极和缓速器控制器之间，供车辆检修时使用。

（8）缓速器指示灯：如图 4-2-32 所示，安装驾驶室内，向驾驶员显示缓速器的工作情况，并提供缓速器故障的诊断依据。

图 4-2-32 缓速器指示灯

3. 缓速器的正常使用

1)操作步骤

(1)打开点火开关,红色的电源指示灯变亮,表示整个缓速器供电已经正常。(控制器上红色控制线接到汽车点火开关正极。根据该线的不同接法,会有所差异)。

(2)汽车起动达到一定车速(约 5km/h),准备工作指示灯亮,表示缓速器进入工作待命状态,可以控制缓速器工作。

(3)踩下制动踏板或者打开手拨开关,缓速器开始制动,车辆速度明显降低。根据踏下制动踏板的不同角度,以及手拨开关的选择,缓速器以不同挡位进行工作,一组工作指示灯依次变亮。

(4)随着车速的降低,当车速低于 5km/h 时,准备工作灯熄灭,缓速器停止工作(切记将手拨开关回到零位)。

2)缓速器使用注意事项

(1)一般情况下尽可能使用手控方式,可以大大减轻常规制动器负荷,避免制动器磨损过快或者温度过高,使其始终处于良好的工作状态,这样当行驶中遇到紧急情况时,能保持其良好的安全性能。

(2)因为缓速器的工作时间要先于常规制动系统,在使用脚动方式控制缓速器时,注意尽量轻踩制动踏板。除非必要,应避免紧急制动,从而最大限度地发挥缓速器的效能。

(3)对于有预见性的制动,如到站、高速公路上进收费站等,要提前使用缓速器使车辆减速,最后用制动蹄片使车辆停下来。因为车辆高速制动对制动系统的磨损最严重,这样能有效避免制动蹄片磨损过快。

(4)车辆空载或行驶在冰雪、泥泞的路段时,由于车轮的附着力较差,在使用手拨开关时不能换挡太快,以免因缓速器作用力过大引起后轮打滑。在这种情况下还应当确认缓速器与 ABS 是否正确连接。

(5)当车辆在山区行驶,特别是在长距离下坡时,切记不能连续将缓速器手拨开关放在最高挡位上,以避免缓速器持续过热导致线圈烧坏。如果缓速器连续使用一段时间,不要马上将车停下,避免其散热不良(最好继续行驶 200m 左右的距离)。

4. 缓速器的维护

正常的维护能保证电涡流缓速器经常保持良好的工作效能,减少零部件非正常损坏,避免缓速器的故障。

1)清洗

特别是在粉尘或泥浆多的地点,以及冬季撒盐的道路上行驶后,应该使用高压喷头定期清除转子上的沉积物,以保证缓速器产生的热量能得到有效散发。

在清洗过程中应注意:

(1)清洗前必须断开电源总开关。

(2)定子以及电气接头只能使用低压喷头清洗。

(3)只能在缓速器冷却后进行清洗,否则会导致转盘变形。

(4)不得使用腐蚀性溶剂。

2)定期维护

(1)检查缓速器的轴向窜动。用塞尺检查缓速器四个角定子和转子之间的间隙,如果各处间隙不均匀,则检查定子固定支架螺栓是否松动、转子是否变形、变速器(后桥)输出凸缘是否松动。用大螺丝刀或撬棍插入缓速器转子和定子之间的间隙中,用力撬动,如果感觉转子有轴向窜动,则需查明原因并加以解决,否则会导致定子、转子磨损。

①定子固定支架松动:按规定力矩紧固支架固定螺栓。

②凸缘锁紧螺栓(大螺母)松动:拆下缓速器紧固锁紧螺栓(大螺母)。

③凸缘过度磨损:更换凸缘。

④变速器主轴后轴承磨损,或者轴承的轴向定位间隙不当:更换后轴承,或重新调整轴向定位间隙。

(2)检查传感器间隙。检查传感器与转子之间的间隙是否合适(3～5mm),如果间隙不当,就松开传感器紧固铜螺母,调整完毕后重新拧紧。

(3)检查变速器输出端(后桥输入端)。检查变速器输出端(后桥输入端)有无漏油现象,如果漏油,则需更换油封。

(4)检查缓速器接地线、驱动线。检查缓速器接地线、驱动线是否接触良好,如有松动,必须将其紧固牢靠。

(5)检查缓速器线束。检查缓速器线束有无磨损,各连接插头是否牢固,气压开关、控制器、速度传感器支架是否松动。

缓速器常规维护项目见表4-2-3。

缓速器常规维护项目表　　表4-2-3

机械维护		4000km	15000km	40000km
检查定子/转子间隙是否正常		√	√	√
检查变速器或后桥凸缘锁紧螺栓(锁紧螺母)是否松动		√	√	√
检查并紧固传动轴螺栓		√	√	√
检查变速器或后桥油封是否漏油			√	√
检查辅助支撑装置(如有安装)			√	
固定支架、定子外壳、转盘是否有裂纹或损伤				√
电气维护		4000km	15000km	40000km
检查线束是否有磨损		√	√	√
紧固接线柱和检查插接件		√	√	√
检查驱动控制器	运行状况	√	√	√
	接触状况	√	√	√
	紧固接线柱	√	√	√
检查气压开关运行状况		√	√	√
手柄、指示灯、踏板运行状况			√	√

5.故障的诊断和排除

由于缓速器依靠磁场的作用来实现制动,各部件之间没有接触和磨损,所以在维护良好的情况下缓速器的故障率很低。

即使出现电气方面的故障,也可以在关闭缓速器电源开关以后,让车辆继续正常运行。

但如果出现机械方面的故障(定子、转子摩擦,轴承磨损等)则需要尽快将故障排除。

如果缓速器出现电气方面的故障,缓速器指示灯就成为故障诊断的重要依据。

6. 典型故障诊断与排除

1)电气

(1)故障一。

①现象:打开点火开关,红色电源指示灯亮。车辆起步后,绿色圆形准备工作灯不亮,或者时有时无。

②原因:车辆速度传感器工作不良,或传感器线束断路。

③排除:检查传感器头间隙和电阻。如果损坏则更换,否则将间隙调好(见维护)。

(2)故障二。

①现象:车辆静止,但缓速器指示灯全部变亮。

②原因:缓速器控制器烧毁。

③排除:更换控制器。

(3)故障三。

①现象:电源指示灯、准备工作灯工作正常。缓速器始终不工作,但接上测试仪测试缓速器工作正常。

②原因:缓速器制动线束断路或是接插头接触不良。

③排除:检查制动线束,找到断点进行处理。

(4)故障四。

①现象:缓速器工作正常,但有时松开制动踏板后,缓速器不能马上停止工作,再次踩下制动踏板、松开,缓速器恢复正常。

②原因:制动系统漏气或者排气不良。

③排除:检修常规制动系统,排除故障。

(5)故障五。

①现象:控制器经检查损坏,用万用表测量定子各挡位的电阻,发现有线圈短路。

②原因:定子线圈有松动,导致内部线路磨损搭铁。

③排除:更换定子。

2)机械

(1)故障一。

①现象:检查发现缓速器定子、转子有磨损,用撬棍放在定子和转子之间的空隙处用力撬动,转盘的摆动量过大。

②原因:凸缘锁紧螺栓(大螺母)松动。

③排除:按要求拆下缓速器,紧固锁紧螺栓后将缓速器恢复。

(2)故障二。

①现象:缓速器效果不好或没有效果,但所有工作灯显示正常。用电流表测量定子工作电流,发现异常。

②原因:缓速器搭铁线束或驱动线束断开、接触不良。

③排除:检查线束接头,排除故障。

7. 螺栓拧紧力矩

螺栓拧紧力矩见表4-2-4。

螺栓拧紧力矩表　　表4-2-4

项目	力矩
凸缘紧固	M12 力矩:80~90N·m 其他力矩:480~560N·m
安装固定支架	M10 力矩:90~100N·m M12 力矩:95~100N·m M14 力矩:120~125N·m M22 力矩:225~230N·m
安装传动轴	M10 力矩:150~170N·m M12 力矩:170~180N·m M14 力矩:200~220N·m M16 力矩:210~230N·m
安装前转盘	力矩:95~100N·m 旧转子 力矩:80~85N·m 新转子
安装后转盘	对准标记 力矩:80~85N·m

8. 机械拆装顺序

缓速器装配图如图4-2-33所示。

警告:因缓速器总成质量超过100kg,因此拆卸时必须采取适当的保护措施以防止人员伤害。

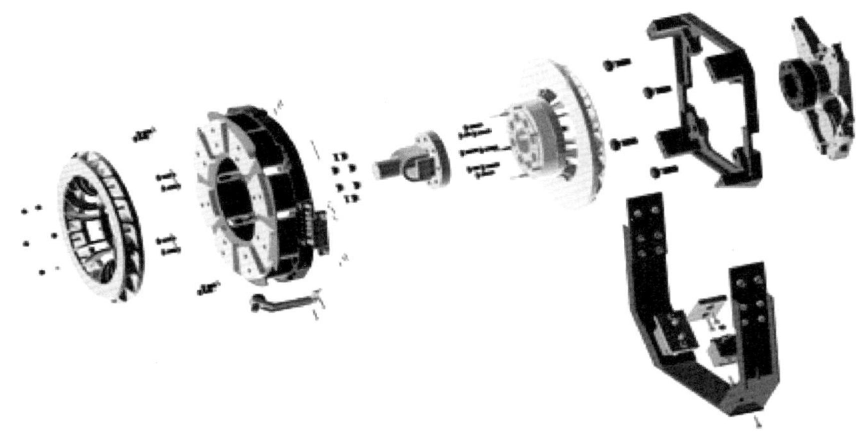

图4-2-33　缓速器装配图

1)拆卸程序

(1)断开电源开关。

(2)从车上拆下传动轴的前半轴。

(3)从定子总成上拆下线束接头(注意标记连接位置)。

(4)拆下转子总成的后转子部分(做好平衡标记)。

(5)拆下定子总成(注意记清楚定子调整垫片的各个位置,重新安装时必须放回原位,这对保证定子总成和转子总成之间的间隙很重要)。

(6)小心拆下前转盘和连接凸缘组合体。

2)安装程序

安装与拆卸相反的步骤操作即可,但应注意以下几点:

(1)保证前后转子和连接凸缘的标记对齐。

(2)检查所有的连接紧固件,必要时更换;涂抹螺纹紧固胶,并按照规定的力矩拧紧。

(3)检查间隙范围(标准:1.4~1.6mm,如不符合必须重新调整)。

(4)连接好电路。

9. 电气连接示意图

缓速器电气连接示意图如图4-2-34所示。

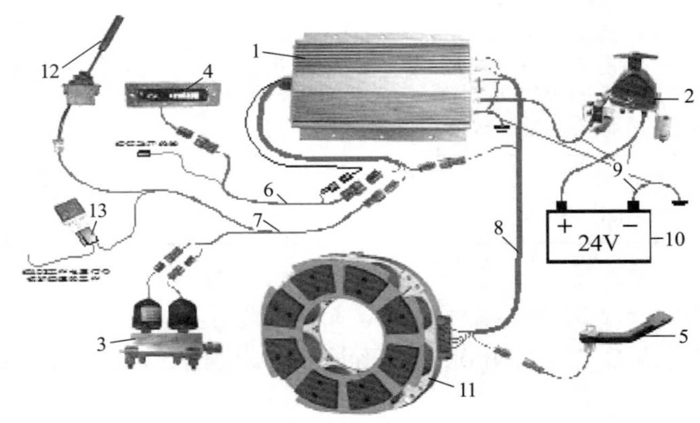

图4-2-34 缓速器电气连接示意图

1-驱动控制器;2-电源开关总成;3-气压开关总成;4-指示灯总成;5-速度传感器总成;6-指示灯线束总成;7-制动线束总成;8-驱动线束总成;9-电源线束;10-电池组;11-定子总成;12-手柄开关;13-车用继电器

四、空调系统的结构与工作原理

空调系统具有如下功能:能够控制车内温度,使之达到人体舒适的水平;能够排除车内空气中的湿气;能够吸入新鲜空气,具有通风功能;能够过滤空气中的灰尘和杂质。空调系统由压缩机、冷凝器、蒸发器、孔管或膨胀阀、储液干燥器、高低压管路、控制电路及空气循环管路等部分组成,它们协同工作,以实现上述功能。

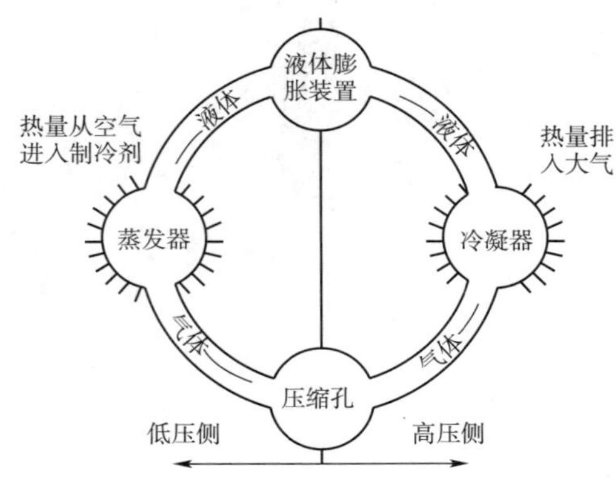

图4-2-35 汽车制冷系统工作原理

1. 汽车制冷系统

1)汽车制冷系统工作原理

如图4-2-35所示,制冷系统工作时,压缩机从蒸发器内吸入气态制冷剂,并将其压缩成高温、高压气体后,泵进冷凝器,在这里制冷剂通过与流动的空气进行热交换,把制冷剂的热量散发出去，使制冷剂从气态变成液态，液态制冷剂经过节流装置（膨胀阀或孔管）的限量、降压作用，进入蒸发器后体积变大、压力下降。在蒸发器内制冷剂蒸发时，会吸收周围空气中的大量热量，又由液态变成气态。这些气态制冷剂又被吸进压缩机，开始下一个循环的工作。

2）汽车制冷系统部件结构和工作原理

空调系统示意图如图4-2-36所示。

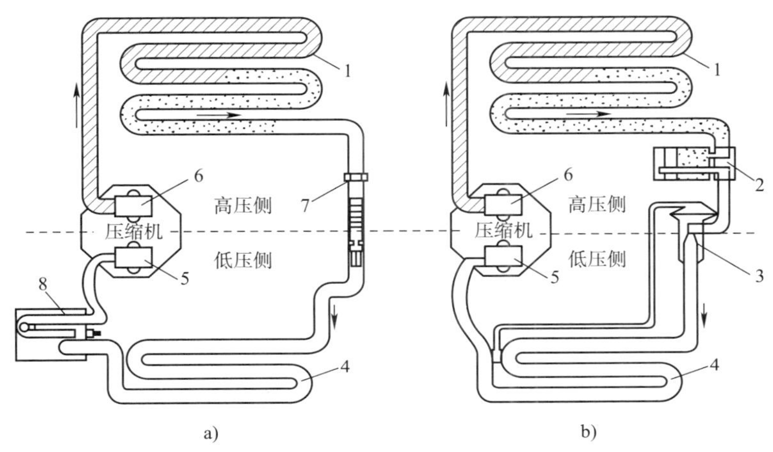

图4-2-36　空调系统示意图

a）孔管类制冷系统；b）膨胀阀类制冷系统

1-冷凝器；2-储液干燥器；3-膨胀阀；4-蒸发器；5-低压维修接头；6-高压维修接头；7-孔管；8-储液干燥器

（1）压缩机。压缩机的种类较多，目前斜盘压缩机和翘板压缩机应用较广泛。斜盘压缩机结构紧凑，效率高，性能可靠，它采用往复式双头活塞。其主要零件是一根主轴，斜盘用花键和主轴固定在一起。当主轴转动时，带动斜盘转动，依靠斜盘的旋转运动驱动活塞作轴向往复运动。翘板压缩机结构紧凑，工作平稳，质量轻。其活塞以压缩机轴为中心线呈圆周排列。压缩机轴上固定有端面凸轮，活塞通过连杆与翘板相连。当压缩机工作时，凸轮转动，驱动翘板作圆周翘动，通过连杆迫使活塞作往复运动。

（2）冷凝器和蒸发器。冷凝器是热交换装置，通常设置在散热器前面，一般采用铜或铝材料制造。制冷系统工作时，从压缩机出来的高温、高压制冷剂气体流过冷凝器，在外部空气冷却下，制冷剂气体变成液体，但仍处于高压。

蒸发器是热交换装置，一般采用铝材料制造，其在车内安装位置视车型而定。制冷系统工作时，来自节流装置的低压雾状制冷剂通过蒸发器管道，吸收车内空气的大量热量，同时低压雾状制冷剂变为低压气态制冷剂，并回到压缩机。

（3）储液干燥器。膨胀阀式制冷系统储液干燥器是液态制冷剂的一个储存器，如图4-2-37所示。它能以一定的流量向膨胀阀输送液态制冷剂，同时可除去制冷剂中的异物和水分，并能从它上方的玻璃液窗观察制冷剂的存量。

孔管式制冷系统储液干燥器主要功能是使回气管路中的制冷剂气液分离，防止液态制冷剂液击压缩机。如图4-2-38所示。

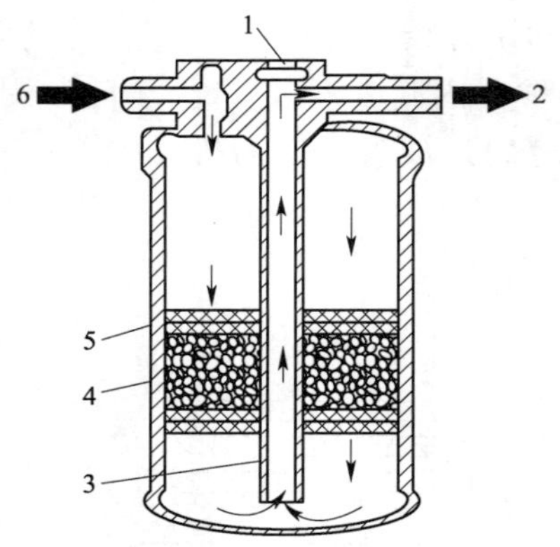

图 4-2-37 膨胀阀式制冷系统储液干燥器

1-液窗;2-出口;3-吸出管;4-干燥剂;5-滤网;6-进口

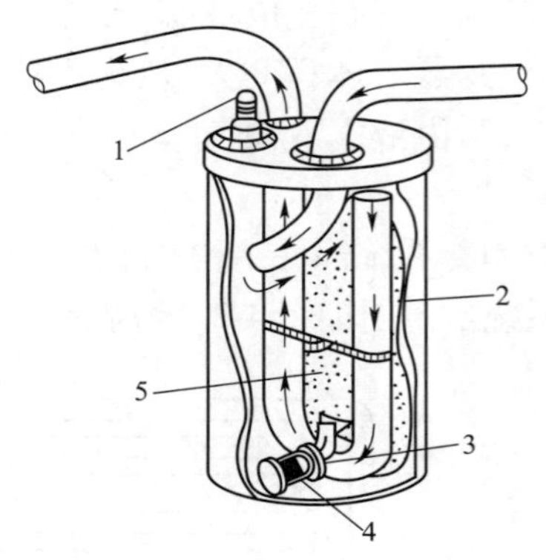

图 4-2-38 孔管式制冷系统储液干燥器

1-维修阀;2-出气管;3-泄液孔;4-滤网;5-干燥剂

(4)膨胀阀和孔管。膨胀阀和孔管都是节流装置,用来解除液态制冷剂的压力,使制冷剂能在蒸发器中膨胀变成蒸气,它是制冷系统高低压的分界点。制冷系统工作时,制冷剂流经膨胀阀或孔管的孔口后被节流,使制冷剂从高压变为低压,制冷剂雾化,同时温度下降。膨胀阀通过其感温器,能自动调节制冷剂的流量,但是孔管不能。图 4-2-39 所示为内、外平衡热力膨胀阀的结构。

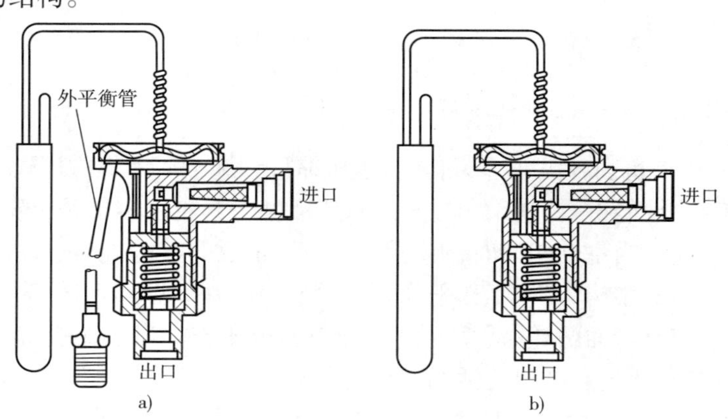

图 4-2-39 膨胀阀和孔管

a)外平衡热力膨胀阀结构图;b)内平衡热力膨胀阀结构图

3)汽车制冷系统检修方法

(1)制冷剂的排放及制冷系统抽真空。在拆卸制冷系统中的任何零部件前,都必须将制冷系统中的制冷剂用制冷剂回收加注设备进行安全回收。制冷系统一经开放就必须抽真空,以清除可能进入制冷系统的空气和水分。抽真空的方法如下:

①将歧管压力表与制冷系统相连,歧管压力表的中间软管接到真空泵进口。

②打开高压和低压侧手阀并起动真空泵。如果打开低压手阀,高压表进入真空范围,说明系统中没有阻塞。

③大约 10min 后,检查低压表真空值,若大于 80kPa,关闭高压和低压侧手阀并停止真空

泵工作。5min 后,检查低压表真空值有无变化,如有变化,则应检查和修理渗漏处。如果没有渗漏,继续抽真空,直至低压表读数为 100kPa 止。

④关闭高压侧和低压侧手阀,停止真空泵工作,5min 或更长时间后,检查低压表读数是否有变化,若无变化,即可向制冷系统充入制冷剂。

注意:抽真空时必须将高压侧和低压侧管接头与制冷系统相连,如果只有一侧管接头与制冷系统相连,制冷系统会通过其他管接头与大气相通,使制冷系统不能保持真空状态。

制冷系统抽真空后必须立即关闭歧管压力表手阀,然后停止真空泵工作。如果这个顺序被颠倒,制冷系统将会暂时与大气相通。不要用压缩机抽真空,因在真空状态下运转压缩机,会造成压缩机损坏。

(2)压缩机油与制冷剂的充入。

①压缩机油的充入。

a. 歧管压力表接至制冷系统,将制冷系统抽真空至 100kPa。

b. 将规定数量的压缩机油倒入油杯中,将中央软管放入杯中。

c. 打开高压侧手阀,压缩机油从油杯中被吸入制冷系统,油杯中油一干,应立即关闭高压侧手阀,以免吸入空气。

d. 加完压缩机油后,应再次对制冷系统抽真空。

②液态制冷剂的充入。这种充入方法通常是把制冷剂以液态形式通过高压侧充入制冷系统。

a. 完全打开高压侧手阀,并保持制冷剂罐倒置。

b. 制冷剂充入制冷系统后,关闭高压手阀。

注意:制冷系统中制冷剂数量足够时,干燥器液窗上应无任何气泡流动,如果低压表没有显示读数,说明制冷系统已被阻塞,必须进行修理。

③气态制冷剂的充入。这种充入方法通常是把制冷剂以蒸气形式通过低压侧充入制冷系统。在充入制冷剂时,可将制冷剂罐浸入热水(最高温度 40℃)中,以保持罐内蒸气压力比制冷系统中的压力稍高。

a. 制冷剂罐竖直向上放置时,打开低压侧手阀,调节手阀使低压表读数不超过 412kPa。

b. 将发动机置于快怠速状态,并使制冷系统运行。

c. 充入规定数量制冷剂后,关闭低压侧手阀。

(3)使用制冷剂的注意事项。

①处理制冷剂时注意事项:

a. 不要在封闭的室内或靠近明火处理制冷剂。

b. 在操作时应戴安全护目镜。

c. 应小心操作,不要使制冷剂进入眼睛或接触皮肤,万一液态制冷剂进入眼睛或沾到皮肤上时,不要擦眼睛或皮肤,要用大量冷水冲洗沾到制冷剂的部位,然后用清洁的凡士林涂搽皮肤,并立即去医院治疗。

②处理制冷剂罐时注意事项:

a. 绝对不要直接加热制冷剂罐,其最高温度须保持在 40℃以下。

b. 如果用热水加热制冷剂罐,不要让罐顶部的阀浸入水中,否则水会渗入制冷系统中。

c. 空的维修罐决不能再使用。

③充制冷剂的注意事项：

a. 如果制冷系统中制冷剂量不足，则压缩机润滑作用会减弱，从而可能引起压缩机烧坏。

b. 压缩机工作时，不要打开高压侧的阀门，否则，制冷剂就会以相反的方向流动，从而引起制冷罐破裂。

c. 不要向制冷系统中充入过量的制冷剂，否则，会引起诸如冷却不足、油耗增大及发动机过热之类的故障。

d. 通过高压侧充入制冷剂时，决不能起动发动机，也不要打开低压侧手阀。

4）制冷系统检查

（1）用充制冷剂检查渗漏。制冷系统抽真空后，须进行渗漏检查。

①打开低压手阀，使制冷剂以气态进入制冷系统。

②当低压表读数为 100kPa 时，关闭低压侧手阀。

③用空调电子检漏仪对制冷系统进行渗漏检查，如果有渗漏，修理渗漏部位。

（2）用歧管压力表检查故障。发动机预热后，在下列特定条件下，从歧管压力表上读取压力值（由于环境温度的影响，表上指示值可能有轻微变化）。将开关设定在“内循环”状态，空气进口处温度为 30 ~ 35℃，发动机在 1500r/min 状态下运转，鼓风机速度控制开关置于高速位置，温度控制开关设定于最冷位置，此时，用歧管压力表进行检测，会有以下几种情况：

①制冷系统正常（图 4-2-40），对于用 R134a 制冷剂的空调系统，如果歧管压力表读数：低压侧为 0.15 ~ 0.25MPa、高压侧为 1.37 ~ 1.57MPa，则表明制冷系统压力正常。

②制冷系统中有水分，如图 4-2-41 所示。

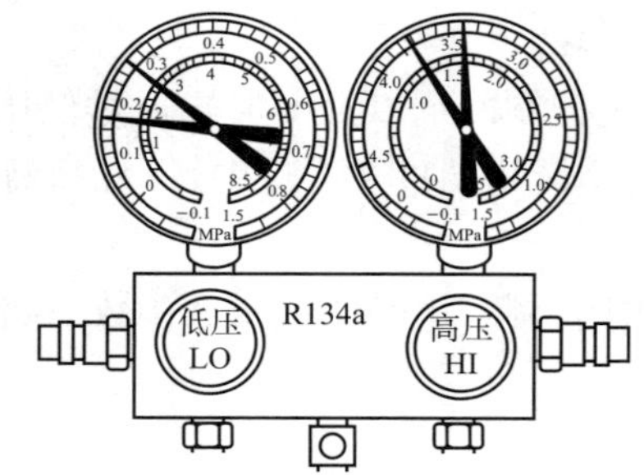

图 4-2-40　制冷系统正常时的压力

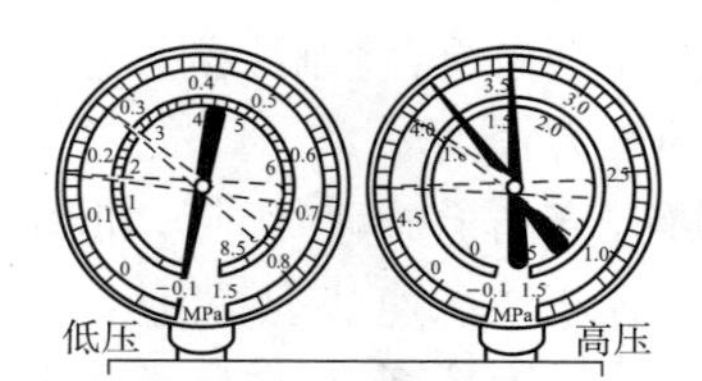

图 4-2-41　制冷系统中有水分

③制冷剂不足，如图 4-2-42 所示。

④制冷剂循环不良，如图 4-2-43 所示。

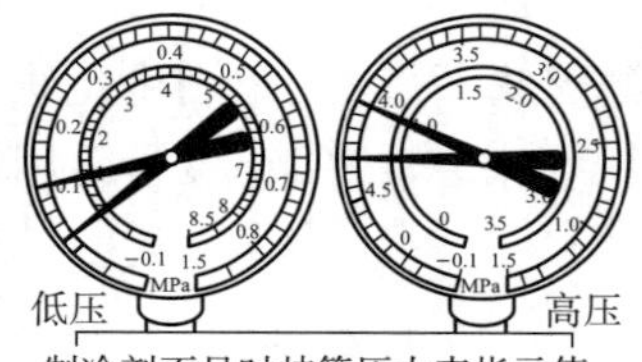

图 4-2-42　制冷剂不足

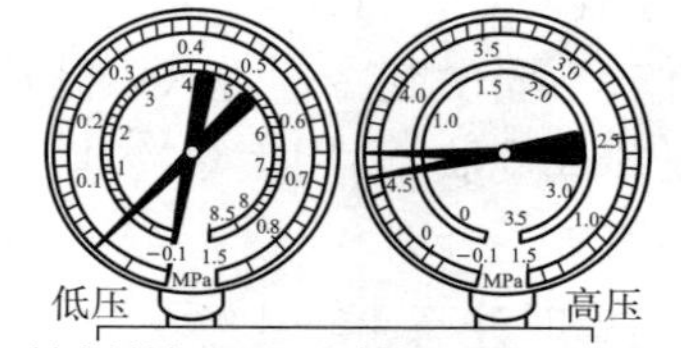

图 4-2-43　制冷剂循环不良

⑤制冷剂不循环，如图 4-2-44 所示。

⑥制冷剂过多或冷凝器散热不良，如图 4-2-45 所示。

低压
高压
制冷剂循环不良时歧管压力表指示值

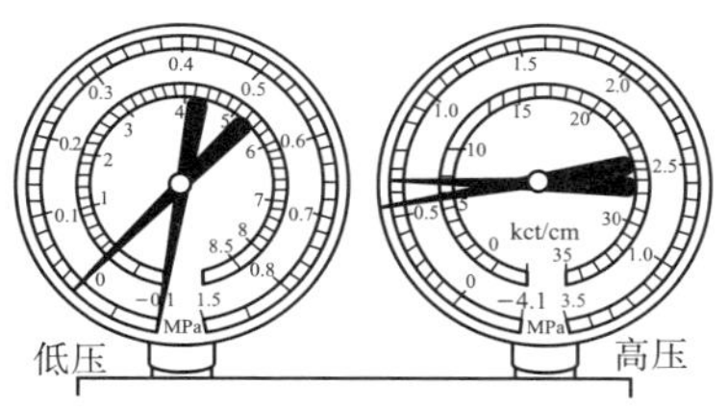

图 4-2-44　制冷剂不循环

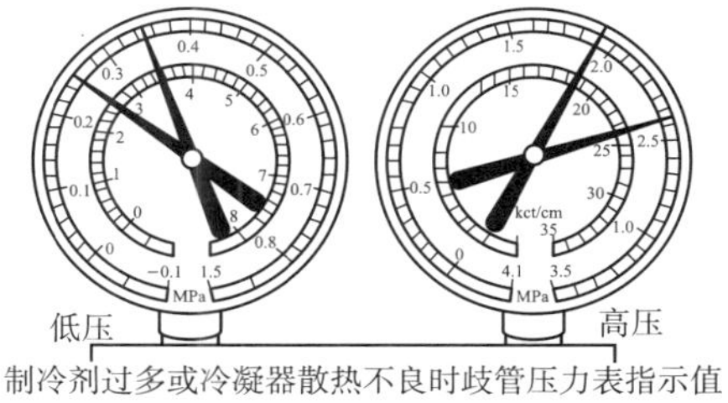

低压
高压
制冷剂过多或冷凝器散热不良时歧管压力表指示值

图 4-2-45　制冷剂过多或冷凝器散热不良

⑦制冷系统中有空气，如图 4-2-46 所示。

⑧膨胀阀安装不正确或热传感管故障（开度太大），如图 4-2-47 所示。

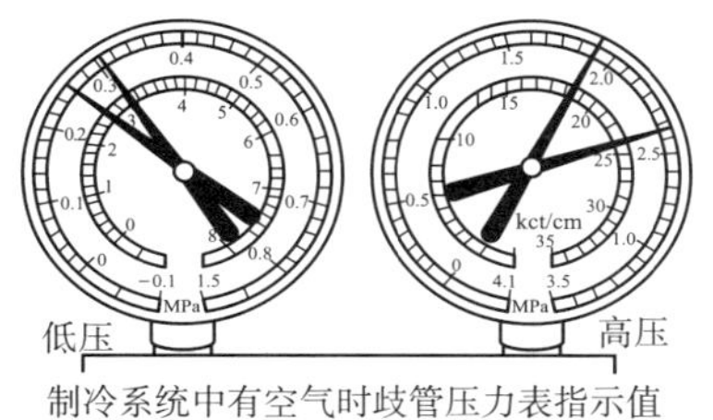

低压
高压
制冷系统中有空气时歧管压力表指示值

图 4-2-46　制冷系统中有空气

低压
高压
膨胀阀安装不准确或热传感管故障时歧管压力表指示值

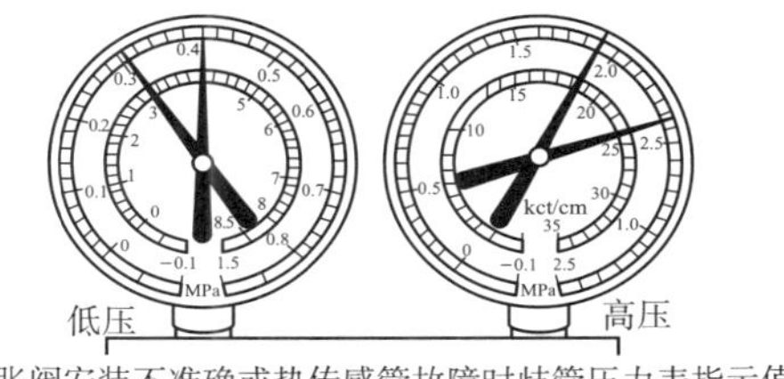

图 4-2-47　膨胀阀安装不正确或热传感管故障

⑨压缩机故障，如图 4-2-48 所示。

（3）制冷剂量检查方法。

①将温度控制开关置于最冷位置，鼓风机控制开关置于高速位置，进气控制开关置于内循环位置，接通空调（A/C）开关。

②关闭所有车门。

③让发动机在 1500r/min 下运转。

④按规定检查制冷剂量。

低压
高压
压缩机故障时歧管压力表指示值

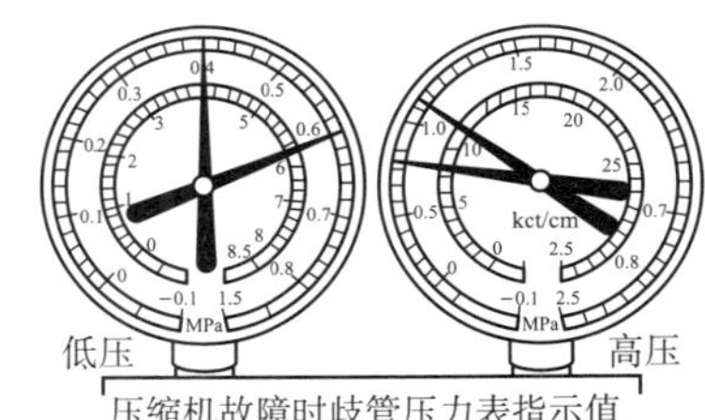

图 4-2-48　压缩机故障

5）制冷系统部件检修

（1）压缩机。

①电磁离合器检查。

a. 外观检查。检查离合器轴承润滑油是否渗漏，压力盘或转子上是否有润滑油痕迹，若有，按要求进行修理或更换。

b. 检查离合器轴承噪声。起动发动机，接通空调（A/C）开关，检查压缩机是否有异常噪声，若有，应检修或更换电磁离合器。

c. 检查电磁离合器。从电磁离合器上拔下导线侧连接器，将蓄电池正极接至电磁离合器连接器上，负极接车身，检查电磁离合器是否吸合，如不吸合，则应修理或更换电磁离合器。

②电磁离合器间隙检查。

a. 用百分表检查，将百分表装到电磁离合器的压力盘上，将电磁离合器接线接到蓄电池正极上，蓄电池负极接至压缩机壳体时，检查压力盘和转子间的间隙。如图 4-2-49 所示。

b. 用塞尺检查，用塞尺检查压力盘和转子间的间隙。各种车型压缩机电磁离合器的标准间隙参阅“检修资料”中的有关内容。如果间隙不在规定范围内，则可用改变垫片数量的方法加以调整。如图 4-2-50 所示。

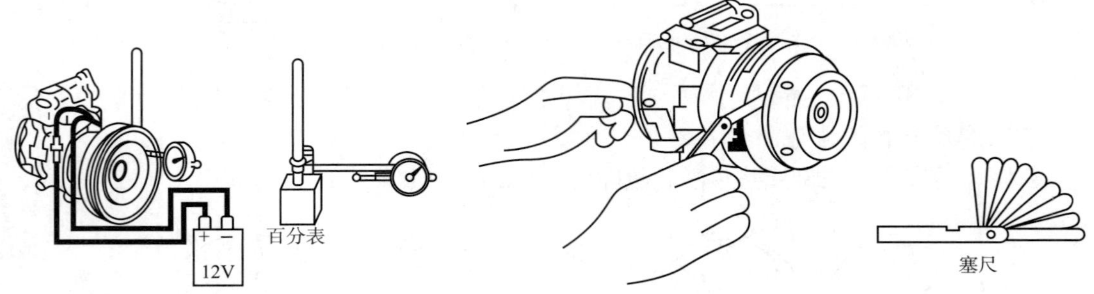

图 4-2-49　电磁离合器间隙检查

图 4-2-50　检查压力盘和转子间的间隙

③压缩机检查。

a. 接上歧管压力表，使发动机以 2000r/min 左右的转速工作。

b. 压缩机工作时，检查是否有金属撞击声，若有，应更换压缩机总成。

c. 检查制冷系统压力，高压表读数应不低于正常值，低压表读数应不高于正常值。

d. 检查压缩机轴的油封部分是否有制冷剂渗漏，若有，则更换油封或更换压缩机总成。

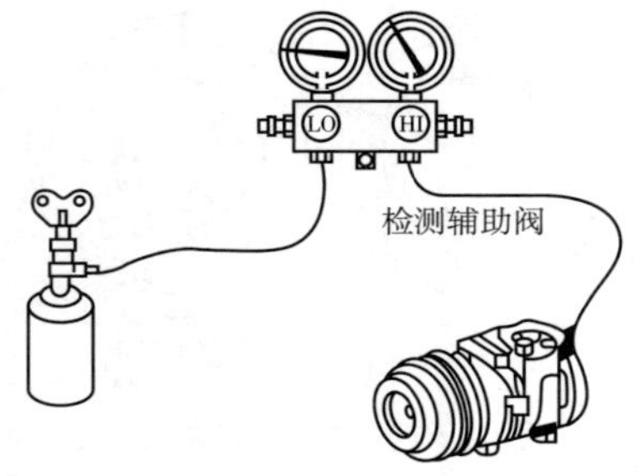

图 4-2-51　压缩机气体渗漏试验

④压缩机气体渗漏试验。装上检测辅助阀，通过充填阀向压缩机充入制冷剂直至压力达到 0.294MPa 为止，用气体渗漏检测器检查压缩机是否有渗漏现象，如有渗漏，应检修轴封或更换压缩机。如图 4-2-51 所示。

(2)制冷剂管道检查。

①检查管子和软管的连接是否松动，若松动，应按照规定力矩拧紧。

②检查管子和软管是否有渗漏现象，若有，应查明原因并按要求修理。

(3)冷凝器检查。

①检查冷凝器散热片是否阻塞或损坏，如果散热片有污垢，则可用水进行清洗，并用压缩空气吹干。如果散热片已弯曲，则进行校直，但应小心，不要损伤散热片。

②用气体渗漏检测器检查冷凝器接头是否渗漏，如有渗漏，应检查各接头的拧紧力矩是否为规定值。

(4)蒸发器检查。

①检查蒸发器的散热片是否被阻塞，如果散热片被阻塞，则可用压缩空气吹干净，但绝对不可用水清洗蒸发器。

②检查接头是否有裂缝和划痕，如有，按需要进行修理。

(5)膨胀阀检查。

①检查制冷系统中制冷剂的存量。

②安装歧管压力表，起动发动机，使之在2000r/min运转至少5min，然后检查高压表读数，应为1.275～1.100MPa。

③检查膨胀阀，如果膨胀阀有故障，低压表读数将会降至0MPa，同时，储液干燥器的进出管口无温差。

(6)其他部件检查。

①检查加热器散热片是否被阻塞，如有阻塞可用压缩空气清洁。

②用气体渗漏检测器检查储液干燥器各接头是否渗漏，如有渗漏，检查各接头是否用规定的拧紧力矩。

(7)更换制冷系统部件注意事项。

①在更换零件前，利用制冷剂回收设备将制冷剂完全回收。

②拆开的零件应立即加塞子封口，以防止水分和灰尘进入系统。新的零件也应加塞子后放置。

③在安装新压缩机前，应利用制冷剂回收设备，将充填阀内制冷剂完全回收。否则，当拔除塞子时，压缩机油将会和制冷剂气体一起喷出。

④在进行管子弯曲或拉长操作时，不要使用喷灯，否则，管子内会生成氧化皮而堵塞系统管道。

⑤根据国际环保条约《蒙特利尔协定书》规定，从2000年开始，我国新产汽车全部停止使用R12制冷系统，被新型环保的R134a制冷系统所取代。但在我国现在在用汽车中，仍有相当一部分R12制冷系统。

6)汽车制冷系统电路与检测

为了保证汽车制冷系统正常工作，汽车空调控制系统已由手工操作发展到半自动化或自动化控制。自动控制大多以继电式的温度或压力控制方式来实现。汽车制冷系统的控制元件，如热力膨胀阀等，在第一节已进行了介绍。现在，介绍一些电路中的元件，这些元件有的是起控制作用，有的是保证运行安全，有的则两者兼有。

(1)温度控制器。温度控制器又称温度开关，是汽车制冷系统中温度控制的开关元件，可用于检测大气温度、车厢内温度。控制温度的控制器有波纹管式和热敏电阻式等。

①波纹管式温度控制器(又称压力式温度控制器)。波纹管式温度控制器的感温受压部件主要由毛细管和波纹管构成。温度控制器工作原理：其内充感温介质，感温管的一端插入蒸发器翅片之间，感受蒸发器表面的温度。它的主要功能是通过感温元件内介质的温度变化，导致波纹管内压力发生改变，致使其伸长或者缩短，将此信号传递出去。在弹簧力的作用下，其力的作用点的位移与感温介质压力变化呈线性关系。

②热敏电阻式温度控制器。热敏电阻式温度控制的感温元件是热敏电阻，装在蒸发器的外侧正面，检测蒸发器出口的空气温度。热敏电阻的特性曲线图上可以看到，温度越低，热敏电阻的阻值越大，因而，它是负温度系数元件。热敏电阻将温度变化转换成电阻变化，即转换成电压变化。

（2）怠速控制器。非独立式的汽车制冷系统，其压缩机是由发动机带动，当发动机处于怠速状态或车辆慢速行驶时，制冷系统工作容易出现下列不良的情况：

①冷却液温度升高。

②发电机发电量严重不足，制冷装置还要大量消耗蓄电池的电，这是一种很不利的工况。

③由于以上情况，再加上发动机的辐射热增加，会使冷凝器的冷凝温度和冷凝压力异常升高，压缩机功耗迅速增大。

这可能会引起两方面问题：一是增加了发动机怠速时的负荷，导致工作不稳定，甚至熄火；二是会引起电磁离合器打滑或传动带损坏。

因此，由发动机带动压缩机的非独立式制冷系统，应该有低速自动控制装置进行保护。当发动机处于低速时，使制冷系统停止工作，以保证发动机正常运转。或者采取措施加大节气门的开度，使发动机在怠速时转速提高，既能保证有足够的动力维持制冷系统工作，又能保证自身正常运转。可用怠速继电器和怠速提高转速装置来保证这些功能。

（3）发动机转速控制器。在独立式汽车制冷系统里，为了调节空调器的制冷量，常常要把副发动机的转速分三挡调节，其方法是把进入副发动机里供燃烧的空气量分三挡供给，也有把发动机转速控制线圈分两挡调节的。如图 4-2-52 所示。

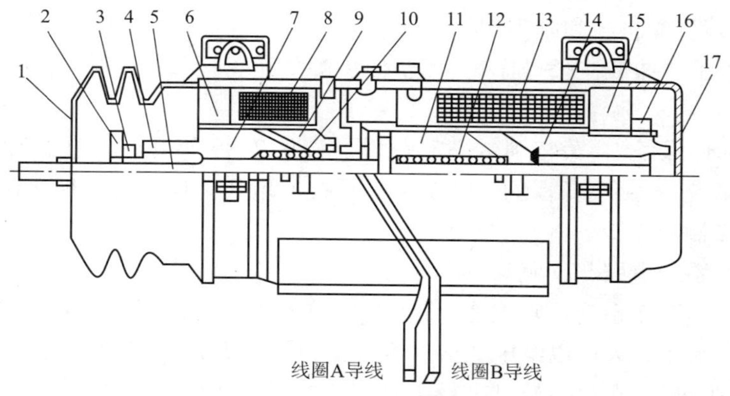

图 4-2-52 发动机转速控制线圈图

1-防水橡胶盖 A；2-制动器锁；3-冲程调整螺栓；4-固定螺母；5-旋转轴；6-盖 A；7-磁铁芯；8-线圈；9-铁芯；10-压缩螺栓弹簧；11-磁铁芯；12-压缩螺栓弹簧；13-线圈；14-铁芯；15-盖 B；16-固定螺母；17-防水橡胶盖

（4）真空转换阀（VSV）。对于有的轿车，为了使制冷系统工作时发动机的最低转速略高于怠速，而加装了一个真空转换阀（VSV），以适应发动机驱动冷气设备的需要。

（5）压力控制器。有些汽车为了使制冷系统运行正常和安全，常常设有压力开关电路。当制冷系统由于某种原因而导致压力升高，如果没有安全措施，将引起制冷系统运行事故。在这种高压不安全的情况下，如果压力开关断开，压缩机停止旋转，就可以起到保护压缩机和制冷系统的作用。

压力控制器又称压力继电器或压力开关，如图 4-2-53 所示。它是制冷系统中的保护性元件，其作用是当汽车空调制冷系统的压缩机吸、排压力超过规定值时，立即切断电磁离合器电路，使压缩机停止运转。此时，报警器或蜂鸣器发出响声，起保护和自动控制的作用。

7）微机控制的汽车制冷系统

目前，汽车制冷系统的调节操作正在向自动化或半自动化方向发展，微型计算机（简称微机）、单片机的使用，使制冷系统的控制有了较大的变化。利用微机之后，显示部分可以数字化，微机还有多种功能，例如：压缩机运行的最佳控制，车内外气流和送风口的微小变换，风量的无级控制等。目前，国内外有的汽车自动操作的措施就是在车内外安装测定温度的传感器，根据使用者选定的温度，由微机选择最佳方式控制各部件的动作。把各部件的动作划分得很细（例如制冷程度分6挡，采暖程度分5挡），驾驶员只要合上开关，选定所需的温度，就可不需再调节制冷系统而专心驾驶。用微机控制后达到了智能化程度，而这方面的发展又是非常迅速的。如图4-2-54所示。

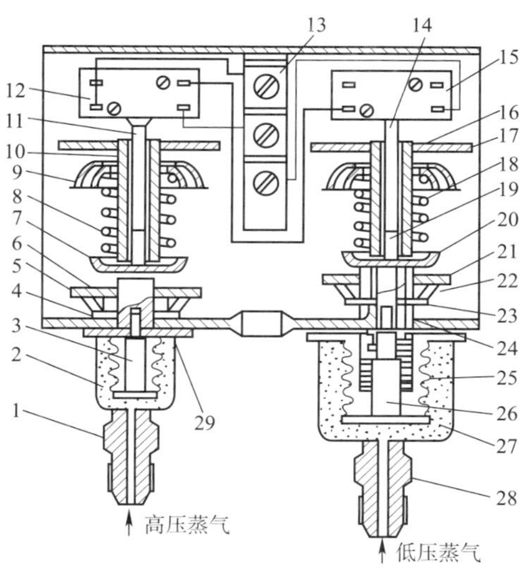

图4-2-53　KD型压力继电器结构原理图

1、28-高、低压接头；2、27-高、低压气箱；3、26-顶力棒；4、24-压差调节座；5、22-碟形簧片；6、21-压差（差动）调节盘；7、20-弹簧座；8、18-弹簧；9、17-压力调节盘；10、16-螺纹柱；11、14-传动杆；12、15-微动开关；13-接线图；19-传力杆；23、29-弹簧垫板；25-复位弹簧

2. 汽车暖气系统

1）汽车采暖原理

汽车暖气系统主要的作用是，用于冬季驾驶室和车厢供暖、风窗玻璃除霜以及改善发动机的低温起动性能，以改善驾驶员的工作条件，

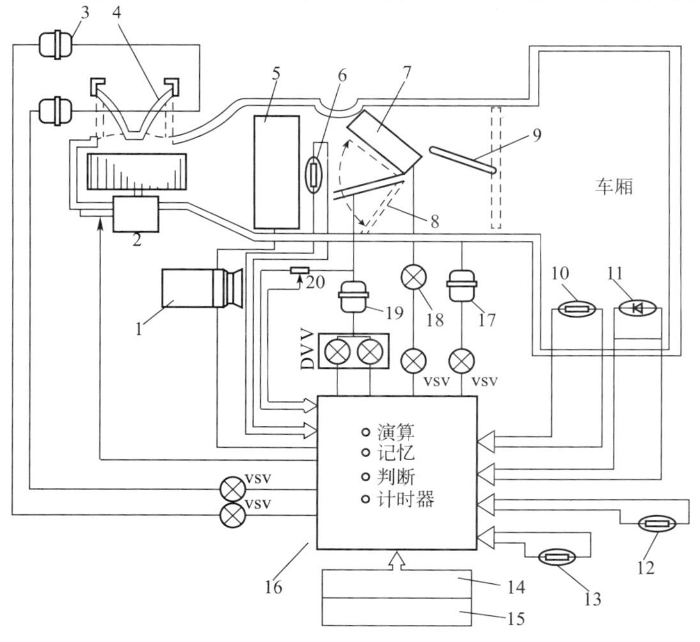

图4-2-54　微机控制的汽车制冷系统的示意图

1-压缩机；2-鼓风机电动机；3-真空泵；4-风门；5-蒸发器；6-蒸发器温度传感器；7-加热芯；8-真空混合风门；9-吹出口切换风门；10-车内温度传感器；11-日射传感器；12-车外温度传感器；13-冷却液温度传感器；14-方式开关；15-设定温度开关；16-微型计算机；17-吹出口切换膜片；18-水阀；19-伺服机构；20-电位计；DVV-复式真空阀；VSV-真空转换阀

提高乘坐舒适性。汽车暖气系统是汽车空调系统的重要组成部分。

近代汽车空调系统有的已发展成冷暖一体化的装置,即全季节型空调系统,此系统具有换气、制冷、除湿、制暖等所有功能,热天制冷系统工作,冷天由加热器制热,通过风门开启和调节,使车内气候条件达到最佳状态。

汽车暖气装置的种类很多,可以根据热源不同将暖气装置分为以下两种:

(1)余热式。利用汽车发动机工作时的剩余热量,它又分两种类型:利用发动机冷却液的热量,称为水暖式;利用发动机排气系统的热量,称为气暖式。

(2)独立燃烧式。利用燃料在燃烧器中燃烧所产生的热量进行制暖。

如按交换空气的循环方法分类,又可分为以下三种:

①内气式(又称内循环式)。是指利用车内空气循环,将车厢内部空气(用过的)作为载热体,让其通过热交换器升温,使已升温的空气再度进入车厢内取暖。此法消耗热源少,但从卫生标准角度看,不理想。

②外气式(又称外循环式)。是指利用车外空气循环,即全部利用车外新鲜空气作为载热体,使其通过热交换器升温,已升温的空气供车厢内取暖。从卫生标准看,外气式最理想,但耗热源也最大,不经济。

③内外气并用式(又称内外混合式)。是指既引进车外新鲜空气,又利用部分车内的原有空气,以新旧空气的混合体作为载热体,通过热交换器加热,向车厢里供暖。

无论是利用余热还是独立产热作为热源,热量都是通过热交换装置传递给空气,并通过鼓风机把热空气送入车厢。将换热器、鼓风机和机壳组合在一起的装置称为汽车独立燃烧式暖气装置或汽车空气加热器。

(1)余热式暖气装置。

①水暖式。采用水冷式发动机的冷却液作为热源,将冷却液引入车厢内的热交换器中,由鼓风机将车厢内的空气(内气式)或外部空气(外气式)吹过热交换器而使之升温。由于这种取暖方式简单、经济,所以为各类汽车所广泛应用。尤其是空间容积较小的车身,其效果较好。如图 4-2-55 所示。

②气暖式。利用发动机工作时排出的高温废气,或利用空气冷却发动机的热空气取暖的装置,称为气暖式暖风装置。它特别适用于安装风冷发动机的汽车,采暖措施是把冷空气导入串联于排气管的热交换器里,使其接受发动机排气带出的热量,通过热交换器使其温度升高,然后导入车厢内。

利用发动机排气管中的废气余热或用空气冷却发动机的热空气作为热源的气暖暖风机,又是一种方式。在发动机排气管前装一段肋片管,管外套上外壳,管内通发动机排气,外壳与管子之间的夹层中通空气,这段管子就是热交换器(图 4-2-56)。在鼓风机的作用下,将空气吸入并受到加热后,送入车厢。加肋片的目的在于增加换热面积,以强化热交换。值得注意的是,排气中含有二氧化硫和水分等杂质,具有腐蚀性。要求管材必须是耐腐蚀的,连接处应该密封良好,且应经常检查。如因受腐蚀而管臂穿孔,废气将和空气一起进入车厢,会危及人体健康和安全。为此,现在有将热管技术应用于汽车上的换交热装置,这项新技术的采用,采暖效果好,且安全可靠。

气暖式暖风装置除了存在体积大而复杂的缺点之外,暖气效果会随车辆行驶速度而变化。此外，如果排气漏入车厢是很危险的。因此，气暖式暖风装置用得很少。

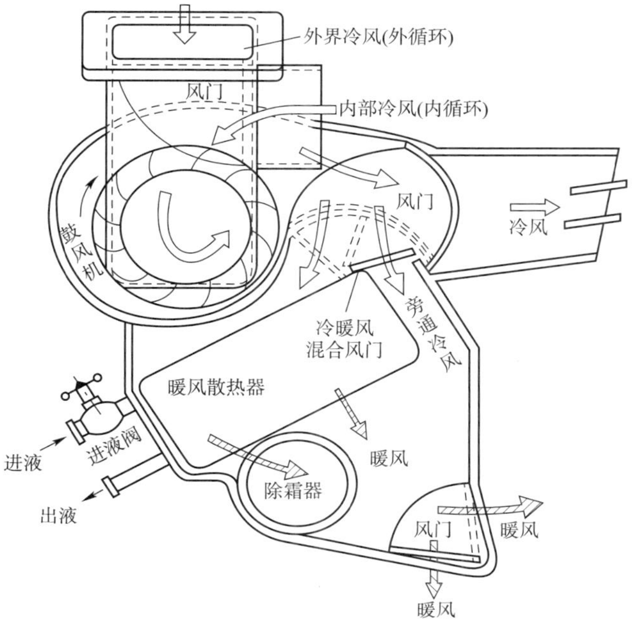

图 4-2-55　水暖式热风装置示意图

水暖式暖风装置受冷却液温度限制，只在冷却液温度高于 80℃、恒温器打开之后才起作用。水暖式暖风装置发热量较小，主要用于风窗玻璃除霜以及取暖容积较小的货车和轿车。大客车车厢采暖的容积很大，采暖负荷远大于货车和轿车，因此，在寒冷地区使用时，采暖效果不好。

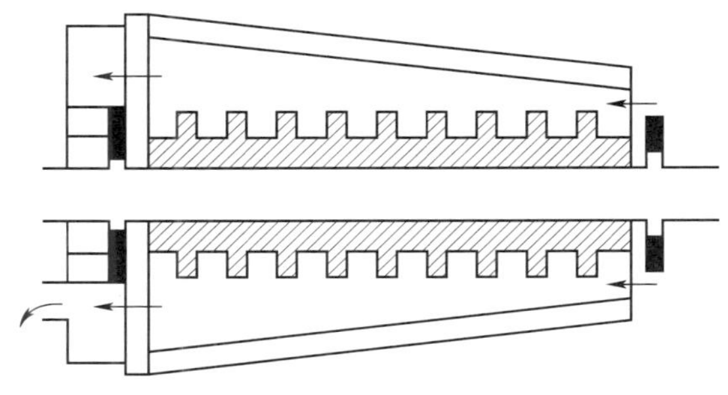

图 4-2-56　气暖式热交换器图

(2)独立暖气装置(又称汽车加热器)。独立暖气装置具有单独的热源。它与发动机工况无关，冬季还可用来预热发动机。

独立暖气装置采用水或空气作为传热介质。它可分为空气加热器、水加热器以及空气与水的综合加热器等几种。

客车本身的空间有限，设计的加热器应该结构紧凑，质量小，省燃料，耗电少。加热器均采用直流电源，电压为 12V 或 24V，可直接由汽车蓄电池供电。

①加热器的工作原理。加热器实质上是燃烧器和热交换器的组合体。在燃烧器中将燃料燃烧产生的热量被介质(空气或水)所吸收，传热介质通过管道或散热器释放出热量，以达到提高车厢温度的目的。

②加热器的基本组成。加热器的基本组成可分为燃烧室、热交换器、供给系统和电气控制系统四部分。

③加热器的结构。

a. 空气加热器。热交换的介质为空气的汽车加热器，称为空气加热器。空气加热器用途较广，冬天可以取暖、除霜，并可改善发动机的起动性能。夏天可以不点火，不燃烧，只起动风扇电动机作为通风机使用，以加速车厢内的空气循环。

b.水加热器。热交换的介质为水的汽车加热器，称为水加热器。水加热器主要用于预热水冷式发动机，改善发动机的起动性能，也用于车厢内取暖（需串联几台热水散热器）。

冬天发动机难于起动，可先起动水加热器（发动机散热器的风扇电动机不工作），使汽车发动机直接受热。当发动机起动后，再起动热水散热器的风扇电动机，然后使车厢得到暖气。

（3）非独立式暖气系统及其维修。

①非独立式暖气系统结构要点。该系统的主要零部件有：加热器、热水阀、风箱、风门、控制件和风扇等，流经加热器的冷却液，取自发动机的上部。起动发动机之后，只要打开热水阀，冷却液就流经加热器，它不受节温器的控制。实际上，汽车发动机有大、小两个散热器，大的散热器就是通常人们称的散热器，小的就是汽车暖气的加热器，相当于房间里取暖的暖气片。加热器装在风箱里，风箱挂装在仪表板后侧。热水阀的作用是控制冷却液进出加热器，热水阀开启，冷却液流经加热器；热水阀关闭，冷却液就不流经加热器，热水阀通常装在加热器的回水管路上。各种风门用途不同：气源门（又称进气门）的作用是控制气源的，气源有来自车内的空气和来自车外的空气。温度门（又称混合气门）的作用是控制进入的空气全部或局部经过加热器或完全不经过加热器。出气门（功能门）有取暖和除霜两种功能：取暖分从脚下（前、后排）供风和从操纵板上供风两种形式，除霜分前后风窗玻璃和侧窗的除霜。新型轿车上还装有热力真空开关、膨胀散热器和有关软管。所有轿车都装有温度传感器、仪表板冷却液温度表或冷却液过热、过冷指示灯。

②非独立式暖气系统维修注意事项。

a.散热器芯管管壁很薄，安装搬运时要小心，以免损坏。散热器泄漏或堵塞，必须修理，修理应用专用设备，工人技术也要熟练。

b.散热器盖上设置有蒸气阀和空气阀，如果蒸气阀发生故障，发动机冷却系统内压力会过高，软管或散热器可能爆裂。如果空气阀发生故障，发动机冷却系统内压力低于大气压力，散热器上部的进水热管有可能凹瘪。

日常维护时，如发现散热器盖有故障，应当换用技术规格相同的散热器盖。还要注意，铝质散热器应当选用专用的铝质散热器盖。

c.冷却液泵损坏的原因有泄漏和轴承磨损两种，虽然可以购到配件，但一般还是更换整个冷却液泵为好。

d.节温器的用途是保护发动机不致过冷，如果节温器不出故障，发动机就不会过热。但节温器有时会出故障。如果故障出在节温器闭合位置时，发动机会严重过热，所出现的现象是：发动机温度很高而散热器处于微温甚至冷的状态。如果故障出在节温器的开启位置，加温所需的时间要比正常的长，仪表上“冷”灯会亮或是在冷却液温度表上表示出来。

e.加热器和散热器类似，只是没有压力盖。加热器最常见的故障就是泄漏。如果车厢的副驾驶员一侧前面地板垫发现潮湿，就说明是加热器泄漏，这样，会使冷却系统的冷却液逐渐减少，要迅速修补。

（4）独立燃烧式暖气系统的维修。

①加热器的使用。

a. 在使用前,操作人员需阅读加热器的使用说明书,弄清加热器的性能、结构特点、使用注意事项。

b. 加热器需根据使用环境的最低温度,选用适当牌号的燃料。一般加热器在常温下使用 -10 号轻柴油或煤油,汽油不能使加热器正常工作,且不安全,一般不宜使用汽油。

c. 加热器中使用的润滑脂一般都是低温润滑脂,多用国产 201 锂基脂。维修时如需添加润滑脂,也应添加相同的品种。

d. 加热器工作时,进、出风口必须保持通畅,如需延伸管道尺寸,所换管的管道截面不得小于原进、出风口的截面,并应避免急剧转弯,否则,会影响流量,并可能发生过热。

e. 加热器的燃烧废气应排出车外,假如要利用燃烧的废气余热加热其他部位,其延伸管道的截面不得小于原排气口的截面,管道不宜过长,应避免急剧转弯,否则,会影响流量,还会影响正常燃烧。

f. 加热器须水平安装,并用螺钉牢固固定,紧固带也必须拧紧。为了保证正常供油,燃油箱的高度一般应使油面应低于加热器中心线 300mm。

g. 加热器燃烧废气的排出口处以及热风管道周围,不能有易燃物,燃油箱及加热器表面应保持无油污。燃油油路中应有燃油过滤装置,使燃油保持清洁,以避免油路堵塞或是油泵过早磨损。如果工作场所空气含尘量较大,还应在助燃风进口处加装空气过滤装置。

h. 加热器开动之前,应仔细检查电路连接是否正确可靠,燃油是否加足,各部分管路有无堵塞或渗漏。最好还要用手转动一下加热器,检查是否有机械卡滞现象。

i. 加热器使用时,最好先起动发动机,然后再开加热器。发动机熄火后,不要长时间使用加热器。

②加热器的维护。

a. 加热器使用期间要进行日常检查,需要检查的项目主要有:

燃料系统:检查燃料管道是否有泄漏。如发生泄漏,用泵吸入时,泄漏处会渗入空气,引起燃烧中断,燃料管接头处要连接牢固;过滤器是否有积水或附着尘埃,如发现过滤器积水或有尘埃,就应把过滤器拆下,洗涤滤清元件。

电气系统:检查电气线路是否有损伤,各导线连接器要连接牢固;检查电热塞上是否有积炭,积炭会引起着火不良,而且会缩短电热塞的使用寿命。

b. 加热器每累计运行 50h,应拧下电热塞,清除积炭,可用烧灼法把积炭烧成灰后进行清理,如发现电热丝烧坏,应拆下更换。

c. 对加热器中的电动机,要清洁其换向器,检查电刷,检查电动机轴承的润滑情况,如发现润滑不良现象,应添加低温润滑脂。

d. 燃油箱、油管和滤清装置要定期清洗,保持清洁通畅。

e. 如发现有积炭现象引起热效率降低时,应拆下换热器,清理积炭,可用压缩空气吹扫换热器内部。

f. 加热器在冬季使用后,应从车上取下清洗、检修、添加低温润滑脂。收存时,应将各进出口封好,放置干燥处,待下一个取暖季节来到时重新装车。装车前应先在地面试运转,如发现故障,应及时处理。

五、自动注油器的结构与工作原理

1. 系统概述

客车在底盘的不同部位分布有20~40个需要经常润滑的摩擦副。人工加油：其一，难免漏作业且润滑不到位；其二，润滑油脂的固化使油道堵塞及运行条件的恶劣使油嘴失效，外表黏附砂石随油进入运动副，增加了磨损；其三，维修人员做一级维护时作业的光线空间等工作环境无法解决，这就造成润滑作业较为困难。集中润滑系统是通过油泵、管路及分配器等将这些零散分布的润滑点连成一个完整的封闭系统，使车辆在运行过程中自动地向这些润滑点定时、定量的供给润滑油脂，以保证这些摩擦副始终保持良好的工作状态，从而达到延长车辆的寿命、提高车辆运营效益的目的。

使用汽车底盘集中润滑系统后，车辆底盘的使用寿命比人工加油增加3~4倍，每次的维护里程数延长4万~5万km，延长底盘大修周期。这表明安装了汽车底盘自动润滑系统的车辆出车率将大大提高，每年底盘维护费用平均节约3000元左右，大修周期的延期不仅提高了出车率，同时也降低了修理费用。通过上述资料分析表明，1.5~2年所节约的维护、运营费用可收回车辆因添加安装集中润滑系统而增加的费用，这还不包括出车率提高带来的经济收益和安全可靠性的提高带来不可估量的效益。

简单地讲，底盘集中润滑系统就是用(自动)集中油脂润滑代替手工黄油枪打黄油。

注意：底盘上的润滑点是指除汽车传动轴中的万向节外的所有运动摩擦副，即不做360°旋转的摩擦点。

底盘集中润滑系统特点：集中控制、自动润滑，定时定量、节能省油，省时省工、节约成本，减少磨损、延长寿命。

2. 系统简介

1)系统组成

(1)油泵：是整个系统的心脏，油脂从油箱中经泵加压后输出。

(2)分配器：油脂经它定量后送至各个润滑点，使各点可以得到适当的润滑，不会出现加油不足或加油过量的现象。

(3)控制器：是整个系统的大脑，它控制系统的间歇时间和工作时间并接收压力传感器传输来的信号。

(4)压力传感器：检测系统主油路中的压力，并把正常的信息传输给控制器。

(5)其他附件：主要包括主、次油管，电缆及各种管接头等，将各部件连成一个封闭系统。

2)系统说明

(1)技术参数(表4-2-5)。

自动注油器技术参数 表4-2-5

型号	最多连接润滑点数	适用车辆	工作压力	油箱容积	使用电压	控制器
KR-601A	60	客车、货车、工程机械	3.8MPa	3L	DC12V	KR-1A 或 KR-1B
KR-601B					DC24V	

注意:KR-1A 为间歇、运行时间可调式控制器,简称为可调式控制器;KR-1B 为间歇时间为 10h、运行时间 100s 的定时式控制器,简称为定时式控制器。

(2)工作原理。主油泵工作原理如图 4-2-57 所示。当油泵收到控制器发来的起动指令后,电动机带动齿轮泵沿压油方向旋转,产生真空吸入油脂,油脂被齿轮泵压送至压力出口,迅速打开卸荷阀中的出油通道,开始对外供油,当外接分配器储油结束后,整个系统成封闭状态,压力上升到溢流阀控制压力,压力传感器向控制器发出系统正常信息,系统余油经溢流阀泄回油箱,这样主油路保持压力值不变。油泵接收到控制器发来的停止指令,油泵电动机停转(间歇工况),泵出口至卸荷阀入口段压力逐步下降,在卸荷阀弹簧作用下打开卸荷口,系统主油管的油压迅速下降,定量分配器开始进入向润滑点供油(供油工况),同时控制器进入下一个循环状态。

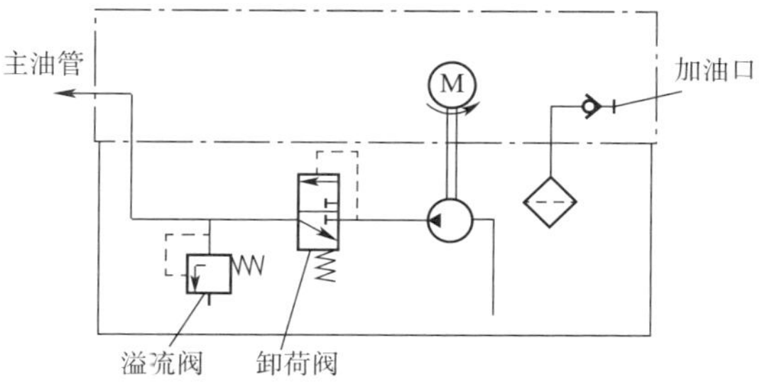

图 4-2-57　自动注油器液压原理图

注意:油泵的电压必须与汽车的电源电压相匹配。

控制器工作原理:用休止间歇时间为 10h 的定时式控制器做示例。当打开点火开关后,控制器的电源灯(绿灯)亮并计时开始,记到 10h,工作灯(绿灯)亮并起动油泵使其工作。在正常情况下,油泵工作 60s 前压力传感器会向控制器发信号,此时控制器的正常灯(黄灯)亮并让油泵继续工作满 100s 后停止,然后控制器的工作灯和正常灯熄灭,同时进入下一个 10h 休止计时。

由于油箱缺油、电动机故障、主管路漏油或压力传感器损坏等原因,控制器未能检测到压力信号,油泵会在工作满 60s 后停止,此时工作灯熄灭,同时故障灯(红灯)亮并发出报警信号(蜂鸣器响),计时停止。只要按一下报警消除键或关一下点火开关就可以消除报警,控制器重新开始 10h 计时,如果此循环再次报警,表示油箱缺油或系统故障,如果不再报警,则为偶尔信号干扰。

按住手动润滑键 3s 以上松开,可强行使油泵工作,此功能可在系统调试时使用。

控制器具有记忆功能,即休止间歇时间为 10h 的控制器,如果计时了 8h 后关断点火开关,在一周内的任何时间段接通点火开关,控制器只要计时 2h 就可使系统进入供油工况。

(3)其他零部件。

①分配器。该型分配器属定量卸压式,其由分配器体、储油柱塞、供油弹簧、出油阀、定量接头等组成。定量接头决定分配器每个出口每次的排油量,其有三种类型,分别表示排油量为 0.1mL/次、0.2mL/次、0.4mL/次。它的分辨方法是采用分配器顶端的台阶或数字的不同来区分。没有台阶或数字 10 代表 0.1mL/次;一个台阶或数字 20 代表 0.2mL/次;两个台阶或数字 40 代表 0.4mL/次。

②分油管。分配器排量与对应分油管颜色和润滑点,见表 4-2-6(以客车为例)。

注意:分油管的最长长度一般不超过 3m。

告诫:根据油管的颜色应接到对应排量的分配器出口上,不然会造成某些摩擦副欠润滑,而某些摩擦副则油量多。

分配器排量与对应分油管颜色及润滑点　　表 4-2-6

序　号	润滑点名称	油量(mL/次)	分油管颜色
1	直拉杆球头销	0.2	黄
2	横拉杆球头销	0.2	黄
3	转向节主轴销	0.4	红
4	钢板销	0.4	红
5	调整臂	0.2	黄
6	凸轮轴尾座	0.2	黄
7	凸轮轴颈座	0.1	白
8	制动踏板轴	0.1	白
9	离合器轴轮	0.1	白
10	传动轴支架	0.2	黄
11	避振器	0.1	白
12	发动机风扇支架及过渡轮	0.4	红

警告:

a. 尼龙管两头必须用尼龙管衬套,不然油管连接可能失效,即油管与分配器或接头连接不住。

b. 不论是刚性管还是尼龙管(柔性)都必须将孔内杂物清理干净。

(4)所用油脂。

①极压锂基脂 NLGI—000、00 或 0 级(0 级只能在环境温度为 0℃以上时使用)。

②无机稠化极压脂 000 或 00 级(环境温度在 -25 ~ +80℃之间时使用)。

根据以上条件选用油脂的原则为:

a. 北方地区和年最低气温连续低于 0℃超过 15 天以上的区域的城市车辆及涉及北方地区的公路车辆所用油脂必须为“000”级或“00”级无机稠化极压脂。

b. 年最低气温连续低于 0℃不超过 15 天的区域的车辆还可采用普通的 NLGI—000 或 00 级极压锂基脂。

c. 年最低气温不低于 0℃的地区也可以采用 NLGI—0 级极压锂基脂。

警告:

a. 严禁已污染或次等油脂加入油箱,不然会导致集中润滑系统的损坏及摩擦副的损伤。

b. 油泵上的加油滤油器不得随意拆卸。

告诫:

必须根据本地区的年温度范围来正确选用油脂,不然会造成系统有时不能正常工作。

3)安装调试(图 4-2-58)

(1)安装技术要求。

①油泵总成应垂直安装牢固。固定在环境污染少,加油维护方便,便于观察和操作的位

置。固定时油泵总成的底部不应低于汽车底盘车架的最低部位,四周应保留一定的操作空间,便于加油和维护;如果条件允许,最好在油泵总成处开一个单独的工作门。

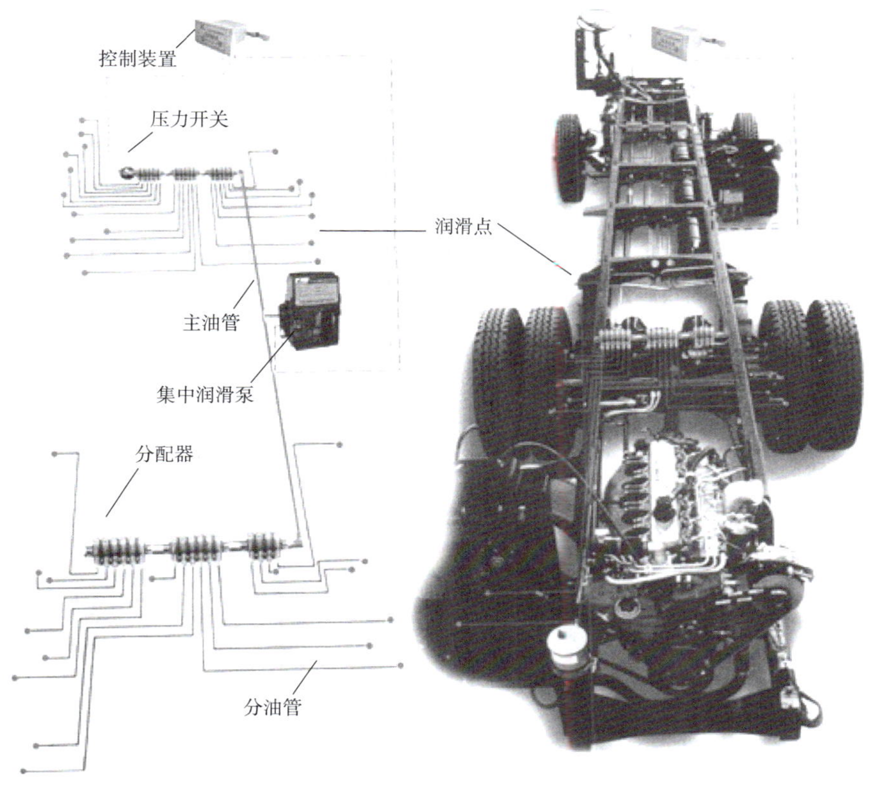

图 4-2-58　系统安装示意图

②分配器安装可通过焊接或螺栓固定的方式(燃气车严禁电焊)。安装在技术图样工艺规定的位置,此位置也应具备环境污染少、布管维护方便、便于观察的特点。分配器底部也不应低于汽车车架的最低部位。在焊接时不要满焊,要分段焊接,在焊接时尽量避免焊渣掉落在分配器上而灼伤分配器。

分配器出油量分别为 0.1mL/次、0.2mL/次、0.4mL/次。它的分辨方法采用分配器顶端的台阶或数字的差别,没有台阶或数字为 0.1 代表 0.1mL/次;一个台阶或数字为 0.2 代表 0.2mL/次;两个台阶或数字为 0.4 代表 0.4mL/次。

注意:分配器在安装之前先确认分配器各出油口接头是否松动。

③输油管路和阻燃防护套导线的安装应按照车辆原有管线布线,注意避让发动机、暖风机等发热部件或热管路以及做旋转运动的部件和弹簧钢板的弯曲缝隙。

管路装配时必须将孔内外的切屑和赃物清除并保持干净。

油管、电源线束都要套有波纹管,在剖开波纹管后裸露的油管和导线必须加套波纹管,剖开的波纹管用胶带包扎。

油管、电源线束穿过横梁小孔或移动部位时,可使用钢丝套管或胶布保护。

管路在直线安装时软管的使用长度要比直线长度长 1%。如移动部位弯曲时不能过于扭曲软管。

管路安装时应避免过多弯曲。需弯曲时主油管的弯曲半径应大于89mm,分油管的弯曲半径应大于38mm。

截断油管时应垂直切断,不能将管口划伤,更不能将管口压扁。

油管、电源线束必须采用尼龙扎带或线卡顺向固定在汽车底盘或各固定件上。

④控制器应当安装在汽车驾驶室内,确保安全且易于被操作和监控的位置。

⑤压力传感器安装在主油管的最末端。

⑥各管道连接处必须安装紧固,不得出现连接处(包括传感器连接处)漏油渗油现象,出现漏油渗油必须更换接头或缠绕生料带。

⑦特别注意:安装和维修油箱、分配器时严禁电焊火花灼伤油管、护套、导线等,如有损伤必须更换。

(2)调试。当润滑系统各部件全部安装完成后,系统须进行调试。

①在调试前,首先自检一遍所有集中润滑系统的主油泵、进出管路和分支管路有无松动和漏接工序。当确定无误后,即进入调试工作。

②调试时,先将主油路的每一单独终端打开(即把压力传感器接头松开或旋下 kg16 堵头),然后按住控制器上的手动按钮起动油泵,将主管路中的空气排出,使得主油管完全注满油脂,然后再拧紧压力传感器。

③按住控制器手动按钮 3s 以上,让油泵进入自动工作状态,放开手动按钮,等待系统完成一个工作循环,如此重复数次,直至每一摩擦副油管管端都出油为止;确保每一根油管注油都能输出。此项目循环 3 次以上。

④如果发现不能出油的润滑点,必须用黄油枪装入系统对应的油脂将堵塞处打通,再观察其在系统工作循环时是否达到出油要求。

⑤全面测试完毕后,注意观察所有的油管接头是否漏油,如有漏油,需重新旋紧或更换新零件。

(3)警告。维修其他部件时需要将润滑系统的器件进行挪位时,维修完毕后须按原方位恢复。

(4)操作说明(以 KR—601 集中润滑系统为例)。

对底盘自动润滑系统的操作,也就是对控制器的操作。系统正常情况下:

①打开点火开关(钥匙),电源灯(绿灯)亮,此时计时开始。

注意:由于控制器具有记忆功能,此次计时是在上次的基础上累加。

②当计时计到设定间歇时间(10h),工作灯(绿灯)亮并向油泵发出指令使其工作。

③油泵工作 60s 前系统压力达到系统设定值后,压力传感器向控制器输入一个开关信号,此时控制器的正常灯(黄灯)亮。

④油泵继续延时工作满 100s 后停止工作,控制器的工作灯(绿灯)和正常灯(黄灯)熄灭,同时进入下一个休止计时。

⑤出现故障:如果油泵工作 60s 前系统压力未达到设定值,即压力传感器没有向控制器反馈信号,控制器计时停止,故障灯(红灯)亮并发出报警讯号(蜂鸣器响)。

4)故障类型

(1)控制器出现报警,有两种可能:

①偶尔干扰:高电压脉冲或强磁场干扰引起控制器故障。

②系统本身故障:油箱缺油、电动机故障、主管路漏油或者压力传感器损坏等原因引起控制器报警。

(2)故障判断。

①第一种方法。

第一步:按一下“故障消除”键,控制器的故障灯熄灭,蜂鸣器不响。

第二步:按住“手动润滑”键3s以上,让其进入一个工作循环,在60s内,如果控制器的正常灯亮,说明上次故障是偶尔干扰引起的;如果控制器的故障灯又亮,蜂鸣器又响,说明故障是系统本身引起的。

告诫:如果是系统本身出现故障,则必须立刻进行检查并排除故障。

②第二种方法。

第一步:关闭点火开关,等控制器的故障灯熄灭、蜂鸣器不响后,再打开点火开关。

第二步:与第一种方法的第二步相同。

如果你想给底盘额外的注油,则用手指按住“手动润滑”键3s,即可完成一个注油的循环过程。

告诫:

a. 短时内不要多次使用手动润滑键进行手动润滑,不然会造成摩擦副内油量过多,浪费油脂;也有可能加速润滑泵的磨损。

b. 按“手动润滑”键和“故障消除”键时不能用力过大,不然会按坏该键。

5)加油方法

如果油箱内的油脂小于整个油箱容量的10%左右,即油面达到最低刻度时,必须往油箱内添加油脂。

(1)第一步:双手用力挤压油泵罩盖的底部,然后向上取出罩盖(适用于加油在罩内的结构)。

(2)第二步:拉出加油口上橡胶套。

(3)第三步:用加油器通过加油口往油箱内添加油脂。

①第一种方法:使用手动油脂加油器KRJ500[图4-2-59a)]加油。

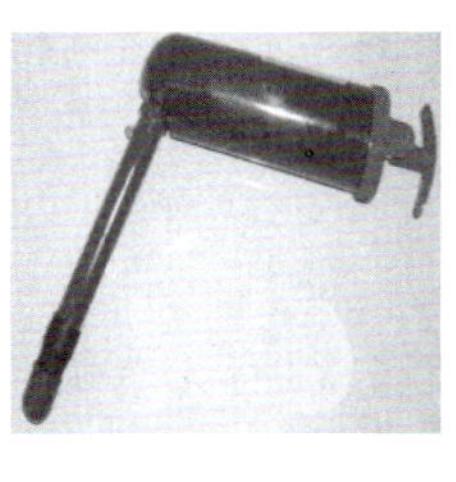

a)

b)

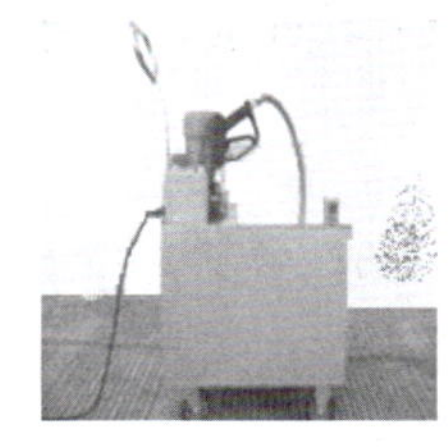

c)

图4-2-59 润滑油加注器

a. 用KRJ500加油器体从油桶内吸入油脂。

b. 用左手握住KRJ500加油器体使加油器口对准油泵加油口并压紧,然后右手推动加油器手柄把加油器内的油脂挤入油箱。

②第二种方法:使用手动油脂加油器 KRJ1000[图 4-2-59b)]加油。

a. 把 KRJ1000 加油器放入油桶内,然后把加油器的油管插到油泵的加油口上。

b. 用脚踩住 KRJ1000 加油器的脚压板,然后用双手握住加油器的手柄上下拉压。

③第三种方法:使用自动加油器 KRJ2000[图 4-2-59c)]加油。

把加油器的油管插到油泵的加油口上,接通电动机的电源即可。

(4)第四步:加油结束后,把橡胶套套回到加油口上,用双手挤压油泵罩下部,把其罩回到油泵上。

注意:如果加油器工作正常但不能往油箱内加油或加油困难,可能是油泵加油口处的过滤网已被严重堵塞,此时应拆下过滤网清洗。

告诫:油箱内的油脂应加到最高油面刻度线(油箱容量的 90% 左右),如果加得太满会使油脂堵塞油泵的通气孔从而影响油泵工作。

警告:在加油过程中严禁污染油脂进入油箱并应保持加油口和油管口的清洁。

6)系统维护

要对底盘集中润滑系统进行维护,特别是进行整车维护和大修时对集中润滑系统的维护尤为重要。

(1)整车一级维护时。

①打开点火开关,按住控制器的"手动润滑"键,检查控制器面板上的各指示灯是否正常。

②检查润滑系统中各连接处有无漏油。

③检查主、分油管是否在底盘上固定好。

④检查主、分油管有无断裂,特别注意检查与活动范围较大的润滑点连接的分油管有无出现拉断、折弯、磨穿等现象。

(2)整车二级维护时。

①做一级维护中的全部检查内容。

②检查油泵和分配器的螺栓连接有无松动。

③检查油泵油箱中的存油,当油箱内的存油少于油箱容积的 10% 时,应及时补充油脂。

④检查各个润滑点是否都有油脂。

⑤清除油泵装置上各缝隙中和定量分配器外表及管路上的污垢,润滑点上外渗的油污也应清除。

(3)整车大修时。

①做一级维护、二级维护中的全部检查内容。

②检查油管、油泵电源线、压力传感器信号线、护套管(波纹管)有无老化。

③特别提醒:在整车进行维修中,如需拆卸(更换)摩擦副部件(如拉杆球头等)和润滑油管依附的部件(如气管等)时必须维护好集中润滑系统,也就是说,在拆卸这些部件前需先拆下摩擦副部件上的润滑接头或剪掉些许扎带,当这些部件更换好后,必须把集中润滑系统复原。

(4)日常维护。只要在整车一级维护、二级维护及大修时对集中润滑系统维护好,日常的维护工作就非常轻松,只要简单地做一下一级维护和二级维护所需做的检查就可。

注意：当要拆卸摩擦副部件上的润滑接头时，应先拧下接头上的空心螺钉，并保持接头和分油管端口的清洁。

7）故障排除及系统维修

（1）系统常见故障排除方法见表4-2-7。

系统常见故障排除方法　　表4-2-7

故障现象	可能引起的原因	处理方法
故障灯持续亮着、报警器响个不停	控制器受到强干扰信号	将故障消除或关闭电源后重新打开
	储油箱内油脂低于最低油位	补充符合要求的油脂
	主油管破损、接头松脱	更换或紧固
	连接压力传感器的导线损坏	连接或更换
	压力传感器损坏	主油管压力在2.5～3.7MPa时无响应，则需要更换压力传感器
	泵的输出压力值达不到要求	更换齿轮泵
	主油管内有空气	排气
	油泵溢流阀密封不好	拆下清洗或更换
	油泵卸荷阀提早卸荷	拆下清洗或更换
接通电源指示灯不亮	熔断丝缺少或损坏	装上或更换熔断丝（6A）
	指示灯损坏	更换控制器
每个点润滑脂过多或过少	控制器所设定的间隔时间太长或太短	调整间隙时间至合适时间
部分点润滑脂过多或过少	过多时分配器定量太大	更换定量分配器
	过少时分配器定量太小	
定量分配器不出油	定量分配器损坏	更换新的定量分配器
	主油管或分油管内有空气	多几次泵油、必要时松开出油口再泵油
油泵电动机不转	控制器接线错误	按控制器接线图正确接线
	控制器损坏	更换控制器
	油泵导线断掉	接好导线
	电动机或电刷损坏	更换电动机或更换电刷
	油泵卡死	拆开油泵清洗
电动机工作时系统主油管内压力达不到3.8MPa	油泵吸油口处有空气	用振动油箱等办法驱除空气，然后用手动润滑按键起动电动机
	油泵吸油口被堵塞	清洗油泵吸油口
	加油太满将油泵的呼气孔堵塞，或外部脏物将呼气孔堵塞	打开油泵罩盖，将压缩空气通过加油口往油箱内吹气打通呼气孔
	加入的油脂型号错误	将原有的油脂清除干净再加入正确的油脂，然后拧下泵出口接头，用手动按钮起动油泵
	油泵的溢流阀损坏	修复溢流阀或更换整台油泵

续上表

故障现象	可能引起的原因	处理方法
电动机停转后分配器均不出油	油泵的卸荷阀卡死,系统无法卸荷	拆出卸荷阀阀芯在煤油中清洗
系统主管路内压力正常但控制器报警	压力传感器损坏	更换压力传感器
个别摩擦副没油	与该润滑点连接的分配器损坏	拆下该点分配器的柱塞,在煤油中清洗或更换
	连接该润滑点的分油管破损	更换该分油管
	摩擦副油道被堵塞	用黄油枪将摩擦副油道打通,黄油枪中需使用润滑系统使用的油脂

告诫:故障原因必须寻找正确,找出故障原因后立刻排除,不然会使底盘摩擦副得不到正常润滑,加速摩擦副部件的损坏。

(2)系统维修。

①更换电动机。

第一步:拆下电动机。

打开油泵罩盖后拧下电动机凸缘上的4个M5×30螺钉,然后卸下电动机。

第二步:装上新电动机(电动机轴上已装连接套)。

使电动机轴上的连接套对准连接杆后装上电动机,然后拧上4个M5×30螺钉。

②更换过滤网。如果过滤网被脏物堵塞,必须清洗干净,如果过滤网严重变形则要更换。

③溢流阀的维修。对溢流阀的维修主要是溢流阀被脏物堵塞后对其进行清洗。

第一步:打开油泵罩盖,拧下前后防护板上的4个M8×16螺钉,再拧下油泵盖板上的6个M5×30螺钉后取出泵组,在煤油中清洗泵组上的污垢。

注意:当泵组取出后,油箱须加盖防尘。

第二步:按顺序拆下溢流阀内部各零件,把它们在煤油中清洗,然后按顺序装上。

第三步:把泵组重新放入油箱内,拧上螺钉再罩上罩盖。

注意:如果溢流阀内部零件已损坏,则必须更换相应零件或更换整个溢流阀。

④卸荷阀的维修。对卸荷阀的维修也主要是卸荷阀被脏物堵塞后对其进行清洗。

第一步:同溢流阀维修的第一步。

第二步:拧下卸荷阀接头(卸荷堵),按顺序拆下卸荷阀内部各零件,把它们在煤油中清洗,然后按顺序装上。

注意:拆卸荷阀密封柱时,应先按油泵正转方向接通电源少许时刻,使密封柱顶出后切断电源,然后拿出清洗。

第三步:同溢流阀维修的第三步。

注意:当泵组取出后,油箱必须加盖防尘。

注意:如果卸荷阀内部零件已损坏,则必须更换相应零件。

⑤分配器的维修。如果某个润滑点对应的分配器出口无油脂排出，证明该点分配器已被卡死，则应按顺序拆下定量头、弹簧、活塞，用煤油清洗，然后按顺序把它们装上。如果还不出油，则应按顺序拆下出油阀用煤油清洗，然后按顺序把它们装上。

注意：如果分配器内部零件已损坏，则必须更换相应零件或更换整个分配器。

告诫：在拆零件时，应防止杂物进入分配器壳体内。

第五章　汽电车新技术

第一节　汽车新技术

一、纯电动客车的简介

汽车发展极大地改变了人们的生活方式，提高了人们的生活质量，然而汽车的发展在给人类带来巨大利益的同时，也面对着能源与环境的挑战。为了应对能源危机和缓解环境问题，我国北京、上海、山东等地自主开发了纯电动城市客车。其采用动力电池作为驱动能源，具有很强的环境保护效果。

1. 纯电动车与无轨电车基本结构对比

纯电动汽车是由电力驱动系统、底盘、车身、电气设备等组成。与传统汽车相比，主要的差别在于驱动系统，纯电动汽车的驱动系统类似于城市无轨电车。纯电动汽车的驱动系统是由电动机、电动机的调速控制装置和电源等组成，电动机型号为 YCVF250L-4 交流三相异步免维护电动机，主要参数：额定功率为 100kW（转速为 2000r/min），峰值功率为 150kW，额定电流为 243A，冷却方式为自带风机、强制通风；电动机的能源来自电池，除此之外，纯电动汽车的驱动系统具有制动能回收的功能。与无轨电车相比，不同点表现为：纯电动车自备电池，采用的是功率为 100kW 的交流电动机，无轨电车采用的是功率为 60kW 的直流电动机，电能取自供电线网；纯电动车具有制动能回收功能，无轨电车依靠制动时产生的自感电动势，产生反转力矩起到制动作用的；纯电动车有变速器、主减速器和轮边减速器；纯电动车无线网支持，无轨电车须有供电线网，及其他一些因设计要求不同而结构有所不同。基本相同点：纯电动车和无轨电车都需要单独的供电设施（只是不同形式）；两种车型都有变频器、直流电源变换器、空气断路器等。

2. 纯电动车原理介绍

现以 SWB6121EV5 型纯电动汽车为例，对纯电动城市客车结构性能及工作原理做一简要介绍。

在纯电动汽车结构中，驱动控制系统是电动汽车的核心，电动机是驱动控制系统的重要组成部分，其作用是把电能转换成机械能，该电动机可用于直接驱动车辆，也可根据需要连接变速器来控制车速，提高车辆行驶效率。纯电动客车动力系统的总成结构如图 5-1-1 所示。主驱动电动机与电池之间的能量流动通过控制器调节，电动机与变速器、后桥等装置通过机械传动装置连在一起。

3. 先进的能量源和动力驱动系统

锂离子动力电池工作电压高、能量密度高，具有较好的放电电压平台、循环寿命长、无污染、无记忆效应等优点，是最有发展前景的动力电池类型。随着锂离子动力电池技术的飞速发展，各国已经将电动汽车动力电池从镍氢电池转向锂离子动力电池。为了保证车辆不间断运行，研究采用集中充电、快速更换电池的运行方案，为此开发了新型标准化动力电池箱，具备防水、防尘、防火的功能，支持快速更换，同时开发了手动和自动快速更换装置，建设了充电站。

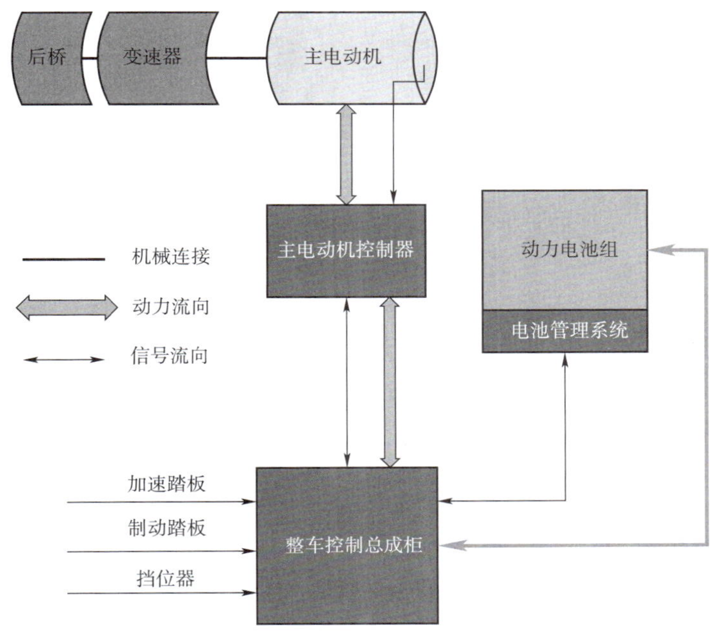

图 5-1-1　动力系统总成原理图

纯电动客车的能量完全来源于动力电池（图 5-1-2），其能量利用效率的高低直接影响到电动客车的续驶里程和经济性。纯电动客车采用电动机和多挡手动变速器组成的一体化电驱动系统（图 5-1-3），整车控制器通过网络化信息系统进行智能监控，提高了整车的能量利用效率，整车的动力性能和经济性能明显改善，可靠性和舒适性大大提高。

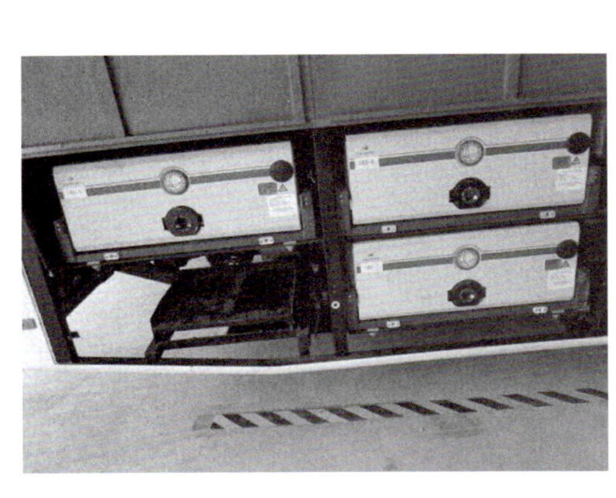

图 5-1-2　动力电池

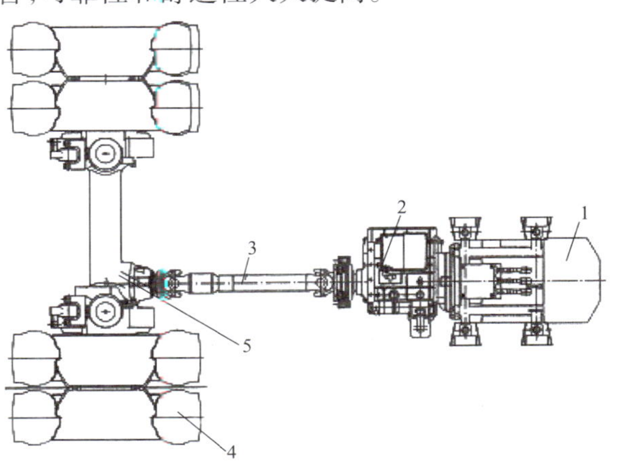

图 5-1-3　行驶系简图

1-电动机；2-变速器；3-传动轴；4-驱动轮；5-后桥

4. WX12I3215 磷酸铁锂动力电池组

1）动力电池组系统组成

（1）电池组系统由1块BMU、4组12S300Ah电源模块、5组24S300Ah电源模块组成，如图5-1-4所示。

a)

b)

图5-1-4 动力电源模块示意图

a）12S300Ah电源模块；b）24S300Ah电源模块

（2）每组电源模块由电池组、1块LECU、1只熔断器、1个均衡航插、动力电缆以及电池筐等部件组成，如图5-1-5所示。

图5-1-5 动力电池组系统内部示意图

2）动力电池电源模块安装

电源模块在整车上的安装按照图5-1-6中的编号进行。图中，1～4为12S300Ah电源模块，其余为24S300Ah电源模块。

电池箱安装时用自动更换系统或手动更换系统进行。采用自动系统不需要人直接接触电池箱。采用手动系统时，轻轻将电池箱推入到外箱体的滚道上，把电池推入电池箱，注意压紧密封条，在接近外箱体底部时，两操作人员同时加力，快速推入，并听到一声“咔哒”声响，说明电池箱已经到位锁止，到位后电磁锁指示灯熄灭，此时一定要用手拉动拉手位置，检验电池箱是否锁止可靠。

电池柱维护要求，运行中，每次更换电池内框均需对高压极柱插孔进行简单目测，检验其表面是否有磨损和烧蚀，如果触头表面有拉弧后产生的黑色氧化层，则需要用1500目的砂皮轻轻地擦去氧化层。如果是拉弧现象严重或者触头露出黄色基材铜，则必须更换触头。

5. 纯电动车控制系统和仪表指示情况

1）控制系统

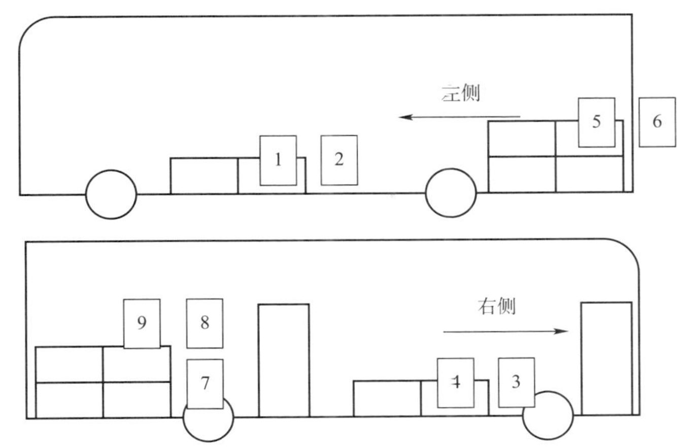

图 5-1-6 电源模块在整车上的安装位置图

纯电动客车行驶过程是由整车管理系统进行管理和控制的，其由整车控制器和整车控制软件两部分组成。整车控制软件采用 SiemensS7-200MicreWIN 软件开发环境，采用梯形图语言编程。整车控制元件分为初始化模块、上电逻辑控制模块、电动机驱动控制模块、辅助系统管理模块、网络通信模块、故障诊断模块六个部分。

2）仪表指示

低压电压表显示范围为 0～35V，其中，0～18V 为欠电压范围，仪表边框红色；18～28V 为正常范围，仪表边框绿色；28～35V 为过电压范围，仪表边框红色。

高压电压表显示范围为 0～750V，其中 0～350V 为欠电压范围，仪表边框红色；350～675V 为正常范围，仪表边框绿色；675～750V 为过电压范围，仪表边框红色。

低压电流表显示范围为 0～100A，其中 0～90A 为正常范围，仪表边框绿色；90～100A 为过电流范围，仪表边框红色（此电流表不起作用）。

动力电池电压应为 360～450V，动力电池单体电压不低于 3.05V，低压蓄电池电压应为 27V ±0.5V。每次充电（换电池）续航里程 120km 以上。

SWB6121EV5 型纯电动汽车运行两年以来，车辆性能比较稳定，故障率较低。除传动部分需定期注油（6000km）外，转向节主销需每年注油二次 轮毂及制动蹄片正常情况下 15 万 km 以上进行维护。如果动力电池寿命长、质量稳定可靠，将是城市交通工具的首选。

二、自动变速器的结构与工作原理

一般人们所说的自动变速器都是指液力自动变速器，它是由液力变矩器和齿轮式自动变速器组合起来的。它与传统的手动齿轮式变速器相比，不但结构和工作原理要复杂得多，而且使用方法有很大的不同。

1. 自动变速器的组成

自动变速器主要由液力变矩器、行星齿轮变速器、油泵、控制系统（液力式和电液式）等几个部分组成。

1）液力变矩器

液力变矩器位于自动变速器的最前端，它装在发动机的飞轮上，其作用与采用手动变速器的汽车的离合器相似。它利用液力传递的原理，将发动机的动力传给自动变速器的输入轴。此外，它还能实现无级变速，并具有减速增扭的功能。

2）齿轮变速器

齿轮变速器是自动变速器的主要组成部分，它包括齿轮变速机构和换挡执行机构。换挡执行机构可以使齿轮变速机构处于不同的挡位，以实现不同的传动比。公交车自动变速器的齿轮变速机构有5~6个前进挡和一个倒挡。这些挡位与液力变矩器相配合，就可获得由起步至最高车速的整个范围内的无级变速。

3）油泵

油泵通常安装在液力变矩器之后，由飞轮通过液力变矩器壳直接驱动，为液力变矩器、控制系统及换挡执行机构的工作提供一定压力的液压油。

4）控制系统

自动变速器的控制系统有液力式和电液式两种。液力式控制系统包括许多控制阀组成的阀板总成以及油压管路。电液式控制系统除了阀板及油压管路之外，还包括ECU、传感器、执行器及控制电路等。此外，在自动变速器的外部还设有一个液压油散热器，用于散发自动变速器的液压油在工作过程中产生的热量。

2. 液力变矩器的结构和工作原理

变矩器是自动变速器不可缺少的重要组成部分之一。它安装在发动机的飞轮上，利用工作油液将发动机的转矩传递给自动变速器中的齿轮变速机构，并有小范围内的降低转速增加转矩和自动变速的功能。自动变速器的传动效率主要取决于变矩器的结构和性能。现在汽车自动变速器中所用的变矩器都是综合式液力变矩器。

1）综合式液力变矩器的结构和工作原理

液力变矩器有三个工作轮，即泵轮、涡轮和导轮。发动机运转时带动液力变矩器的壳体和泵轮与之一同旋转，泵轮内的工作油液在离心力的作用下，由泵轮叶片外缘冲向涡轮，并沿涡轮叶片流向导轮，再经导轮叶片流回泵轮叶片内缘，形成循环的液流。导轮的作用是改变涡轮上的输出转矩。由于从涡轮叶片下缘流向导轮的工作油液仍有相当大的冲击力，只要将泵轮、涡轮和导轮的叶片设计成一定的形状和角度，就可利用上述冲击力来提高涡轮的输出转矩。

2）综合式液力变矩器的结构和工作原理

综合式液力变矩器和上述液力变矩器的不同之处在于它的导轮不是完全固定不动的，而是通过单向超越离合器（又称单向啮合器或自由轮离合器）支撑在固定于变速器壳体的导轮固定套上。这一单向超越离合器使导轮可以朝顺时针方向旋转（从发动机前面看），但不能朝逆时针方向旋转。

当涡轮转速较低时，由涡轮流出的液压油从正面冲击导轮叶片，对导轮施加一个朝逆时针方向旋转的力矩，但由于单向超越离合器在逆时针方向具有锁止作用，将导轮锁止在导轮固定套上固定不动，因此这时该变矩器的工作特性和液力变矩器相同，即具有一定的增扭作用（变扭系数K大于1）。

当涡轮转速增大到某一数值时，液压油对导轮的冲击方向与导轮叶片之间的夹角为0°，此时变扭系数K等于1。若涡轮转速继续增大，液压油将从反面冲击导轮，对导轮产生一个顺时针方向的转矩。由于单向超越离合器在顺时针方向没有锁止作用,可以像轴承一样滑转,所以导轮在液压油的冲击作用下开始朝顺时针方向旋转。由于自由转动的导轮对液压油没有反作用力矩,液压油只受到泵轮和涡轮的反作用力矩的作用,因此这时该变矩器不能起到增扭作用,这时涡轮转速较高,该变矩器也处于高效率的工作范围。

导轮开始空转的工作点称为耦合点。由上述分析可知,综合式液力变矩器在涡轮转速由 0 至耦合点的工作范围内按液力变矩器的特性工作,在涡轮转速超过耦合点转速之后按液力耦合器的特性工作。因此,这种变矩器既利用了液力变矩器在涡轮转速较低时所具有的增扭特性,又利用了液力耦合器在涡轮转速较高时所具有的高传动效率的特性。

3)带锁止离合器的综合式液力变矩器的结构和工作原理

变矩器是用液力来传递汽车动力的,而工作油液的内部摩擦会造成一定的能量损失,因此传动效率较低。为提高汽车的传动效率,减少燃油消耗,现代很多自动变速器采用一种带锁止离合器的综合式液力变矩器。

锁止离合器由主动部分、从动部分和控制部分组成。主动部分为液力变矩器壳 2,从动部分为一个可轴向移动的压盘 1(通过花键套和输出轴连接)。压盘右侧的工作油液与液力变矩器泵轮、涡轮等的工作油液相通,压盘左侧(压盘与液力变矩器壳之间)的工作油液通过变矩器输出轴中间的控制油道与阀体总成上的锁止控制阀相通。锁止控制阀由油道与压盘的左右油腔相连,通过改变压盘两侧的油压使锁止离合器处于分离和接合状态。

当车速较低时,锁止离合器压盘左侧油腔与来自离合器控制装置的进油道 A 相通,锁止离合器压盘两侧保持相同的油压,此时锁止离合器处于分离状态,如图 5-1-7 所示,输入液力变矩器的动力通过工作油液全部传递至涡轮。当车速等因素满足锁止离合器的锁止条件时,控制装置便改变油路方向,使 B 油道进油,A 油道回油,锁止离合器压盘左侧的油压下降,而压盘右侧的油压仍为液力变矩器油压,压盘在其左右两侧压力差的作用下压紧在液力变矩器壳上,此时锁止离合器处于接合状态,如图 5-1-8 所示。这时输入液力变矩器的动力通过锁止离合器的机械相连,由压盘直接传至输出轴输出,传动效率为 100%。

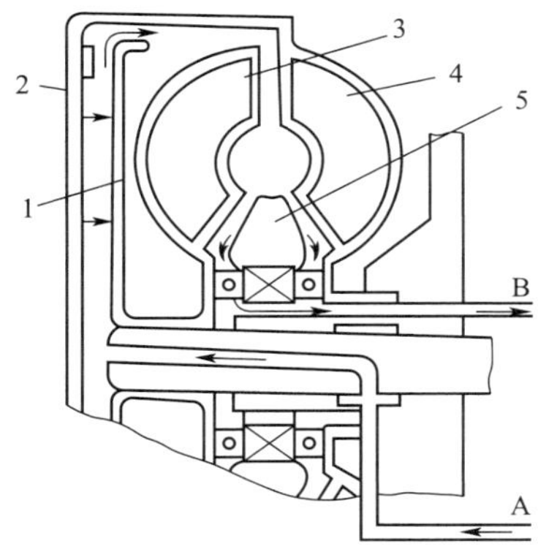

图 5-1-7　锁止离合器处于分离状态

1-压盘;2-变矩器壳;3-涡轮;4-砂轮;5-导轮;A、B-锁止离合器控制油道

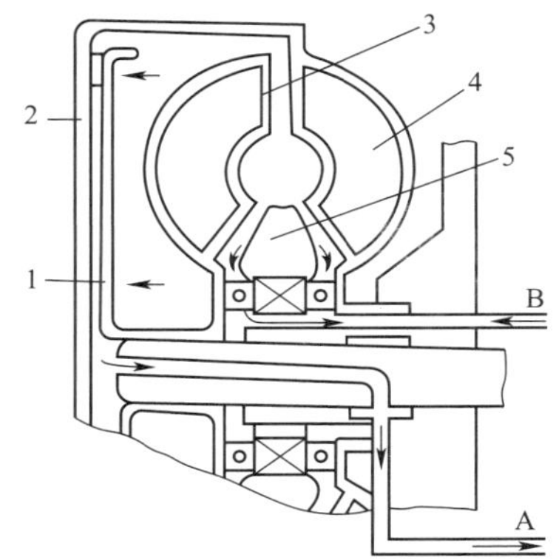

图 5-1-8　锁止离合器处于接合状态

1-压盘;2-变矩器壳;3-涡轮;4-砂轮;5-导轮;A、B-锁止离合器控制油道

3. 行星齿轮机构

行星齿轮机构是汽车自动变速器在液力变矩器增扭的基础上使输出转矩再增大 2 ~ 4

倍的机构。大体可分为辛普森式行星齿轮机构和拉威挪式行星齿轮机构两种。

1)单排行星齿轮机构的结构与原理

行星齿轮机构有很多类型,其中最简单的行星齿轮机构是由一个太阳轮、一个齿圈、一个行星架和支撑在行星架上的几个行星齿轮组成的,称为一个行星排。行星齿轮的动作(每个部件的转速和方向)取决于给定的条件。由于单排行星齿轮机构有两个自由度,因此它没有固定的传动比,不能直接用于变速传动。为了组成具有一定传动比的传动机构,必须将太阳轮、齿圈和行星架这3个基本元件中的1个加以固定(使其转速为0,也称为制动),或使其运动受到一定约束(即让该机构以某一固定的转速旋转),或将两个基本元件互相连接在一起(即两者转速相同),使行星排变为只有一个自由度的机构,获得确定的传动比。

由于在单排行星齿轮机构中,行星齿轮只起中间轮(惰轮)的作用,因此单排行星齿轮机构的传动比取决于太阳轮的齿数 z_1 和齿圈齿数 z_2,与行星齿轮的齿数无关。

设 $z_2/z_1=a$,根据分析,单排行星齿轮机构的运动特性方程为:

$$n_1+an_2=(1+a)n_3$$

式中:n_1——太阳轮转速;

n_2——齿圈转速;

n_3——行星架转速。

由此可计算出该机构的各种可能的传动比:

(1)齿圈——固定($n_2=0$),太阳轮——主动件,行星架——从动件。

由运算方程

$$n_1+an_2=(1+a)n_3$$

可得:

$$n_1=(1+a)n_3$$

可得传动比:

$$i=n_1/n_3=1+a=1+z_2/z_1$$

由于齿圈齿数大于太阳轮齿数,因而这一传动比的数值大于2,得到减速传动。

(2)太阳轮——固定($n_1=0$),齿圈——主动件,行星架——从动件。

由运算方程

$$n_1+an_2=(1+a)n_3$$

可得:

$$an_2=(1+a)n_3$$

可得传动比:

$$i=n_2/n_3=(1+a)/a=1+z_1/z_2$$

由于齿圈齿数大于太阳轮齿数,因而这一传动比的数值大于1且小于2,得到减速传动。

(3)太阳轮——固定($n_1=0$),行星架——主动件,齿圈——从动件。

由运算方程

$$n_1+an_2=(1+a)n_3$$

可得:

$$an_2=(1+a)n_3$$

可得传动比：

$$i = n_3/n_2 = a/(1+a)$$

由于齿圈齿数大于太阳轮齿数，因而这一传动比的数值小于1，得到增速传动，用于变速器的超速挡。

(4)行星架——固定($n_3=0$)，太阳轮——主动件，齿圈——从动件。

则行星齿轮的轴线也被固定，行星齿轮只能自转，不能公转，行星排成为一个定轮式齿轮传动机构，而且太阳轮和齿圈的转向相反。此时若以太阳轮为主动件，齿圈为从动件，即可获得反向减速传动，其传动比由运算方程

$$n_1 + an_2 = (1+a)n_3$$

可得：

$$n_1 + an_2 = 0$$

可得传动比：

$$i = n_1/n_2 = -a = -z_2/z_1$$

由于齿圈齿数大于太阳轮齿数，因而这一传动比的数值大于1，可获得反向减速传动，用于变速器中的倒挡。

(5)3个基本元件都不固定。

3个基本元件都不固定，各基本单元都可以自由转动，则此时该机构具有两个自由度，因此不论以哪两个基本元件为主动件、从动件，都不能获得动力传递，即此刻该机构失去传递作用。这种情况用于空挡。

(6)任意两个基本单元互相连接。

若将任意两个基本单元互相连接起来，第三个基本单元的转速必与前两个基本元件的转速相同，即3个基本元件将以同样的转速一同旋转。此时，不论以哪两个基本单元为主动件、从动件，其传动比都是1。这种情况用于变速器的直接挡。

汽车上所用的行星齿轮机构都是由几个行星排组成的，单行星排的变速原理和传动比的计算方法同样适用于这种多行星轮机构。只要该机构经约束后的自由度为1，其传动比都可由各个单行星排齿轮机构的运动特性求得。

2)换挡执行机构的结构与原理

行星齿轮机构的换挡执行机构和传统的手动齿轮变速器不同，行星齿轮机构中的所有齿轮都处于常啮合状态，它的挡位变换不是通过移动齿轮使之进入啮合或脱离啮合来进行的，而是通过以不同的方式对行星齿轮机构的基本单元进行约束来实现的。通过适当的选择被约束的基本单元和约束方式，就可以使该机构具有不同的传动比，从而组成不同的挡位。

换挡执行机构由离合器、制动器和单向离合器3种不同的执行元件组成，它有3个基本作用，即连接、固定和锁止。

(1)离合器。

①作用：连接，即将行星齿轮机构的输入轴和行星排的某个元件连接，或将行星排的某两个基本元件连接在一起，使之成为一个整体，以实现直接传动。

②组成：离合器是一种多片湿式离合器，它通常由活塞、复位弹簧、弹簧座、一组钢片、一

组摩擦片、调整垫片、离合器鼓及几个密封圈组成。

③原理:多片离合器既可用作驱动元件,也可以用作锁止元件。驱动离合器多位于变矩器和油泵之间,多片离合器鼓通过花键与涡轮轴相连或与其制成一体。

主动片通过外缘键齿与离合器鼓的内花键槽配合,与涡轮同步旋转。离合器花键毂与行星齿轮机构的主动元件制成一体。从动片通过内缘键齿与花键毂相连。主动片和从动片均可轴向移动。压盘固定于键槽中,用以限制主、从动盘的位移量,其外侧安装了限位卡环。活塞装于离合器内。复位弹簧一端低于活塞端面,另一端支撑在保持座上。

当离合器处于分离状态时,活塞在复位弹簧的作用下处于左极限位置,主、从动片间存在一定间隙。当压力油经油道进入活塞左腔室后,液压力克服弹簧张力使活塞右移将所有主、从动片依次压紧,离合器接合。动力经涡轮、离合器鼓、主动片和花键毂传至行星齿轮机构。油压撤除后,活塞在复位弹簧的作用下复位,离合器分离,动力传递路线被切断。

用于锁止元件的多片离合器的结构和工作原理与驱动器离合器基本相同,只是与变速器的连接方式有所区别。从动片与离合器的键槽相连,离合器鼓与变速器壳体等固定元件制成一体。主动片与行星齿轮系统相应元件相连接。当离合器接合时,该元件与变速器壳体固定,成为固定元件。

离合器处于分离状态时,离合器片之间有一定的轴向间隙,以保证钢片和摩擦片之间无轴向压力,这一间隙称为离合器的自由间隙。一般离合器自由间隙的标准值为 0.5 ~ 2.0mm,其规定值取决于离合器片数、离合器在变速器中的位置。通常离合器片数越多,或离合器交替工作越频繁,自由间隙的值就越大。自由间隙的大小可以用不同厚度的可选挡圈或垫片来进行调整。

(2)制动器。

作用:将行星排中的太阳轮、齿圈、行星架这 3 个基本元件之一加以固定。目前最常见的是湿式多片制动器和带式制动器。

①湿式多片制动器。湿式多片制动器由制动鼓、制动器活塞、复位弹簧、钢片、摩擦片及制动器毂等组成。

它的机构和工作原理与湿式多片离合器基本相同,只是其钢片通过外花键齿安装在变速器壳体的内花键齿圈上,摩擦片则通过内花键齿和制动器毂上的外花键槽相连接,制动器毂与行星齿轮机构的元件相连。当液压缸中没有压力油时,制动器毂可以自由旋转。当压力油进入制动器的液压缸后,通过活塞将钢片和摩擦片压紧在一起,制动器毂以及与其相连的行星齿轮机构的某一元件被固定住而不能旋转。当压力油从油缸排出时,复位弹簧将活塞复位至原始位置,制动解除。

②带式制动器。带式制动器是执行机构中的锁止元件,由制动带及其伺服装置(控制液压缸)组成。汽车自动变速器中的带式制动器,采用一有摩擦材料的制动带包绕在制动鼓的外圆表面,制动带的一端固定在变速器壳体上,另一端则与制动液压缸中的活塞相连。制动时,当液压力施加于活塞时,活塞在缸体内移动至左端,压缩外弹簧,连杆带动活塞移动,推动制动带的一端。因为制动带的另一端固定在变速器壳体上,制动带的直径减小,因此制动带夹持制动鼓,使其不能转动,如图 5-1-9 所示。因为此时制动鼓以高速旋转,制动带受到来自制动鼓的旋转反作用力,如果活塞和连杆为整体结构,这个反作用力就会使活塞产生振

动。为防止这种情况，活塞是通过一内弹簧安装在连杆上。当制动带受到反作用力时，连杆被推回压缩内弹簧以缓冲这个反作用力。解除制动后，制动带与制动鼓之间应存在一定间隙，否则会造成制动带和制动鼓的过度磨损，影响行星齿轮机构的正常工作。

③单向离合器。单向离合器在行星齿轮机构中的作用是依靠其单向锁止原理来发挥固定或连接作用的，其连接和固定也只能是单方向的。当与之相连的元件的受力方向与锁止方向相同时，该元件即被固定或连接；当受力方向与锁止方向相反时，该元件即被释放或脱离连接。目前最常见的单向离合器有滚柱斜槽式和楔块式两种。

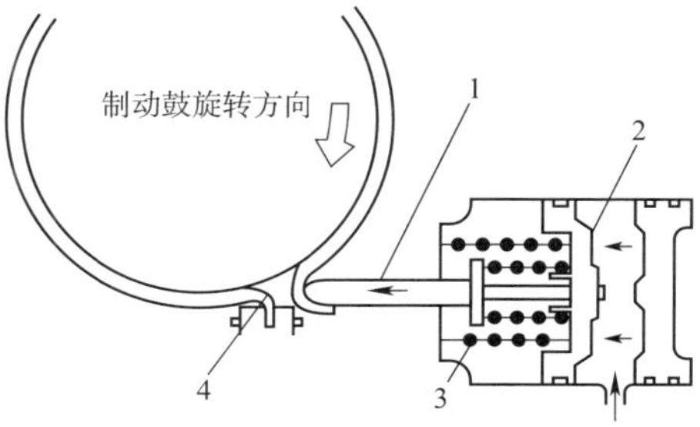

图 5-1-9 带式制动器制动

1-连杆；2-活塞；3-变速器壳体；4-制动带

4. 液力式控制系统的结构与原理

自动变速器的自动控制是指汽车前进行驶过程中，根据发动机负荷和车速的变化，按照设定的换挡规律，自动选择挡位，并通过控制换挡执行元件的工作改变行星齿轮机构的传动比，从而实现挡位的变换。在换挡过程中速度变化平稳，提高了汽车的舒适性和加速性。

液力式控制系统由油泵、执行机构、控制机构等组成。

1）油泵

油泵技术状况的好坏，对自动变速器的使用性能及使用寿命有很大影响。油泵通常安装在变矩器后端，由变矩器的泵轮通过一个轴套驱动。常见的液压油泵有内啮合齿轮泵和叶片泵等定量泵，也有少数车型采用变量叶片泵。

2）主油路调压装置

为防止油泵的泵油量和压力受到发动机工况的影响，（发动机高速运转时，导致油压过高，增加发动机的负荷，并造成换挡冲击。而主油路油压太低时，又会使离合器、制动器等执行元件打滑），必须在主油路中设置主油路调压阀，其作用是将油泵输出压力调节到所需值后再输入主油路，以满足自动变速器各种工况对油压的要求。

为了使主油路油压能满足自动变速器不同工况的需要，主油路调压阀还具备下列功能：

（1）发动机节气门开度较小时，自动变速器所传递的转矩较小，执行机构中的离合器、制动器不易打滑，主油路压力可以降低。而当发动机节气门开度较大时，因传递的转矩增大，为防止离合器、制动器打滑，主油路压力要升高。

（2）汽车在低速挡行驶时，所传递转矩较大，主油路压力要高。而在高速挡行驶时，自动变速器传递的转矩较小，可降低主油路油压，以减小油泵运转阻力。

（3）倒挡使用时间较少，为减小自动变速器的尺寸，倒挡执行机构被制作的较小，为避免出现打滑，需提高操纵油压。

3）换挡信号装置

给自动变速器提供换挡操纵的有两个换挡信号，即所谓的两个控制参数：发动机负荷和车速。在液压控制系统中，这两个信号分别由节气门阀和调速器阀提供。

（1）节气门阀。节气门阀是受发动机加速踏板控制，随节气门开度大小而改变其输出油压力的液压阀，输出的油压高低即为自动换挡的一个信号。根据输入方式的不同，节气门阀分为机械式和真空式两种。

(2)调速器阀。调速器阀的作用是为自动变速器换挡阀提供一个随车速大小而变化的控制油压。调速器阀一般利用旋转时重块所产生的离心力来控制滑阀阀芯的位置,故称离心式调速器阀。常见的离心式调速器阀有输出轴上安装的双级调速器阀和滑阀式双级调速器阀两种。

4)换挡阀组

换挡阀组根据换挡信号系统提供的信号,控制自动变速器中液压操纵油路的方向,由此决定换至不同的挡位。换挡阀组主要由手动阀、换挡阀组成。

(1)手动阀。手动阀是安装于控制系统阀体总成中的多路换向阀,由驾驶室的自动变速器操纵手柄控制。它经机械传动机构和自动变速器的操纵手柄连接,用于控制自动变速器的工作状态。

(2)换挡阀。换挡阀是弹簧液压作用式的方向控制阀,它有两个工作位置,可以实现升挡和降挡的自动变换。

(3)强制降挡阀。通常,只有车速降低到一定数值时,自动变速器才能正常回低速挡。但在绝大多数自动变速器中都装有强制降挡阀,其作用:当汽车已在较高车速下行驶,而此时把加速踏板踩到底仍觉加速不够强烈,则自动变速器瞬时强制性地降低一挡,即"强制降挡",由于此时的车速较高,液力变矩器已在耦合器工况或者锁止工况工作,变矩比为1,无增扭作用,而加速踏板几乎踩到底,功率输出接近最大。若将自动变速器降低一挡,由于传动比增加,输出转矩增大,在短暂时间内,能起到极其强烈的加速作用,这是在非常情况下迅速加速时所必需的。接合低一挡后,车速下降可通过发动机转速的增加得到弥补,因此可用于短时超车。当加速的要求得到满足后,应立即松开加速踏板,否则在加速接近发动机最大转速时再松加速踏板,会对高速挡摩擦元件不利。

强制降挡阀的工作原理是,从阀输出来自主油路的压力油,作用于各换挡阀与节气门阀油压作用相同的一端,其共同作用结果是将换挡阀阀芯向降挡方向移动,从而使自动变速器降挡。常用的降挡阀有滚轮式和电磁式两种。

5)安全缓冲装置

为防止自动变速器在换挡时出现冲击,其内装有许多起缓冲和安全作用的液压阀和减振器。

(1)倒挡离合器顺序阀。在一些自动变速器中装有倒挡离合器顺序阀,它用于自动变速器换倒挡时减小换挡冲击。

(2)调整阀。换挡阀作用时,如果主油路油压被立即加至执行元件,将会产生较大的冲击。为进行缓冲,油路中设置了一些调整阀,如中间调整阀、滑行调整阀等。

(3)蓄压器。自动变速器中常用蓄压器来缓冲换挡冲击。蓄压器也称储能器或减振器,一般由减振活塞和弹簧组成,它与离合器或制动器并联安装,防止离合器片或制动器片快速接合时引起的冲击。

(4)止回节流阀。止回节流阀装在换挡阀与换挡执行元件之间,它只对流向换挡执行元件的液流起节流作用。其作用是:在换挡执行元件接合过程中,通过节流,减缓压力的上升速率,以减小换挡冲击。在换挡执行元件分离过程中,止回阀对换挡执行元件的泄油不起节流作用,以加快换挡执行元件泄油分离过程。止回节流阀有弹簧式和球阀节流孔式两种类型。

6)液力变矩器控制装置

自动变速器在液力工况下工作时,其内部工作油液要传递发动机的大部分功率,而由于液力变矩器效率不够高,损失的功率转化成热的形式,使得油液温度升高,过高的油温会加速油液的老化变质,破坏密封,甚至产生沸腾,影响正常工作。另外,变矩器工作轮中有些区域工作液体的流速高,压力低,往往出现气蚀,使得传递的转矩减小。因此,液力变矩器控制装置的作用就是把变矩器中的高温油引出加以冷却,然后加压送回到变矩器进行补偿。如果是锁止式液力变矩器,控制装置则还要控制变矩器中的锁止离合器。

液力变矩器控制装置由压力调节阀、锁止信号阀、锁止继动阀及相应的管路组成。

(1)压力调节阀。变矩器压力调节阀的作用是将主油路的压力减压后送入变矩器,因为油泵输出的油压较高,而变矩器的补偿油压只需要0.2~0.5MPa。不少自动变速器的压力调节阀与主油路调压阀制成一体,直接调节主油路输出的压力油,然后送往变矩器。液力变矩器内的热油从导轮与泵轮之间或导轮与涡轮之间的通道引出,经冷却器冷却后用于行星齿轮机构中齿轮和轴承的润滑,然后回到油底壳。

(2)锁止信号阀及锁止继动阀。液力变矩器中锁止离合器的工作是由锁止信号阀和锁止继动阀共同控制的。当车速较低时,调速器阀油压也低,锁止信号阀在弹簧的作用下保持在上方位置,从而将通往锁止继动阀下端的主油路切断,使锁止继动阀在上方弹簧力和油压力的作用下保持在下方位置,变矩器的锁止离合器压盘左侧与变矩器进油道相通,锁止离合器处于分离状态,自动变速器为液力传动工况,发动机动力全部经变矩器传递。

当汽车以超速挡行驶,且达到一定的车速时,调速器阀油压的作用力增大,将锁止信号阀推至下位,来自超速挡油路的压力油经锁止信号阀中部进入锁止继动阀下端,锁止继动阀阀芯升至上位,锁止离合器左侧油腔与泄油口相通,离合器接合,自动变速器成为机械传动工况,发动机动力经锁止离合器直接传至行星齿轮机构输入轴,锁止离合器锁止时相对应的车速,即称为锁止工作点。

5.电液式控制系统的结构与原理

电子控制自动变速器采用电液式控制系统。这种控制系统由电子控制装置和阀体两大部分组成,即电控液压操纵系统。

电液式控制系统是利用电子自动控制的原理来完成各种控制任务。传感器将汽车及发动机的各种运动参数转变为电信号,ECU 根据这些电信号,按照设定的控制程序发出控制信号,通过各种电磁阀来操纵阀体总成中各个控制阀的工作,以完成各种控制任务。电子控制装置由传感器、控制开关、ECU 等部件组成。

1)传感器

自动变速器用到的传感器有节气门位置传感器、发动机转速传感器、车速传感器、输入轴转速传感器、发动机冷却液温度传感器、自动变速器温度传感器等。

2)控制开关

电子控制装置中常用的开关有超速挡开关、模式开关、空挡起动开关和制动灯开关等。

3)电磁阀

常用的一种是开关式电磁阀,其作用是通电时开启、断电时关闭自动变速器油路,可用于控制换挡阀及液力变矩器的锁止离合器锁止阀;另一种是脉冲式电磁阀,其结构与开关式电磁阀基本相似,其作用是以通电脉冲的占空比来控制油路中的油压大小。

4)ECU 及典型控制

自动变速器电子控制装置由三部分组成:传感器、电子控制单元(ECU)和执行器。各种车型自动变速器的电子控制装置的形式和布置,因 ECU 和控制程序的不同,以及传感器、执行器、控制开关的不同而有较大的差别。但在控制内容上仍有许多相似之处。

(1)换挡控制。换挡控制即控制自动变速器的换挡时刻,也就是在汽车达到某一车速时,让自动变速器升挡或降挡。ECU 控制可以让自动变速器在汽车的任何行驶条件下都按最佳换挡时刻进行换挡,从而使汽车的动力性和经济性等指标都达到最佳。

汽车自动变速器的操纵手柄或模式开关处于不同位置时,对汽车的使用要求不同,换挡规律也不同。通常 ECU 将汽车在不同使用要求下的最佳换挡规律以自动换挡图的形式储存在存储器中。汽车行驶时,ECU 根据模式开关和操纵手柄的信号从存储器中选出相应的自动换挡图,再将车速传感器、节气门位置传感器测得的车速、节气门开度与所选的自动换挡图进行比较。如在一定节气门开度下行驶的汽车达到设定的换挡车速时,ECU 便向换挡电磁阀发出电信号,由电磁阀的动作决定压力油通往各操纵单元的流向,以实现挡位的自动变换。

(2)电子车速控制。电子车速控制系统能自动控制车速,使汽车按选定的速度稳定行驶,无须驾驶员反复调节节气门开度。当然,在必要时也可脱开这种自动方式,转为由驾驶员控制车速。电子车速控制系统由以微机为主的电子控制单元(ECU)和真空执行机构组成,后者包括真空调节器、节气门驱动伺服膜盒、车速控制开关和制动踏板上的真空解除开关等部分。

(3)锁止离合器的控制。ECU 内储存有不同行驶模式下控制锁止离合器工作的程序,根据车速传感器和节气门位置传感器发出的信号,ECU 可以控制锁止离合器的开和关,从而控制锁止离合器的接合和分离。

ECU 在以下几种情况下可强制解除锁止:当汽车采取制动或节气门全闭时,为防止发动机失速,ECU 切断通向锁止电磁阀的电路,强行解除锁止。在自动变速器升挡过程中,ECU 暂时解除锁止,以减小换挡冲击。如果发动机冷却液的温度低于60℃,锁止离合器应处于分离状态,加速变速器预热,提高总体驾驶性能。

三、ABS(防抱死制动系统)的结构与工作原理

1. ABS 理论基础

1)制动性能评价指标

(1)制动效能:汽车在行驶中,强制减速以至停车的能力称为制动效能。包括制动距离、制动时间、制动减速度。

(2)制动方向稳定性:汽车在制动时仍能按指定方向的轨迹行驶,即不发生跑偏、侧滑及失去转向的能力称为制动时的方向稳定性。

2)制动时车轮受力分析(图 5-1-10)

图 5-1-10 中字母含义如下：

v——车速。

ω——车轮旋转角速度。

W——车轮法向载荷。

F_z——地面法向反力。

T——车轴对车轮的推力。

F_x——地面制动力。

r——车轮半径。

F_μ——制动蹄与制动鼓（盘）压紧时形成的摩擦力矩通过车轮作用于地面的切向力。

地面制动力、制动器制动力及附着力 F_ϕ 之间的关系如图 5-1-11 所示。

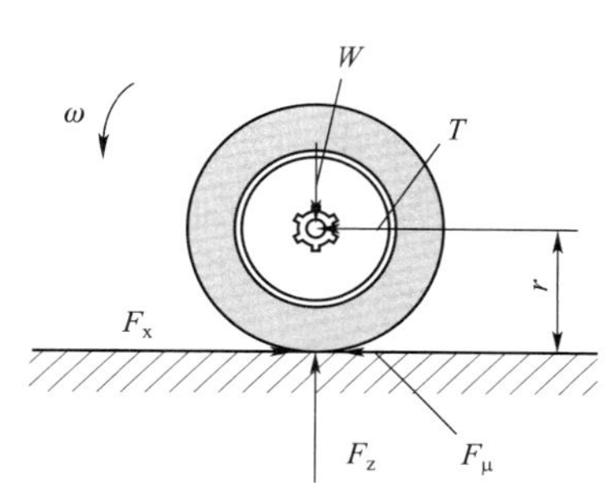

图 5-1-10 制动时车轮受力分析

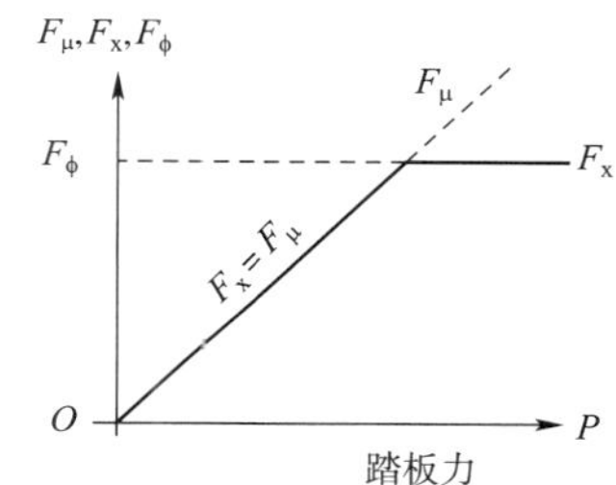

图 5-1-11 制动过程中地面制动力、制动器制动力及附着力三者之间的关系

滑移：当制动器制动力超过地面附着力时，即 $F_\mu > F_\phi$，车轮会产生滑移，易在制动时当地面附着力不够时易发生。

滑转：当地面驱动力大于地面所能够提供的最大附着力时，即 $F_x > F_\phi$，车轮会产生滑转，易在起步或加速时易发生。

3）滑移率、滑转率的定义

（1）制动过程中轮胎的三种状态纯滚动时路面印痕与胎面花纹基本一致。如图 5-1-12 所示。

$$车速\ v = 轮速\ v_\omega$$

边滑边滚时路面印痕可以辨认出轮胎花纹，但花纹逐渐模糊。如图 5-1-13 所示。

$$车速\ v > 轮速\ v_\omega$$

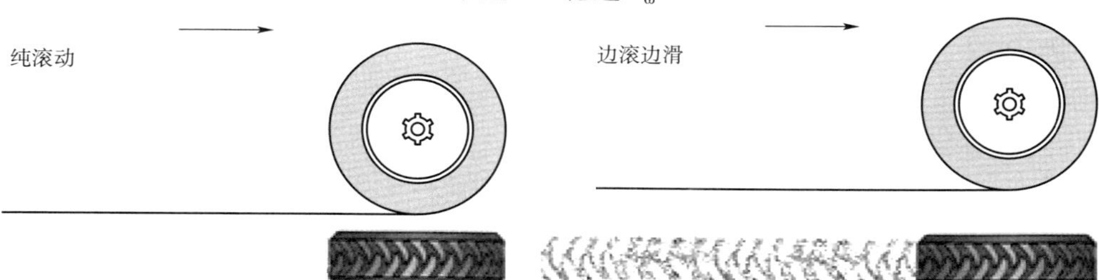

图 5-1-12 车轮纯滚动　　图 5-1-13 车轮边滑动边滚动

抱死拖滑时路面印痕粗黑。如图 5-1-14 所示。

$$轮速\ v_\omega = 0$$

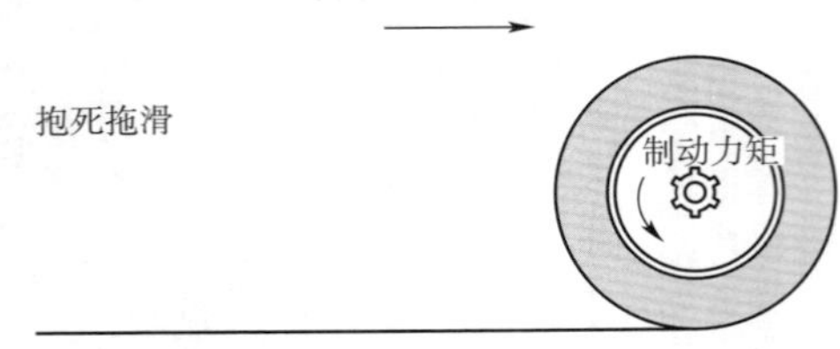

图 5-1-14 车轮抱死拖滑

(2)滑移率 s 定义:

$$s=[(v-v_{\omega})/v]\times 100\%$$
$$=[(v-r\omega)/v]\times 100\%$$

$s<20\%$ 为制动稳定区域。

$s>20\%$ 为制动非稳定区域。

将车轮滑移率 s 控制在 20% 左右,便可获取最大的纵向附着系数和较大的横向附着系数,是最理想的控制效果。如图 5-1-15 所示。

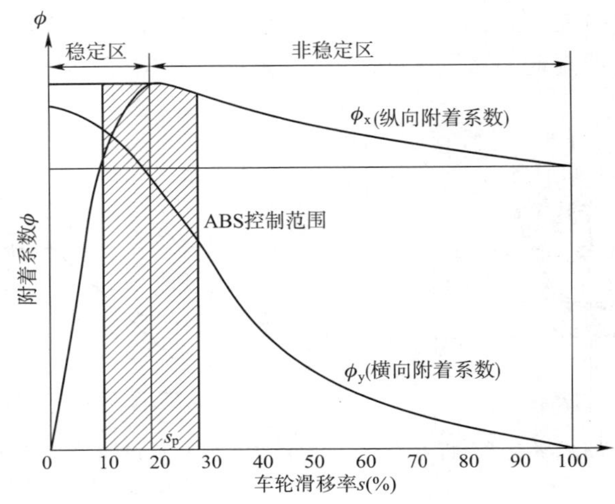

图 5-1-15 干燥硬实路面附着系数与滑移率的关系

(3)滑转率 s 定义。

s =(车轮转速 × 旋转半径 - 车轮中心速度)/车轮转速 × 旋转半径)×100%

纯滚动时:$s=0$

纯滑转时:$s=100\%$

滑转时:$0<s<100\%$

s 越大,滑转所占的比例越大,一般将滑转率控制在 5% ~15% 比较合适。

4)滑转、滑移的危害

滑转的危害:驱动车轮的牵引力减小,导致汽车起步性能、加速性能和滑溜路面的通过性能下降,并且,会降低行驶稳定性。

滑移的危害:当车轮滑移时,车轮被制动抱死。如果前轮抱死,将使前轮失去转向能力;若后轮抱死,将使车辆侧滑甚至甩尾。

2. ABS 结构组成及原理

1)结构组成

ABS 主要由车轮转速传感器、制动压力调节装置、电子控制装置、ABS 警示装置等组成,如图 5-1-16 所示。

由轮速传感器测得与车轮转速成正比的交流信号,送入电子控制器,由其中的运算单元计算出车轮速度、滑移率、车轮减速度,经控制单元加以分析后,给压力调节器发出制动压力控制指令。ECU 中还有监控单元,对 ABS 其他部件功能进行监测,发现异常时报警,恢复至常规制动状态。

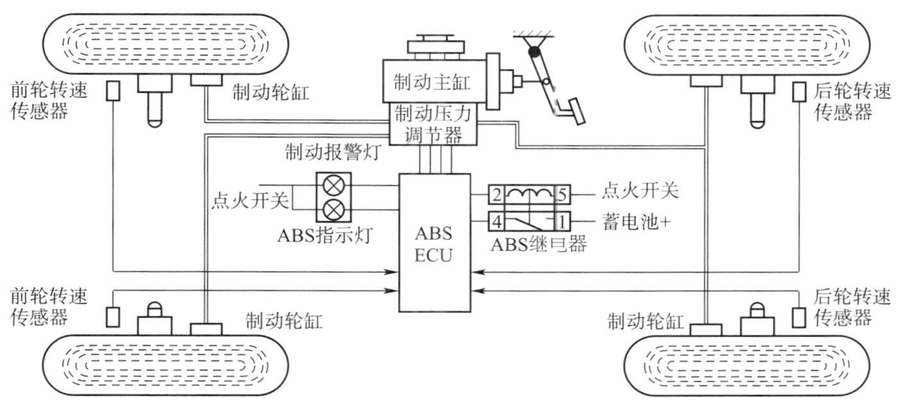

图 5-1-16　ABS 组成与结构图

2)工作原理

在汽车以大于或等于 20km/h 车速运行过程中,驾驶员踩下制动踏板紧急制动时,ABS 的控制单元(ABS ECU)接收到制动灯开关接通信号,由装在车轮上的转速传感器采集 4 个车轮的转速信号,送到 ABS 控制单元计算出每个车轮的线速度和车速,进而推算出车辆的减速度及车轮的滑移率,判断车轮是否有抱死的趋势。如图 5-1-17 所示。

ABS 工作过程可以分为建压阶段、保压阶段、降压阶段和升压阶段。

(1)建压阶段。制动时,通过助力器和主缸建立制动压力。如图 5-1-18 所示。

此时常开阀打开,常闭阀关闭,制动压力进入车轮制动器,车轮转速迅速降低,直至 ABS 电子控制单元通过转速传感器识别出车轮有抱死的倾向为止。

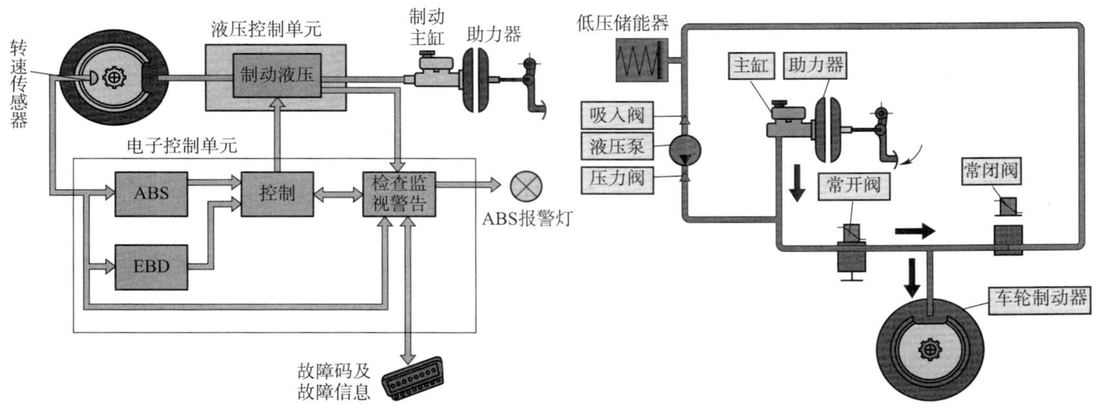

图 5-1-17　ABS 液压泵电动机　　　　图 5-1-18　建压阶段状态示意

(2)保压阶段。ABS 电子控制单元通过转速传感器得到的信号识别出车轮有抱死的倾向时,即向液压控制单元发出控制信号关闭常开阀,此时常闭阀仍然关闭,使制动器中的压力保持不变。如图 5-1-19 所示。

(3)降压阶段。在制动压力保持不变后,控制单元还不断检测车轮转速信号,若判断出车轮仍有抱死倾向时,ABS 电子控制单元立即向液压控制单元发出控制信号打开常闭阀,起动液压泵工作，制动液从制动器经低压蓄能器被送回到制动主缸，制动压力降低，制动踏板微量顶起，车轮抱死程度降低，车轮转速开始上升。如图 5-1-20 所示。

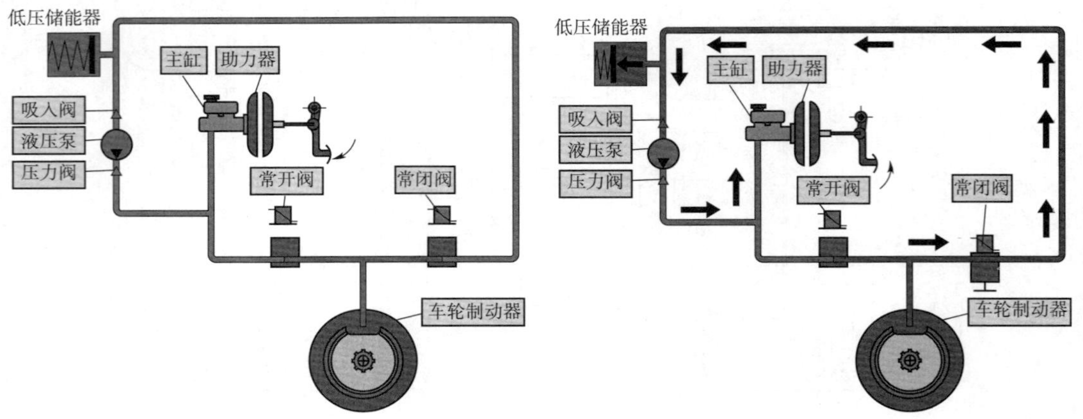

图 5-1-19 保压阶段状态示意图　　图 5-1-20 降压阶段状态示意图

(4)增压状态。为了取得最佳的制动效果，当车轮达到一定转速后，ABS 电子控制单元再次命令常开阀打开，常闭阀关闭。随着制动压力增加，车轮再次被制动和减速。如图 5-1-21 所示。

3. ABS/ASR-D 系统的诊断

1)WABCO 可提供四种诊断方法

(1)诊断仪诊断。诊断仪:446 300 320 0;诊断线:894 604 303 2;诊断卡:446 300 732 0;传感器检测仪:446 300 350 0;传感器检测卡:446 300 601 0(图 5-1-22)。

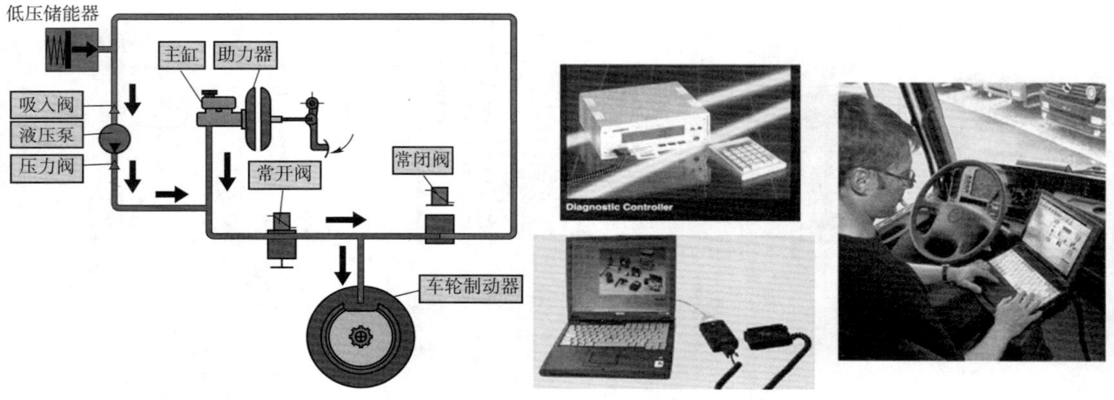

图 5-1-21 增压阶段状态示意图　　图 5-1-22 ABS 诊断设备

(2)PC 诊断。诊断线:894 604 303 2;转换器:446 301 021 0;笔记本式计算机(图 5-1-23)。

(3)便携式诊断仪诊断。诊断仪:446 300 410 0;诊断线:894 604 303 2。

(4)闪码诊断。

2)ABS 的故障分类

(1)目前故障:打开点火开关，ECU 所能识别的 ABS 中的故障，即 ABS 元件的电气故障，如传感器断/短路、电磁阀断/短路、ECU 故障、电压高/低等。

(2)储存故障:曾经出现过,在点火开关关闭后,记忆在 ABS ECU 中的故障。储存故障是以前出现过的故障,不会使 ABS 报警灯亮。储存故障可自动由 ECU 定期清除。

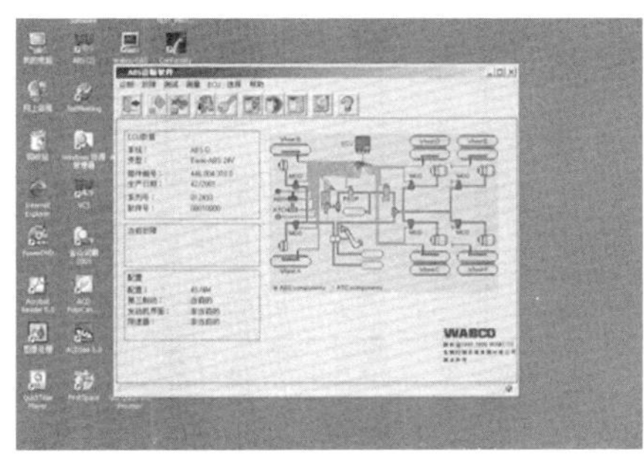

图 5-1-23　PC 检测工具

(3)非系统本身故障:装配时产生的人为故障,如传感器、电磁阀导线错配;电磁阀被气路的脏物卡住等。

特别注意:传感器间隙大,不管是否修好,只要 ECU 断电就作为储存故障出现。车停后 ECU 不断电、传感器间隙大就是目前故障。

3)闪码诊断

(1)闪码表见表 5-1-1。

ABS 闪码表故障诊断　　　　表 5-1-1

第一组闪码		第二组闪码	
闪码	故障原因	闪码	故障原因
1	无故障	1	无故障
2	ABS 电磁阀导线	1	右前轮
		2	左前轮
		3	右后轮
		4	左后轮
		5	第三桥右轮
		6	第三桥左轮
3	太大的传感器间隙		
4	传感器断路/短路		
5	传感器信号不稳定		
6	齿圈缺陷		
7	系统功能	1	数据接口
		2	ASR 阀
		3	缓速器继电器
		4	ABS 灯
		5	ASR 系统布置
		6	ASR 比例阀/差动阀

续上表

第一组闪码		第二组闪码	
闪码	故障原因	闪码	故障原因
8	ECU	1	电压过低
		2	电压过高
		3	内部故障
		4	系统布置错误
		5	接地故障

(2)诊断模式。

①在 ECU 到 ASR 指示灯的方向引出搭铁线(或搭铁开关即闪码开关)。

②打开点火开关,将搭铁线或闪码开关搭铁 0.5 ~3s,然后断开。

③1.5s 后指示灯会闪,数闪的次数,确定闪码。一个闪码代表一个故障,一个闪码分两组,第一组可以闪 1 ~8 次,第二组可以闪 1 ~6 次,每个码间隔 1.5s。每组之间间隔 4s。

④根据闪码对照闪码表,确定故障是目前故障还是储存故障:

a. 目前故障:灯将重复显示一种代码。

b. 储存故障:显示不同的故障码,然后灯熄灭。如图 5-1-24 所示。

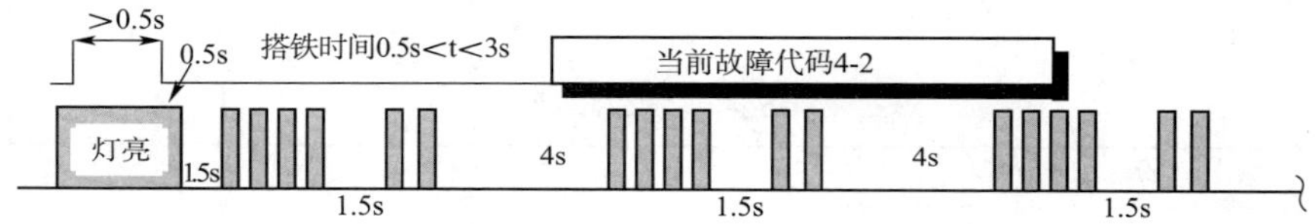

图 5-1-24 故障闪码

(3)清理模式。

前提条件:无目前故障存在。

①将搭铁线或闪码开关搭铁至少 3s。

②观察 ASR 指示灯是否快速闪 8 次。

③如果快速闪 8 次并随后闪出系统代码,说明储存故障已被清理。

④如果未快速闪 8 次,只闪出系统代码,说明储存故障未被清理。

⑤重复步骤①。如果仍不能清理,说明系统有目前故障,需要进行故障诊断闪码操作,并对目前故障进行修理,然后再进行清理储存故障闪码操作。如图 5-1-25 所示。

(4)系统再格式化。

①搭铁线或搭铁开关搭铁 3 ~6.3s。

②在第三次系统代码闪出 2s 之后,将搭铁线接地 3 次,每次搭铁时间大于 0.5s,每次之间的间隔小于 3s。

③指示灯会快速闪 4 次,随后闪系统代码,格式化成功。如图 5-1-26 所示。

注意:用于 ASR/Retarder 故障码 7-3 再格式化。

(5)测试发动机控制。

①起动发动机。

②搭铁线或闪码开关接地 3 ~6.3s。

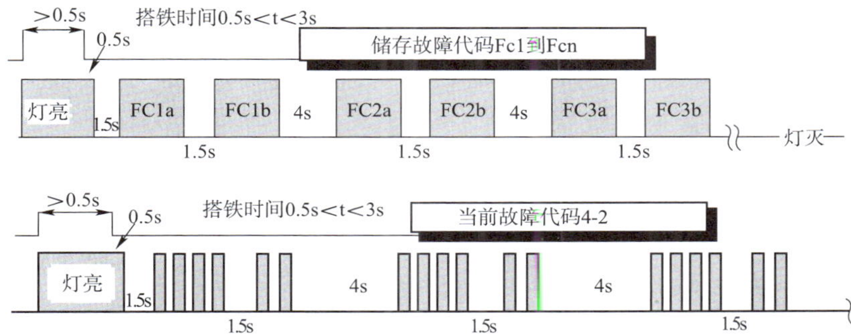

图 5-1-25　清理闪码

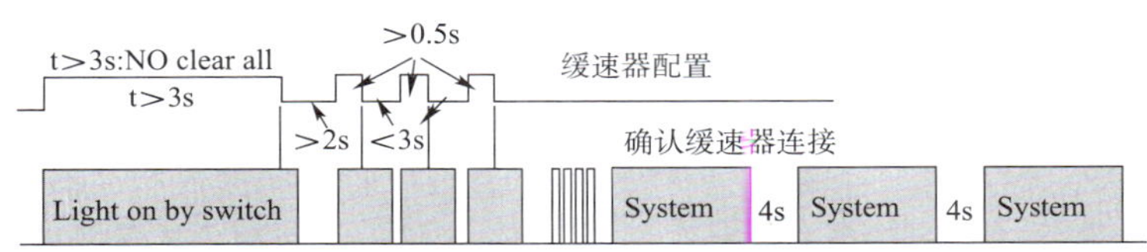

图 5-1-26　系统再格式化闪码

③在第三次系统代码闪出之后,将接地线接地 2 次,每次接地时间大于 0.5s,两次之间的间隔小于 3s。

④在最后一次接地约 3s 后,指示灯会闪系统代码。同时可以测试 ASR 发动机控制:踩下加速踏板,发动机会怠速旋转,否则说明 ASR 发动机控制有故障。如图 5-1-27 所示。

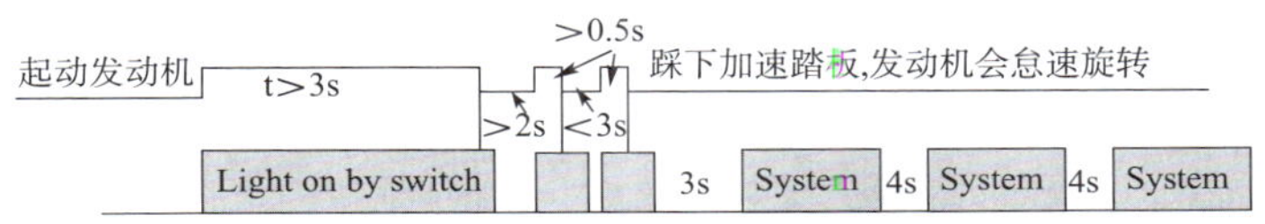

图 5-1-27　测试发动机控制闪码

4)ABS 故障判断的方法

首先,打开钥匙,轻踩制动踏板,松开驻车制动,听电磁阀的排气顺序。其中 D 版本:右前—左后—左前—右后—右前 & 左后—左前 & 右后共六声;E 版本:右前—左后—左前—右后共四声,同时观察 ABS 报警灯自检是否正常。若灯常亮进行故障诊断。如灯不亮,在 30km/h 左右时进行全制动试车,观察拖印情况,清晰滚轮印或断续拖痕为正常。如拖印不正常则进行系统检查(电路与气路);系统正常(电路与气路)而拖印不正常则考虑整车机械原因。

(1)ABS 电路故障检查的方法。检查 ECU 供电是否正常时,拔下接插件用万用表检查系统电压是否正常,同时用试灯测试,如 ECU 储存了断线故障,检查传感器延长线时,可将 Pin18 端短路,用表测试与传感器连接端。检查电磁阀延长线,必须检查 AV 及 EV 对地线的电阻。观察整车电路接线工艺情况,如果布线较乱,易出现线磨断的情况;如捆扎较紧,留不足前轴转向余量或后桥留不足桥的跳动余量,则易出现延长线内部拉断的情况。使用闪码诊断时,如故障较多,建议先将故障做个记录(观察是否有规律性故障),再执行清理模式,关掉钥匙后重新跑车,然后再闪码。此时闪出的故障较准确、清楚。

(2)常见的电气故障排除方法。传感器间隙大是最常见的故障。原因:

①用户维护车轮时不注意造成的。

②桥厂加工传感器支架孔偏大。

③摩擦片的碎屑挤在传感器及齿圈之间,使传感器后退。

处理方式:调整传感器与齿圈的间隙;调整时注意传感器夹持体的松紧;同时观察传感器端部是否能露出支架超过 3mm。

(3)常见的电气故障。传感器间隙大的故障在车钥匙关闭的情况下即变为存储故障,闪码诊断时,故障码只出现一次,容易漏判。

检修此类故障时可采用以下方法:

①车辆行驶停车后不关钥匙,此时闪码传感器间隙大故障表现为当前方式。

②修完车后,一定要关闭钥匙,重新行车,车速大于 7km/h 后,报警灯应熄灭,否则重复上述过程。

注意:ECU 不会主动检测传感器与齿圈的间隙,检修 ABS 后,必须重新打开点火开关,起动车辆,使车速大于 7km/h。

(4)非 ABS 的故障模式及种类。

①电路接线错误:如传感器左右或前后接错;电磁阀左右或前后接错等。

现象:ABS 报警灯不亮,制动异常,断开 ABS 后制动正常。

处理方式:进行电路系统检查。

②气路接法错误:如电磁阀进出气口接反或后桥电磁阀接到驻车制动回路上。

现象:ABS 报警灯不亮,带 ABS 后制动表现异常。

处理方式:进行气路系统检查。

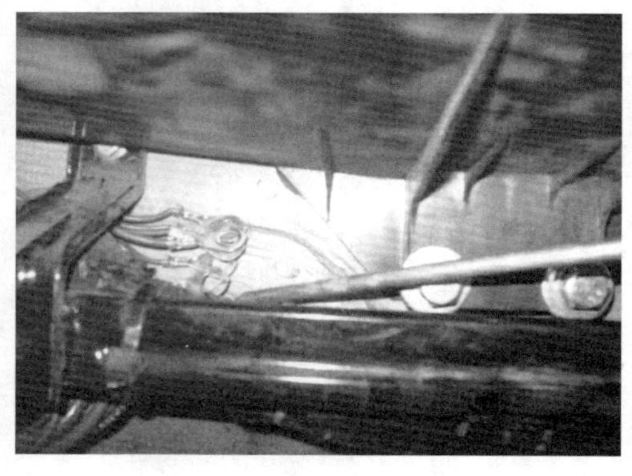

图 5-1-28 接线不良

(5)目前发现的 ABS 电气故障。

①在车轮上传感器间隙容易偏大。在车上发现多次由于地线接触不良造成的故障。表现为在颠簸路面时,ABS 灯容易亮。闪码检查 ABS 存储的故障为:2-1、2-2、2-3、2-4、7-2,ABS 所有的电磁阀均出现断路,原因为 ABS 在驾驶室内的地线接触不良。

图 5-1-28 中,螺丝刀指的位置是 ABS ECU 的地线搭铁点,上面的油漆没有去掉。

②故障现象:ASR 灯常亮,ABS 灯不亮,闪码为 7-8。此故障用闪码清理不掉,用 PC 诊断删除即可。

发动机的 K 值不正确也会造成 ABS 灯亮,闪码为 7-1,用 PC 诊断时显示如下(图5-1-29、图5-1-30)。

(6)影响 ABS 性能的机械原因。

ABS 对制动气室的回位力要求:初始状态为 275N ± 20N;全行程状态为 414N ± 26N(行

程 42mm）。

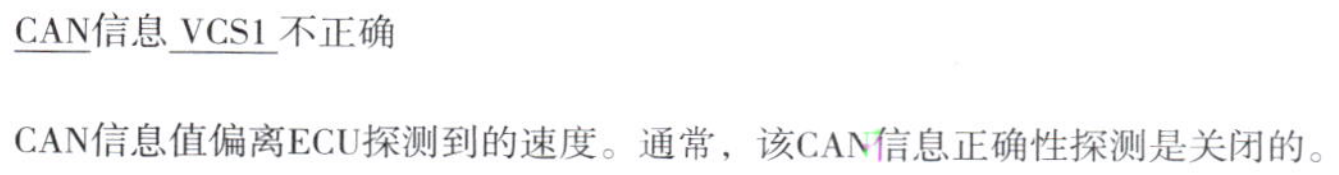

CAN信息 VCS1 不正确

CAN信息值偏离ECU探测到的速度。通常，该CAN信息正确性探测是关闭的。

图 5-1-29　发动机的 *K* 值未写时的显示

加强制动回位后：制动断续拖印会得到较好解决；减轻制动鼓发热；自动间隙调整臂的使用效果较好。

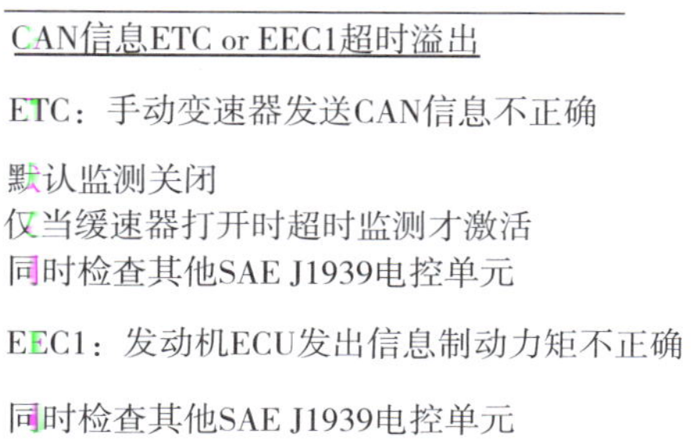

四、ATS（智能恒温节能冷却系统）的结构与工作原理

1. ATS 系统部件

ATS 系统部件如图 5-1-31 所示。

2. 安装要求及注意事项

1）ECU 安装环境要求

安装在隔热、防水、通风、防腐的电器舱内，环境温度不超过 60℃。

CAN信息ETC or EEC1超时溢出

ETC：手动变速器发送CAN信息不正确

默认监测关闭

仅当缓速器打开时超时监测才激活

同时检查其他SAE J1939电控单元

EEC1：发动机ECU发出信息制动力矩不正确

同时检查其他SAE J1939电控单元

图 5-1-30　发动机的 *K* 值不正确时的显示

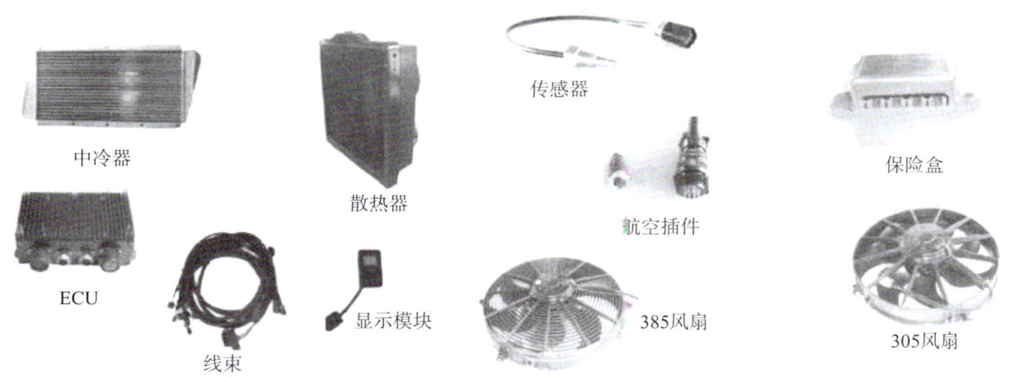

图 5-1-31　ATS 系统部件

2）ECU 安装注意事项

（1）接 ECU 线束之前，必须断开整车总电源。

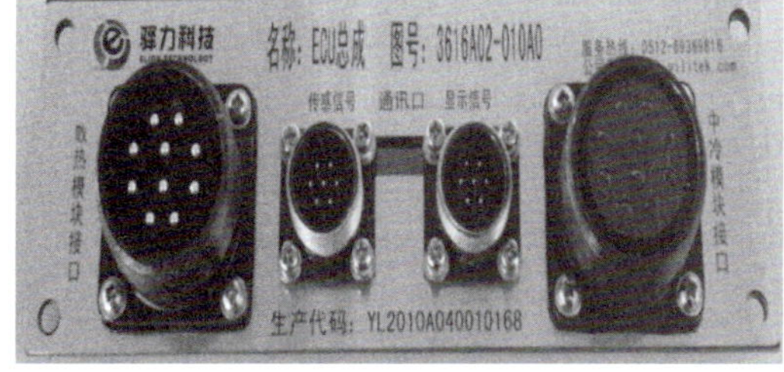

图 5-1-32　ECU 总成

（2）每条线束均有明确的中文标签，按指示进行连接。如图 5-1-32 ~ 图 5-1-34 所示。

（3）整车电焊作业前，需断开整车总电源、拔下线束航空插件。

3）ECU 主线束安装

（1）主线束航空插件与 ECU 总成连接（包括两个小型航空插件），并旋紧（图 5-1-31）。

（2）散热器风扇与传感器线束。

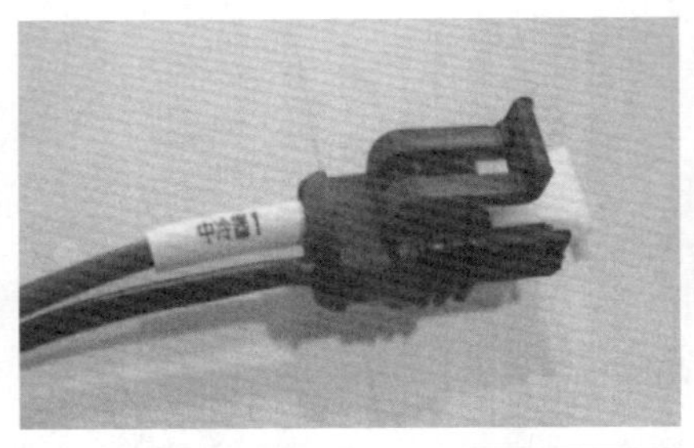

图 5-1-33 线束说明

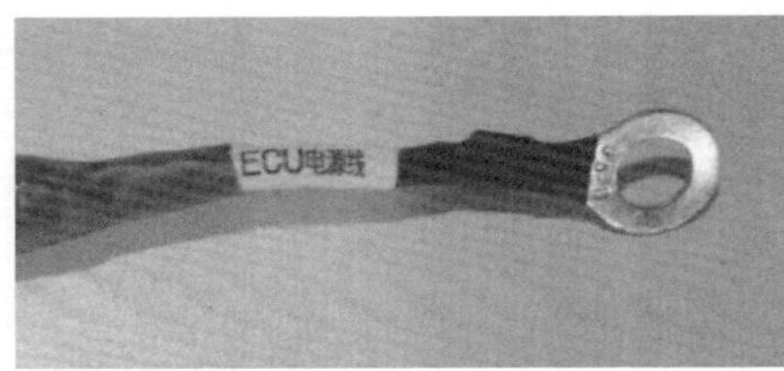

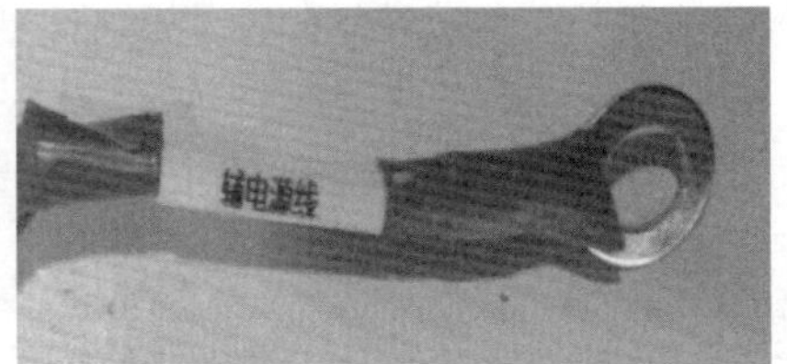

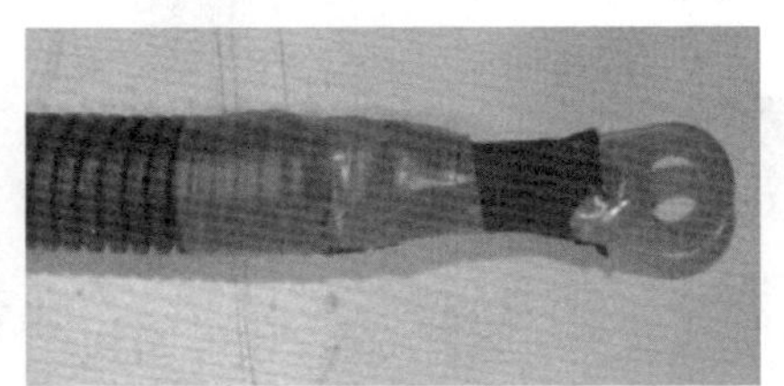

图 5-1-34 线束说明

①风扇顺序:线束上的风扇 1 插接器与散热器进水管的风扇相连。然后依次水平连接风扇 2、3、4…(出口水风扇)。

②散热器传感器总成安装定义。线束上的散热器进水传感器插接器,与散热器上水管的传感器相连。线束上的散热器出水传感器插接器,与散热器下水管的传感器相连。

注意:传感器与线束对插时,须保证插接件连接可靠。

③中冷器风扇与传感器线束。

a. 风扇顺序:线束上的风扇 1 插接器,与中冷器进气口的风扇连接,然后依次连接。

b. 中冷传感器安装定义。线束上的中冷器出气传感器用插接器,与中冷器出气口(必须确认)的传感器相连。

注意:传感器与线束对插时,须保证插接件连接可靠。

④显示模块的连接。显示模块固定到仪表板孔内。显示线束预先从仪表板引到电器舱

内,与主线束的显示线插接器连接。保证插接件连接可靠,线束捆扎牢固。

需注意事项:

①风扇后端不得有障碍物,防止风扇背压升高而减小风量,影响散热。

②装用铝制散热器时,必须采用铝制散热器专用冷却液(pH 值:7.0 ~9.0),否则不予保修。

③ECU 处于通电状态且发电机处于工作状态时,切勿断开电源总开关。

④ECU 不可处于 50W 以上的电磁环境之中。

⑤线束捆扎应可靠,防止与其他件磨蹭破损。

⑥中冷器传感器必须在中冷器的出口端(不符时,客户可自行调整)。

⑦必须按线束所示线序进行连接,不得擅自更改线束。

⑧临时起动移车时,需保证系统接入完整,搭铁可靠,并需充分保证露天时的防雨水侵害。

⑨加注冷却液时,必须打开水暖及除霜器放气阀,彻底放尽系统内空气。

⑩需注意防止车身焊接时的火花溅到换热器芯部,造成损坏报废。

3. 产品调试及检查步骤

1)系统初步检查

确认整车线路连接无误后,打开电源总开关,钥匙旋转,ATS 则处于待机状态,进行“三检制”:

(1)检查 ECU:三个显示灯应全亮(红、黄、绿灯,由右向左看)。

(2)检查显示模块:应有绿灯与数字温度循环显示。如图 5-1-35 所示。

①绿色上灯亮:散热器进水温度。

②绿色下灯亮:散热器出水温度。

③双灯同时亮:中冷器出气温度。

④双灯同时灭:电动机散热器出水温度。

2)检查风扇

不要起动发动机,断开 ECU 信号线,按下 ECU 正面的红色自检按钮,系统按顺序依次起动风扇,中冷器风扇、散热器风扇依次转动 10s。

注意:如果实际情况与上述不符,说明系统可能存在异常,请依据检查排除方法处理。

3)ATS 测试

发动机起动后,ECU 上的蓝色工作指示灯开始点亮(表示发电机工作正常),同时显示模块应显示正常。

(1)如果是当天第一次起动,则温度显示基本一致,且接近环境温度。

(2)发动机怠速时,中冷器温度显示一般在 43℃以下,散热器出水温度显示一般在 83℃以下。

(3)中冷器温度达到 40 ~45℃、发动机冷却液温度达到 85 ~90℃时(具体起动温度因发动机而异),ECU 开始控制风扇工作。在风扇起动后,显示模块的温度将稳定在一定范围。

4. 异常现象及检查排除

1)显示异常

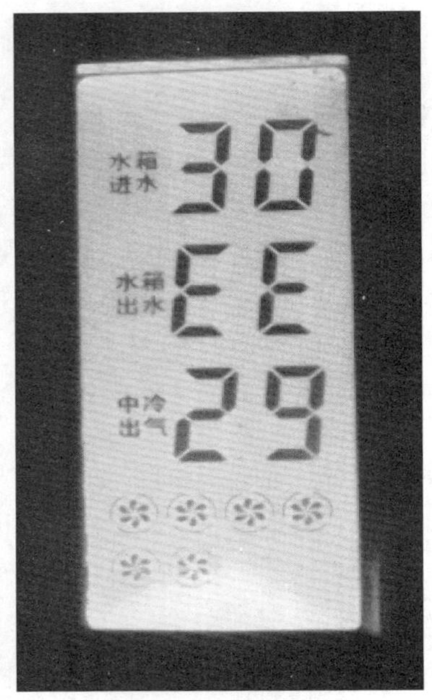

图 5-1-35 ATS 显示模块

(1)显示模块显示"EE"时,则说明其中一路传感器连接有问题,检查传感器连接线束及接插件,如果接插件没问题,很可能是对应传感器故障,如图 5-1-35 所示。

(2)偶尔出现"EE"或"00",原因一般是插件接触不良,更换插件或用酒精清洗插件即可。

2)风扇常工作

个别或全部风扇在发动机停机仍常转,是因为 ECU 内部触发自我保护,更换 ECU(仅个别常转时,可暂不处理)。

3)高温"开锅"

发动机工作时,冷却液温度报警,则必须立即靠边停车检查,流程如下(排除水路堵塞及节温器打不开等故障):

(1)发动机工作时,仪表板上"不充电指示灯"是否亮?如亮,则应更换发电机。

(2)临时起动发动机,ECU 的发电机信号灯是否亮?如不亮,则应检查发电机信号线是否断开。

(3)ECU 三个指示灯是否全亮?有任一灯不亮,须更换 ECU。

(4)关闭发动机,按一下 ECU 自检按钮(ECU 灯全亮时),观察风扇是否能自检运行?如不能,则检查对应风扇的保险片。

5. ATS 日常维护

(1)不定期检查散热器、中冷器外观,管路有无损伤泄漏、散热带有无倒伏(泄漏需修补、倒伏需手工扶正)。

(2)换热器芯部有积尘或柳絮、树叶等杂物,需用高压气吹除,须防止散热带倒伏;禁止用水冲洗。

(3)车辆焊接作业前,必须断开 ECU,完成焊接作业后再复原。

(4)本系统所采用的插件均为防水插件,ECU 也具有一定的防水防尘功能,但并非完全防水。因此日常维护或行驶中,须防止被水浸到而产生电路短路故障。

6. 关于 ATS 应急插件的使用方法

冷却系统出现高温,且暂时不便判断是否是冷却系统故障时,使用此插件。

(1)车辆熄火,关闭电源总开关。

(2)将 ATS 线束与 ECU 相连接的所有航空插接器旋下,然后将应急插件(两个)分别与线束的两个对应端(有方向,不会插错)旋紧即可。

(3)打开电源总开火,车辆重新起动即可使用。

(4)ATS 在返厂检修完毕后,可以取下,并随车携带。

注意:此时冷却系统的散热能力,约为常规状态下的一半左右,车辆只要车速不太高,冷却液温度不超温情况下,即可应急运行。

第二节 无轨电车技术

一、无轨电车基础知识

1. 二极管的特性与参数

1）二极管结构

P 型半导体或 N 型半导体都不能单独使用，必须结合起来才能使用。如果在 PN 结的两端接入电极，就构成了二极管。N 型半导体一侧的电极称为阴极，P 型半导体一侧的电极称为阳极，二极管的符号如图 5-2-1 所示。

图 5-2-1 二极管符号

2）二极管的导电特性

二极管最重要的特性就是单方向导电特性。在电路中，电流只能从二极管的正极（+）流入，负极（−）流出。

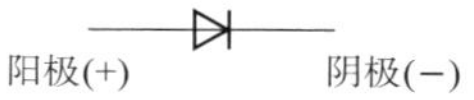

3）正向特性

在电子电路中，将二极管的正极接在高电位端，负极接在低电位端，二极管就会导通，这种连接方式，称为正向偏置。必须说明，当加在二极管两端的正向电压很小时，二极管仍然不能导通，流过二极管的正向电流十分微弱。只有当正向电压达到某一数值（这一数值称为“门槛电压”，锗管约为 0.2V，硅管约为 0.6V）以后，二极管才能导通。导通后二极管两端的电压基本上保持不变（锗管约为 0.3V，硅管约为 0.7V），称为二极管的“正向压降”。

4）反向特性

在电子电路中，二极管的正极接在低电位端，负极接在高电位端，此时二极管中几乎没有电流流过，二极管处于截止状态，这种连接方式称为反向偏置。二极管处于反向偏置时，仍然会有微弱的反向电流流过二极管，称为漏电流。当二极管两端的反向电压增大到某一数值，反向电流会急剧增大，二极管将失去单方向导电特性，这种状态称为二极管的击穿。

5）二极管的主要参数

用来表示二极管的性能好坏和适用范围的技术指标，称为二极管的参数。不同类型的二极管有不同的特性参数。现介绍一下几个主要参数。

（1）额定正向工作电流。额定正向工作电流是指二极管长期连续工作时允许通过的最大正向电流值。因为电流通过管子时会使管芯发热，温度上升，温度超过容许限度（硅管为 140℃左右，锗管为 90℃左右）时，就会使管芯过热而损坏。所以，二极管使用中不要超过二极管额定正向工作电流值。例如，常用的 IN4001 – 4007 型锗二极管的额定正向工作电流为 1A。

（2）最高反向工作电压。加在二极管两端的反向电压高到一定值时，会将管子击穿，失去单向导电能力。为了保证使用安全，规定了最高反向工作电压值。例如，IN4001 二极管反向耐压为 50V，IN4007 反向耐压为 1000V。

（3）反向电流。反向电流是指二极管在规定的温度和最高反向电压作用下，流过二极管的反向电流。反向电流越小，管子的单方向导电性能越好。值得注意的是反向电流与温度有着密切的关系，大约温度每升高 10℃，反向电流增大一倍。

2. 晶闸管的特性及鉴别方法

1) 晶闸管的特性

晶闸管(俗称可控硅)。它是由三个PN结四层结构硅芯片和三个电极组成的半导体器件。图5-2-2所示是它的结构和图形符号。

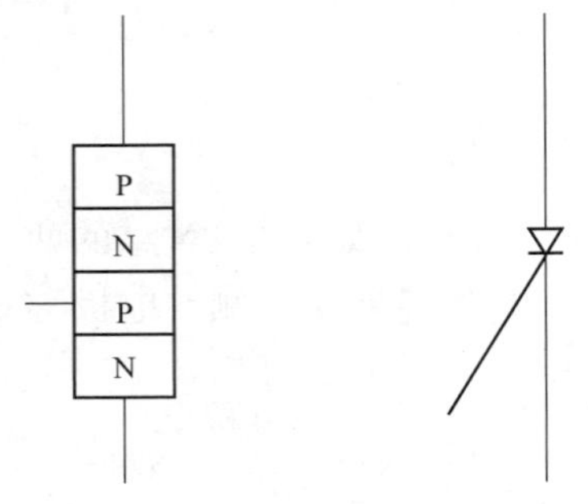

图5-2-2 晶闸管

晶闸管的三个电极分别叫阳极(A)、阴极(K)和控制极(G)。当器件的阳极接负电位(相对阴极而言)时,从符号图上可以看出PN结处于反向,具有类似二极管的反向特性。当器件的阳极上加正电位时(若控制极不接任何电压),在一定的电压范围内,器件仍处于阻抗很高的关闭状态。但当正电压大于某个电压(称为转折电压)时,器件迅速转变到低阻导通状态。加在晶闸管阳极和阴极间的电压低于转折电压时,器件处于关闭状态。此时如果在控制极上加有适当大小的正电压(对阴极),则晶闸管可迅速被激发而变为导通状态。晶闸管一旦导通,控制极便失去其控制作用。就是说,导通后撤去栅极电压晶闸管仍导通,只有使器件中的电流减到低于某个数值或阴极与阳极之间电压减小到零或加上反向电压才能使它关断。用后一种办法可以使关断速度较快。

2) 晶闸管三个极的鉴别方法

根据PN结的原理,只要用万用表测量一下三个极之间的阻值即可。阳极和阴极之间正向与反向电阻都在几百千欧以上,阳极与控制极之间的正向与反向电阻也在几百千欧以上,只有控制极与阴极之间是一个PN结,因此存在着正反向电阻。一般,它的正向电阻大约在几欧到几百欧的范围内,反向电阻要比正向电阻大。可是,控制极的二极管特性不太理想,反向不是完全呈阻断状态,可以有比较大的电流流过。

因此,有时测得控制极反向电阻比较小,并不能说明控制极特性不好。此外,在测量控制极正反向电阻时,万用表应放在R×10或R×1挡。

若测得元件正反向已短路,或阳极与控制极已短路,或控制极与阴极短路,说明元件已损坏。

3. 大功率电子开关IGBT

1) 绝缘栅双极型晶体管结构

绝缘栅双极型晶体管,是由BJT(双极型晶体管)和MOS(绝缘栅型场效应管)组成的复合全控型电压驱动式功率半导体器件,兼有MOSFET的高输入阻抗和GTR的低导通压降两方面的优点。GTR饱和压降低,载流密度大,但驱动电流较大;MOSFET驱动功率很小,开关速度快,但导通压降大,载流密度小。IGBT综合了以上两种器件的优点,驱动功率小而饱和压降低。非常适合应用于直流电压为600V及以上的变流系统,如交流电动机、变频器、开关电源、照明电路、牵引传动等领域。

2) IGBT结构图

如图5-2-3所示,左边所示为一个N沟道增强型绝缘栅双极晶体管结构,N+区称为源区,附于其上的电极称为源极。P+区称为漏区。器件的控制区为栅区,附于其上的电极称为栅极。沟道在紧靠栅区边界形成。在漏、源之间的P型区(包括P+和P-区)(沟道在该区域形成），称为亚沟道区。而在漏区另一侧的 P + 区称为漏注入区，它是 IGBT 特有的功能区，与漏区和亚沟道区一起形成 PNP 双极晶体管，起发射极的作用，向漏极注入空穴，进行导电调制，以降低器件的通态电压。附于漏注入区上的电极称为漏极。

3）IGBT 的开关作用原理

IGBT 的开关作用是通过加正向栅极电压形成沟道，给 PNP（原来为 NPN）晶体管提供基极电流，使 IGBT 导通。反之，加反向门极电压消除沟道，切断基极电流，使 IGBT 关断。IGBT 的驱动方法和 MOSFET 基本相同，只需控制输入极 N－沟道 MOSFET，所以具有高输入阻抗特性。当 MOSFET 的沟道形成后，从 P + 基极注入到 N－层的空穴，对 N－层进行电导调制，减小 N-层的电阻，使 IGBT 在高电压时，也具有低的通态电压。

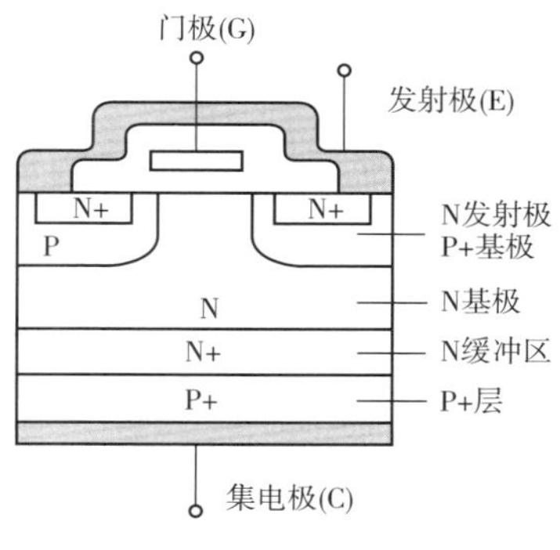

图 5-2-3 IGBT 结构图

4）IGBT 判断极性

首先将万用表拨在 R×1kΩ 挡，用万用表测量时，若某一极与其他两极阻值为无穷大，调换表笔后该极与其他两极的阻值仍为无穷大，则判断此极为栅极（G），其余两极再用万用表测量，若测得阻值为无穷大，调换表笔后测量阻值较小。

在测量阻值较小的一次中，则判断红表笔接的为集电极（C），黑表笔接的为发射极（E）。

5）IGBT 判断好坏

将万用表拨在 R×10kΩ 挡，用黑表笔接 IGBT 的集电极（C），红表笔接 IGBT 的发射极（E），此时万用表的指针在零位。用手指同时触及一下栅极（G）和集电极（C），这时 IGBT 被触发导通，万用表的指针摆向阻值较小的方向，并能指示在某一位置。然后再用手指同时触及一下栅极（G）和发射极（E），这时 IGBT 被阻断，万用表的指针回零，此时即可判断 IGBT 是好的。

6）IGBT 检测注意事项

任何指针式万用表皆可用于检测 IGBT。注意判断 IGBT 好坏时，一定要将万用表拨在 R×10kΩ 挡，因 R×1kΩ 挡以下各挡万用表内部电池电压太低，检测好坏时不能使 IGBT 导通，而无法判断 IGBT 的好坏。

4. 差动变压器

差动变压器的基本组成部分包括一个线框和一个铁芯。在线框上设置一个原绕组和两个对称的副绕组，铁芯放在线框中央的圆柱形孔中。在原绕组中施加交流电压时，两个副绕组中就会产生感应电动势 e_1 和 e_2。如果两个副绕组按反向串联（图 5-2-4），则它的总输出电压 $u_2 = u_{21} - u_{22} \approx e_1 - e_2$。当铁芯处在中央位置时，由于对称关系，$e_1 = e_2$，输出电压 u_2 为零。如果铁芯向右移动，则穿过副绕组 2 的磁通将比穿过副绕组 1 的磁通多，于是感应电动势 $e_2 > e_1$，差动变压器输出电压 u_2 不等于零，而且输出电压的大小与铁芯位移 x 之间基本呈线性关系，其特性如图 5-2-5 所示，呈 V 字形。用适当的测量电路测量，可以得到差动变压器输出与位移 x 成比例的线性读数。最常用的测量电路是差动整流电路，它把两个次级电压分别整流后，以它们的差作为输出。差动整流电路有电流输出型和电压输出型，前者用于连接低阻抗负载的场合；电压输出型差动整流电路则用于连接高阻抗负载的场合。

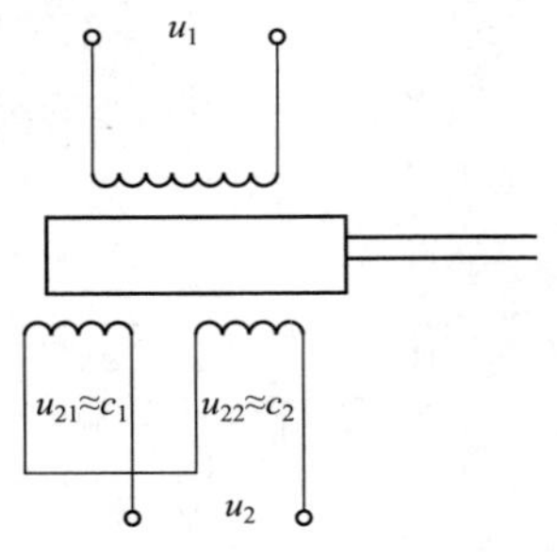

图 5-2-4 差动变压器原理示意

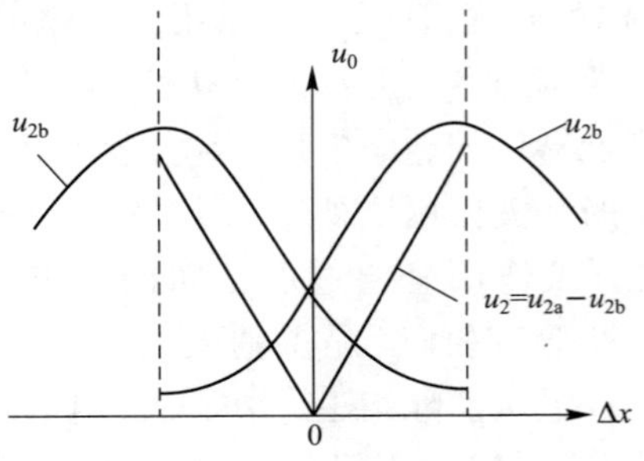

图 5-2-5 差动变压器输出特性

5. 直流电机

1)直流电机的基本结构

直流电机由定子和转子(又称电枢)两个主要部分组成。

(1)定子:定子的作用是产生磁场和作为电机的机械支架。定子由主极、换向极、机座、电刷装置、端盖等部分组成。

(2)转子:转子的作用是产生感应电动势和电磁转矩,实现能量的转换,它由电枢铁芯、电枢绕组、换向器和轴等主要部分组成。冷却用的风扇也装在电机轴上。

2)直流电机的分类

直流电机是实现直流电能和机械能之间相互转换的电力机械,按用途可分为发电机和电动机两类。将机械能转换成直流电能的电机称为直流发电机;反之则称为直流电动机。按励磁方式可分为以下四类:

(1)他励式:主极磁场绕组由另外的直流电源供电。

(2)并励式:主极磁场绕组与电枢绕组并联。

(3)串励式:主极磁场绕组与电枢绕组串联。

(4)复励式:主极磁场绕组分成两部分,一部分与电枢绕组并联,另一部分与电枢绕组串联。

二、无轨电车电器的组成部分

无轨电车主电路主要由直流斩波器、输入滤波器、牵引接触器、前进/后退接触器、消磁装置、直流牵引电动机、桥式整流装置、保护装置、电流检测装置、集电系等组成,分别介绍如下。

1. 直流斩波器

在主电路中,直流斩波器被接在直流电源与负载之间,主要由 IGBT 大功率模块来完成,是主电路的核心,相当于一个大功率快速电子开关。

2. 输入滤波器

输入滤波器由电感 LO 和电容 CO 组成,用以吸收斩波关断时的瞬间电压,并维持输入端电源电压的稳定,降低供电线网的电流脉动分量。

3. 牵引接触器

牵引接触器主要是在车辆起动时接通电源;在车辆滑行和停车时将直流斩波器的输入

端与电源切断。

4. 前进、后退接触器

用以改变车辆的行驶方向,是一组不带负荷情况下切换的转换开关。

5. 消磁装置

消磁装置由消磁分流电阻和晶闸管组成,目的在于电机全电压运行后,分流电机磁场电流,进一步提高车辆的技术车速。

6. 直流牵引电动机

直流牵引电动机是电车的动力装置,也是斩波装置控制的对象。

7. 桥式整流装置

为了保证车辆在处于正、反线情况下,都能正常运行,将整流元件排列成电桥的形式。

8. 保护装置

大功率整流元件的过电压保护采用阻容保护电路;过电流保护采用高速熔断器。斩波器的失控保护采用空气断路器(俗称大闸)。避雷电容用以吸收雷电电压。漏电保护器对车辆母线电流进行控制,若有漏电情况,则切断高压电路,从而保证人身安全及车辆电气安全。

9. 电流检测装置

电流传感器用于检测电机电流的大小。

10. 集电系

主要由集电座和集电杆组成,用于接通线网电源的装置。

11. 制动电阻

电车在电制动时消耗电能的装置。

三、无轨电车斩波调速的工作原理

1. 直流电动机的主要技术参数

SWB5105GP-3、SWB5106 及 JK5109D 无轨电车采用 ZQ—60 直流电动机作为牵引电动机,主要技术参数如下。

(1)额定功率:60kW;额定电压:600V;额定电流:100A;转速:1340r/min;定额:1h。

(2)100℃时电动机各部分内阻为:

电枢绕组电阻:$R_a = 0.16\Omega$

磁场绕组电阻:$R_c = 0.084\Omega$

换向极绕组电阻:$R_h = 0.0695\Omega$

电动机内阻:$R_i = R_a + R_c + R_h \approx 0.314\Omega$

(3)直流串极电动机的电流按下式计算:

$$I_m = U - E_a / R_i$$

式中:U——电源电压;

E_a——电动机反电动势,E_a = Ce$n\varphi$,Ce 为常数,电车 ZQ—60 牵引电动机的 Ce = 13.66,n 为电动机转速,φ 为功率因数;

R_i——电动机内阻。

因为电动机起步时 $n=0$,

所以 $$E_a = Cen\varphi = 0$$

于是,如令 $U=600V$,则

$$I_{起} = U/R_i = 600/0.314 \approx 1911A$$

$I_{起} >> I_{额}$,使电动机烧毁。

因此在 $E_a=0$ 的情况下,企图降低启动电流数值的办法只有一个,就是降低电源电压,称为降压起动。

2. 直流电动机的起动及调速原理

直流电动机的起动及调速原理如图 5-2-6 所示。

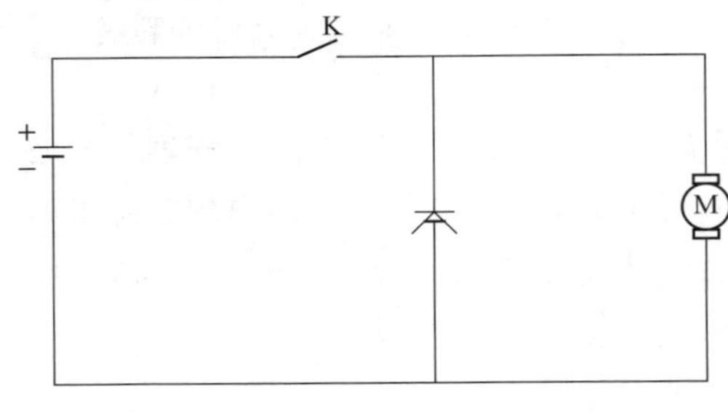

图 5-2-6 直流电动机的起动及调速原理

将一只开关接在电动机和直流电源之间,再将开关合上,电动机线圈里的电流开始由零逐渐上升,电流上升到接近电动机电流的额定数值时,立刻把开关拉开,拉开后,储存在电动机线圈里的能量释放出来,电动机由于获得电流,转速由零开始上升,反电动势逐渐上升。过一定时间后,再将开关合上,这时由于反电动势已有一定的数值,故而合上开关的时间比第一次长些。若电动机电压平均值为 V,线网电压为 U,调速周期为 T,开通时间为 t,t/T 为导通比,电动机电压平均值 $V=U\cdot(t/T)$,如果改变 t/T 的比值,就可以大范围调节电动机电压达到调速的目的。

由于开关通断的时间十分短促,对于 60kW 的电动机第一次合上的时间只容许 70 ~ 100μs,因此只能依靠一只特殊的开关来达到目的,这只特殊的开关称为斩波器,可分为晶闸管斩波调速和大功率电子开关 IGBT 斩波调速两种装置。

3. 牵引的工作过程

合上空气断路器后,置前进或后退位置,踩下牵引主令控制器踏板,控制箱收到信号后驱动继电器,使牵引接触器吸合,这时线网电压通过空气断路器(大闸)、反线器、牵引接触器、滤波电感 LO 电容 CO 滤波后,电流流过牵引电动机电枢绕组、D4 二极管、电动机激磁绕组、电流检测装置 H、IGBT 模块、快速熔断器构成回路。

电动机转速的高低取决于牵引回路电流的大小,而牵引回路电流的大小取决于 IGBT 模块开通的时间长短,IGBT 模块开通的时间长短受牵引传动变压器控制,当差动变压器(主令)踩到底,IGBT 模块全导通,电动机进入全电压运行,斩波过程结束,3 ~ 4s 延时后,触发消磁晶闸管,电动机进入消磁加速阶段,起动加速过程完成。

四、无轨电车电制动的工作原理

制动就是使电力拖动系统停车和降速的运行状态。对串极电动机拖动的电车下坡时可得到很高的速度,同时断开正在运行的直流电动机的电枢电源,由于惯性的作用,电枢仍在旋转,仍感应一个电势 E,并产生电流 I_S,其方向与原来电流方向相反,其转矩方向也随之改变,成为制动转矩。在制动过程中,电动机转变为发电机运行,将系统动能变为电能消耗在电阻 R 上，达到制动的目的。

前进（后退）方向时，踩下制动主令踏板，使制动接触器 Z 吸合，牵引接触器 Q 断开，制动电流从电枢绕组 S1（S2）、前进接触器 QZ1（后退接触器 QF1）、滤波电感 L0、制动接触器 Z1、电动机励磁绕组 FQ、电流传感器 H、电阻 3Z、电阻 2Z、电阻 1Z、前进接触器 QZ2（后退接触器 QF2）到电枢绕组 S2（S1）。当电流传感器 H 检测到制动电流小于给定值时，控制电路发出开通信号，斩波器开通，制动电流形成另一条回路，制动电流从电动机电枢绕组 S1（S2）、前进接触器 QZ1（后退接触器 QF1）、滤波电感 L0、制动接触器 Z1、电动机励磁绕组 FQ、电流传感器 H、IGBT 模块、制动接触器 Z2、电阻 1Z、前进接触器 QZ2（后退接触器 QF2）、回到电枢绕组 S2（S1）。如图 5-2-7 所示。

制动电流的大小取决于车辆运行速度的高低，IGBT 模块开通时间的长短，受制动主令踏板的控制。

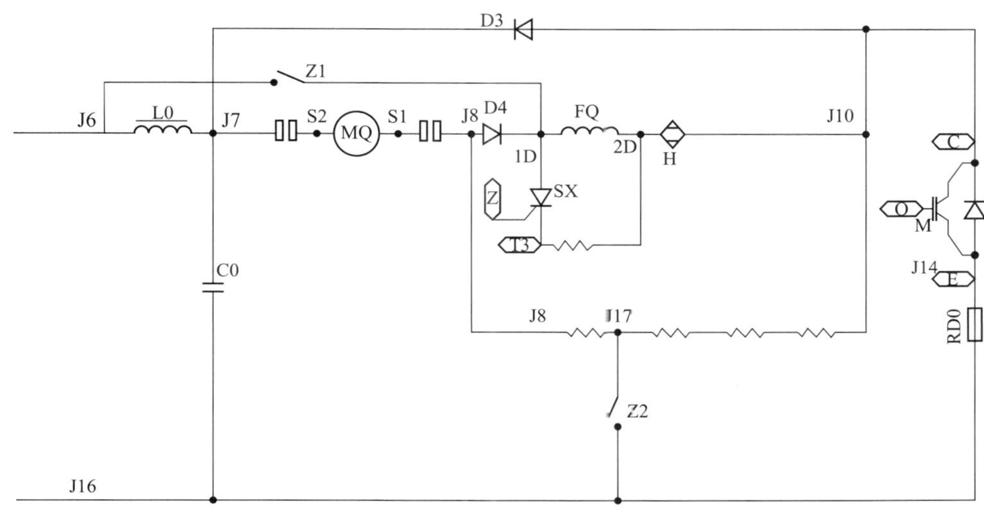

图 5-2-7 斩波调速和电制动的工作原理图

五、无轨电车辅助设备及工作原理

1. DC/DC 电源变换器

DC/DC 电源变换器主要由半桥式开关电源、输入输出电路、保护电路等部分构成，是将线网高压直流电变换为隔离的低压直流电，供给电车低压回路使用。

当高压直流电输入时，电流经熔断器 F1、电感 L1、电阻 R23、黄色发光二极管 Hy，二极管 V21、V22，电阻 R21、R22，继电器 K1 的线圈构成高压电回路，发光二极管 Hy 亮，K1 吸合，输出端 VDD、VSS 外接蓄电池，低压电经防反二极管 V30 至继电器 K2 的线圈，经温度继电器 KC 至 K1 触电构成回路，K2 吸合，控制板得到工作电源，电阻 R35 为工作取样电阻，将电流信号送到控制板，控制脉冲变压器 T2 的次级绕组产生脉冲，经电阻 R7（R10）送到功率开关管 M1（M2）的 G、E 极之间，R8（R9）为控制 G 极的负载电阻，用于保护电路工作稳定。

在控制脉冲作用下，当 M1 开通、M2 关断时，线网输入的高压直流电通过 M1 经变压器 T1 初级绕组的一个方向（估称为正方向）流过电流并向 C4 充电；同时 C3 将其曾经在 M2 导通时充电存储能量以这个相同方向（正方向）向 T1 初级绕组流出电流释放能量。然后转换为 M1 关断 M2 开通，线网输入的高压直流电，此时通过 M2 经变压器 T1 初级绕组的另一个方向（估称为负方向）流过电流并向 C3 充电；同时 C4 将其曾经在 M1 导通时充电存储的能量以这个相同方向（负方向）向 T1 初级绕组流出电流释放能量。这样形成 T1 初级绕组的一个交变电流。如此往复产生交流电压，在 T1 变压器初级绕组感应出隔离的低压交流电经过整流管 V27、V28 整流及电感 L2、电容 C5 滤波，输出直流低压电，同时将该直流电压信号送到控制板，通过控制板控制脉冲信号的宽度来控制 M1 和 M2 功率开关开、关时间的长短，开的时间长时，在 T1 次级绕组感应出的脉冲宽，输出能量就大，电压高；关时间的长，开的时间短时，感应出的脉冲窄，输出能量就小，电压低；通过控制 T2 次级绕组的脉冲宽度，从而控制了 T2 次级绕组输出电压的稳定性。如图 5-2-8 所示。

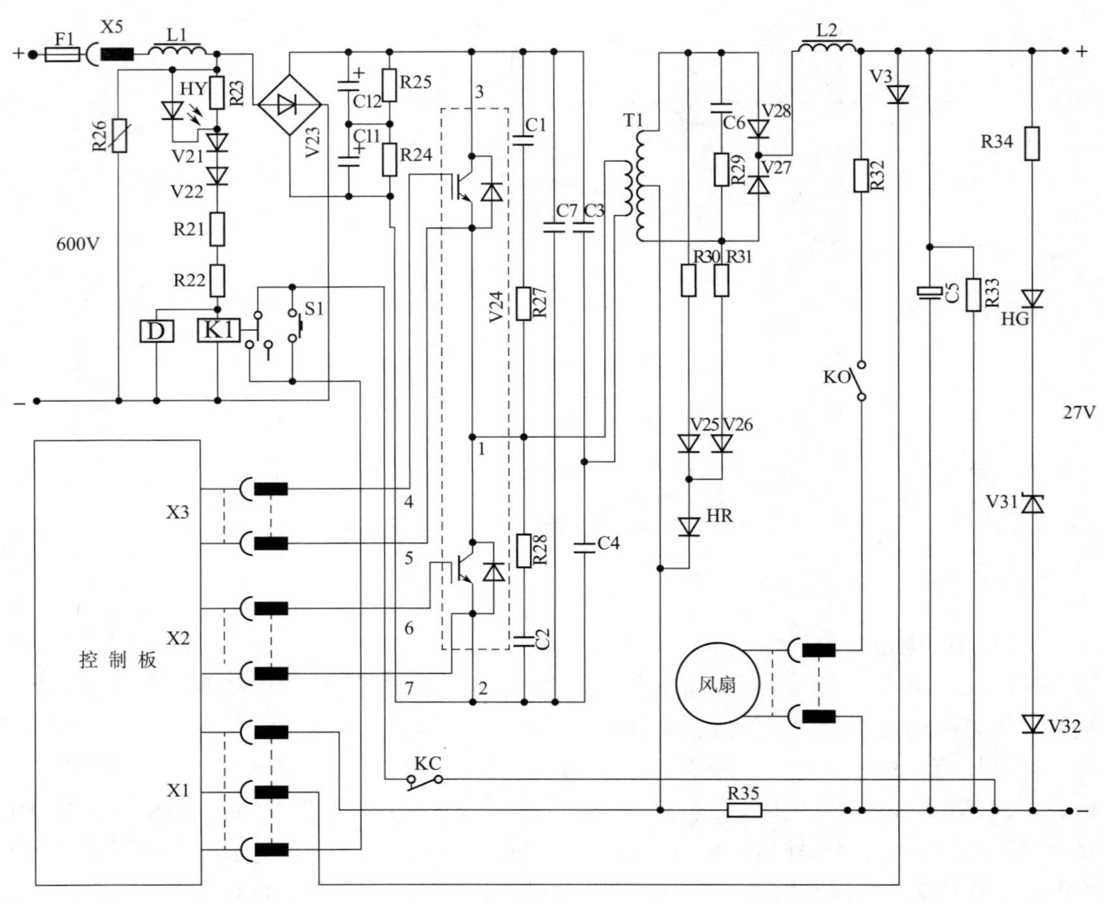

图 5-2-8 电源变换器

2. 变频器

BP009 系列变频器（以下简称变频器）是专为电力机车设计开发的专用电源变换器，主要是将电车的动力直流电源变换为交流电源,为交流负载供电。

1)基本组成

变频器基本组成包括高压电路和低压电路。高压电路分为缓冲电路、滤波电路、逆变电路。低压电路分为系统控制电路、检测电路、电源电路,驱动电路、触发电路。

2)工作过程

(1)高压电路:接通高压电源后,高压通过防反二极管之后,通过缓冲电阻对滤波电容充电(此时晶闸管为关闭状态),待电容电压达到设定电压时触发晶闸管导通,从而完成上电缓冲的作用,之后再通过由电感和电容组成的滤波电路,对输入的线网电压进行平滑滤波。逆变电路是通过开关元件不同时序的开关动作,将直流电转变为交流电输出。

(2)低压电路:电源电路主要完成对 CPU 提供一个稳定的 DC5V 电源及传感器所需的正负 DC15V 电源。检测电路是通过霍尔传感器,将输入线网电压及输出电流,变换成控制电路所需的信号电压。触发电路是在 CPU 的控制下,产生晶闸管所需的触发电压,完成晶闸管的可靠开通。驱动电路是将 CPU 产生的 PWM 信号进行放大隔离,达到 IGBT 所需的驱动信号。控制电路是整个系统的控制核心,当整机接通高低压电源时,CPU 首先通过检测电路读取线网电压、温度值,并判断是否符合工作条件,当符合条件后,CPU 根据线网电压值输出逆变电路所需的 PWM 信号,同时根据检测电路实时判断输出电流的状态,来保证系统的可靠工作。

图 5-2-9 所示为主电路原理框图。

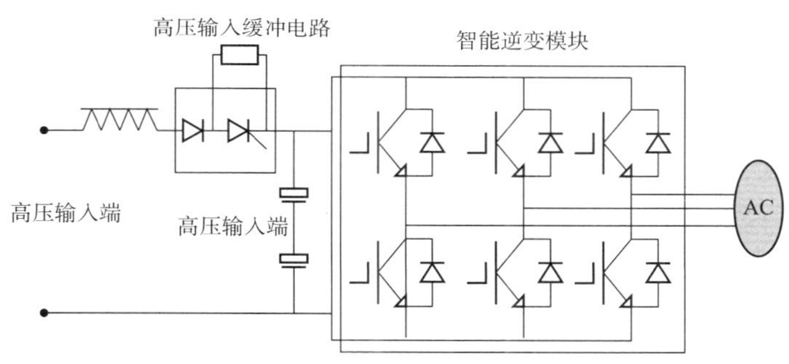

图 5-2-9　主电路原理框图

3. 暖风机

1)产品使用范围

用于清除城市无轨电车前风窗玻璃的霜和雾,并为驾驶员取暖。

2)产品特点

具有除霜快、风量大、无污染等优点。

3)工作原理(图 5-2-10)

(1)闭合 K14 除霜器开关(仪表台),除霜器高压接触器(CS)吸合,600V 电压通过 CSK 给 R 电热器加热,风机 F 开始工作将热风吹出。

(2)断开 K14 开关,暖风高压接触器 CS 即切断 R 电热器停止加热。YS002 延时器开始工作,风机 F 继续工作。将 R 上余热吹出,大约经 10min 延时后,风机停止工作。

（3）KC1 为 35℃温度控制开关（常闭），当暖风机出风温度超过 65℃时，加热器停止工作，低于 50℃恢复工作。

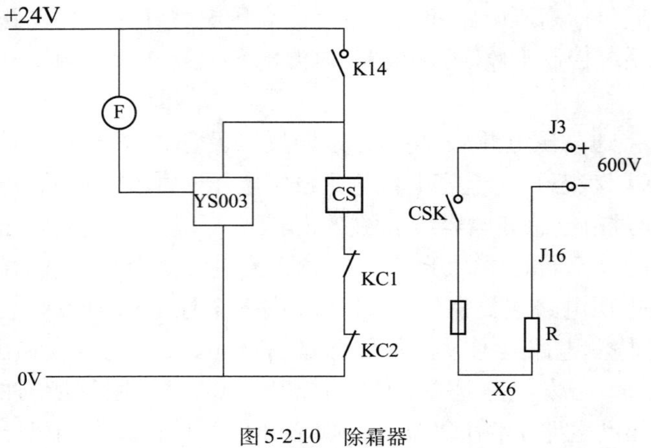

图 5-2-10　除霜器

附录一 OH2.2 系统基于 ECM 的故障诊断术语定义

5VESA——从 ECM 到传感器的 5V 外部电源，通道 A 为 ECM 上的 A2 和 A3 针脚。

5VESB——从 ECM 到传感器的 5V 外部电源，通道 B 为 ECM 上的 J2 针脚。

ACT——进入进气管歧管的空气温度。

AL——自适应学习。

AL_Mult——自适应学习因子或修正系数，以百分数形式对燃料喷量进行修正并保持在 ECM 的 RAM 中。

Analog——0～5V 电压或 0 到电源电压的信号。

Batt——电源电压。

Boost——估算的进气歧管相对压力。

BP——大气压力。

CAM——凸轮轴位置传感器。

CL——闭环。

CL Mult——闭环因子或修正系数。该系数根据 UEGO（宽域氧传感器）的反馈以百分比形式对燃料喷射量进行快速调整。当开关关闭时不被 ECM 保存。

Clock——ECM 内部的定时功能模块。

COP——ECM 内部自检。

EBP——增压器下游的排气背压，由当前发动机的功率和大气压力估算所得。

ECT——发动机冷却液温度。

ECM——发动机控制模块。

EE——电子可擦除编程只读存储器，EEPOM 可存储 RSG，燃料标定和 ECM 等信息。

Execution——ECM 内部功能模块。

Flash——可编程内存模块，存储有发动机控制系统的标定信息。

FPP——加速踏板位置传感器，感应发动机负荷命令。

FIV——主燃料控制阀。

IMON——ICM 中点火监视器，通过向 ECM 发送信号判断初级线圈是否工作正常。

Inj——燃料喷射阀。

Interrupt——ECM 内部功能模块。

IVS——怠速确认传感器。

IFTV——怠速燃料阀。

J1708 Rx——J1708 接收电路。

J1708 Tx——J1708 传输电路。

J1708 A——SAE 对重型车辆电子部件的数字通信保证。

MAP——进气歧管空气绝对压力。

MAT——进气歧管空气的温度,由 ACT 和当前发动机功率估算所得。

MIL——故障指示灯,安装于仪表板上并在 ECM 探测到系统故障时发亮。

NGP——计量阀处的天然气压力。

NGT——计量阀处的天然气温度。

NGTP——天然气罐压力,该传感器安装在调压器上。

NGTT——天然气罐中气体温度。

PTP——节气门前的压力。

PW——脉宽调制。

RAM——随即访问存储器,发动机运行时变化并在发动机停止时保存。

RAW——变量的原始数据。

RSG——车速控制,限制最大车速。

SFC——系统故障码,当诊断测试失败时保持在 ECM 中。

SFL——系统故障灯,同 MIL。

Stack——ECM 内部模块。

Thr Inhibit——节气门限制,为一安全开关。当启用时不管 FPP 如何,不允许发动机转速超过怠速。

TPS——节气门位置传感器。

Trigger——凸轮轴位置传感器发出的信号。

UEGO——宽域型排气氧传感器。通过测量排气中氧气含量确定空燃比。

UEGO H——UEGO 加热器。

UEGO P——UEGO 泵。

UEGO R——UEGO 电阻。

UEGO S——UEGO 传感器体。

VREF——ECM 内部 5V 参考电压。

WG PWM——废气旁通阀脉宽调制信号。

参 考 文 献

[1] 李铁军,梅秀珍.汽车机械基础[M].武汉:武汉理工大学,2009.

[2] 黎军.机动车维修质量检查员岗位技能训练[M].北京:机械工业出版社,2006.

[3] 劳动和社会保障部教材办公室.高级汽车修理工[M].北京:中国劳动社会保障出版社,2009.

[4] 汽车驾驶员职业技能培训教材编委会.汽车驾驶员职业技能培训教材[M].北京:人民交通出版社,2004.